U0330490

广东省优秀社会科学家文库（系列三）

程国赋自选集

程国赋◎著

中山大学出版社

·广州·

图书在版编目（CIP）数据

程国赋自选集/程国赋著. —广州：中山大学出版社，2024.11
（广东省优秀社会科学家文库. 系列三）
ISBN 978 - 7 - 306 - 08097 - 4

Ⅰ. ①程…　Ⅱ. ①程…　Ⅲ. ①社会科学—文集　Ⅳ. ①C53

中国国家版本馆 CIP 数据核字（2024）第 092887 号

CHENG GUOFU ZIXUANJI

出 版 人：王天琪
策划编辑：嵇春霞　廖丽玲　金继伟
责任编辑：金继伟
封面设计：曾　斌
责任校对：陈晓阳
责任技编：靳晓虹
出版发行：中山大学出版社
电　　话：编辑部 020 - 84110283，84113349，84111997，84110779，84110776
　　　　　发行部 020 - 84111998，84111981，84111160
地　　址：广州市新港西路 135 号
邮　　编：510275　　　　传　真：020 - 84036565
网　　址：http://www.zsup.com.cn　　E-mail：zdcbs@ mail. sysu. edu. cn
印 刷 者：佛山市浩文彩色印刷有限公司
规　　格：787mm×1092mm　1/16　25.75 印张　435 千字
版次印次：2024 年 11 月第 1 版　　2024 年 11 月第 1 次印刷
定　　价：90.00 元

程国赋

程国赋，文学博士，暨南大学文学院教授、博士生导师，曾任暨南大学文学院副院长、院长，现任暨南大学中华文化港澳台及海外传承传播协同创新中心执行主任，教育部2015年度"长江学者奖励计划"特聘教授、国家"万人计划"哲学社会科学领军人才、中宣部文化名家暨"四个一批"人才、享受国务院特殊津贴专家、"百千万人才工程"国家级人选、国家"有突出贡献中青年专家"、教育部首届"新世纪优秀人才支持计划"入选者、广东省高校"珠江学者"特聘教授、广东省优秀社会科学家。

学术兼职：教育部2018—2022年中文学科教学指导委员会委员，国家教材委员会文学学科组委员，中国明代文学学会副会长，中国俗文学学会副会长，暨南大学第八届、第九届学术委员会副主任等。出版《唐代小说嬗变研究》《明代书坊与小说研究》《中国古典小说论稿》等著作10余种，主持国家社科基金重大项目、一般项目、青年项目以及教育部项目等20余项，2次获得教育部"高等学校科学研究优秀成果奖（人文社科）"二等奖，2次获得广东省哲学社会科学优秀成果奖一等奖，2次获得广东省哲学社会科学优秀成果奖二等奖，获《文学评论》优秀论文奖等多种奖励。在《文学评论》《文艺研究》《文学遗产》《文艺理论研究》等刊物上发表论文170余篇，所撰《命名文化视域下中国古代小说研究》（中华书局2023年版）入选2022年度"国家哲学社会科学成果文库"。

"广东省优秀社会科学家文库"（系列三）

出 版 说 明

哲学社会科学是人们认识世界、改造世界的重要工具，是推动历史发展和社会进步的重要力量。党的十八大以来，以习近平同志为核心的党中央高度重视发展哲学社会科学，习近平总书记亲自主持召开哲学社会科学工作座谈会，就哲学社会科学工作发表一系列重要讲话，作出一系列重要论述和指示批示，对构建中国特色哲学社会科学作出总体部署，有力推动哲学社会科学事业繁荣发展。党的二十届三中全会进一步明确提出"构建中国哲学社会科学自主知识体系"，这是党中央立足完成新的文化使命和哲学社会科学发展规律作出的重大部署，也是新时代我国哲学社会科学发展的战略目标。

广东省委省政府深入学习贯彻习近平文化思想，认真落实习近平总书记关于哲学社会科学的重要论述，着力加强组织领导、政策保障、人才培育，扎实推动全省哲学社会科学事业高质量发展。全省广大哲学社会科学工作者自觉立时代之潮头、通古今之变化、发思想之先声，积极为党和人民述学立论、建言献策，涌现出了一大批方向明、主义真、学问高、德行正的优秀社科名家，在推进构建中国哲学社会科学自主知识体系进程中充分展现了岭南学人担当、演绎了广东学界精彩。广东省委宣传部、省社科联组织评出的"广东省优秀社会科学家"就是其中的杰出代表，他们以深厚的学识修养、高尚的人格魅力、

1

先进的学术思想、优秀的学术品格和严谨的治学方法，生动展现了岭南学人的使命担当和时代风采。

遵循自愿出版原则，"广东省优秀社会科学家文库"（系列三）收录了第三届广东省优秀社会科学家中9位学者的自选集，包括（以姓氏笔画为序）卢晓中（华南师范大学）、朱桂龙（华南理工大学）、李凤亮（南方科技大学）、李庆新（广东省社会科学院）、李宗桂（中山大学）、吴承学（中山大学）、何自然（广东外语外贸大学）、陶一桃（深圳大学）、程国赋（暨南大学）。自选集编选的原则是：（1）尽量收集作者最具代表性的学术论文和调研报告，专著中的章节尽量少收。（2）书前有作者的"学术自传"，叙述学术经历，分享治学经验；书末附"作者主要著述目录"。（3）为尊重历史，所收文章原则上不做修改，尽量保持原貌。

这些优秀社会科学家有的年事已高，有的工作繁忙，但对编选工作都高度重视。他们亲自编选，亲自校对，并对全书做最后的审订。他们认真严谨、精益求精的精神和学风，令人肃然起敬，我们在此表示衷心的感谢和崇高的敬意！

我们由衷地希望，本文库能够让读者比较方便地进入这些当代岭南学术名家的思想世界，领略其学术精华，了解其治学方法，感受其思想魅力。希望全省广大哲学社会科学工作者自觉以优秀社会科学家为榜样，始终胸怀"国之大者"，肩负时代使命，勇于担当作为，不断为构建中国哲学社会科学自主知识体系，为广东在推进中国式现代化建设中走在前列作出新的更大贡献！

丛书编委会
2024 年 11 月

目录

学术自传 / 1

第一部分　唐代小说及其嬗变研究

论唐五代小说的叙事艺术 / 3

唐代小说创作方法的整体观照 / 17

论元稹的小说创作及其婚外恋

　　——与吴伟斌先生商榷 / 31

结构的转换

　　——唐代小说与后世戏曲相关作品的比较研究 / 39

《李娃传》嬗变研究 / 48

第二部分　明代小说刊刻研究

明代坊刊小说稿源研究 / 61

论明代坊刊小说选本的类型及兴盛原因 / 81

论明代通俗小说插图的功用 / 95

明代小说读者与通俗小说刊刻之关系阐析 / 111

第三部分　中国古代小说命名研究

论中国古代小说命名的文体意义 / 127

论明清小说寓意法命名的内涵与特点 / 140

论明清小说书名所体现的文学观念 / 167

论明清通俗小说书名的命名特点 / 187

论明清小说书名的广告意义 / 204

第四部分　中国古代小说综合研究

明清通俗小说识语研究 / 229

明清通俗小说凡例研究 / 248

明代小说作家吴还初生平与籍贯新考 / 268

《南海观世音菩萨出身修行传》作者探考 / 276

顾元庆新考 / 285

论《四库全书总目》小说家类的著录标准及著录特点 / 296

新发现的近代小说史料 / 306

第五部分　其他研究

唐代士族之家不愿娶公主之原因考述 / 325

论王时敏人生和艺术中的"延续"命题
　　——兼考其家族与生平 / 330

清代王琦生平考证 / 346

古典戏曲意境分类说探幽 / 356

附录　1990 年以来程国赋主要著述目录 / 368

后　记 / 382

学术自传

◎ 程国赋

1991 年 9 月，我通过硕博连读的方式跟随南京大学中文系卞孝萱先生攻读博士学位。如果以此作为自己踏入学术道路的起点，那么，如今算起来，我从事学术研究的时间已超过 30 年。回顾自己 30 多年的学术历程，前面 10 年左右的时间，我主要从事唐五代小说研究；自 2000 年左右开始，我转入明清小说研究领域。下面简要回顾自己 30 多年来走过的学术道路，并对自己学术研究的一些体会和失败的经历加以总结。

一、在唐代小说的世界里遨游

1989 年 7 月，我从徐州师范学院（现改为江苏师范大学）中文系毕业，考入南京大学中文系，进入硕士阶段的学习，师从王立兴教授，从事明清小说研究。1991 年读博以后，我拜入文史研究大家、唐代文学研究专家卞孝萱教授门下。

对于读博而言，首要的问题莫过于博士学位论文的选题。俗话说，"好的选题是成功的一半"，这话一点都不假。选什么样的题目作为博士学位论文的选题呢？我为此很费一番心思。我当时是硕博连读，没有完成硕士学位论文的经验，思之再二，在向博士生导师卞先生、郭维森先生和硕士生导师王立兴先生请教以后，拟出了《唐代小说嬗变研究》这一题目，即探讨唐代小说在宋、元、明、清历代小说、戏曲中的演变情况。经过统计，至少有 110 篇唐代小说作品在后世产生大量的改编作品，如《莺莺传》被改编成元代的《西厢记》杂剧，《长恨歌传》被改编成元代的《梧桐雨》杂剧、清代的《长生殿》传奇等，《谢小娥传》被改编成《初刻拍案惊奇》卷十九《李公佐巧解梦中言　谢小娥智擒船上盗》、清初的《龙舟会》杂剧等。类似的例子还有很多，唐代小说对后世的叙事文学产生了巨大的影响，具有很好的研究价值。

我之所以选择唐代小说作为博士学位论文的选题，还有一个考虑，那就是南京大学自民国时期以来一直有着研究唐代小说的传统。与胡小石、陈中凡并称南京大学中文系"三老"、曾任国立中央大学文学院中文系主任的汪辟疆先生（1887—1966）编撰《唐人小说》，1929 年印行，后经编者重新修订，于 1955 年由上海古典文学出版社出版，1978 年由上海古籍出版社再版。这是一部唐代小说的经典选本，编撰者选择名篇佳作，选用的版本可靠，校勘精良，作者对唐代小说作了评述并考订文字，虽然篇幅不长，但见解独到而深刻。程千帆先生（1913—2000）所撰《唐代进士行卷与文学》于 1980 年在上海古籍出版社出版，该书虽仅有 6 万字，却可以说是 20 世纪学术史上具有里程碑意义的论著之一。经过对大量材料的梳理考订，作者重点论述进士行卷的制度、历史和文化背景及其对唐代诗歌发展的影响，开启了在广阔文化背景下研究唐代文学的先河。程千帆先生在《唐代进士行卷与文学》中用《幽怪录》与《续幽怪录》等小说作品的写作过程来说明行卷对于唐代传奇小说的影响。卞孝萱先生从小说与政治关系的角度开展研究，著有《唐代小说与政治》《唐传奇新探》等；周勋初先生出版《唐语林校证》、主编《唐人轶事汇编》，并著有《唐人笔记小说考索》《唐代笔记小说叙录》；王立兴、吴翠芬二位先生撰有《唐传奇英华》（上海教育出版社 1988 年版）。

由上可知，自 20 世纪上半叶以来，南京大学中国古代文学学科一直有着研究唐代小说的传统，且在学术界具有突出的地位和影响。在考虑博士学位论文选题时，在一定程度上我也受到南京大学（以下简称"南大"）这种学风和治学传统潜移默化的影响。

二、师恩难忘

在我的求学生涯中，老师们的教育、影响、帮助是巨大的，程华先生、王进珊先生、王立兴先生、徐放鸣先生、朱宏恢先生等很多中学、大学本科和硕士阶段的老师，不仅给我传授知识，而且在我最困难、最无助的时候，伸出援助之手，帮我渡过难关。在博士阶段以及后来的学术道路上，卞孝萱先生、邓绍基先生、周勋初先生、傅璇琮先生等也给予我很多提携，帮助我在学术上成长。

我在徐州师范学院中文系就读时，选修吴汝煜教授的"史记"课程，在课堂上几次听吴先生提到卞孝萱教授的名字。不过，虽久闻卞先生的大名，却一直无缘拜见先生。到南大读硕以后，有一天上午，我去中文系上课，那时南大中文系还在西南楼后面的木楼上，那里曾是1938年获得诺贝尔文学奖的著名作家赛珍珠的旧居。下课后，在系办公室，我看到一位满头白发、神采奕奕的老先生，经人指点，才知是我久仰的卞先生，只是那时还没想到有朝一日会拜在先生门下，问学于先生。卞先生有着相当传奇的人生经历。1924年，卞先生出身于扬州市的一个书香门第。出生不到两个月，父亲便去世了，从此先生与寡母相依为命。母亲并不识字，但爱子心切，为了教育孩子，她每天向邻居学几个字，回家教给孩子。寡母教子的传奇经历让人深深感叹，包括"南社"创办人柳亚子、南京大学著名学者陈中凡教授在内的几十位前辈、名流为此赋诗作画。卞先生艰难的求学经历、锲而不舍追求学术的精神令我十分敬佩。

关于卞先生的治学，我曾撰文《论卞孝萱师的治学特点与研究方法》[收入《唐代文学研究年鉴（2013）》，广西师范大学出版社2013年版]。卞先生治学讲求专通结合、文史兼治，强调全面拓展，重点突出，不囿陈说，致力创新，重视文献，不尚空谈。卞先生在学术上形成自己独特的治学特点与研究方法，取得突出的学术成就，其主要原因就在于先生好学不辍，老而弥坚。我在南大读书期间，常常在图书馆古籍部看到卞先生或忙碌找书或静静看书的身影。即使在卞先生离开人世的前几天，他因病住在南京鼓楼医院，依然想着他的学术、想着他没有完成的书稿。卞先生的刻苦，在学生、晚辈眼中是有目共睹的，同时，先生在自学过程中，博采众长、转益多师，这对于先生学术思想的形成也有一定的影响。

早在硕士二年级的时候，我准备报考邓绍基先生的博士生，并围绕博士研究生入学考试看了一些书，做了一些准备，但那一年因在南大本校报考硕博连读，就没去成北京。直到2000年我去中国社会科学院文学研究所担任访问学者，在邓绍基先生门下学习，才和先生结下师生之缘。邓绍基先生身材魁梧，声音洪亮。自2000年之后，不管是在访学期间还是访学结束以后，每次我去北京参加学术会议或担任一些学术评审工作，都要去西直门南大街邓先生的府上拜访，和先生聊天，有时陪先生和师母一起吃午饭、说说话。邓先生家的客厅不大，堆满了书，坐在客厅里，听先生谈学术、谈人生，我觉得特别温馨、幸福。2001年，我在人民文学出版社出版《唐五代小说的文化阐释》一书，邓先生得知消息后，热情地撰写序言，对我勉励有加。2012 年下半年，我去北京出差时到邓先生家，先生说做完胃癌手术快满 5 年了，据说癌症手术后 5 年内不复发的话，生存率会提高很多。我很期待邓先生度过手术后的恢复期，偏偏这一年先生得了一场重感冒，身体损耗很大。2013 年 3 月 12 日，我突然收到邓先生的短信："春节后快速恶化。3 月 6 日觅得一医院，我估计时日无多，特告。"这条短信让我很震惊，我立即赶往北京，到朝阳医院看望邓先生。眼前的情形让我心里非常难受，邓先生那高大魁梧的身材，在病痛的折磨下瘦弱了很多，让我差点一下子都没认出来。过了两周，邓绍基先生就离我而去了，我失去了一位非常尊敬、非常挚爱的老师。

我第一次见到周勋初先生，是在 1990 年南大召开的唐代文学国际学术研讨会上，周先生担任大会召集人、大会主席，风度翩翩。在南大读书时，我听过几次周先生的讲座以及先生在学位论文答辩会上、学术报告会上的发言。有一次，周先生陪同版本学家黄永年先生来做讲座。周先生是上海市南汇县（已并入浦东新区）人，说话中带有比较明显的家乡口音。在我的眼中，周勋初先生一直是位严谨、严格而严肃的老先生。我与周先生近距离接触，始于 1994 年初博士学位论文答辩之前，周先生担任我的论文答辩委员会委员。我去周先生家送需要评审的论文，那是我第一次到南京市北京西路的周先生家中。过了几天，博士学位论文答辩的日子临近了，担任答辩秘书的许结教授有一天在校园里碰到我，说看到周先生在我的博士学位论文上面做了密密麻麻的批注。许老师这句话让我的心立刻悬了起来。周先生向来以要求严格而著称，在唐代小说研究方面硕果累累，对这个领域非常熟悉，论文答辩会上，周先生会不会对论文加以否定呢？带着这样忐忑的心情，我于 1994 年 5 月 10 日下午走进了博士学位论文答辩会场。那天下午只有我一个人参加论文答辩，每位老师发言的时间很充裕。轮到周勋初先生发言的时候，出乎我意料的是，周先生对这本博士学位论文给予很高的评价，从选题、材料运用、研究方法等多方面予以肯定，然后，按照论文写作的先后顺序，就具体例证、观点等提出很多有待修改、有待完善的地方。从周先生的发言可以看出，他很仔细很认真地看了我的论文，体现了老一辈学者严谨认真的治学风范，同时，也反映出他对后学、对青年学子的关爱和提携。我在后来修改、完善博士学位论文的过程中，参照了周先生在论文答辩会上提出的很多宝贵的修改意见。我到广州工作以后，得知周先生的公子也在广州工作，每年先生和师母来广州过春节，我和周先生见面的机会自然就多了不少。每次周先生南下，都是我向周先生请教的好机会。有一次，我邀请周先生到暨南大学讲学，先生还是"乡音未改"，一口的家乡话，好在邀请了莫砺锋先生的弟子徐国荣教授担任翻译，才使学术报告会顺利进行。

傅璇琮先生是我非常敬重的前辈学者。2016 年 1 月 23 日下午，得悉傅先生因病仙逝的消息，我非常震惊，心中伤痛，久久不能平静。我虽无缘拜入傅先生之门，但多年来一直受到先生的提携、关心，我将先生看作自己的恩师。1996 年，我到西安参加西北大学主办的唐代文学国际学术研讨会，会议报到的当天晚上，我去周勋初先生的房间请教修改博士学位论文一事。正好傅璇琮先生和周先生同在一个房间，周先生把我介绍给傅璇琮先生，并提到我是卞孝萱教授指导的博士。这是我第一次见到在学术界声名卓著的傅璇琮先生，先生慈祥的笑容、温和的说话声音在我脑海里留下极深的印象。

此后在差不多 20 年的时间里，我多次得到傅先生的关心和提携，深深感受到先生谦和、无私、宽容的长者之风。2000 年，我所撰《唐五代小说的文化阐释》初稿完成，冒昧向傅先生求序，先生在百忙之中，撰写了一篇热情洋溢的序言，对我勉励有加。2002 年，正值《中国大百科全书》（第二版）开始修订，傅先生担任中国文学卷的副主编之一。傅先生当时正在外地参加学术会议，他在会议期间给我写信，邀请我参加唐传奇部分的写作。参加《中国大百科全书》的编写是一件非常严肃、学人引以为豪的事情，傅先生此举是希望我借此在学术道路上尽快成长。

倪豪士（William H. Nienhauser, Jr.）教授是美国著名的汉学家，他于 1995 年在台北南天书局出版著作《传记与小说——唐代文学比较论集》，后经修改，并增二文，拟在中华书局推出新版。在傅先生提议下，中华书局汉学编辑室征得倪豪士先生同意，傅先生于 2005 年 10 月来信，嘱我为《传记与小说——唐代文学比较论集》一书作序。为前辈学者的著作作序，作为晚辈，我实在不敢当，便向傅先生再三推辞。那一年年底，傅先生来广州参加会议，我再次向先生当面请辞序言之事，先生面容慈祥，说话声音不高，但态度很坚决，坚持让我撰写序言。傅先生对晚辈的信任、对后学的提携，犹如一股暖流，在我的内心涌动，时刻激励着我在学术的道路上不断前行。

三、学术研究的几个领域

1990 年，我在《南京大学研究生学报》该年第 1 期发表第一篇论文《〈红楼梦〉原书续书悲喜剧风格之比较》。此后 30 多年来，出版古代文学研究专著 10 余部，发表学术论文 170 余篇，其中 20 余篇论文发表在《文学评论》《文艺研究》《文学遗产》《文史》《文艺理论研究》《文献》等权威期刊。主持 2015 年度国家社科基金重大项目“中国历代小说刊印文献汇考与研究”，另外主持国家社科基金一般项目、青年项目共 3 项，同时，还主持并完成教育部社科规划项目、教育部“新世纪优秀人才支持计划”项目、教育部全国高校古籍整理研究工作委员会项目、广东省社科规划项目等 20 余项，均获好评。两次获得教育部高等学校科学研究优秀成果奖（人文社科）二等奖，获得《文学评论》2003—2007 年优秀论文奖，先后 4 次获得广东省哲学社会科学优秀成果奖，其中一等奖 2 次、二等奖 2 次；参加《中国大百科全书》（第二版）部分小说词条的撰写工作，担任《中国大百科全书》（第三版）清代文学卷副主编。

总的来看，我的学术研究主要集中在以下三个领域。

（一）在古代文学研究领域，较早开展古代小说的流传与接受研究

这方面的第一本著作是我的博士学位论文《唐代小说嬗变研究》（广东人民出版社 1997 年版）。早在 1991 年，我就开始在导师卞孝萱教授的指导下，撰写博士学位论文，在对唐代小说的创作方法、结构艺术、叙事特点等进行本体研究的基础上，分析唐代小说在宋、元、明、清文学作品中的改编现象，从古代小说的流传与接受这一独特的视角考察唐代小说在后世传播与发展的轨迹，以此探寻中国古代各种文体之间渗透与融合的发展趋势。

宋、元、明、清历代小说、戏曲作家改编唐代小说，往往不是单纯地进行文字加工、情节改造，而是“借他人之酒杯，浇自己胸中之块垒”，将自己的生平经历、切身感受、时代的巨变、思想文化的变迁融入改编的过程之中，使作品体现出很好的时代特色和文学价值。以元代白朴（1226—约 1306）创作的杂剧《唐明皇秋夜梧桐雨》（简称《梧桐雨》）

为例，这是根据唐代小说《长恨歌传》改编的作品。陈鸿撰《长恨歌传》描写唐玄宗李隆基和杨贵妃之间曲折感人的爱情。开元时杨妃由寿邸入宫，李、杨二人恩爱，安史之乱爆发以后，杨妃被缢于马嵬坡。乱平，玄宗自蜀还京，思念杨妃不已，方士于海上仙山得见贵妃，贵妃提及天宝十载七夕与玄宗盟誓一事。

白朴为什么要改编这篇《长恨歌传》呢？这与他个人独特的身世经历有关。他出身于金朝官僚士大夫家庭，父亲白华考中金朝进士，官至枢密院判一职。白朴幼年时即遭逢乱世，公元 1232 年，蒙古军队围攻汴梁城，金哀宗弃城北走，白华抛下家小，只身随金哀宗渡河而上。第二年三月，蒙古军攻破汴京城，白朴和他的姐姐幸得元好问收留，精心抚育。公元 1237 年，白朴 12 岁时，元好问将白朴姐弟送归白华，让他们父子全家团圆。白朴由金入元，经历了亡国之痛，所以他在改编《长恨歌传》时，在《梧桐雨》第三折增加了一个"马践杨妃"的动作："陈玄礼率众马践科。"为什么白朴增加这个《长恨歌传》原作所没有的情节呢？很显然，白朴将安史之乱的祸根归结于杨贵妃，他作为一个经历改朝换代、由金入元的作家，痛恨杨妃，认为"女色祸国"，所以在改编《长恨歌传》时，增设"马践杨妃"的动作，以表达个人的家国之痛。类似的事例在唐代小说的改编过程中还有很多，所以，通过探讨唐代小说的嬗变现象，可以考察宋、元、明、清不同时代作家的创作心理、时代思潮和社会变迁，具有很好的研究价值。

在承继博士学位论文研究的基础上，我继续沿着这一思路进行探讨，2006 年在中国社会科学出版社出版《三言二拍传播研究》，考察"三言""二拍"自明末以后在文坛上的传播情况，通过这一特定的视角探寻明清时期文人心态、社会文化的发展演变以及小说、戏曲之间渗透与融合的发展趋势，试图遵循中国古代学术讲求"辨章学术，考镜源流"的传统，尽量以宏通的学术视野开展研究，以求拓展古代小说研究的思路和方法。

（二）注重以跨学科、跨文化的视角研究古代小说，试图打破学科界限，以跨文化的视角开展综合研究，研究实践集中在唐五代和明朝

在唐五代小说研究领域，引入文化研究的视角，对唐五代小说作全方位的文化考察。2000 年在台北文津出版社出版的《唐代小说与中古文

化》、2002 年在人民文学出版社出版的《唐五代小说的文化阐释》，都是从这一视角开展的研究。

完成唐五代小说的文化考察之后，我将研究视角转向明代，本着历史文化与古代小说相结合、文献与理论并重的研究思路，从出版文化这一独特的视角考察明代小说发展、演变的真实历程及其内在规律。说起从事明代书坊与小说的研究，还有一个偶然的因素在内。2002 年的一天，我在看书时，看到署名"即空观主人"（凌濛初别号）的两篇序言，一是《拍案惊奇序》声称，冯梦龙编撰的"三言"面世以后，"肆中人见其行世颇捷，意余当别有秘本，图出而衡之"。所谓"肆中人"，就是崇祯年间刊刻"二拍"的苏州书坊尚友堂的主人安少云以及围绕在他周围的一批编书先生、刻书先生。书坊邀请凌濛初编撰与"三言"同类的话本小说集，即《拍案惊奇》，投放市场后获得成功。第二篇序言即《二刻拍案惊奇小引》写道："贾人一试之而效，谋再试之。"这里提到的"贾人"，与《拍案惊奇序》中提到的"肆中人"一样，都是指苏州书坊尚友堂主人安少云以及围绕在他周围的一批编书先生、刻书先生。这两篇序言引起我的思考：明代这些书商（即"肆中人""贾人"）在明代小说稿件的组织与策划过程中、在古代小说的产生与发展过程中起到什么样的作用呢？由此我开始了从出版文化这一独特的视角考察明代小说的形成与演变的历程。2008 年，我在中华书局出版《明代书坊与小说研究》一书，就是以跨学科、跨文化的视角所作的研究尝试。

最近几年，我主要着眼于命名文化与中国古代小说的关系研究，在《文学评论》《文艺研究》诸刊发表多篇论文。命名文化是认识、了解中国古代小说作家、作品、小说创作主旨和创作倾向的一个独特窗口。例如，《水浒传》中梁山泊一百零八将个个有绰号，这些绰号或体现人物的外貌、肤色、形态等，或体现人物的性格、形象：宋江绰号"孝义黑三郎"表明了他的肤黑、他的孝道，绰号"山东及时雨"表明了他乐于助人、慷慨大度、豪侠仗义的性格特征；李逵绰号"黑旋风"，"旋风"是宋代的一种大炮，一点就着，这个绰号体现了李逵火爆的性格。再如，《红楼梦》又名《情僧录》《风月宝鉴》，这些书名体现出作家所宣扬的色空观念。开展古代小说命名研究，可以考察不同时代的文化内涵和文学观念，有助于拓展古代小说研究的视野和方法，有助于更好地认识明清小说创作及其传播的内在规律以及发展历程。2022 年，拙著《命名文化视域下中国古代小说研究》有幸入选"国家哲学社会科学成果文库"，2023年9月，该书由中华书局出版。

（三）注重夯实学术基础，关注古代文论学术史，梳理、考证古代小说史料

20世纪90年代末，面临世纪之交，需要对学术研究进行回顾与反思，从而为21世纪的学术发展提供借鉴与参考。自1995年起，在蒋述卓教授的主持下，我与刘绍瑾、魏中林等人一起考察20世纪中国古代文论学术研究史，至2015年，在北京大学出版社出版《二十世纪中国古代文论学术研究史》（共57万字，我个人撰写15万字）。我撰写的有关钟嵘《诗品》研究、严羽《沧浪诗话》研究、苏轼文论研究等系列论文发表后，先后被中国人民大学书报资料中心《中国古代、近代文学研究》1999年第6期、1999年第9期、2001年第4期全文转载，产生了较好的学术影响。

文献资料是学术研究的基础工程，在30多年的学术历程中，本人力图将文献资料的梳理、考证与理论研究相结合，承担"隋唐五代小说研究资料汇编""中国小说史料学"两项教育部全国高校古籍整理研究工作委员会项目，2005年在上海古籍出版社出版《隋唐五代小说研究资料》；主编《唐代小说学术档案》，由武汉大学出版社于2015年2月出版，共51万字。同时，就吴还初、顾元庆、王琦等明清时期作家个案以及小说凡例、识语等进行重点考证，从方志、书信、文集、正史之中发现新材料，在《文学遗产》2007年第4期、2008年第5期，《文学评论》2010年第6期，《文艺研究》2009年第4期，《文史》2012年第1辑发表系列论文。

四、研学历程及研究心得

回顾自己30多年来从事学术研究的心得体会，我觉得有三个阶段。

（一）在学术道路上蹒跚学步

1989—1991年，在南大中文系读硕期间，我曾写过几篇论文，其中一篇论文是《〈红楼梦〉原书续书悲喜剧风格之比较》，这篇论文实际上

是我在本科毕业论文《〈红楼梦〉续书研究》的基础上加以修改、补充而成的。为什么选这个题目呢？是因为自己很早就对《红楼梦》感兴趣，读过很多遍，等到大学快毕业，考虑本科毕业论文选题时，我毫不犹豫地选择了《红楼梦》。

关于《红楼梦》的研究，前人著述很多，研究成果汗牛充栋，要想在前人研究的基础上有所突破，谈何容易！有关《红楼梦》的作者、版本、语言文字、人物塑造、情节结构等方面的研究，都已有大量研究著作、论文面世。在陈建华老师的指导下，我从续书的角度尝试撰写本科毕业论文，撰成《〈红楼梦〉原书续书悲喜剧风格之比较》，这是我发表的第一篇算得上是"学术论文"、实际上相当稚嫩的文章。

读硕士期间我写的第二篇论文是《试论兰陵笑笑生的佛教观》，这是上王立兴教授所授"明清小说"课程时写的课程作业，也是一篇不成熟的学术论文。王老师在课堂上叮嘱我们要注重对小说作品文本的阅读，小说文本是研究小说最重要的史料来源，要引起重视。从事古代文学研究，切忌空谈，要立足文本，依据材料说话。王老师的教导让我深受启发，为撰写课程论文，我在看《金瓶梅》文本时，发现不少与佛教有关的人物和情节，所以就尝试探讨《金瓶梅》作者兰陵笑笑生的佛教观，根据小说文本搜集、整理了相关资料，撰写成篇。几年后，这篇论文经修改后收录于《历史文献与传统文化》第五集（广东人民出版社 1996 年版）。

上述两篇论文，记载着自己在学术道路上蹒跚学步的历程，论文也有一些可取之处：写作论文的过程中，注意到一些研究方法的运用。例如，采用比较的方法，将《红楼梦》的原书与续书进行比较；对《红楼梦》续书、《金瓶梅》中有关佛教的材料，做了一定的统计工作，为论文写作打下基础。同时，也注意到小说版本问题，对文本的分析比较细致。

但总的来看，上述两篇论文不够完善，确系稚嫩之作，存在很多问题与不足：一是文本、文献的统计工作做得不够完整、彻底。以《〈红楼梦〉原书续书悲喜剧风格之比较》一文有关《红楼梦》续书的统计为例，《红楼梦》续书有 30 多种，而我只统计了 20 多种，有较多的缺漏。二是缺乏理论研究的深度。佛教理论博大精深，我在分析兰陵笑笑生的佛教观时，只是着眼于文本来谈，对于佛教思想粗浅涉及，这是远远不够的，缺乏研究的深度和广度。三是研究对象的不确定性。《金瓶梅词话》卷首所载明代欣欣子的序言指出小说作者是"兰陵笑笑生"，但是"笑笑生"是何人，历来众说纷纭。明代几位学者曾经有所记载，沈德符撰《万历野获编》说作者是"嘉靖间大名士"，谢肇淛撰《金瓶梅跋》说作者是"金吾戚里"的门客，袁中道撰《游居柿录》说作者是"绍兴老儒"，但都语焉不详。后世学者对此提出种种猜测，有关《金瓶梅》作者的说法有50多种，其中影响较大的说法有李开先说、徐渭说、王世贞说、贾三近说、王稚登说、屠隆说、汤显祖说，等等。但没有一种说法有足够的材料去确证。在未能确证"兰陵笑笑生"的姓名、籍贯、生平经历的情况下，去探讨《金瓶梅》作者的佛教观，很显然难以得出全面而准确的结论。上述两篇论文存在的第四个不足就在于，未能将点与面相结合，研究视野局限于小说文本。例如，对于《红楼梦》续书在明清小说续书整体中的地位与影响未加以关注，对《金瓶梅》所体现的佛教思想与晚明佛教思想、晚明文化思潮的关系，也没有加以考察。

（二）有所"开窍"

我第一次写出比较满意的论文是在硕士二年级和博士一年级的时候，其中一篇是《古典戏曲意境分类说探幽》，这是硕士阶段上俞为民先生讲授的"明清戏曲"课程时提交的课程论文。进入课堂讨论的环节，俞老师给我们听课的两位硕士研究生出了两个题目，一个是"意境"，一个是"本色"，让我们各自挑选。我挑了"意境"这个词，另一位同学挑了"本色"一词。课后，我借来十大本的《中国古典戏曲论著集成》（中国戏剧出版社1959年版）以及有关古代文论方面的书籍，一本一本地"啃"下来，并做了大量的阅读札记，把有关"意境""境""境界"的词语找出来进行分类。"苦境""酸楚之境""苍凉之境""佳境""妙境""梦境""欢笑之境"等是古代曲论家所极力提倡的，属于境界之高者；"庸境""俗境""富贵繁华之境""恶境""顺境""浅促之境""合欢之境"属于境界之低者，是需要尽力避免的。后来，读博士一年级时，上吴新雷先生的"中国戏曲学"课程时，我拿出旧作向吴老师请教，进一步完善了论文，刊载于《阜阳师范学院学报》1992年第4期，有幸被中国人民大学书报资料中心《戏曲研究》1993年第4期全文转载。

另外一篇比较满意的论文是有关唐代传奇《柳毅传》的成书及其演变研究，这是在王立兴教授和卞孝萱教授联合指导下完成的。1991年下半年，读博士一年级时，我选定了博士学位论文的选题《唐代小说嬗变研究》，准备从单篇论文着手考察唐代小说在后世的演变情况及其演变规律。我选定的第一部作品就是《柳毅传》，这部小说主要描写唐仪凤年间，儒生柳毅应举落第，在泾阳河畔遇到牧羊女子，自称是洞庭君之女，受到夫家泾河龙王家族的虐待，托柳毅传书于洞庭。龙女叔父钱塘君得知此事，杀死泾河小龙，救出龙女。钱塘君欲将龙女嫁与柳毅，因言语傲慢，遭到柳毅拒绝。柳毅从洞庭回家后，龙女化名卢氏女，最终与柳毅缔结姻缘，二人同归洞庭湖。我对《柳毅传》的研究主要是从两个方面进行的：一是考察《柳毅传》的成书过程，认为唐代妇女的社会地位比较低下，而当时的婚恋思想束缚不严，所以"弃妇""再嫁"的现象比较严重，出现过一些弃妇再嫁的现实故事，这些构成《柳毅传》得以产生的现实基础。另外，六朝至唐代，神鬼狐怪的传闻相当普遍，流传着不少像《观亭江神》《胡母班》《邵敬伯》《三卫》这样人传神书的神话传闻。《柳毅传》作者李朝威正是将现实故事与神话传闻结合起来，通过自己的艺术加工，终于创造性地完成了《柳毅传》这样的优秀作品，借助神话故事，反映现实生活中的婚恋主题。二是分析《柳毅传》在后世小说、戏曲中的演变情况，从纵向和横向两个角度加以探讨。后来，卞孝萱先生将其中一篇论文推荐给《烟台师院学报》发表，另一篇推荐给《许昌师范专科学校学报》发表。

学术研究往往都是站在前人的肩膀上完成的，所以，在开展正式研究之前，对前人的研究成果进行回顾和总结是必要的。以我自己从事唐代小说的研究实践为例，在确定博士学位论文选题之后，我花了比较多的时间了解前人的研究历史与现状，对国内外有关唐代小说的研究情况做了较为全面的梳理。其中有些单篇论文先后发表，如《〈莺莺传〉研究综述》，载《文史知识》1992 年 12 期；《〈古镜记〉研究综述》，载《晋阳学刊》1992 年第 6 期；《〈李娃传〉研究综述》，载《江汉论坛》1993 年第 4 期；《漫话唐代小说研究》，载《社会科学报》1996 年 10 月 3 日；《唐代小说研究述评》，载台北市《国文天地》1997 年 6 月号；等等。这些前期工作的开展为此后博士学位论文的写作打下了一定的基础。

创新是学术研究的灵魂和生命，学术研究切忌拾人牙慧，人云亦云。在 30 多年的学术生涯中，我一直努力坚守这一原则。例如，关于唐代小说分类方法的研究，日本盐谷温《中国小说概论》分为别传（史外的逸闻）、剑侠（武侠男女的勇谈）、艳情（佳人才子的艳话）、神怪（神仙、道释、妖怪谈）四类。郭箴一《中国小说史》分神怪、恋爱、豪侠三类。事实上，这几种分类法仍然难以概括唐代小说的全貌，关于不同类型的小说之间如何界定的问题，上述几种分类法也没有很好地解决；涉及一些具体篇目时，也存在不少错误。所以我在《唐代小说嬗变研究》一书中采取五分法来对唐代小说进行分类，即分为神怪、婚恋、逸事、佛道、侠义五种类型，试图在前人研究的基础上提出一家之说。在后来从事"三言""二拍"传播研究、明代书坊与小说研究、中国古代小说命名研究等课题时，我都试图坚守学术创新的原则。因自己学术能力、水平有限，在具体实践过程中，还存在很多不足之处，期望得到前辈和同行的批评指正。

（三）研究方法

研究方法是开启学术大门的钥匙，不同的研究者采取的研究方法也各不相同。就我个人而言，主要谈以下三种研究方法。

1. 文化学的研究方法

中国文学史研究中的文化学方法，就是把中国古代文学置于古代文化的宏阔背景中加以考察，包括考察文化的各部类——宗教、思想、制度、民俗、士人心态、艺术等——与文学之间的相互影响和制约。

关于这个概念，学界有不同的称呼。傅璇琮教授在《唐诗论学丛稿》（黑龙江人民出版社1992年版）一书中称之为"文学的历史文化研究"，罗宗强教授在《〈唐诗论学丛稿〉序》中称之为"文学的社会历史学研究"，刘石所撰《实学研究与文化探索》一文（载《文学评论》1996年第6期）称之为"实学研究与文化探索"，张仲谋所撰《试论文化学的批评方法》一文（载《文学遗产》1997年第4期）称之为"文化学的批评方法"。称呼不一，其实质是一样的。

采取文化学研究方法有助于打破学科划分的界限，提倡多学科之间的综合研究。中国古代文史哲不分家。自从20世纪初期以来，随着人们认识的不断深入，学科划分渐趋细密，这给很多学科尤其是一些新兴学科的发展带来契机。但是，久而久之，学科划分过细所带来的弊端也日益暴露出来，那就是在学术研究上造成视角的单一、视野的窄狭，缺乏综合研究。为克服这种弊端，20世纪80年代中期以来，在中国文学史研究中广泛兴起文化研究的热潮，意在打破学科之间的划分、打破国与国之间的界限，提倡综合研究、整体研究与比较研究，这种研究方法有助于进一步拓展中国文学史研究的视野。以往中国文学史研究过于偏重文学的内部研究，即重视作品的文本分析，论述作品的主题、叙事等，而忽视了文学的外部研究。有些专著、论文虽然强调作品的思想背景、时代背景，实际上只是给作品贴上"背景"的标签。也就是说，忽视了时代背景、文化思潮对文学作品、作家的深刻影响，忽视了两者之间的内在联系。

古代文学研究要向深度发掘，就要着眼于文学的内部和外部，开展全方位的整体研究。运用文化学研究方法，有助于我们进一步了解作家生活的外部环境，了解文学作品产生的独特的时代背景、文化氛围。以唐代小说《周秦行纪》为例，这是一篇中唐时期出现的、以第一人称方式创作的小说，也是一篇打破时空限制、带有一定的荒诞色彩的小说。小说描写唐代的书生牛僧孺与汉文帝的母亲薄太后、汉高祖妃戚夫人、王昭君、西晋的绿珠、南朝的潘淑妃、唐代的杨贵妃等人相遇、宴饮、诗词唱和的故事。作者署名中唐宰相牛僧孺。《周秦行纪》这篇小说面世之后，牛僧孺的政敌李德裕写过一篇《周秦行纪论》，进一步指证牛僧孺是《周秦行纪》的作者，并对牛僧孺提出严厉的批评。

值得我们注意的是，这篇小说称德宗皇帝为"沈婆儿"，称皇太后为"沈婆"，贞元（唐德宗年号）二十一年（805）进士及第的牛僧孺敢这么大胆吗？他敢在作品中蔑视皇帝及皇太后吗？我们如果联系唐代的政治现实，就可以得到答案。这篇小说与贯穿中晚唐的政治斗争——牛李党争密切相关，它是李党的领袖人物李德裕指使门客韦瓘所撰，托名牛僧孺，以小说为武器攻击政治对手。韦瓘借助小说中牛僧孺之口，把德宗皇帝称为"沈婆儿"，将皇太后称为"沈婆"，故意抹黑牛僧孺，让牛僧孺背上对皇帝、皇太后"大不敬"的罪名。通过采取文化学研究方法，我们可以对《周秦行纪》这部唐代传奇小说有着更为深入的认识与理解。

又如，《莺莺传》描写的是张生和崔莺莺的爱情悲剧。为什么他们会出现这样的爱情悲剧？他们两情相悦为什么后来没有走到一起？陈寅恪先生在《元白诗笺证稿》中认为，崔、张爱情悲剧与唐代的社会以及唐代的门第文化有着密切的关系。唐代的仕和婚是有矛盾的，如果想做官，就要与高门大姓联姻。哪些是高门大姓呢？唐代有"五姓"之说，即崔、卢、郑、李、王，在此基础上形成"七姓"，即清河博陵二崔、范阳卢、荥阳郑、太原王、陇西赵郡二李。《隋唐嘉话》卷中云："高宗朝，以太原王、范阳卢、荥阳郑、清河博陵二崔、陇西赵郡二李等七姓，恃其族望，耻与他姓为婚，乃禁其自姻娶。"七姓属于一流的高门大姓，他们家族势力很广，如果与大姓联姻，会给仕途带来诸多帮助；相反，如果与小姓、寒门联姻，仕途可能就会非常坎坷。

值得指出的是，《莺莺传》中的女主角崔莺莺姓"崔"，不是属于"五姓"之一吗？但根据陈寅恪、刘开荣等人考证，崔莺莺出身于寒门，地位卑微，其崔姓是假托。唐代妓女假托高门的现象比较多，陈寅恪的《元白诗笺证稿》第四章《艳诗及悼亡诗》所附《读莺莺传》、刘开荣的《唐代小说研究》都认为崔莺莺出身于寒门，与崔莺莺结合，不会给张生的仕途带来任何帮助。在唐代这样一个特定社会背景下，张生为了仕途抛弃了崔莺莺，《莺莺传》结尾云："时人多许张为善补过者。"我们如果不了解唐代的历史，对于《莺莺传》中张生与崔莺莺的悲剧结局就很难做合理的解释。

2. 计量统计的方法

所谓计量统计的研究方法，是以研究对象的数值表征为基础，进行数理统计的研究方法，也称为定量分析或统计学的方法。在学术发展史上，从目前掌握的材料来看，最早在社会科学领域运用计量分析方法的是英国学者约翰·格朗特，他在 1661 年发表的《对死亡表的自然和政治的考察》一文中就运用了制表统计和计量分析的方法。

在中国古代文史研究领域，一些学者比较早地运用计量统计的方法。近代梁启超在《中国历史研究法》一书中就指出："窃谓凡遇复杂之史迹以表驭之，什九皆可就范也。"杨公骥在《中国文学》（吉林人民出版社 1957 年版）一书有关《诗经》的章节中统计该书总用字量约为 2950 个，其中动词数量超过 300 个，占比超过十分之一。这表明中国古代文学在早期就具有极其丰富的表现力，与这些动词的运用不无相关。

西方的汉学家比较早地运用计量统计的方法。20 世纪 80 年代中后期，美国威斯康星州立大学华裔学者陈炳藻运用计算机对《红楼梦》前 80 回和后 40 回的用字进行统计分析，推断《红楼梦》前 80 回和后 40 回均为曹雪芹所作。

在中国古代文学史研究领域，运用计量统计的方法影响较大的是王兆鹏和尚永亮；在古代小说研究领域，比较突出的是陈大康教授，他在《明代小说史》（上海文艺出版社 2000 年版）中统计历代小说尤其是《水浒传》《红楼梦》等小说名著的研究情况，认为中国古代小说研究存在严重的不均衡的情况。

我在撰写博士学位论文《唐代小说嬗变研究》时，就做过相关的统计工作，统计结果是，至少有 110 篇唐代小说在宋、元、明、清的小说、戏曲中出现大量改编作品。比如，元杂剧对唐人小说的改编。经过统计发现：根据唐代小说改编的元杂剧共 40 篇，其中散佚不存的 23 篇，今存 17 篇。我们根据现有的材料进行统计，也许以后随着新材料的发现，还有新的补充。在古代文学研究过程中，我们不主张采用"钓鱼"的方法，就像在一方池塘边，要想了解池塘中鱼的种类，通过"钓鱼"的方法，把钓上来的鱼一条一条地进行分类，这种方法难以概括池塘中鱼的全貌；必须采用"竭泽而渔"的方法，把池塘里的水抽干，捞出所有的鱼，逐一分类，这样才能得出精确的结论。

3. 比较的方法

比较研究是指从多角度探寻事物的异同，进而挖掘事物的本质特征。比较研究的方法由比较文学发展而来，它给我们的文论界带来不少新的信息。同时期不同作品的比较研究，跨时期不同作品的比较研究，不同批评方法的比较研究，等等。从比较中发现异同，从而得出一般的文学发展的基本规律。通过比较得出的结论往往具有很强的说服力。当然，我们强调的比较研究的方法，要有内在的可比性。

早在宋代洪迈所撰《容斋随笔》卷十五《连昌宫词》中，洪迈将唐代元稹的《连昌宫词》和白居易的《长恨歌》进行比较。这两首诗的相同点是都写了唐明皇和杨贵妃荒淫误国的事，读它的人都有一种如逢其时、如临其境之感，所以很难评论孰优孰劣。但是，洪迈认为白居易在《长恨歌》中只不过单纯记述了唐明皇追悼杨贵妃事件的来龙去脉，而元稹的《连昌宫词》除了上述内容，作者还针砭时弊，指出了当时的弊政，暗含了诗人对统治者的规劝讽谏之意。梁启超撰《清代学术概论》时指出，乾嘉朴学的研究方法之一在于"最喜罗列事项之同类者，为比较的研究，而求得其公则"。

以清初文学家、思想家王夫之的杂剧《龙舟会》为例，这部杂剧改编自唐代小说《谢小娥传》和话本小说，以及《初刻拍案惊奇》卷十九《李公佐巧解梦中言　谢小娥智擒船上盗》。原著描写弱女子谢小娥的父亲和丈夫在经商途中被强盗杀害，小娥女扮男装，为父亲和丈夫复仇的故事。唐代李公佐创作传奇《谢小娥传》意在通过女子复仇的奇事，歌颂谢小娥的果敢、贞孝。王夫之改编这部作品，显然有着强烈的个人寄托，融入了时代内容。《龙舟会》杂剧通过一个弱女子为亲人复仇的故事来讽刺投靠清廷的明代旧将、旧臣，委婉地表达作者反清复明的思想。王夫之本人就亲身参加过反清复明运动，他将谢小娥的父亲和丈夫分别取名为"谢皇恩"和"段不降"，以此讽刺那些投降清廷的明朝旧将和旧臣。他多次直抒胸臆，比如，第一折借小孤神女之口云："大唐国里忘忠孝，指点裙钗与报冤。""谢皇恩女儿小娥，虽巾帼之流，有丈夫之气，不似大唐国一伙骗纱帽的小乞儿，拼着他贞元皇帝投奔无路，则他可以替他父亲、丈夫报冤，则索隐用天机。""谢小娥孝烈，替大唐国留一点生人之气。"作者的愤激之情跃然纸上。以上举的例子，是在原作与改编作品之间的比较，通过改编，反映了不同时期的社会现实与文人心理。

30 多年来，在多位恩师的关心、鼓励和指导下，在学术界师友的支持下，本人取得一些荣誉称号。

2004 年 12 月，入选教育部首届"新世纪优秀人才支持计划"。

2008 年 9 月，被评为广东省高校跨世纪人才工程——"千百十"工程国家级培养对象。

2009 年 6 月，被聘为广东省高等学校"珠江学者"特聘教授。

2013 年，获聘为 2012 年度享受国务院特殊津贴专家。

2013 年，获评为 2013 年度"百千万人才工程"国家级人选，并被授予国家"有突出贡献中青年专家"荣誉称号。

2015 年 12 月，获评为中宣部 2014 年度全国文化名家暨"四个一批"人才。

2015 年，获评为广东省特支计划领军人才。

2016 年 4 月，获聘为教育部 2015 年度"长江学者奖励计划"特聘教授。

2016 年 6 月，入选第二批国家"万人计划"哲学社会科学领军人才。

2019 年 4 月，入选广东省第三届优秀社会科学家。

这些荣誉既是对我学术研究的肯定，更是对我的鼓励和鞭策。在荣誉的背后，是经历一次又一次的失败和挫折。失败可以更好地锤炼一个人的意志力，对于成功而言，失败是最好的检验。从某种程度上来说，失败为成功打下了基础、做好了准备。关于成功与失败，古往今来，很多前贤都发表过很精辟的见解。著名发明家爱迪生发明的留声机、电影摄影机和改进的电灯给全世界带来深远的影响，但爱迪生失败的次数远远超过他成功的次数。他说："失败也是我需要的，它与成功对我一样有价值。"英国文学家哥尔德斯密斯曾经说过："人生最大的光荣，不在于从不失败，而在于能屡仆屡起。"我在学术道路上，同样经历过很多失败。回首过去，展望未来，我希望自己以前辈学者的为人、学术作为自己的榜样，在学术道路上努力前行。

程国赋自选集

第一部分

唐代小说及其嬗变研究

论唐五代小说的叙事艺术

唐五代小说创作体现了"史"与"诗"的有机融合，正如宋代赵彦卫《云麓漫钞》卷八所言，唐人小说兼具"史才"与"诗笔"。所谓"史"，主要表现为对史官文化的继承和对史传文学创作的吸纳与借鉴；所谓"诗"，主要表现为唐五代小说创作中虚构、想象、夸张等文学手段的运用，表现为叙事艺术的明显增强。唐五代小说叙事视角新颖独特，叙事手法摇曳多姿，充分表明这一阶段的小说创作已逐渐摆脱"史"的樊篱而趋向独立，趋向成熟。本文从叙事视角、叙事时间、叙事结构三个方面探析唐五代小说的叙事艺术。

一、叙事视角

关于叙事视角，西方文学批评家提出过不同的分类方法。伯蒂尔·尤伯尔提出四类叙述法：①全知全能的作者的叙事；②视点叙事；③客观叙事；④第一人称叙事。兹韦坦·托多罗夫将叙事视角分成三种形态：①"叙述者＞人物"，在这种情况下，叙述者比作品人物知道的多；②"叙述者＝人物"，叙述者和作品人物知道的同样多；③"叙述者＜人物"，叙述者比任何一个作品人物知道的都少。热奈特提出三分法：①"零聚焦"或"无聚焦"，即没有固定视角的全知叙述；②"内聚焦"，即叙述者仅仅说出某个人物知道的情况；③"外聚焦"，即叙述者所说的比人物所知的少。[①] 参照西方文学批评家的分类方法，结合唐五代小说创作实践，笔者将唐五代小说叙事视角分成四种类型，即第三人称限知视角、第一人称限知视角、视点叙事、多视角叙事。

---

① 参见［法］热奈特《叙事作为话语》，见《美学文艺学方法论》，文化艺术出版社 1985 年版，第 566 - 567 页。

（一）第三人称限知视角

受《史记》《汉书》等史传文学创作的影响，唐五代小说采取第三人称限知视角叙事的作品很多，如《补江总白猿传》《枕中记》《柳氏传》《传奇·聂隐娘》《无双传》等皆属此类。采用这种限知视角叙事，叙述者所说的比作品人物知道的少，给读者留下很多想象的空间，增加了小说的神秘感，体现了唐人"好奇"的审美趣味。笔者以《聂隐娘》为例试加说明。这篇小说从一开始就为我们留下不少难解的谜语：乞食于聂锋之舍的老尼是何许人？老尼为什么要讨聂锋之女聂隐娘为弟子？聂锋不肯，老尼又如何能在半夜偷走隐娘？聂隐娘学成归来后，成了神秘女侠，遇夜即失踪，及明而返，遇到磨镜少年，隐娘随即禀告父亲："此人可与我为夫。"她怎么能预知个人的婚姻之事？隐娘自从与刘昌裔之子刘纵分手后，不知所往："自此无复有人见隐娘矣。"其结局如何？作品没有交代。又如，唐五代描写胡商、胡僧的作品基本上也是采取第三人称限知视角。小说作家笔下的胡商、胡僧拥有巨额资产，能识别奇珍异宝，动辄以几十万、几百万缗钱购买异宝。有的胡人还善于运用幻术。胡人为什么如此富有、如此奇异？小说作者对他们的出身、经历没有作过多的介绍，我们对人物的过去、现在和未来知之甚少，更无法透视其内心世界。适当地"隐瞒"人物的身份、经历，"隐瞒"人物的内心世界，正是唐五代小说作家用笔精妙之处，由此可以收到奇效，增强小说的传奇性与吸引力。如果换成全知视角，那么就没有多少悬念，读者回味的余地也少得多。

（二）第一人称限知视角

唐五代以第一人称叙事的小说作品并不多，《游仙窟》《秦梦记》《周秦行纪》《古镜记》① 是其中较为有名的篇章。这几篇小说虽同为第一人称叙事，但文本中作为叙述者的具体所指、叙述者与作者之间的关系则有所不同。《游仙窟》《秦梦记》作者张鷟、沈亚之在作品中分别担任叙述者的角色；《周秦行纪》作者韦瓘则并非叙述者，文本中的叙述者

---

① 《古镜记》通篇由十二个围绕古镜灵异的小故事组成，前七个交代作者王度自身的经历，后五个则交代古镜在王度弟弟王勣身边发生的特异之事。因为王勣的叙述也是以第一人称的口吻，所以我们将《古镜记》归入以第一人称限知叙事的作品。

（"余"）则是应进士试落第返乡的牛僧孺；《古镜记》里"我"的所指也发生了变化，前部分的叙述者是作者王度，后部分则转换为王度的弟弟王勣。

在以第一人称叙事的小说中，作品叙述随着"我"（"余"）的视线转移而转移，"我"的所见、所闻、所思构成作品的全部内容。《周秦行纪》中牛僧孺于夜暮迷途，"忽闻有异香气，因趋进行，不知近远。见火明，意谓庄家。更前驱，至一大宅，门庭若富豪家"。先闻香气，趋香而进；后见火明，前遇豪宅。因为小说采取第一人称限知视角叙事，读者至此也不知宅院主人是何许人，直到后来听了他人介绍才知是汉文帝之母薄太后。接下来，小说通过牛僧孺的视线先后安排了黄衣阉人、小鬟青衣、薄太后、戚夫人、王嫱、杨太真、潘淑妃、绿珠等人登场，对牛僧孺视线以外的情况，则没有介绍。沈亚之在《秦梦记》里也不是全知全能的叙述者，他梦入秦国，娶秦公之女弄玉为妻。后来弄玉去世，秦公派人将他送回，小说以沈亚之的一个疑问作为结尾："呜呼！弄玉既仙矣，恶又死乎？"这一疑问充分显示出作为叙述者的沈亚之所知有限。

第一人称限知视角叙事的显著优点，是易于刻画人物的心理活动，描摹人物的心灵世界。《游仙窟》中张鷟与崔十娘离别后，作者以较多的篇幅表现其惆怅、留恋之情："余时渐渐去远，声沉影灭，顾瞻不见，恻怆而去。行到山口，浮舟而过。夜耿耿而不寐，心荧荧而靡托，既怅恨于啼猿，又凄伤于别鹄。饮气吞声，天道人情；有别必怨，有怨必盈。去日一何短！来宵一何长！比目绝对，双凫失伴。日日衣宽，朝朝带缓。口上唇裂，胸间气满；泪脸千行，愁肠寸断。端坐横琴，涕血流襟，千思竞起，百虑交侵，独颦眉而永结，空抱膝而长吟。望神仙兮不可见，普天地兮知余心。思神仙兮不可得，觅十娘兮断知闻。欲闻此兮肠亦断，更见此兮恼余心。"充分表现了"余"此时此地的心情，这正是第一人称限知视角叙事的长处，除此以外的其他限知视角则难以做到这一点。

第一人称视角叙事还可以增强作品的真实感、可信度，缩短叙述者与叙述接受者之间的距离，使作品易于被读者接受，也容易使他们在情感、心理上产生共鸣。

（三）视点叙事

为了突出作品描写的重心，突出作品的创作主旨，叙述者的视角随着情节的推移、场景的变化而产生转换，如《虬髯客传》《传奇·昆仑奴》等都采用视点叙事的方法。《虬髯客传》中，叙述者视点出现两次转换：叙述者先写李靖向杨素献奇策，劝谏杨素"不宜踞见宾客"，此时叙述者视点落在李靖身上，表现其性格、为人。接下来，叙述者的视点出现第一次转换，由李靖移至红拂妓身上。红拂妓看中李靖的英雄气概，夜半三更，大胆投奔李靖，可谓女中豪杰。后来，叙述者视点发生第二次转换，由红拂妓转到虬髯客身上，用大量篇幅描写虬髯客不拘小节的行为、欲为帝王的野心、推财仗义的壮举。作者正是通过这两次视点的转换，将笔墨集中到虬髯客这一人物身上，因为这个人物正是小说描写的重点所在。《昆仑奴》一文中，叙述者视点也发生了几次转换：第一次，从崔生角度看红绡妓；第二次，依然从崔生角度叙事，视点从红绡妓移到昆仑奴身上；第三次，通过红绡妓的眼光写昆仑奴；第四次，通过小说中"一品"的眼光进一步显示昆仑奴之"奇"；最后，叙事视点再次转移，"后十余年，崔家有人见磨勒卖药于洛阳市，容颜如旧耳"。①

（四）多视角叙事

相当数量的唐五代小说在叙述过程中，不是依赖单一的视角，而是通过不同视角的转换，推动情节的发展，刻画人物性格。小说作家采用的多视角叙事通常有以下两种方式。

1. 第一人称限知视角 + 第三人称限知视角

如《谢小娥传》开头采取第三人称叙事，交代小娥的不幸身世；随后，作者李公佐出现，替小娥破解十二字梦谜，这里采用第一人称（"余"）叙事；接下来用第三人称叙事，叙述小娥报仇经过；最后，作者再次出现，通过"余"的所见所闻，交代小娥的归宿。《谢小娥传》通篇以第三人称叙述为主，但作者李公佐的两次出现对情节的发展也起到重要的推动作用，成为作品结构中不可缺少的一环。如果没有李公佐的第一次现身，那么谢小娥就无法得知十二字谜的谜底，也就不能为父、夫报仇；如果没有李公佐的第二次现身，那读者就无法得知谢小娥受戒为尼的归宿，小说结局显得不够完整。《续玄怪录·薛伟》《纪闻·屈突仲任》等

① 关于《昆仑奴》的视点叙事，参见拙文《漫谈〈昆仑奴〉及其嬗变作品的叙事视角》，载《古典文学知识》1998 年第 2 期，第 44 – 52 页。

作品开头采用第三人称叙事，正文中间分别引用薛伟、屈突仲任的大段自叙，在引文中，采取的都是第一人称限知叙事。《莺莺传》作者元稹现身于文本中间，他听说张生与莺莺的恋爱故事以后，赋《会真诗》三十韵，并询问张生对此事的看法，引发张生关于"女人是祸水"的一番议论。这里的第一人称叙事对情节结构所起的作用则比不上《谢小娥传》。《离魂记》《任氏传》《柳毅传》《南柯太守传》《李娃传》《长恨歌传》也都运用多视角叙事的方法，作者出现在小说末尾，交代故事来源，强调故事真实、可信；或者阐发议论，表明自己对社会、人生的见解，增强作品的主观色彩。

2. 第三人称限知视角＋全知视角

唐五代小说描摹人物心理活动的不多，人物心理往往借助语言、行动来间接地表达。不过，在以第三人称限知视角叙事为主的作品中，我们也可以发现少量的心理描写，这些心理描写可以被视作作品中全知视角的渗透之笔。《续玄怪录·李卫公靖》中，李靖误入龙宫，代龙行雨，小说描写道："电掣云开，（李靖）下见所憩村，思曰：'吾扰此村多矣，方德其人，计无以报。今久旱苗稼将悴，而雨在我手，宁复惜之？'顾一滴不足濡，乃连下二十滴。俄顷雨毕，骑马复归。"作品刻画出李靖行雨时欲报答村民的感恩心理，在此，叙述者明显是以全知全能的身份出现的。《本事诗·崔护》写崔护清明日独游都城南，遇到一位美貌的女子，第二年清明日，"忽思之，情不可抑，径往寻之"。也是以全知视角嵌入文中。

在以第三人称视角叙事的小说中，还出现了对梦境的描写。《霍小玉传》即为一例。自与李益分别后，小玉朝思暮想，有一天，"玉梦黄衫丈夫抱生来，至席，使玉脱鞋"。以第三人称身份出现的叙述者如何知道小玉的梦境呢？无疑，这是在第三人称叙述中插入全知叙事视角。

唐五代小说作者在行文中间常常设置一位全知全能的叙述者，借他们之口解开情节发展中的谜团，交代人物身份、异宝来历。《玄怪录·崔书生》中，崔书生娶仙女，临别，仙女赠白玉盒子，后来，"忽有胡僧扣门求食，崔生出见，胡僧曰：'君有至宝，乞相示也。'"胡僧"以百万市之"，并向崔生指明："君所纳妻，西王母第三女玉卮娘子也……所惜君娶之不得久远。倘住一年，君举家必仙矣。"胡僧学识渊博，通晓天界与尘世之事，在作品中充当的是全知全能型叙述者的角色。《李章武传》《传奇·崔炜》《广异记·青泥珠》《宣室志·严生》等描写胡人识宝的小说中，胡人也是以全知全能型叙述者的身份而出现。唐五代佛道题材小说里的高僧、道士往往也担任此种角色。《续玄怪录·定婚店》里的月下老人掌管天下之婚牍，预言杜陵韦固的妻子是店北卖菜陈婆之女。《甘泽谣·圆观》中，洛阳惠林寺僧人圆观预知自己来世将投胎于王氏之家，后来一一应验。全知视角的存在，对于以第三人称限知视角叙事的文本并没有带来负面的影响，相反，由于这种视角的嵌入，小说作品首尾呼应，情节结构更加完整，避免了行文中间出现前后脱节的现象。

二、叙事时间

唐五代小说作家在叙事时间的运用上也是匠心独运，一方面通过标注年号的做法，强调真实的历史时间；另一方面又有意识地"扭曲时间"，故意拉长或缩短时间距离。此外，在叙述时间顺序的安排上也显得不拘一格。

（一）标注年号

唐五代小说中标注年号的做法十分普遍。例如，《补江总白猿传》云："梁大同末。"《枕中记》云："开元七年。"《任氏传》云："天宝九年夏六月。"《李章武传》云："贞元三年。"《柳毅传》云："仪凤中。"这些体现了小说作家的"实录"观。他们受史传文学创作方法的浸染，强调人物、事件真实、可信，强调历史真实。对于这一点，韩云波《唐代小说观念与小说兴起研究》对历史叙事与小说叙事的关系、历史叙事对唐代小说的影响多有论述，可参看。[①] 标注年号的做法在小说创作中起到两个方面的作用：一是交代故事发生的特定历史背景，为小说进行准确的时间定位；二是使作品脉络清晰，结构谨严而统一。有些小说不仅在小说开头标注年号，而且在行文之中和文末数次标明，如《长恨歌传》先后六次标注年号（不包括道士在蓬莱访求杨贵妃时提到的"天宝十载""天宝十四载"两处年号）：第一次，"开元中"，交代玄宗与杨贵妃初识经过；第二次，"明年"（即贵妃进宫第二年），杨贵妃受宠；第三次，"天宝末"，安史之乱爆发，贵妃被缢于马嵬坡；第四次，"明年大赦改

---

① 参见韩云波《唐代小说观念与小说兴起研究》，四川民族出版社 2002 年版，第 118–185 页。

元"（即唐肃宗至德元年），玄宗成为太上皇，思念贵妃，遣道士访求贵妃消息；第五次，"其年夏七月"（即宝应元年），玄宗去世；第六次，"元和元年冬十二月"，白居易、王质夫、陈鸿等人话及此事，陈鸿提笔创作《长恨歌传》。这六次标注年号，概括了李、杨爱情发展的全过程，成为情节发展过程中一条重要的内在线索。《古镜记》讲述十二个小故事，前八次皆标注年号，分别为：大业七年五月、大业八年四月一日、其年八月十五日、其年冬、大业九年正月朔旦、其年秋、其年冬、大业十三年夏六月，末尾讲述失镜经过，标明"大业十三年七月十五日"。如果说古镜是这篇小说情节发展的明线的话，那么，文中所标年号则构成小说的暗线，成为贯串作品前后内容的潜在线索。

（二）有意识地"扭曲时间"

为了表现人或事件的神奇、怪异，为了准确刻画人物的心理状态，或者为了宣扬佛道观念，唐五代小说作家不时采取"扭曲时间"的做法，割裂正常的时间状态，将之拉长或缩短。《莺莺传》中，崔莺莺夜会张生，"张生飘飘然，且疑神仙之徒，不谓从人间至矣。有顷，寺钟鸣，天将晓，红娘促去"。从半夜到天亮，也许是几个时辰，张生与佳人相会，恨时间过去得太快，用"有顷"一词刻画张生"春宵苦短"的心理，运用的是故意缩短时间的办法，几个时辰的时间被说成"有顷"，跟正常时间状态相比，缩短了几倍甚至是几十倍。《集异记·李清》篇，北海人李清于隋开皇四年生日之际，入青州南十里处高山中寻仙访道，遇到几位仙人。离家不过数日，回家时已是唐高宗永徽元年，距他离开家乡时，人间已过了七八十年之久，"屋室树木，人民服用，已尽变改。（李清）独行数日，更无一相识者"。这里采用的是故意将时间拉长的做法，以突出仙界的灵异，突出仙境与人世的差异，《枕中记》《南柯太守传》《樱桃青衣》等小说无不如此。作家有意"扭曲时间"，通过对作品主人公在短暂的梦境世界中享受人世得不到的荣华富贵的描写，借此宣扬佛道思想。正如汪辟疆先生评述《枕中记》所言："唐时佛道思想，遍播士流，故文学受其感化，篇什尤多。本文于短梦中忽历一生，其间荣悴悲欢，刹那而尽；转念尘世实境，等类齐观。出世之想，不觉自生。影响所及，逾于

《庄》《列》矣。"①

　　唐五代小说在叙述非现实世界的生活状况时，往往使用拉长时间的方法，梦境时间、仙界时间等小说虚幻的时间状态比起相关的现实时间要长几百、几千乃至上万倍。以上列举的《集异记·李清》篇，仙界时间比现实时间要长万倍左右；《枕中记》《南柯太守传》的梦境时间相当于现实时间的三四十万倍。② 在拉长时间的同时，小说中的梦境时间、冥府时间、仙界时间等与现实时间之间出现了交叉、重叠或错位，《三梦记》里的第一梦描写刘幽求入妻之梦，刘幽求在佛堂院遇到妻子与十几位男女杂坐谈笑，这一时间状态相对于刘幽求而言，是现实时间；相对于刘妻而言却是梦境时间，二者出现了交叉与重合。《传奇·薛昭》篇，唐朝元和末年平陆尉薛昭路过兰昌宫时，巧遇开元年间杨贵妃侍儿张云容，在申天师的帮助下，张云容还魂再生，相隔近百年的薛、张二人结为夫妇。《周秦行纪》中，贞元时人牛僧孺在薄太后庙遇到汉文帝母薄太后、汉高祖妃戚夫人、汉元帝妃王嫱、齐朝潘淑妃、西晋石崇爱姜绿珠、唐朝杨贵妃，并与王昭君有一夜之欢。《薛昭》《周秦行纪》中的现实时间都与冥府时间出现了交叉与错位，阅读这些小说时仿佛欣赏了一出出类似于"关公战秦琼"的好戏。小说作家不时打乱正常的时间状态，故意"扭曲时间"，使得作品的情节跌宕起伏、一波三折，艺术境界新颖、奇特。这种"扭曲时间"的做法充分体现了唐五代小说作家"好奇"的审美情趣与高超的叙事技巧。

（三）叙事时序

　　就唐五代小说创作的总体而言，在叙事的时间顺序上，小说以顺序的方式为主，按照时间发展的先后次序展开情节，并在采用顺序笔法的同时，不时出现倒叙、插叙、补叙和预叙之笔。下面分别加以阐述。

1. 倒叙

　　《纪闻·屈突仲任》《异梦录》等小说以倒叙为主，三分之二以上的篇幅都属于倒叙的部分。屈突仲任自叙赴地府遍阅善恶报应之事，实际上是作者借其经历劝诫人们诵经、修佛；《异梦录》由陇西公转述邢凤梦遇

---

① 汪辟疆：《唐人小说》，上海古籍出版社 1978 年新 1 版，第 39 页。
② 参见杨义《中国叙事学》，人民出版社 1997 年版，第 157－169 页。

美人之事。《东城老父传》《古镜记》等也以相当多的篇幅分别由贾昌叙述开元盛况、王勣讲述古镜之奇异。上述小说基本上都是采取"顺叙＋倒叙＋顺叙"的叙事时序，开头、结尾一般是顺叙，中间相当多的篇幅是倒叙，而且倒叙部分以大段引用叙述者的原话为主，叙述者的回忆便构成倒叙的全部内容。

2. 插叙

插叙内容一般不长，穿插于行文中间，成为小说情节结构中不可缺少的一部分。《聂隐娘》篇，隐娘随老尼学道的一节属于插叙之笔。这一情节为后文刻画隐娘高超的武艺、正直的性格埋下伏笔。

3. 补叙

《纪闻·吴保安》结尾补充交代郭仲翔身陷南蛮、受尽苦难；《昆仑奴》结尾提到十余年后，昆仑奴在洛阳卖药；《长恨歌传》后半部分，道士入蓬莱寻访杨贵妃，贵妃提及李、杨二人昔日七夕乞巧一事，都是补叙。这些补叙的内容在小说中也是不可缺少的。《吴保安》一文点明郭仲翔陷蛮经历，强调了郭仲翔当时悲苦无援的生存状态，从而映衬出吴保安弃家赎友之举非常及时，突出吴氏之"义"；《昆仑奴》的补叙内容渲染了小说神秘的氛围，给读者留下想象的空间；《长恨歌传》介绍李、杨乞巧一事，追忆二人昔日的幸福生活，从而形成强烈的今昔对比，烘托了文章的悲剧氛围。

4. 预叙

《谢小娥传》中，谢小娥父亲和丈夫在经商途中被强盗杀死，其父、夫托梦于小娥："初，父之死也，小娥梦父谓曰：'杀我者，车中猴，门东草。'又数日，复梦其夫谓曰：'杀我者，禾中走，一日夫。'"这段叙述就是预叙，谢小娥父、夫给她留下十二字谜语，寓含着两位仇人的姓名，为后来小娥请人解梦，女扮男装杀死仇人申兰、申春等情节打下基础。预叙在行文之中往往留下悬念，预示着情节的发展趋向，对小说的情节发展、结构处理具有一定的影响。

倒叙、插叙、补叙、预叙等叙事笔法，与顺叙混合在一起，构成唐五代小说独特的叙事时序。这种种叙事笔法的存在，增强了文章的气势与韵律，使作品前后呼应，结构完整；小说的层次也显得错落有致；部分叙事笔法对刻画人物性格、烘托文章氛围也都起到相当重要的作用。

三、叙事结构

六朝小说往往篇幅很短，结构简单，而唐五代小说尤其是一些名篇佳作篇幅较长，叙事结构上也颇具特色。鲁迅先生指出："小说亦如诗，至唐代而一变，虽尚不离于搜奇记逸，然叙述宛转，文辞华艳，与六朝之粗陈梗概者较，演进之迹甚明，而尤显者乃是时则有意为小说。"① 鲁迅所说的"有意为小说"的内涵不仅体现为小说作家主体意识的觉醒，小说表现手段、表现技巧的多样化，而且体现为小说叙事艺术的明显增强。其中，叙事结构的复杂化、程式化是"有意为小说"观点的一个重要内涵。对此，笔者从以下四个层面加以分析。

（一）叙事结构的程式化

唐五代小说的开头、正文、结尾出现一定的程式化倾向。开头部分介绍作品人物的姓名、籍贯、出身，叙述语调平缓、客观，文笔简约、精练。如《李章武传》开头云："李章武，字飞，其先中山人。生而敏博，遇事便了。工文学，皆得极至。"《东城老父传》云："老父，姓贾名昌，长安宜阳里人。开元元年癸丑生。" 开头及正文标注年号，以证人物、事件之真实。小说结尾注明故事来源、出处，同时模仿史传论赞的形式，阐发个人对作品人物所作所为的看法，甚至发表对社会、人生的见解，《任氏传》《柳毅传》《李娃传》《长恨歌传》《南柯太守传》《冯燕传》等都是这样。单篇小说如此，小说集也常常出现类似情况，作者现身文末，交代故事的由来，并发表议论。例如，《唐阙史》用"参寥子曰"、《云溪友议》以"云溪子曰"、《唐摭言》用"论曰"的方式表达作者见解。

不过，我们也应当看到，小说家所强调的真实与史学家所说的真实有着质的区别：史家之真实是他们本着对历史负责的态度记言记事，不容半点虚构；而小说家强调的真实则是艺术真实，是一种在生活真实基础上经过典型化处理的真实。从这一角度来看，有时候，唐五代小说作家在小说中强调的真实是一种"伪装"、假托。比如，倩女离魂的事情在现实生活

---

① 鲁迅：《中国小说史略》第八篇《唐之传奇文（上）》，上海古籍出版社 1998 年版，第 44 页。

中根本不会发生，但作者陈玄祐却在《离魂记》末尾特别注明故事来源，以证其实；淳于棼梦入蚁穴明显出自虚构，《南柯太守传》作者李公佐也公开声称"稽神语怪，事涉非经"，取材于神怪、虚幻之事，但是作者也在作品结尾写道：此事是贞元十八年秋八月亲闻淳于棼之子淳于楚所言，并强调"事皆摭实"，并非子虚乌有。明明是虚构之事，为什么作者偏偏在小说开头、结尾特意注明其年号、标注其故事来源，以强调其真实呢？笔者认为，这种叙事结构从外表上看是受正史影响，实质上则是希望读者相信其事。真实的事件更容易感动读者，使他们产生共鸣。小说家为获取更多读者的信任与共鸣，特借鉴这种史传形式。作家注意到读者的欣赏需求，有意识地进行虚构，这是小说创作自觉性的充分体现，表明小说文体的发展已经趋于成熟。

（二）复线结构

唐五代小说创作中，以一人或一事为线索的单线结构作品数量不少。比如，《补江总白猿传》以欧阳纥失妻、寻妻、杀死大白猿、夺回妻子的经过作为贯串全文的中心线索，围绕这一线索组合情节。也有很多小说采取的是复线结构，即不是按照单一的人或事构筑情节结构，而是由两条或两条以上的线索构成。以《纪闻·吴保安》为例，全文由两条线索交叉进行，一条是吴保安的行踪，另一条是郭仲翔的行踪，两条线索曾四次交会：第一次，吴保安寄信于郭，二人初次相识；第二次，郭成为南蛮战俘，写信求助于保安，二人再次书信往还；第三次，保安赎出仲翔，二人在姚州第一次正式见面；第四次，郭闻保安死讯，抚养保安之子，改葬保安夫妇。在两条线索的一次次会合与分离之中，推动情节的发生与发展。有些小说的复线结构不像《吴保安》这么明显，但也呈现出复线结构的倾向。在上文，我们曾以《长恨歌传》《古镜记》为例，说明在此类小说中，存在明暗二线，明线分别是唐玄宗、杨贵妃二人的情感发展历程、古镜的奇异，暗线则是内在的时间线索。这类小说也可称作复线结构的作品。

（三）设置"小说之眼"

所谓"小说之眼"，就是为了情节发展、结构处理的需要，在小说正文中设置的物件，用以表情达意，或者作为贯串全文的线索。在叙事结构上，唐五代小说作家重视设置"小说之眼"，试举数例（见表1-1）。

表1-1 唐五代小说作家设置的"小说之眼"

小说名称	"小说之眼"
《古镜记》	古镜
《神异录·玉龙子》	玉龙子
《谢小娥传》	十二字谜语
《柳氏传》	《章台柳》词
《集异记·王维》	《郁轮袍》曲
《长恨歌传》	金钗钿合
《原化记·崔尉子》	衣衫（下襟有火烧孔）
《传奇·裴航》	玉杵臼
《传奇·孙恪》	碧玉环
《传奇·张无颇》	暖金合
《云溪友议·韦皋》	玉指环
《云溪友议·卢渥》 《北梦琐言·李茵》 《本事诗·顾况》	红叶
《本事诗·杨素》	破镜
《玉溪编事·侯继图》	梧桐叶

在上述"小说之眼"中，有些是男女定情、订婚的信物，如玉杵臼、玉指环、暖金合、红叶、梧桐叶等都是实物，有些则是其他的东西，如《谢小娥传》中的十二字谜语、《柳氏传》中的《章台柳》词、《集异记·王维》中的《郁轮袍》曲。这些实物或谜语、词曲在小说中主要起到两个方面的作用：第一，具有象征意义，如《太平广记》卷三九六所引《神异录·玉龙子》篇，作者以玉龙子作为国运盛衰、皇权兴替的象征。另外，《长恨歌传》中的金钗钿合也象征着唐明皇与杨贵妃之间纯挚的爱情，《本事诗·杨素》中的破镜重圆象征着徐德言夫妇由分而合的辛酸经历。第二，在小说结构中贯串前后文，成为情节与情节之间起衔接作

用的重要环扣，甚至直接推动情节的发展。王维靠《郁轮袍》曲取悦九公主，夺得解元（《集异记·王维》）。《云溪友议·卢渥》《北梦琐言·李茵》《本事诗·顾况》《玉溪编事·侯继图》中，男女双方以红叶（或梧桐叶）题诗，表明姻缘早定。《原化记·崔尉子》中，崔氏县尉为人所害，妻子被强盗霸占，县尉母亲凭孙子身上穿的县尉生前的衣衫而认出亲人，县尉之子得知父亲被害的真相以后，最终为父报仇。《本事诗·杨素》中，徐德言夫妇也是凭破镜而得知对方的下落，进而夫妇得以团圆。没有这些"小说之眼"，结构就会显得松散，甚至小说情节也难以发展下去。唐五代小说作家注重结构处理，注重"小说之眼"的设置，使全文结构严谨、前后统一。

（四）板块结构

叙述非现实世界生活的小说作品基本上都呈现出板块结构倾向，按照空间的转换，可以将小说文本划分成三大板块，即现实世界→非现实世界（仙界、冥府、梦境、水府、狐化世界等）→现实世界。第一板块遵循史传文学的叙事思路展开叙述，语气平缓，用词简约；第二板块叙述世人在仙界、冥府、梦境、水府、狐化世界中的奇遇；第三板块篇幅较短，承接第一板块，使作品结构保持完整。三大板块之间相互碰撞、切割、转换，又相互衔接，通过世人或者其灵魂的行踪将仙界、冥府、梦境、水府、狐化世界等与现实世界连成一体，从而形成独具特色的叙事结构。

在这类结构中，作家常常打破常规的空间架构，非现实世界与人世间相互交叉、转换、错位。《长恨歌传》中唐玄宗因思念杨贵妃，派道士寻访，终于在蓬莱仙境找到已升仙的杨贵妃，这是人间与仙界的交叉。《纪闻·屈突仲任》中屈突仲任因杀戮牲畜过多，其魂被抓到地狱。《庐江冯媪传》中庐江冯媪误入冥间，遇到已逝的董江妻子，这是人间与冥府的交融。《枕中记》《南柯太守传》中卢生、淳于棼于梦境中历尽荣华富贵，这是现实与梦境的交融。《柳毅传》中柳毅为龙女打抱不平，赴洞庭湖替她传书；《郑德璘》中韦氏遇溺，沉入洞庭湖，得洞庭府君之助，返回人间，这是人世与水府的交叉。《任氏传》中郑六第一次遇到狐女任氏，赴狐宅与之相会，这是人世与狐化世界的交融。所有这些事例在空间架构上都突破了史传作品的叙事模式，打破了人世与非现实世界之间的界限，缩短了二者之间的距离，这类叙事结构在唐五代佛道题材、神怪题材的小说中较为常见。

唐五代小说在中国小说史上具有突出的地位，标志着中国古典小说的成熟和中国文言小说创作达到第一个高峰，对后世的文学创作产生了深远的影响。有关唐五代小说的叙事艺术，至今还未出现系统而深入研究的文章。本文试图在这方面进行初步探讨，希望起到抛砖引玉的作用。

（原载《西南师范大学学报》2003 年第 3 期）

唐代小说创作方法的整体观照

　　唐代小说在中国小说史上的地位十分重要，它摆脱了子、史的束缚，表明中国古典小说创作成熟期的到来。宋人洪迈《容斋随笔》卷十五《唐诗人有名不显者》称："大率唐人多工诗，虽小说戏剧，鬼物假托，莫不宛转有思致，不必颛门名家而后称也。"① 明代桃源居士《唐人小说·序》也声称："唐三百年，文章鼎盛，独诗律与小说，称绝代之奇。"② 可是，根据研究的历史和现状来看，对于唐代小说的研究，无论在深度还是在广度上，都远远不及唐代诗歌。有鉴于此，笔者从创作方法入手，对唐代小说创作进行整体观照。

　　鲁迅在《中国小说史略》第八篇《唐之传奇文（上）》中指出："小说亦如诗，至唐代而一变，虽尚不离于搜奇记逸，然叙述宛转，文辞华艳，与六朝之粗陈梗概者较，演进之迹甚明，而尤显者乃在是时则始有意为小说。"这里所说的"始有意为小说"在很大程度上是指唐代小说创作方法的独创性。笔者在对唐代小说创作进行整体观照的基础上，用"实录""寓言""传闻"三个词语分别概括唐代小说的三种创作方法。所谓"实录"法，意思是借鉴史传作品的创作手段，尽量按照历史事实的本来面目进行写作。所谓"寓言"法，意思是虚拟鬼物，托物言志。李肇《唐国史补》卷下记载："沈既济撰《枕中记》，庄生寓言之类；韩愈撰《毛颖传》，其文尤高，不下史迁，二篇真良史才也。"③《西阳杂俎》续集卷三《支诺皋下》讲述汝阳人张弘义借体还魂的情节，并由此联想到扁鹊为他人换心一事，作者在小说末尾指出："以是稽之，非寓言矣。"④

---

　　① ［宋］洪迈：《容斋随笔》，上海古籍出版社 1996 年版，第 192 页。

　　② ［明］桃源居士：《唐人小说·序》，见拙著《隋唐五代小说研究资料》，上海古籍出版社 2005 年版，第 23 页。这里要指出两个问题：第一，本文所讨论的唐代小说，包括五代作品，因为两者在取材、内容、艺术风格上比较接近；第二，唐代小说集中作品篇目，凡未注明出处者，皆据《太平广记》。（中华书局 1961 年版）

　　③ ［唐］李肇：《唐国史补》卷下，上海古籍出版社 1957 年版，第 55 页。

　　④ ［唐］段成式：《西阳杂俎》续集卷三《支诺皋下》，中华书局 1981 年版，第 219 页。

所谓"传闻"法，意思是根据神话传说或者民间故事加工成篇。李德裕在《次柳氏旧闻》的自序中曾经写道："彼（按：指高力士）皆目睹，非出传闻，信而有征，可为实录。"① 意思是说，《次柳氏旧闻》中的很多故事都是高力士亲眼所见，告诉《次柳氏旧闻》的作者而被作者记载下来的，真实可信，不是据道听途说而创作的。

上述三种创作方法的根本区别就在于情节虚与实关系的处理上。"实录"法强调人物、事件的真实性，不过，唐代小说所运用的"实录"法与史传作品有着质的区别，它借鉴了史传作品的笔法，却又突破了"实录"法排斥想象、虚构的约束，在细节、次要情节方面进行适当的艺术加工。"寓言"法和"传闻"法这两种创作方法则注重情节的虚构，两者的不同之处在于："寓言"法融入作家更多的个人创造，抒发较强的个人情感，具有比较明显的创作动机；"传闻"法则保留着神话传说和民间故事的成分，作家在此基础上进行艺术加工，实行二次创作，创作动机不太明确。下面，我们对于唐代小说"实录""寓言"和"传闻"这三种创作方法分别加以阐析。

一、"实录"法

"实录"法，即是说，在创作过程中，按照史家"实录"的要求，在作品人物、情节的处理上尽可能地做到真实可信。

我国古代的史学与文学创作之间有着水乳交融的关系，就唐代小说而言，很多作家是史官出身，韩愈、沈既济、陈鸿等人无不如此。文士以"修国史"作为人生的最高境界之一。② 有些作家甚至自称自己的小说创作是补正史之不足，如李肇《唐国史补·序》："予自开元至长庆间撰《国史补》，虑史氏或阙则补之意，续《传记》（按：指刘𫘜的《小说》）而有不为。"评论家也常常以"实录"的眼光来评价小说作品的成败优劣。刘知几《史通·杂述》将小说分成十类：偏纪、小录、逸事、琐言、

---

① ［唐］李德裕：《次柳氏旧闻·自序》，见上海涵芬楼影印明刊《顾氏文房小说》本《次柳氏旧闻》卷首。

② 参见［唐］刘𫘜《隋唐嘉话》卷中："薛中书元超谓所亲曰：'吾不才，富贵过分，然平生有三恨：始不以进士擢第，不得娶五姓女，不得修国史。'"（中华书局 1979 年版，第 28 页）

郡书、家史、别传、杂记、地理书和都邑簿，其中，"大抵偏纪、小录之书，皆记即日当时之事，求诸国史，最为实录……逸事者，皆前史所遗，后人所记，求诸异说，为益实多"①。李肇在《唐国史补》中也称赞沈既济、韩愈有"良史才"。所有这些都充分说明：唐代小说创作与史传作品之间是密不可分的。笔者从以下四个层面谈一下史家"实录"方法对于唐代小说的影响。

首先，在内容构成上，部分小说作品直接取材于正史、笔记，内容基本符合史实。比如，《独异志》卷下云："鲁肃以义气周急为意，周瑜为居巢长，居母丧，过肃求粮。时肃有米两囷，各三千斛，指一囷与瑜，瑜奇之，遂定交。卒霸吴。"这段记载源自《三国志》卷五四《吴书·鲁肃传》，只是在文字上稍有差异。又如，《独异志》卷下，蒋济刻木为人，"以弓矢射之"的记载，出自《三国志》卷二三《魏书·常林传》裴松之注引《魏略》。很明显，正史、笔记中的一些奇人、奇事成为唐人小说创作的源泉之一。有些唐代小说的内容与史实相当接近，以至于被后来的历史学家写进正史之中，宋代欧阳修等人撰修的《新唐书》卷一九一《忠义传》"吴保安"条、卷二〇五《列女传》"段居贞妻谢"条即根据牛肃的《纪闻·吴保安》以及李公佐的《谢小娥传》稍作加工而成。

其次，唐代小说作家将不隐恶、不虚美的春秋笔法融注在创作之中，上至帝王，下至官吏、士兵，唐代小说作家一视同仁，不为尊者隐，也不避贤者过，尊重事实，秉笔直书。陈鸿的《长恨歌传》对于唐玄宗霸占儿媳的丑行如实记载："（玄宗）诏高力士潜搜外宫，得弘农杨玄琰女于寿邸。"《太平广记》卷二四三所引《北梦琐言》中《安重霸》《张虔钊》等篇章，真实揭露了蜀简州刺史安重霸、沧州刺史张虔钊贪得无厌、盘剥百姓的嘴脸，这些人物的言行与《史记·酷吏列传》中的酷吏十分相似。又，《独异志》卷上"李祐妇"条记载，朝廷派兵征讨淮西，取得胜利以后，"入其城，官军有剥妇人衣至裸体者。（李）祐有新妇姜氏，妊娠五月矣，为乱卒所劫，以刀划其腹，姜氏气绝踣地。祐归见之，腹开尺余，因脱衣襦裹之"。（《太平广记》卷二一九引）作者客观记录了官军的残暴行径，勾勒出乱世景象，创作笔法公允、真实，没有夸大其词。

---

① ［唐］刘知几：《史通》，［清］浦起龙《史通通释》本，上海古籍出版社1978年版，第275页。

再次，唐代小说吸收了《史记》中采用的"互见法"。《唐国史补》卷上记韦丹买鼋放生，"后（鼋）报恩，别有传"①。这种"别有传"的写法显然是从《史记》脱胎而出的。又如，《太平广记》卷三八五所引《玄怪录·崔绍》一文提到马总死后做了冥间大王，他说："此官职至不易得。先是杜司徒任此职，总滥蒙司徒知爱，举以自代，所以得处此位，岂容易致哉！"司徒杜佑举荐马总的情节详见于《集异记·马总》以及《玄怪录》卷四《马仆射总》等小说之中，《崔绍》一文只是简略提及此事。借鉴"互见法"，使人物、事件在不同篇目中得以相互印证，在情节、内容上可以互为补充、互作说明。

最后，在体制上，唐代小说的开头与结尾受史传作品影响最大。史传作品一般在开头介绍传主的姓名、籍贯、生平，语气平缓，叙述简约，唐代小说也继承了这种写法，如《任氏传》："任氏，女妖也。"《李娃传》："汧国夫人李娃，长安之倡女也。"《霍小玉传》："大历中，陇西李生名益，年二十，以进士及第。其明年，拔萃，俟试于天官。"小说结尾又模仿史传论赞的形式，发表个人见解，《任氏传》《柳氏传》《柳毅传》《南柯太守传》《李娃传》，等等，都是如此。

唐代小说受到"实录"方法的熏陶，这是毋庸置疑的，不过，从史家的"实录"到唐代小说"实录"式创作方法，却产生了质的飞跃。唐代小说并非单纯地记录真人真事，而是允许合理的、少量的虚构，成为不完全性的"实录"。

唐代小说创作有个特点，其人物往往是历史或现实中真实存在的，作者围绕历史人物展开描写，部分作品的主要情节也符合史实。在此前提下，小说作家改换一下生活原型的姓名，或者在细节描写上加以虚构、夸饰，或者添设部分次要情节，不改变人物或事件的真实性。比如，元稹的《莺莺传》实际上就是作者本人的一篇"自传"②，元稹就是小说中张生的生活原型，他把自己现实中的爱情经历写入小说，假托张生之名，同时增加了一些细节刻画、心理描写和人物塑造。《东城老父传》和《长恨歌

① ［唐］李肇：《唐国史补》，上海古籍出版社1957年版，第30页。

② 《莺莺传》是作者的"自传"，此说影响较大，鲁迅《中国小说史略》、陈寅恪《元白诗笺证稿》、孙望《莺莺传事迹考》、卞孝萱《元稹年谱》等皆持此说。参见拙文《〈莺莺传〉研究综述》，载《文史知识》1992年第12期，第27－32页。

传》也是运用"实录"法创作的小说，作者陈鸿以史学家身份，将贾昌斗鸡的故事、唐玄宗与杨贵妃的爱情这些史实写进小说。但《长恨歌传》后半部分，道士寻访杨贵妃的情节却是作者在史实的基础上采取的虚幻之笔。《无双传》的创作也是如此，鲁迅在《唐宋传奇集·稗边小缀》中评述此传时说："疑其事之前半，或与崔郊姑婢相类……后半则颇有增饰，稍乖事理矣。"《无双传》中王仙客与刘无双就是现实生活中崔郊秀才与其姑婢的写照，小说后半部分情节"颇有增饰"，是作者按照生活发展的内在逻辑而虚构的。

唐人普遍存在"好奇"的审美心理。《唐国史补》卷中称："韩愈好奇。"杜甫《渼陂行》一诗写道："岑参兄弟皆好奇。"《宣室志》卷一记载："郑（绅）好奇者。"明人胡应麟《少室山房笔丛》卷三十六《二酉缀遗（中）》也指出："唐人乃作意好奇。"笔者认为，"好奇"的"奇"包括两层含义：一是虚幻、奇异之事；另外一种就是现实社会中客观存在的、非常罕见的奇人、奇闻、奇事。唐代作家将虚幻的神鬼怪异之事写进小说之中，这一点我们在后文将要论及，这里不作详述。同时，唐代作家还喜欢将现实之"奇"写进作品，如《酉阳杂俎》续集卷三云：

秀才田瞳云：太和六年秋，凉州西县百姓妻产一子，四手四足，一身分两面，项上发一穗长至足。时朝伯峻为县令。

这里所记的奇事——一百姓妻生下"四手四足，一身分两面"的婴儿，事实上就是连体婴儿，小说作者以"实录"法记下他认为奇异的事件。然而，文中"项上发一穗长至足"的细节显然是作者的夸大之辞。由于时代所限、自然科学的不发达，当时人们对很多自然现象、社会现象无法作出合理的解释，只能以"好奇"的眼光来描写这些现实之"奇"，并时时带有少量的虚构与夸张。

二、"寓言"法

"寓言"法，即是说，唐代小说作家虚设鬼魅狐怪，抒写个人情怀，讽喻社会、人生。

李肇在《唐国史补》卷下将沈既济撰写的《枕中记》称作"庄生寓

言之类"，并对此予以肯定。唐代小说"寓言"式创作法就是从《庄子》《孟子》《韩非子》等先秦散文中的"寓言"发展而来的，并运用得相当普遍。宋代洪迈《夷坚乙志·序》指出："逮干宝之《搜神》、奇章公之《玄怪》、谷神子之《博异》《河东》之记、《宣室》之志、《稽神》之录，皆不能无寓言于其间。"洪迈认为，在《玄怪录》《博异志》《河东记》《宣室志》《稽神录》等唐五代小说集中，"寓言"笔法大量存在。下面我们以《枕中记》《南柯太守传》等作品为例，试作说明。

《枕中记》描写卢生在现实中怀才不遇、穷困潦倒，到了梦境中，却仕途顺利、荣极一时，娶高门大姓崔氏女，举进士，建河功、边功，转吏部侍郎，迁户部尚书兼御史大夫。后来遭到当权者的忌恨和陷害，两次被放逐。皇帝得知他的冤情后，"复追为中书令，封燕国公，恩旨殊异"。生五子，年逾八十，享尽荣华富贵，梦醒时，旅舍主人"蒸黍未熟"，卢生由此看破红尘。小说着重刻画了卢生梦前梦后的心理状态。梦前，他渴望"建功树名，出将入相"，不甘心"生世不谐"、穷困窘迫的生活境遇，这种积极用世的思想是符合当时社会历史发展趋势的。梦后，卢生尽悟"宠辱之道，穷达之运，得丧之理，死生之情"，抛弃梦前的功利思想，人生观变得消极、低沉。作者借助卢生梦中的经历、梦前梦后心理的微妙变化，展示了封建士子积极用世的思想，同时，对于热衷仕途的文士又有所规诲。《南柯太守传》也是写梦境的作品，含有颇深的寓意。作者描写淳于棼梦入蚁穴的经历，意在有所劝诫："虽稽神语怪，事涉非经，而窃位著生，冀将为戒。后之君子，幸以南柯为偶然，无以名位骄于天壤间云。……前华州参军李肇赞云：贵极禄位，权倾国都。达人视此，蚁聚何殊。"原来，作者站在屈居下僚、才能和抱负得不到施展的封建士子的立场上，对那些无才无德、凭借某种关系夤缘高升的新贵大僚加以讽刺、鞭挞，揭露当时官场的黑暗、政治的险恶。①

《任氏传》《李娃传》《谢小娥传》《虬髯客传》等小说也是以"寓言"法加以创作的作品。《任氏传》赞扬狐女任氏"遇暴不失节，徇人以至死"的品行，并将她与"今妇人"相对比，突出任氏的忠贞而多情。《李娃传》着重表现李娃"操烈之品格"。《谢小娥传》中，小娥以女子之身，隐姓埋名，替父亲和丈夫报仇的行为受到作者李公佐的充分肯定：

---

① 参见王立兴、吴翠芬《唐传奇英华》，上海教育出版社1988年版，第55、115页。

"誓志不舍，复父夫之仇，节也。佣保杂处，不知女人，贞也。女子之行，唯贞与节能终始全之而已。如小娥，足以儆天下逆道乱常之心，足以观天下贞夫孝妇之节。"《虬髯客传》也是"寓言"之作，明代凌濛初在《初刻拍案惊奇》卷四《程元玉店肆代偿钱　十一娘云冈纵谭侠》一文中，借十一娘之口指出这一创作手法：

> 程元玉道："吾看《虬髯客传》，说他把仇人之首来吃了，剑术也可以报得私仇的？"十一娘道："不然。虬髯之事，寓言，非真也……"

这篇小说大力宣扬封建正统、真命天子，结尾声称："人臣之谬思乱者，乃螳臂之拒走轮耳。我皇家垂福万叶，岂虚然哉。"

"寓言"式作品里，创作主体的情感比较浓郁，创作的目的性也比较明确，不过，其中也有些作品不是表达作者对于社会、人生的态度与看法，而是走向另一极端，出现了利用小说对他人进行人身攻击的现象，像《补江总白猿传》就是典型的例证。这篇作品以南朝梁时将领欧阳纥作为主人公，塑造一个"力能杀人，虽百夫操兵，不能制也"的神物形象，把唐初的欧阳询说成"神物"之子，这种描写纯粹是人身攻击，用心险恶。宋代陈振孙在《直斋书录解题》卷十一曾说过这样一段话："（欧阳）询貌类猕猴，盖尝与长孙无忌互相嘲谑矣。此传遂因其嘲，广之以实其事。"① 明刊本《虞初志》卷八关于《白猿传》的评语也指出："唐，欧阳率更貌寝，长孙太尉嘲之，有'谁言麟阁上，画此一猕猴'之语，后人缘此遂托江总撰传以诬之。"② 前人的论述说明了《补江总白猿传》正是在当时政治斗争的背景下产生的。至于作此传诬蔑欧阳询的作者、写作时间，卞孝萱师认为是唐代"褚遂良为巩固其（在政界、书法界的）地位，欲打倒欧阳询，特授意手下轻薄文人作《白猿传》以诬谤之。写作时间在虞（世南）卒后，欧（阳询）卒前"③。《周秦行纪》《异闻集》中

① ［宋］陈振孙：《直斋书录解题》卷十一，上海古籍出版社2015年版，第317页。
② 署名［明］汤显祖辑：《虞初志》卷八《白猿传》回末评，见《四库全书存目丛书》子部第246册，齐鲁书社1995年版，第524页。
③ 参见卞孝萱《〈补江总白猿传〉新探》，载《西北师大学报（社会科学版）》1991年第3期，第41-45、74页。

收录的《韦安道》等也属这一类型的小说,《二刻拍案惊奇》卷三七《叠居奇程客得助　三救厄海神显灵》的入话评道:"诗曰:窈渺神奇事,文人多寓言。其间应有实,岂必尽虚玄?……其间多有偶因所感撰造出来的,如牛僧孺《周秦行纪》……却乃是李德裕与牛僧孺有不解之仇,教门客韦瓘作此记诬着他。只说是他自己做的,中怀不臣之心,妄言污蔑妃后,要坐他族灭之罪。这个记中事体,可不是一些影也没有的了?又有那《后土夫人传》,说是韦安道遇着后土之神……说得有枝有叶,元来也是借此讥着天后(按:即武则天)的。"

唐代小说以虚构为主、有所寄托的"寓言"式创作法直接继承了《庄子》《孟子》《韩非子》等先秦散文的笔法并有了很大的发展。子书中的寓言故事是夹在议论文中的例证,篇幅短小,情节简单,主要是为了说明道理或论点、作为它们的附属品而存在的[①];而唐代小说运用的"寓言"法不仅使小说篇幅扩大,而且精心刻画人物形象、描述生活细节、融入作者强烈的主观感受,它与先秦诸子散文中的"寓言"有着质的区别。

三、"传闻"法

"传闻"法,即根据传闻而写作。所谓"传闻",笔者认为,主要有两种类型。

第一,神话传说。神话传说也是因为它的"奇"而闻名的,晋代郭璞《山海经·序》声称:"世之览《山海经》者,皆以其闳诞迂夸,多奇怪俶傥之言。"[②]情节新奇怪异的神话传说引起唐代小说作家浓厚的兴趣,他们对于上古神话、神仙故事也有不少借鉴,如《独异志》卷下就有一篇作品直接取材于上古神话传说:"昔宇宙初开之时,只有女娲兄妹二人在昆仑山,而天下未有人氏,议以为夫妇,又自羞耻。兄即与其妹上昆仑山,咒曰:'天若遣我兄妹二人为夫妻而烟悉合;若不使,烟散。'于是

---

① 参见董乃斌《中国古典小说的文体独立》第五章第一节,中国社会科学出版社 1994 年版,第 170 页。

② [晋]郭璞:《山海经·序》,见丁锡根编著《中国历代小说序跋集》,人民文学出版社 1996 年版,第 5 页。

烟即合。其妹即来就兄，乃结草为扇，以障其面。"①

　　这个关于人类起源的神话被《独异志》作者稍稍加工，即成小说，主要的人物、情节都是经过虚构的。另外，《灵怪集·郭翰》《传奇·封陟》《异闻集·韦安道》等分别依据牛郎织女、上元夫人、后土夫人的神仙故事演化而来。在《太平广记》卷一至卷五五"神仙"类、卷五六至卷七〇"女仙"类中，记载了大量的神仙传说，有相当一部分是唐人作品。

　　第二，民间传闻。中国古典小说从它产生的那一天起，便与民间传闻结下了不解之缘。班固在《汉书·艺文志》中说："小说家流，盖出于稗官，街谈巷语、道听途说者之所造也。""街谈巷语、道听途说"这种民间流传的故事成了小说最初的来源，"稗官"成为最早的小说作家。到了唐代，小说虽然被搬上文人的案头，但是它与民间传闻之间依然有着血肉般的关系。我们仅从唐代小说集的篇名就可以看出这一点，以传闻的"闻"作为篇名的就有不少，如《纪闻》《封氏闻见记》《玉泉子闻见录》《闻奇录》《南楚新闻》《次柳氏旧闻》《异闻集》《纪闻谈》，等等。丰富多样、曲折生动的民间故事成为唐代小说取材的重要来源，唐人作家在故事原型的基础上进行再度创作，为唐代小说的发展注入新鲜血液。

　　从时间上看，民间传闻又可分为两种：一种是在当时现实社会中流传的故事，如《太平广记》卷四四七引《朝野佥载·狐神》指出："唐初已来，百姓多事狐神，房中祭祀以乞恩，食饮与人同之，事者非一主。当时有谚曰：'无狐魅，不成村。'"《太平广记》卷四四七至四五五含有"狐"类作品共四十八篇，绝大多数是唐人所作，这些作品是与当时"无狐魅，不成村"、普遍流行的狐怪传闻密切联系的。另外还有一种民间传闻是以前的朝代流传下来、历史上曾有文字记载的，也被唐代作家采用，进行再度创作。例如，李寄斩蛇的故事出自晋代干宝的《搜神记》，影响较大，唐代的《法苑珠林·李诞女》转录此文，语言、人物、情节等与《搜神记》基本相同。

　　民间传闻在社会上经过口口相传以后，在时间、地点、人物名称上都有出入，正如唐代陈玄祐在《离魂记》中所言："玄祐少常闻此说（按：指倩娘离魂的传闻），而多异同。"《酉阳杂俎》续集卷四"顾玄绩"条

① ［唐］李冗：《独异志》卷下，中华书局 1983 年版，第 79 页。

记中岳道士顾玄绩学道以及玄奘《大唐西域记》烈士池二事，结尾叙称："盖传此之误，遂为中岳道士。"意思是：烈士池的故事在社会上流传以后，出现变异，其中的烈士被后人误作中岳道士顾玄绩。同一民间传闻虽然"多异同"，但是其主要的情节模式却是相同的，不同的作家根据同样的传闻而创作，便出现了唐代小说中的一事多见现象。例如，虎变为妇人、与世人结合的人虎婚配故事在当时流传的范围比较广泛，以至于出现了《太平广记》卷四二九所引《河东记·申屠澄》、《太平广记》卷四二七所引《原化记·天宝选人》、《太平广记》卷四三三所引《集异记·崔韬》等多篇情节相类的小说作品。又如，人死后到冥府，因念《金刚经》而得到阎罗王尊敬的情节在《法苑珠林》的"赵文昌""赵文若""赵文信"等条、《报应记·宋义伦》《广异记·孙明》中都有所出现。唐代小说作家按照民间传闻中同样的情节模式而创作，结果便是不同作品中时间、地点、人物有所不同，而主要情节却基本相同。

按照传闻（包括神话传说和民间传闻）而创作的唐代小说，其主要情节都是虚幻的，但是作家为了强调故事的真实性，在结尾特意介绍其出处、来源。比如，张倩娘离魂的故事，《离魂记》作者陈玄祐运用浪漫主义的手法，表现青年男女对爱情的追求，想象大胆、奇特，但是在小说结尾，陈玄祐却写道："大历末，玄祐遇莱芜县令张仲规，因备述其本末。（倩娘之父张）镒则仲规堂叔，而说极备悉，故记之。"强调小说来源的真实、可靠。《柳毅传》明明取材于人龙婚恋的民间传说，是现实中不可能出现的浪漫故事，但是作者李朝威为了让读者相信他叙述的事情，采用虚事实写的方式，在结尾补上一笔："至开元末，毅之表弟薛嘏为京畿令，谪官东南"，途经洞庭时，遇见柳毅。像这样文本注明出处的做法在唐代小说创作中随处可见，不必一一列举。

四、唐代小说创作方法所体现的特点

我们在上文分析了唐代小说"实录""寓言"和"传闻"三种创作方法。相比之下，"实录"法以真实性作为创作的准则，强调生活真实；而"寓言"法和"传闻"法以虚构为主，强调艺术真实、艺术创造，作家有意识地运用想象、虚构等文学手段，构筑曲折、生动的情节。下面我们简要论述一下唐代小说三种创作方法所反映出来的三个特点。

第一，在对待小说创作虚实关系的问题上，唐代小说相对于六朝小说而言，是一次质的飞跃。胡应麟的《少室山房笔丛》卷三十六《二酉缀遗（中）》云："凡变异之谈，盛于六朝，然多是传录舛讹，未必尽幻设语，至唐人乃作意好奇，假小说以寄笔端。"鲁迅《中国小说史略》第八篇《唐之传奇文（上）》在引述这段话时指出："其云'作意'，云'幻设'者，则即意识之创造矣。"六朝作家对鬼神怪异往往信以为真，因此在小说中采取"实录"法记载鬼神之事。干宝在《搜神记·序》中曾经公开声称写作的目的是"发明神道之不诬也"①。由北齐入隋的颜之推在他的《冤魂志》中也指出："陈主（按：指陈霸先）为人，甚信鬼物。"②唐人对鬼神之事则普遍表示怀疑，试举几例。

《太平广记》卷一六一引《法苑珠林·河间男子》："天下岂闻死人可复活耶？"

《冥报记·睦仁茜》："（睦仁茜）不信鬼神，常欲试其有无。"③

《玄怪录·齐饶州》："（饶州刺史齐推）素正直，执无鬼之论。"

《仙传拾遗·田先生》："（齐）推常不信鬼神。"

《玄怪录·郭代公》写汾州乡民设祠祭祀贪淫的乌将军，郭元振不信鬼怪，手刃乌将军，最后才知道所谓的乌将军原来是一头肥猪所变，这无疑是对鬼神论者的绝妙讽刺。六朝作家从信实的角度描写鬼怪，往往混淆了生活真实与艺术真实的关系，《晋书》卷八二就曾经批评干宝《搜神记》"博采异同，遂混虚实"④。唐人对鬼神普遍持怀疑态度，他们在小说中记载神鬼怪异，并非把它们当成真人真事，而是假托鬼物，以增强小说情节的曲折性。《任氏传》作者沈既济在小说结尾自称"志异"，李公佐在《南柯太守传》中也说："稽神语怪，事涉非经。"他们明知狐女与世人结合、淳于棼梦入蚁穴的事情是怪异离奇的，却有意识地对此进行描写，这些做法体现了唐人小说创作的自觉性。

明代谢肇淛《五杂俎》卷一五指出："凡为小说及杂剧、戏文，须是

---

① ［晋］干宝：《搜神记·序》，见中华书局1979年版《搜神记》卷首。

② ［隋］颜之推原著、罗国威校注：《冤魂志》，巴蜀书社2001年版，第93页。

③ 《睦仁茜》，《太平广记》卷二九七引，注出《冥报录》，实为《冥报记》的误写，见中华书局1992年版、方诗铭辑校本《冥报记》。

④ ［唐］房玄龄等：《晋书》卷八二，中华书局1974年版，第2150页。

虚实相半，方为游戏三昧之笔。"① 清代金丰在替钱彩《说岳全传》所写的序言中写道："从来创说者不宜尽出于虚，而亦不必尽由于实。苟事事皆虚，则过于诞妄，而无以服考古之心；事事皆实，则失于平庸，而无以动一时之听……实者虚之，虚者实之，娓娓乎有令人听之而忘倦矣。"②在情节的处理上，唐代小说创作基本上做到了虚与实的有机结合。如果说魏晋南北朝是古典诗歌创作的自觉时代的话，那么可以说，唐代便是小说创作的自觉时代。唐代小说作家并没有建立像曹丕《典论·论文》、陆机《文赋》、刘勰《文心雕龙》那样比较完整的理论体系，但是他们通过自己的创作实践，使小说摆脱了长期以来作为子、史附庸的地位，艺术上逐渐走向成熟。

第二，强调情节的传奇性与现实性的有机统一。中国古典诗文自《诗经》开始，便建立了"寄托"的传统，《诗经》采取比兴手法，托物咏志；《离骚》以香草、美人比喻君王、君子，以恶禽、臭物比喻奸佞小人。唐代作家继承了文学创作中寄托的传统，并将它发扬光大。宋代洪迈在《容斋随笔》卷一五曾经指出唐人小说"鬼物假托"的特点。上文我们分析"寓言"式创作方法时曾经提到，《任氏传》《李娃传》《枕中记》《南柯太守传》《谢小娥传》《虬髯客传》等作品都清晰地传达出作者的创作意图，抒写个人情怀，反映时代背景。《补江总白猿传》《周秦行纪》《异闻集·韦安道》等小说更是带有明显的创作动机。这些小说构筑人狐相恋、人仙相恋、人猿结合、梦入蚁穴、弱女报仇等离奇怪异的情节，表达自己对社会、人生的看法，或者强调女性要像狐女任氏、妓女李娃一样有"节行"，或像谢小娥一样"贞""孝"两全，或者反映了士子积极用世的思想，并对热衷仕途的文士有所规诫，或者维护中央集权统治。由此可见，唐代小说作家在注重情节传奇性的同时，也十分注重情节的现实性，在"动一时之听"（清代金丰语）的故事情节中夹杂劝诫的主旨，起到一定的社会效果。正如李肇在《唐国史补》序文中所说，撰写此书是为了"示劝戒"。李翱（也写作陈翱、陈翰）在《卓异记·序》中指出：

---

① ［明］谢肇淛：《五杂俎》，上海书店出版社 2001 年版，第 313 页。《五杂俎》，一作《五杂组》。

② ［清］金丰：《说岳全传·序》，见《说岳全传》，上海古籍出版社 1985 年版，第728 页。

"无害教化，故籍自广，不俟繁书以见意。"① 叙述神鬼怪异之事可以使小说情节曲折多变，同时，对社会教化又没有害处，所以唐代小说作家便将两者有机地统一到创作之中。

第三，将情节的虚构、想象与作品的艺术性融为一体。史传作品"实录"的方法要求做到事件真实、用词凝练、语气平缓，这样必然限制了作品艺术的发挥；唐代小说创作突破了"实录"方法不容虚构的束缚，在作品的艺术性上大大迈进了一步，作家状奇写异，想象奇特，文采斐然。

宋代赵彦卫在《云麓漫钞》卷八中称赞唐人小说具有"诗笔"。所谓"诗笔"，主要指作品的抒情性。唐人作家在创作过程中倾注了大量的感情色彩，使作品中人物形象的塑造十分成功。如《霍小玉传》塑造小玉柔顺而痴情的性格，她被李益抛弃以后，"博求师巫，遍询卜筮，怀忧抱恨，周岁有余。嬴卧空闺，遂成沉疾。虽生之书题竟绝，而玉之想望不移。赂遗亲知，使通消息。寻求既切，资用屡空，往往私令侍婢潜卖箧中服玩之物，多托于西市寄附铺侯景先家货卖"。《莺莺传》中的崔莺莺、《柳氏传》中的柳氏、《无双传》中的刘无双、《云溪友议·韦皋》中的玉箫女等女性形象也像霍小玉一样多情、善良，感人至深。胡应麟在《少室山房笔丛·二西缀遗（中）》评曰："惟《广记》所录唐人闺阁事咸绰有情致，诗词亦大率可喜。"② 唐人小说作家津津乐道于情节之"奇"，往往在情节的跌宕起伏、情感的剧烈冲突之中塑造人物形象，取得了很大的成功，这是不少史传作品无法与之比拟的。

唐人小说作家还注重细节描写和场面刻画。塑造人物形象离不开作品的细节描写。《任氏传》有个细节：郑生知道任氏是狐身后，并没有嫌弃她。一大，他遇到任氏："郑子连呼前迫，（任氏）方背立，以扇障其后，曰：'公知之，何相近焉？'"任氏爱恋郑生，但是身体是狐，为此感到羞怯，所以见到郑生时，"以扇障其后"，以防露出狐的尾巴。作者沈既济在叙述人狐之恋的过程中，刻画这样一处狐女所特有的细节，体现了任氏作为狐女的羞怯与谨慎。诸如此类的例子在唐代小说中是很多的。没有成

---

① ［唐］李翱：《卓异记·序》，见《文津阁四库全书》史部传记类第 153 册，第 215 页。
② ［明］胡应麟：《少室山房笔丛》卷三十六《二西缀遗（中）》，上海书店出版社 2001 年版，第 371 页。

功的细节描写、合理的艺术想象，一味追求情节的传奇性，很容易陷入荒诞的深渊。场面描写也是唐代小说创作走向成熟的一个重要标志。运用夸张、白描等艺术手法，烘托小说氛围，如《柳毅传》中钱塘君出场一节，"大声忽发，天坼地裂，宫殿摆簸，云烟沸涌。俄有赤龙长千余尺，电目火舌，朱鳞火鬣，项掣金锁，锁牵玉柱，千雷万霆，激绕其身。霰雪雨雹，一时皆下，乃擘青天而飞去"。这里有声音（"大声忽发"）、有色彩（"赤龙""电目血舌""朱鳞火鬣""金锁"等），还有动作（"激绕其身""擘青天而飞去"），所有这些放在一起构成一幅宏伟壮观、气势磅礴的场面，有力地衬托出钱塘君威猛、刚烈、神力无边的形象。

胡应麟《少室山房笔丛·九流绪论（下）》曾经将"唐人以前"与"宋人以后"的小说创作进行比较："小说，唐人以前纪述多虚而藻绘可观，宋人以后论次多实而彩艳殊乏。"① 唐代小说作家注重想象、虚构，因而作品具有较高的艺术性；而宋代小说则过分偏爱于人物、事件的真实，所以缺少文采，文学成就远远不如唐代小说。可见，在情节的虚实关系上，采取不同的处理方法，对于作品的艺术性也会带来迥然不同的影响。

（原载《暨南学报》1997 年第 3 期）

---

① ［明］胡应麟：《少室山房笔丛》卷二十九《九流绪论（下）》，上海书店出版社 2001 年版，第 283 页。

论元稹的小说创作及其婚外恋
——与吴伟斌先生商榷

元稹，字微之，唐代著名诗人、小说家。根据现存文献记载，他创作的小说只有《莺莺传》一篇。自 20 世纪 80 年代中期以来，有关元稹及其创作的《莺莺传》，吴伟斌先生发表过几篇论文：《〈莺莺传〉写作时间浅探》，载《南京师院学报》1986 年第 1 期；《"张生即元稹自寓说"质疑》，载《中州学刊》1987 年第 2 期；《再论张生非元稹自寓》，载《贵州文史丛刊》1990 年第 2 期；《论〈莺莺传〉》，载《扬州师院学报》1991 年第 1 期。这几篇文章的主要观点在于否定"张生为元稹自寓"的说法。近读吴伟斌先生的大作《关于元稹婚外的恋爱生涯——〈元稹年谱〉疏误辨证》（刊发于《文学遗产》2001 年第 1 期），针对卞孝萱先生的《元稹年谱》（齐鲁书社 1980 年版，以下简称《年谱》）提出诸多异议。拜读之余，笔者对吴伟斌先生文章中的某些观点不敢苟同。吴文对《年谱》的评价也不够客观、公正，行文之中还存在自相矛盾之处。笔者结合唐代的有关文献记载，对吴文提出以下三点看法，以求证于吴伟斌先生和学术界前辈、同行。

一、《莺莺传》中张生是否元稹自寓

吴伟斌先生在文章中多次否定"自寓说"，认为"这是个不能成立的错误结论""《莺莺传》是虚构的故事情节，张生和崔莺莺是作者元稹虚构的主人公"云云。笔者认为，"自寓说"是可以成立的。下面从两个方面来谈。

第一，从唐代小说的创作方法来看，不可否认，这一时期的小说作家开始自觉地将想象、虚构等文学手段运用于小说创作之中，作家的主体意识开始觉醒。中国古典小说发展到了唐代，逐步走向成熟，但是，我们也应该看到，唐代小说作为成熟初期的文体，在很大程度上还摆脱不了《史记》《汉书》等史传作品的影响。史学创作注重客观、真实，不容虚构，这种创作原则在唐代小说创作中也留下深深的印记，小说作家借鉴了史传作品"实录"式创作方法。在小说作品的命名上，与史传作品有关的"传""记""纪""志""录"等词语被唐代小说作家采用。据笔者不完全统计，这一时期的单篇小说和小说集以"传""记""纪""志""录"等命名的达六十五种之多①；小说行文之中，常常运用"互见法"、标注年号等做法，以证明故事之真实、可靠；在小说结尾，吸纳了史传作品论赞的形式，发表议论，阐发作者个人见解，并注明故事来源，以证其实；有些小说作家更是公开声称创作的主旨在于补正史之不足，如李肇在《唐国史补》的序言中称："予自开元至长庆间撰《国史补》，虑史氏或阙则补之意。"李德裕在《次柳氏旧闻·序》中也说，编著此书，"以备史官之阙云"。唐朝的评论家也往往以"实录"的眼光来评价小说作品的成败优劣。刘知几的《史通·杂述》将小说分成十类，其中，他对逸事类的定义是："大抵偏记、小录之书，皆记即日当时之事，求诸国史，最为实录……逸事者，皆前史所遗，后人所记，求诸异说，为益实多。"李肇在《唐国史补》中也称赞《枕中记》作者沈既济、《毛颖传》作者韩愈有"良史才"。由此可见，唐代的小说家、评论家显然受到史学家"实录"式创作笔法的影响，小说创作注重真实的原则，与我们今天的小说观念有着很大的区别。我们在研究唐代小说之际，不能完全按照现代的小说观去看待距今一千多年以前的唐人小说，应当结合当时小说创作的实际情况进行分析。

第二，自宋代以来，历代学者提供了大量而有力的证据，从多种角度证明《莺莺传》中张生即作者元稹自寓。宋代赵德麟《辨传奇莺莺事》云："所谓《传奇》者，盖微之自叙，特假他姓以自避耳。"（《侯鲭录》卷五）他通过考察白居易所作《微之墓志》《微之母郑夫人志》、韩愈《微之妻韦丛墓志》、元稹《陆氏姊志》、唐《崔氏谱》、元稹《古艳诗》《春词》等以及元、白的有关诗作，证明元稹事迹与《莺莺传》中张生相合，从而有力地证明了"自寓说"这一结论。明人胡应麟《少室山房笔丛》卷四一辛部《庄岳委谈》云：《莺莺传》"乃微之自寓耳"。瞿佑《归田诗话》卷上云："元微之……其作《莺莺传》，盖托名张生。"近人鲁迅、陈寅恪、孙望诸人持此说甚力，他们从不同的角度对"元稹以张

① 参见拙著《唐代小说与中古文化》，台北文津出版社 2000 年版，第 157－159 页。

生自寓"进行考证，论述十分有力。① 笔者通过对"自寓说"的肯定论者和否定论者的相关论述过程和结论进行比较发现，肯定论者结合当时的文化背景和历史事实进行论证，结论是令人信服的；而否定论者则多站在现代社会的立场上，以今人之小说观衡量、评价唐代小说《莺莺传》，缺乏较有说服力的证据。

吴文列举鲁迅、汪辟疆、元代虞集三家之说证明唐代小说的虚构性，他认为："三位前辈都特别强调了唐代传奇的'虚构性'。既然如此，那么《莺莺传》作为一篇传奇，它虚构的主人公和虚构的故事情节，又怎么可以作为历史人物、作者元稹的真实生平？"从这段文字来看，似乎鲁迅、汪辟疆等人也是反对"自寓说"的，而事实上并非如此。鲁迅《中国小说史略》第九篇《唐之传奇文（下）》明确指出："元稹以张生自寓，述其亲历之境。"汪辟疆《唐人小说》指出："其传（按：指《莺莺传》）中之所谓张生，宋人有疑为张籍者。王铚、赵德麟并为辨正，以张生为元稹之托名，征诸本集诗歌，及其年谱，皆与此传吻合。前人已详言之，当无疑义。"② 关于《莺莺传》创作的真实性、元稹是否以张生自寓的问题，两位先生已经说得很清楚，吴文又怎能以"虚构"强加于两位先生呢？

吴文指出："《年谱》'建中二年'条下云：'崔鹏（元翰）登进士科。'将与元稹无关的人或者事情牵涉进去，我们认为也是不合适的。"在前文，我们已经说过，"自寓说"是可以成立的。关于崔莺莺的身世，宋人王铚《〈传奇〉辨正》认为她是崔鹏之女，近人曹家琪在《崔莺莺·元稹·〈莺莺传〉》（载《光明日报》1959 年 9 月 14 日）一文中也认为王铚的说法可信，并进一步指出崔鹏即崔元翰，卞先生《年谱》在"建中二年"条下注明崔鹏登科情况，当是考虑到王铚、曹家琪等人之说，是为了求得《年谱》资料之完备，此举不应受到非议。

二、《莺莺传》 的写作时间

迄今为止，关于《莺莺传》的写作时间，学术界主要存在贞元二十

---

① 参见拙文《〈莺莺传〉研究综述》，载《文史知识》1992 年第 12 期，第 27－32 页。

② 汪辟疆：《唐人小说》，上海古籍出版社 1978 年版，第 140 页。

年（804）、贞元十八年（802）、永贞元年（805）三种说法，前两种影响较大。吴文认为："《年谱》承袭陈寅恪先生的现成结论，在'贞元二十年'条内云：'九月，元稹撰《传奇》（《莺莺传》），李绅作《莺莺歌》。'"认为卞氏《年谱》"承袭陈寅恪先生的现成结论"，这种说法是没有道理的。笔者经查阅有关材料可知，陈寅恪先生《元白诗笺证稿》第一章《长恨歌》认为，元稹作《莺莺传》，"贞元二十年乃最可能者也"①。陈先生是从元稹与韦丛的婚期这一出发点考证《莺莺传》的写作时间的；卞孝萱先生《年谱》则是从元稹、李绅的行踪来考证《莺莺传》的写作时间的（参照《年谱》第77—78页）。陈、卞二人的结论相同，但是考证的方法却存在明显的差异，可谓"殊途同归"，吴文怎能说"《年谱》承袭陈寅恪先生的现成结论"呢？

关于《莺莺传》的写作时间，吴文提出"贞元十八年九月"之说。据笔者所知，"贞元十八年九月"之说也并非吴先生的发明。经查孙望先生的《莺莺传事迹考》，可以看出，第三部分"从多面的事迹上证明张生即元稹——附元稹事迹简谱"在"元稹事迹谱表"之"德宗贞元十八年"条下注明："九月，稹会李绅，绅作《莺莺歌》，稹作《莺莺传》。"在《莺莺传事迹考》的第四部分"考元稹抛弃莺莺而娶韦氏之曲折过程"中，孙望先生再次明确指出："元稹写《莺莺传》时间即在贞元十八年"，并从多方面论证这一观点。②如果说卞先生《年谱》所提出的"贞元二十年"是"承袭陈寅恪先生的现成结论"的话，那么，吴氏"贞元十八年九月"之说岂不是"照搬"孙望先生的"现成结论"？

对《年谱》的"贞元二十年"之说，吴文归结为"错误的结论"，认为这一结论"至少以下几个问题难于解释"。

第一个问题："如果《莺莺传》作于贞元二十年九月，元稹、白居易已经及第并且同时担任了校书郎，两人的感情十分融洽，'坚同金石，爱等兄弟'，到了无话不说的地步。但元稹为什么向朋辈李绅、杨巨源公开自己的作品《莺莺传》，却独独对最好的朋友白居易守口如瓶？"陈寅恪先生曾经说过："吾人今日可依据之材料，仅为当时所遗存最小之一

① 陈寅恪：《元白诗笺证稿》，上海古籍出版社1978年版，第10页。
② 孙望：《莺莺传事迹考》，见《蜗叟杂稿》，上海古籍出版社1982年版，第80页。

部。"① 由于种种原因，很多唐时的文献记载至今已经散佚，我们无从得知。元、白二人交情深厚，一生谈话至多，而流传下来的诗文有限，怎能以今日之白居易诗文中未涉及《莺莺传》，而武断地认为元稹未对白居易说过呢？

第二个问题："白居易当时喜听故事，爱说传奇，不久之后还与陈鸿合作，创作《长恨歌》和《长恨歌传》，白居易又为什么独独对最好朋友元稹的《莺莺传》不感兴趣，不置一词？"若依吴先生之推断，笔者在此不禁要问：白居易胞弟白行简曾经创作小说《李娃传》，为什么白居易在自己的诗文中对此也"不置一词"呢？难道他对胞弟白行简也"不感兴趣"吗？

第三个问题：杨巨源与白居易"这两位诗人理应因元稹的关系而相识，但据白居易的《赠杨秘书巨源》诗，他与杨巨源十多年后才'新相识'"，《年谱》对此该如何解释？

白居易《赠杨秘书巨源》诗有"早闻一箭取辽城，相识虽新有故情"之句，吴文所提出的问题，主要集中在"相识虽新"一语上，集中在对"新"一字的解释上。刘禹锡有《酬乐天扬州初逢席上见赠》诗，瞿蜕园先生云："所谓扬州初逢者，谓此时方得快晤耳。"② 朱金城先生云："'初逢''初见'均系久别重逢之意，并非初次相见。"③ 瞿、朱二人所言甚是。再看白居易《赠杨秘书巨源》"相识虽新有故情"之句，可以参照瞿、朱二位先生对"初"的解释来理解"新"，不应简单地解释为才相识；还应注意到"有故情"一词的存在，说明白、杨二人早有来往。另外，在白居易《与元九书》中，还提到元稹"与仆悉索还往中诗，取其尤长者"如张籍、李绅、杨巨源等人诗作，"编而次之，号《元白往还诗集》"。由此可知，白居易、杨巨源两人并非到元和十年才"新相识"。

吴文指责"贞元二十年说"解决不了上述三个问题。假设《莺莺传》确如吴伟斌先生所言，作于"贞元十八年九月"，元、白二人结交以后，元稹不是也有可能将崔莺莺之事告诉白居易吗？实际上，对于吴文提出的三个问题，凭"贞元十八年"之说也无法回答。

---

① 陈寅恪：《金明馆丛稿二编》，生活·读书·新知三联书店 2001 年版，第 279 页。
② 参见瞿蜕园《刘禹锡集笺证》，上海古籍出版社 1989 年版，第 1047 页。
③ 参见朱金城《白居易集笺校》，上海古籍出版社 1988 年版，第 1707 页。

三、关于元稹的婚外恋

吴文在"内容提要"中称:"元稹的婚外恋情,诸如元稹始乱终弃、抛弃崔莺莺、另攀高门以及元稹出使东川,与女诗人薛涛形同夫妇、诗歌唱和即是其中较为流行的说法。《元稹年谱》以学术著作的严肃面貌对此加以肯定,以后信从者不少,引用者有人。"这段话对《年谱》的评价不够公正。联系吴氏正文来看,也出现自相矛盾之处。笔者从以下四个方面作简要论述。

第一,我们在前文已经说过,元稹以张生自寓之说是能够成立的,张生即元稹,张生始乱终弃,抛弃崔莺莺另攀高门,正是现实社会中元稹行为的写照。关于元稹始乱终弃之举,自宋至今,言者甚多,历代学者已通过列举大量事实、从多种角度加以证明,笔者不再赘言。此说并非为《年谱》一家之言,也并非自《年谱》之后才有人"信从""引用"。

第二,以张生的事迹写入元稹的年谱之中,据笔者所见,宋代赵德麟《微之年谱》即肇其始,今人孙望《元稹事迹简谱》也以《莺莺传》所述之事写入《简谱》中,陈寅恪《元白诗笺证稿》中《长恨歌》《读莺莺传》诸文,也都肯定《莺莺传》所述人、事之真实。吴文说卞孝萱先生《年谱》"以学术著作的严肃面貌对此加以肯定",难道在卞先生《年谱》出版之前出现的陈寅恪、孙望等人的有关著述不是"严肃"的"学术著作"?

第三,吴文认为,《年谱》肯定关于元稹婚外恋的几种说法,"以后信从者不少,引用者有人",并在正文中列举朱得慈的《薛涛考异三题》、顾关元等人的《薛涛"乐妓"之谜》、成都望江楼公园的薛涛资料馆有关元稹与薛涛交往的论文、姚思源的《五凰求凤——风流诗人元稹情史》等著述作为"信从者""引用者"的例证。但在随后的论述之中,吴文又指出,卞孝萱先生"仅仅以《莺莺传》为唯一依据,把它写入年谱和传记,更是让读者不能理解,也让学术界人无法接受"。对于《元稹年谱》,一方面说"信从者不少,引用者有人",另一方面又说"让学术界人无法接受",在同一篇文章之中,针对同一本书,出现如此截然不同的两种提法,岂不是自相矛盾?

第四，关于元稹与薛涛唱和一事，经查卞先生《年谱》，在"元和四年"条下注明：元稹"使东川时，与薛涛唱和"，并特别标明："①地点不同。元和四年，元稹使东川梓州，而薛涛在西川成都府。②年龄悬殊。本年，元三十一岁，薛五十岁。"关于《云溪友议·艳阳词》所言"严司空绶，知微之之欲，每遣薛氏往焉"，《年谱》指出"这段记载，恐不真实"，认为元、薛二人未见面，更无恋爱的可能。吴文指责《年谱》肯定"元稹出使东川，与女诗人薛涛形同夫妇、诗歌唱和"等说法，是没有根据的。

如上所言，《年谱》已明确指出元、薛二人不可能恋爱；《年谱》在元稹一岁时，标明"薛涛二十岁"；《年谱》于"大和六年"条（吴文误为"大和七年"）下注明"本年，薛涛已卒，终年七十三岁"，揣测作者之意，大概是为了说明元、薛二人年龄悬殊，没有恋爱的可能。吴文末尾指责《年谱》上述举动"都是没有必要的，容易引起读者不必要的误解"。这一指责显然有些偏颇。

吴文还写道："理应将元稹与管儿的初恋补入。"这一观点也有值得商榷之处。元稹在元和五年（三十二岁）时作《琵琶歌》，《歌》中有"管儿不作供奉儿，抛在东都双鬓丝"及"管儿管儿忧尔衰"等句。根据上述诗句，我们不禁有些疑问：女性能称作"供奉儿"吗？退一步说，即使管儿是女性，三十岁左右的女人就会出现"双鬓丝"吗？有"衰"之忧吗？可见管儿比元稹年长，元稹能与一个比自己年长的女人产生"初恋"吗？吴文列举元稹《仁风李著作园醉后寄李十（一）》中"花下莺声是管儿"之句，作为管儿是女性、与元稹有恋情的证明。但是，笔者查阅中华书局1982年版的《元稹集》卷一七发现，元稹原诗作"花下音声是管儿"①，《全唐诗》卷四一二注：音，一作"莺"②。《琵琶歌》提到管儿弹琵琶，所以"音声"当指琵琶之声。吴文为了说明管儿是女性，故意用"莺声"一词。可见，"花下莺声是管儿"之句并不能证明管儿是女性，所以也就谈不上元稹与管儿之间存在"初恋"。

---

① ［唐］元稹：《仁风李著作园醉后寄李十（一）》，见《元稹集》卷一七，中华书局1982年版，第200页。

② 《全唐诗》卷四一二，中华书局1960年版，第4571页。

笔者在拜读吴伟斌先生《关于元稹婚外的恋爱生涯》一文之后，提出以上不同看法，不当之处，还请吴伟斌先生和学术界同行批评、指正。

（原载《文学遗产》2002 年第 1 期）

结构的转换

——唐代小说与后世戏曲相关作品的比较研究

　　汪辟疆先生在《唐人小说》的"序例"中曾经指出："唐人小说，元明人多取其本事，演为杂剧传奇。"正如汪先生所言，唐代小说在元、明、清戏曲中间出现了很多改编作品。笔者经过统计发现：元代根据唐代小说改编的杂剧共有四十篇，现存十七篇；明清时期改编的作品共有杂剧四十八篇，现存三十三篇；传奇八十三篇，现存五十二篇。在这些作品中间，比较有名的如：《柳氏传》—元代乔吉《李太白匹配金钱记》杂剧—明代吴大震《练囊记》传奇、梅鼎祚《玉合记》传奇；《南柯太守传》—明代汤显祖《南柯记》传奇；《莺莺传》—元代王实甫《崔莺莺待月西厢记》杂剧—明代李日华《南调西厢记》传奇、陆采《南西厢》传奇—清代碧蕉轩主人《不了缘》杂剧、查继佐《续西厢》等；《李娃传》—元代石君宝《李亚仙花酒曲江池》杂剧—明代朱有燉《李亚仙花酒曲江池》杂剧、薛近衮《绣襦记》传奇；《长恨歌传》—元代白朴《唐明皇秋夜梧桐雨》杂剧—清代洪昇《长生殿》传奇；等等。限于篇幅，本文主要就唐代小说与后世戏曲相关作品在结构原则上出现的差异加以论述。

　　不同样式的文学体裁，对于作品结构的要求是不一样的。郭沫若在《文学的本质》一文中指出："小说着重在描写，戏剧着重在构成。"① 这句话是有道理的。比起小说艺术，戏曲更加注重结构的处理，所以李渔在《闲情偶寄·词曲部》中提出"结构第一"的主张。戏曲结构又称"布局"或"搭架"，凌濛初《谭曲杂札》指出："戏曲搭架亦是要事，不妥则全传可憎矣。"② 汤显祖对于戏曲结构也十分重视，他在《玉茗堂批评〈焚香记〉》第三十七出《收兵》总评中说："结构串插，可称传奇家从

---

① 郭沫若：《文艺论集》之《文学的本质》一文，人民文学出版社 1979 年版，第 227 页。
② ［明］凌濛初：《谭曲杂札》，见《中国古典戏曲论著集成》第 4 册，中国戏剧出版社 1959 年版，第 258 页。

来第一。"① 唐代小说和元明清戏曲作为不同的文学样式，在结构原则上也存在着显著的差异性。笔者分三点加以阐述。

<h2 style="text-align:center">一</h2>

从总体上看，唐代小说和元明清戏曲处理结构的方式多为线性的，即以单一化的人物事件作为贯串全文的中心线索，围绕这个中心，组织情节、头绪集中、单纯，结构简明、凝练，呈线状发展而不具有平面性、网络状特点。不过，在具体的使用手法上，两者是不同的。笔者认为，唐代小说主要有三种结构形式：第一种，环状并列式，即以一人或一事为主要线索，贯穿、连接若干个完整、独立的小故事，如王度《古镜记》、白行简《三梦记》等；第二种，递进上升式，即以一人或一事为主要线索，情节发展呈阶梯状上升趋势，如《补江总白猿传》等；第三种，交叉发展式，即围绕一个主题，按照两个（或两个以上）人物的行踪来组合情节，形成两条（或两条以上）线索并列进行，同向发展，如《纪闻·吴保安》《虬髯客传》等。在上述三种结构中，第一、第二种是单线结构，第三种是复线结构。就唐代小说创作整体而言，单线结构所占比重较大，即使是复线结构的小说也呈现单线化的倾向，存在主次之分，如《吴保安》一文以吴保安行踪为主线，郭仲翔陷蛮、获救、报恩的经过为副线，《虬髯客传》则以虬髯客一线为主，李靖、红拂一线为副。

单线结构的小说，其情节一般不及复线结构作品曲折生动，所以后世作家对此类小说的改编相对少一些。元明清戏曲根据唐代小说进行加工，往往将单线结构改为复线结构，如《玉溪编事·侯继图》—元杂剧《李云英风送梧桐叶》。前者叙述侯氏拾到题诗秋叶，后与题叶人任氏结婚，篇幅短小；后者则以任继图、李云英二人行踪为线索，叙述夫妇二人的悲欢离合。唐代复线结构的小说在戏曲改编作品中很少有主次之分，而是两条（或两条以上）的线索交叉演进，地位几乎同等重要。明清戏曲为了达到其复线结构的要求，往往突出唐代小说中分量明显不足的一方的作用（如虞侯许俊从《柳氏传》到《玉合记》传奇，邻舟女从《郑德璘》到

---

① 参见［明］王玉峰《焚香记》，中华书局 1989 年版，第 106 页。

《红蕖记》传奇），或者增补唐代小说中所没有的另外一种人物、事件（如明代许自昌《桔浦记》传奇中的虞小姐与柳毅的婚恋发展，为《柳毅传》所无），或者干脆将两篇情节相似的唐代小说合二为一，甚至以唐人小说掺和宋传奇、元杂剧进行创作，如：

《本事记·崔护》《传奇·裴航》—明代《玉杵记》传奇

《甘泽谣·红线》《传奇·昆仑奴》—明代《双红记》传奇

《虬髯客传》《本事诗·杨素》—清代《红拂记》传奇

《玄怪录·张老》《续玄怪录·定婚店》—清代《太平钱》传奇

《续玄怪录·李靖》《定命录·卖馄饨》—清代《醉新丰》杂剧

《柳毅传》《张生煮海》（元杂剧）—清代《蜃中楼》传奇

《长恨歌传》《梅妃传》（宋传奇）—明代《惊鸿记》传奇、清代《天宝曲史》传奇

《云溪友议·韦皋》《唐语林》所记薛涛事—明代《鹦鹉洲》传奇

明清传奇篇幅长达三四十出之多，采用一条线索组织关目，显得过于单调。相反，两条线索交叉演进，能够使情节的发展错落有致。试以《红蕖记》传奇为例加以分析。

唐代小说《郑德璘》以郑德璘与韦女的婚恋作为描写重点，秀才崔希周、邻舟女只是顺便提及，并且作为推动情节发展的一个误会、巧合，穿插于行文中间。崔希周江上吟诗，邻舟女听到后，在红蕖上赋诗唱和，后来这幅红蕖被韦女转赠德璘，作为信物，德璘误以为是韦女所题。崔希周的身份到小说末尾才补充介绍。明代戏曲作家沈璟将这种误会性情节加以扩充，崔希周在《红蕖记》第六出即已出场，红蕖赋诗，接着，戏曲按照两条线索并行。一条线索为：德璘求佳女，韦女怀春—郑、韦相见，互送情物—韦女溺死，洞庭君相救—郑、韦缔结良缘—洞庭君化装水手，韦女不识—德璘选任巴陵令，处理魏材与希周争婚一事—郑升任翰林学士—两对才子佳人团圆欢庆。另一条线索为：崔希周红蕖赋诗—邻舟女曾丽玉父亡，母亲逼女为娼，曾女发誓要寻江上吟红蕖诗的秀才—小人魏材冒名求婚，被曾女识破—希周托媒求婚—魏材夸言豪富，曾母贪财许婚，曾女不从—德璘判曾女于希周—希周考中探花—一对才子佳人团圆欢庆。

从唐代小说到元明清戏曲，崔希周与邻舟女这条爱情线由无到有，并且作用变得与郑、韦这条线差不多同样重要。

二

元明清戏曲（主要是明清传奇）多取唐代小说中与人物、事件联系紧密的实物来安排关目，这里我们将这种重要的实物称之为"戏眼"。作为"戏眼"出现的有时不仅是实物，还可以是其他的东西，如明人杂剧《郁轮袍》、清杂剧《清平调》即以郁轮袍曲、清平调诗、曲作为杂剧的"戏眼"。被戏曲作家当作"戏眼"的物件在唐代小说中大多能找到"原物"，试举如下两例。

《郁轮袍》杂剧中郁轮袍一曲，源出唐代小说《集异记·王维》："（岐王）即令（王维）独奏新曲，声调哀切，满座动容。公主自询曰：'此曲何名？'维起曰：'号《郁轮袍》。'"

《黑白卫》杂剧据《传奇·聂隐娘》改编而成。《聂隐娘》中也提到黑白卫："（刘昌裔）召衙将，令来日早至城北候一丈夫、一女子，各跨白黑卫至门。"

也有的"戏眼"是唐代小说中没有而戏曲作家添加的。比如，元代乔吉《金钱记》杂剧以金钱作为"戏眼"，这一实物是唐代小说《柳氏传》中所没有的。

元明清戏曲中这类"戏眼"很多，试列如表1-2所示。

表1-2　元明清相关戏曲中的"戏眼"

唐代小说	元明清戏曲	"戏眼"
《纪闻·吴保安》	（明）《埋剑记》	宝剑
《柳氏传》	（元）《李太白匹配金钱记》 （明）《玉合记》	金钱 玉合
《霍小玉传》	（明）《紫箫记》 （明）《紫钗记》	紫箫 紫钗
《博异记·崔玄微》	（清）《卫花符》	卫花符

程国赋自选集

CHENG GUOFU ZIXUANJI

唐代小说	元明清戏曲	"戏眼"
《集异记·王维》	（明）《郁轮袍》	郁轮袍曲
《原化记·崔尉子》	（元）《相国寺公孙合汗衫》 （明）《罗衫记》	汗衫 罗衫
《本事诗·崔护》《传奇·裴航》	（明）《玉杵记》	玉杵臼
《虬髯客传》《本事诗·杨素》	（明）《红拂记》	红拂、破镜
《无双传》	（明）《明珠记》	明珠
《中朝故事》宣宗私行访贤事	（明）《衣珠记》	明珠
《长恨歌传》	（清）《长生殿》	金钗、钿盒
《玄怪录·张老》《续玄怪录·定婚店》	（清）《太平钱》	太平钱
《传奇·张无颇》	（明）《龙膏记》	暖金合
《传奇·孙恪》	（清）《仙缘记》 （又名《碧玉环》）	碧玉环
《云溪友议·韦皋》	（明）《鹦鹉洲》	玉指环
《云溪友议·卢渥》	（明）《题红记》	红叶
《本事诗·李白》	（清）《清平调》	清平调
《玉溪编事·侯继图》	（元）《李云英风送梧桐叶》	梧桐叶

上述"戏眼"在情节发展的关键时刻常常出现，成为情节与情节之间起衔接作用的重要环扣，甚至直接推动情节的不断发展。如《金钱记》杂剧中的金钱（五十文开元通宝）即是如此，柳眉儿看中书生韩飞卿，留下"五十文金钱为信物"①。韩飞卿拾到钱后，因钱寻人，终与柳眉儿结为夫妇。杂剧结尾《太平令》一曲点明金钱在戏曲结构中的地位："这

---

① ［明］臧晋叔编：《元曲选》第一册《李太白匹配金钱记》杂剧第一折，中华书局1958年版，第17页。

都是五十文开元通宝，成就了美夫妻三月桃夭。"（第四折）又如《明珠记》中的明珠，在戏曲结构中也发挥了很大的作用：

> 小生（按：王仙客自称）监押行装，小姐（按：指刘无双）羁留京国，若非明珠表意，怎能勾两下相思？后来在驿路相逢，小生目断东墙，小姐独眠孤馆，若非明珠寄恨，怎能勾两下厮见？更兼买求义士，赎取香躯，皆明珠之功，不可忘也。①

因为奸臣卢杞陷害，刘无双父亲被逮，她自己没入宫掖，王仙客靠着一颗明珠与她相见，并表达爱情；后来又通过明珠去求义士古押衙帮忙、赎取无双的躯体，在《明珠记》中，明珠这一物件成为推动剧情发展、转折的一个重要动力。

另外，这些"戏眼"在戏曲作品的线性结构中，除了起到衔接情节的作用以外，还具有象征的意义。作为"戏眼"的物件，不仅珍贵，而且大多是男女定情的信物，作者以这些物件（如《明珠记》中的明珠、《红拂记》中的破镜）分而再合的故事，述说着主人公爱情、人生的悲欢离合。

三

戏曲运用分场演出的办法，以人物的上下场作为戏曲"段落"的开头或结尾，由此形成若干折、出，每折（出）戏都有一个相对完整的情节。这种分场结构决定了元明清戏曲作家对于唐代小说的改编必须做到"贵剪裁"与"密针线"。"贵剪裁"，就避免了戏曲情节的冗长、累赘；"密针线"，则使每折戏（或每出戏）之间衔接紧密，不会出现结构松散的局面。这实质上关涉到情节的跳跃性与连贯性的问题。

王骥德《曲律》指出，戏曲要做到"贵剪裁，贵锻炼——以全帙为大间架，以每折为折落，以曲白为粉垩、为丹艧；勿落套，勿不经，勿太

---

① ［明］陆采：《明珠记》第四十一出《珠圆》，见《六十种曲》第3册，中华书局1958年版，第130页。

蔓，蔓则局懈，而优人多删削"①。元明清戏曲作家根据分场演出的要求，删除或淡化了唐代小说中很多次要的情节，如《扬州梦记》写杜牧与妓女紫云、湖州少女之间的两个风流故事，杂剧《杜牧之诗酒扬州梦》删除了杜牧湖州定亲、约定十年后去娶湖州少女的情节，集中笔墨描写他与妓女张好好的恋情。"头绪繁多，传奇之大病也。……事多则关目亦多，令观场者如入山阴道中，人人应接不暇。"②《扬州梦》杂剧删除了不必要的"头绪"，作品情节更趋集中、凝练。杂剧《吕翁三化邯郸店》（《枕中记》改编本）第二折结尾写卢生上京赶考，第三折通过卢生之口写道："自开元十八年为始，光阴好疾也，不觉的五十余年矣。"这五十余年间与剧情无关的情节都被"剪"掉或一笔带过，第二折与第三折之间的时间跨度为五十余年，可见戏曲情节的跳跃性是相当大的。

戏曲作家强调"贵剪裁"，不过，如果剪裁失当，就会使剧情的发展显得突兀，因此作家还讲求"密针线"即追求情节的连贯性，主张使用照应、伏笔等艺术手段。王骥德所说的"毋令一人无着落，毋令一折不照应"指的就是这个道理。李渔说得很清楚："编戏有如缝衣，其初则以完全者剪碎，其后又以剪碎者凑成。剪碎易，凑成难。凑成之工，全在针线紧密；一节偶疏，全篇之破绽出矣。每编一折，必须前顾数折，后顾数折。顾前者，欲其照映；顾后者，便于埋伏。照映、埋伏，不止照映一人，埋伏一事，凡是此剧中有名之人，关涉之事，与前此、后此所说之话，节节俱要想到。"③

与唐代小说对应的元明清戏曲中，这种"照映""埋伏"之笔使用较多。《玄怪录·张老》结尾叙及张老让妻兄韦义方拿着红线缝过的旧"席帽"，到扬州北邸卖药王老家取钱一千万贯。清李玉《太平钱》在开头即交代张老到罗大伯、大嫂（即唐代小说中的王老）家饮酒。张老说："我

---

① ［明］王骥德：《曲律》卷三《论剧第三十》，见《中国古典戏曲论著集成》第4册，中国戏剧出版社1959年版，第137页。

② ［清］李渔：《闲情偶寄》之《词曲部·结构第一·减头绪》，上海古籍出版社2000年版，第28页。

③ ［清］李渔：《闲情偶寄》之《词曲部·结构第一·密针线》，上海古籍出版社2000年版，第26页。

头上的席帽破了，欲烦大嫂与我缝一缝。"① 这处"伏笔"，与后来韦义方凭帽取钱的情节前后呼应。《红拂记》结尾点出虬髯翁的结局，他当上扶余国王，归顺唐朝，并帮助李靖征讨高丽。《红蕖记》补充交代邻舟女的下落。这些都是唐人小说《虬髯客传》《郑德璘》所没有的，也就是李渔所言"照映"之笔。有了这些埋伏、照应，戏曲结构愈趋谨严，作品浑然一体。

《紫箫记》是唐代小说《霍小玉传》的改编本，清人蔡应龙有感于这篇戏曲作品"前后照应，亦疏甚也"②，于是对《紫箫记》再加改写。蔡氏在《紫玉记·弁言》中指出：

> 总缘（《紫箫记》）后幅多所缺略，如花卿赠姬，重以豪侠小侯，置诸别馆，究不能复还其故主；小侯赠马之后，花卿又弃名马于无用之地，负却从前换姬本怀。至霍王一去华山，杳无踪迹，且小玉华清拾箫，旋承恩赐，何等郑重，讵得箫之后，亦弃置不用，从未品调。他如石子英、尚子毗诸人，全无着落，与前幅毫不照应。……余非技痒，实不忍使紫钗同紫箫，沉埋于世，急按红牙，竭力弥缝补缀，旬日成帙，俾赠姬者复归其姬，赠马者复归其马，拾箫者得品其箫，制曲者得度其曲，仙去者得再见其仙踪，而暂返其故园。且石、尚诸人，久离别于边隅者，仍得欢然团聚一堂，又何虑不能为台上之曲，终为案头之书耶?③

从这段话我们可以清楚地感受到元明清戏曲作家对于戏曲结构是何等重视。

我们从以上三个方面论述了唐代小说与元明清戏曲在结构上存在的差异。由此可知，小说和戏曲这两种文体对于作品结构的要求是有所不同的。后世戏曲作家在改编唐人小说之际，将很多单线结构改成复线结构，

---

① ［清］李玉：《太平钱》第二出，见《古本戏曲丛刊》第三集，据北京图书馆藏旧钞本影印。

② ［清］徐绍桢：《紫玉记·序》，见《古本戏曲丛刊》第五集，据绥中吴氏藏清乾隆刊本影印《紫玉记》卷首。

③ ［清］蔡应龙：《紫玉记·弁言》，见《古本戏曲丛刊》第五集，据绥中吴氏藏清乾隆刊本影印《紫玉记》卷首。

添设了不少"戏眼",并注重剪裁,注重使用照映和伏笔,使戏曲结构更加集中、精练。这些改编唐代小说过程中所出现的独特艺术现象,应该引起我们足够的重视。

(原载《南京大学学报》2002 年第 1 期)

《李娃传》嬗变研究

　　白行简的《李娃传》，收入《太平广记》卷四百八十四"杂传记"类。"行简本善文笔。李娃事又近情而耸听，故缠绵可观。"①《李娃传》在思想、艺术上存在巨大的魅力，对后世产生广泛的影响。宋代罗烨《醉翁谈录》收有无名氏的话本《李亚仙》，元代高文秀著杂剧《郑元和风雪打瓦罐》（已佚），石君宝创作杂剧《李亚仙花酒曲江池》（收入《元曲选》）。明初，朱有燉在前人创作的基础上改编成杂剧《李亚仙花酒曲江池》，后来薛近兖（一说作者徐霖）著传奇《绣襦记》（收入《六十种曲》）等。本文根据现存的几部主要作品，按照时代的先后顺序，对《李娃传》在后世的嬗变轨迹加以考述。

一

　　宋元时代根据《李娃传》改编的作品，以宋话本《李亚仙》、元人石君宝《李亚仙花酒曲江池》（以下简称《曲江池》）为代表。由唐至宋元，社会发生深刻的变化，尤其到了元代，蒙古贵族入主中原，传统的思想观念受到剧烈冲击，这些在文人的创作中都有着鲜明的反映。笔者通过对《李娃传》与话本《李亚仙》及杂剧《曲江池》进行比较研究，将唐代小说《李娃传》至宋元的演变情况概括为以下两点，那就是门第观念的加强和人物形象的嬗变。

（一）门第观念的加强

　　唐代非常讲究门第，《旧唐书》卷一二六《李揆传》云："李揆，字瑞卿，陇西成纪人，而家于郑州，代为冠族。……肃宗赏叹之，尝谓揆曰：'卿门地、人物、文章，皆当代所推。'故时人称为三绝。……初，

　　① 鲁迅：《中国小说史略》第八篇《唐之传奇文（上）》，上海古籍出版社1998年版，第50页。

揆秉政，侍中苗晋卿累荐元载为重官。揆自恃门望，以载地寒，意甚轻易，不纳。"① 连唐肃宗也羡慕出身望族的李揆，可见门第观在当时何等根深蒂固！李揆轻视门地寒微、出身低下的元载，从当时的门第观念来看，也在情理之中。《国史异纂·七姓》叙称："高宗朝，以太原王、范阳卢、荥阳郑、清河博陵二崔、陇西赵郡二李等七姓，恃其族望，耻与他姓为婚，乃禁其自姻娶。于是不敢复行婚礼，密装饰其女以送夫家。"② "七姓"公然违抗皇帝的禁令，以至宁愿"密装饰其女以送夫家"，也不愿与"七姓"之外的"诸姓"明媒正娶。

唐代重门第的风习在小说中也有大量反映。《柳毅传》作者以钦羡的口吻描写柳毅与范阳卢氏的婚姻："既而男女二姓，俱为豪族，法用礼物，尽其丰盛，金陵之士，莫不健仰。"《霍小玉传》作者称扬李益"门族清华"。在《李娃传》中我们也可以找到这种门第观影响的痕迹。小说开头叙述荥阳公身世："时望甚崇，家徒甚殷。"是当时的高门巨族。不过，值得注意的是，我们在《李娃传》中还可以鲜明地看出它对当时门第观念的冲击与讽刺的一面，这从以下两点可以说明。其一，唐朝规定："凡官户奴婢，男女成人，先以本色媲偶。"③ 法律禁止"贱民"阶层与士子通婚，李娃身为"长安之倡女"，出身低贱，却与巨族子弟荥阳公子结合，这不正是对门阀森严的现实的蔑视与挑战吗？其二，从荥阳公这个人物来看，为了家世门庭，他将"污辱吾门"的亲生儿子鞭至濒死；后来荥阳公子一举成名，荥阳公不顾颜面、前倨后恭，急忙认子："吾与尔父子如初。"对这个狠毒、自私而无情的人物的塑造是对门阀观念的绝妙讽刺。

不过，《李娃传》在后代的流传过程中，门第观不断得到加强，笔者结合宋元话本、杂剧，作以下简要阐析。

第一，从荥阳公子的角度来看，《李娃传》提及荥阳公及荥阳公子，称："天宝中，有常州刺史荥阳公者，略其名氏，不书。"小说作者称荥阳公子为"生""某郎"，没有一处称呼"郑生"的，而在后来的小说、戏曲中，几乎清一色地给荥阳公子加上"郑"姓，称之"郑元和"。刘克

---

① ［后晋］刘昫等：《旧唐书》卷一二六《李揆传》，中华书局 1975 年版，第 3559－3561 页。
② 《国史异纂·七姓》，见《太平广记》卷一八四，中华书局 1961 年版，第 1377 页。
③ ［唐］李林甫等：《唐六典》卷十九，中华书局 1992 年版，第 525 页。

庄《后村先生大全集·诗话（前集）》云："郑畋名相，父亚亦名卿，或为《李娃传》，诬亚为元和，畋为元和之子。"① 可见在刘克庄之前已有称荥阳公子为"郑元和"的做法。宋话本《李亚仙》中郑元和自我介绍："小生姓郑，名平，字元和，严父常州刺史。"元杂剧《曲江池》中口口声声称其为"郑生""郑元和"。荥阳公子由"略其名氏，不书"到有名有姓的"郑元和"，这一变化说明了什么？我们知道，郑姓是唐代"七姓"之一，以荥阳为郡望，但这不等于说以荥阳为郡望的荥阳公子即是郑姓，因为以荥阳为郡望的不止郑氏一姓。据《太平寰宇记·河南道九·郑州·姓氏》云："荥阳郡四姓：郑、毛、潘、杨。"② 可见后世小说、戏曲给荥阳公子加上"七姓"之一的郑姓，显然是为了抬高荥阳公子及其家庭的门阀地位。另外，石君宝在《曲江池》中对荥阳公子的门第、家世也大书特书，郑父上场自称："老夫姓郑名公弼，荥阳人也，自登进士，久著政声，官授洛阳府尹。"（楔子）郑父出身高门望族，考中进士，较之《李娃传》中的门第更为显赫。到了明代《绣襦记》，则将荥阳公落实为历史上实有的人物，荥阳公摇身一变为郑儋，"乃桓公之后裔。家世甚振于荥阳，时望颇崇于朝野，官居刺史，位莅常州"。（第二出）按《旧唐书》卷十三下《德宗本纪》记载："（贞元十六年冬十月）甲午，以河东行军司马郑儋检校工部尚书、太原尹、河东节度使。"③ 荥阳公成为唐代节度使郑儋，可见《绣襦记》是借历史上的显赫人物来抬高小说中荥阳公的门望。

第二，从李娃角度来看，唐代妇女社会地位相当低下，在法律上得不到保障。唐朝规定有"七出"和"义绝"的条文，其中"七出"是指丈夫休弃妻子的七项"罪名"："七出者，依令：'一无子，二淫泆，三不事舅姑，四口舌，五盗窃，六妒忌，七恶疾。'"④ 妓女属于"贱民"阶层，命运更为凄惨。当时有个妓女徐月英曾经写诗咏叹："为失三从泣泪频，此身何用处人伦。虽然日逐人生寄，长羡荆钗与布裙。"⑤ 李娃作为一名

---

① ［宋］刘克庄：《后村先生大全集》卷一七三《诗话（前集）》第82册，线装书局2004年版，第749页。

② ［宋］乐史：《太平寰宇记》卷九《河南道·郑州》，中华书局2007年版，第166页。

③ ［后晋］刘昫等：《旧唐书》卷十三下《德宗本纪》，中华书局1975年版，第393页。

④ ［唐］长孙无忌等：《唐律疏议》卷十四《户婚律》，中华书局1983年版，第267页。

⑤ ［唐］徐月英：《叙怀》，见《全唐诗》卷八〇二，中华书局1999年版，第9130页。

普通的妓女，不仅在肉体上，而且在灵魂上、人格上都会受到极大的污辱与摧残，到了宋元作品中，虽然她仍属"教坊乐籍"，没有摆脱妓女身份，可是地位明显有所提高，由唐代小说中普通妓女变成"上厅行首李亚仙"，并且在曲江池偶遇郑元和，一见钟情，主动托人邀请他一同饮酒。时代赋予李亚仙较高的社会地位和追求爱情的自由，这样郑、李婚姻一方是高门望族，进士及第，一方是"上厅行首"，虽谈不上十分美满，比之唐代小说，却要"般配"得多。

（二）人物形象的嬗变，也是唐代小说与宋元话本、戏曲之间存在的差异性之所在

宋无名氏的话本《李亚仙》基本上沿唐代小说而来，人物形象变异不甚明显。《曲江池》则大刀阔斧地加以改动，删除"倒宅计"即李亚仙伙同老鸨欺骗郑生的情节，强调李亚仙性格的前后一致性。由唐代小说到元曲，出现的这种人物、情节的差异性，是由戏剧艺术的特殊规律所决定的。戏剧强调情节的高度集中和统一，强调人物性格和形象的鲜明突出。王骥德就曾指出，戏剧创作要"贵剪裁，贵锻炼"①，李渔《闲情偶寄》提倡"立主脑""密针线""减头绪"，也包含着这个道理。我们结合郑、李二人交往的全过程，试加分析如下。

第一阶段，从郑、李相识到老鸨设计欺骗郑生。唐代小说中李娃与荥阳公子相遇，"娃回眸凝睇，情甚相慕"。听说公子来访，"娃大悦曰：'尔姑止之，吾当整妆易服而出。'"对于荥阳公子的才貌十分敬慕。"岁余，资财仆马荡然。逐来姥意渐怠，娃情弥笃。"不能否认，她对荥阳生是有一定的感情的。但李娃毕竟是风尘中人，无数生活的磨难在她的心灵中肯定留下说不尽的创伤，而且她见多识广，"李氏颇赡，前与之通者多贵戚豪族"。这一切决定了李娃绝不仅仅是一个单纯的少女，而是一个老练成熟的女性，她与荥阳生之间的关系必然存在妓女与嫖客的那种以金钱买卖色相的成分。正因为如此，后来荥阳生资财用尽，李娃串通老鸨设置"倒宅计"才是合情合理的。元曲作者则着力塑造一个单纯、善良、勇于追求幸福爱情的李亚仙，她在曲江池边看到郑元和，连声称赞："好俊人

---

① ［明］王骥德：《曲律·论剧戏第三十》，见《中国古典戏曲论著集成》第 4 册，中国戏剧出版社 1959 年版，第 137 页。

物也",叫妹夫赵牛觔请郑元和过来同席:"妹夫,那里有个野味儿,请他来同席,怕做什么?"她不贪钱财,见到郑元和,一心想从良弃贱,"咱既然结姻缘,又何须置酒张筵",并告诫郑生要提防老鸨:"俺娘呵呵外相儿十分十分慈善,就地里百般百般机变,那怕你堆积黄金到北斗边……不消得追欢买笑几多年,早下翻了你个穷原宪。"(以上均见第一折)李娃的单纯、善良、大胆、主动于此可见一斑。

第二阶段,设计骗郑生。《李娃传》中,李娃是老鸨的合伙者,这一点毋庸置疑。李娃将荥阳生骗至姨宅,见到姨以后,"娃下车,妪逆访之曰:'何久疏绝?'相视而笑"。后来荥阳生问道:"此姨之私第耶?"李娃则干脆"笑而不答,以他语对"。两次会心的微笑,就暴露了李娃作为风尘女子的那种成熟与老练。对于风流俊俏的荥阳生,她是有情的,但作为妓女,又不能淡泊金钱财势,这种"情"与"利"矛盾冲突的结果,便是"利"暂时战胜了"情"。李娃抛弃了荥阳生,她的人格也受到严重贬损。《曲江池》最大的改动莫过于删裁这段情节。老鸨赶走郑生,李亚仙由唐代小说中的合伙者变成与郑元和一样的受害者,成为贪财狠毒的老鸨手下的牺牲品。李亚仙为此愤恨不已,暗地里骂老鸨:"俺娘眼上带一对乖,心内隐着十分狠,脸上生那歹斗毛,手内有那握刀纹,狠的来世上绝伦,下死手无分寸","俺娘钱亲,钞紧,女心里憎恶娘亲近,娘爱的女不顺,娘爱的郎君个个村,女爱的却无银",骂得淋漓尽致。她忠于爱情,思念郑生,为此"在家茶不茶,饭不饭,又不肯觅钱"。(均见第二折)比起唐代小说,李亚仙性格单纯而完整。

第三阶段,从再次相逢到最后团圆。明胡应麟说:"娃晚收李子,仅足赎其弃背之罪,传者亟称其贤,大可哂也。"① 将李娃收留荥阳生的行为归之于她的"赎罪",议论未免失之偏颇。事实上,李娃彼时的心理是相当复杂的,既有爱情成分的渗入,也有良心发现的一面。李娃是善良的,有着一颗久处风尘而没有泯灭的良心,看到荥阳生因为受到自己的欺骗而沦为乞丐,内心疚愧难当。她"连步而出……前抱其颈,以绣襦拥而归于西厢。失声长恸曰:'令子一朝及此,我之罪也!'绝而复苏"。在老鸨面前,她义无反顾,据理力争,迫使李母答应她与荥阳生同居的请

---

① [明]胡应麟:《少室山房笔丛》卷四一《庄岳委谈(下)》,上海书店出版社2001年版,第434页。

求，体现了李娃善良、忠贞而果断的性格。尔后她数年如一日，帮助荥阳生。当荥阳生发愤读书，恢复了"本躯"，李娃认为自己尽到了职责，她压抑内心的感情，拒绝荥阳生的求婚，因为李娃是清醒的，她认识到封建门阀制度很难容纳下她这个弱女子，荥阳公为了门第可以置爱子于死地，又怎能接受她这个妓女作儿媳呢？到元杂剧中，李娃这种善良、果敢以及强烈的反抗意识在李亚仙身上得到充分体现。老鸨赶走郑生，亚仙思念不已。暮冬之际，她担心元和会受冻，后来收留郑生，并且不顾封建势力的阻挠，勇敢地答应郑生的求婚，与之终成眷属。至此我们可以得出结论，如果说唐代小说中的李娃是个成熟、老练、善良而大胆的风尘女子，那么，元曲中的李亚仙已经被改造成一个单纯、忠贞、善良、果敢追求个性与幸福的市民女性。

下面我们简要谈谈另外一个主要人物荥阳公子从《李娃传》到《曲江池》的性格演变。

唐代小说中荥阳公子是个贵族公子，未谙世事，纯真、朴实、柔弱而缺少主见，所以在娼家屡屡受骗，以至资财荡尽，人去楼空，甚至流落凶肆。在父亲面前，他也是柔顺的，只知一味顺从。父亲将他鞭至濒死，扔到野外，他也没有作丝毫抗争，毫无怨言。剑门遇父，很快就与父亲和好如初。从这个意义上说，荥阳生是一个道道地地的封建"孝子"式的人物。不过，他对爱情的追求却是积极主动的，并且为此坚贞不二。为了李娃，他不惜抛撒资财，被骗以后，他因为对李娃爱得如此之深，所以一时"惶惑发狂，罔知所措"；后来一举成名，向李娃求婚，李娃不肯，"生泣曰：'子若弃我，当自颈以就死。'娃固辞不从，生勤请弥恳"。元曲中，作者肯定并强调郑生忠于爱情的性格，但是剔除他单纯、柔弱和没有主见的弱点。刚见李娃，李娃劝他提防老鸨，郑生说："小生多备些钱，送与妈妈，必然容允。"他知道大凡老鸨没有不见钱眼开的道理；他对李娃由恋色到钟情，并且在爱的漩涡中越陷越深。经历一番生活的风风雨雨，郑生由一个柔弱书生逐渐变得坚强起来，这主要体现在他的言行之中：一是不告而娶。他没有征得父母同意，私下与李娃结为夫妇。授官洛阳县令，上任之际，在谒见上司的脚本上公然把妓女出身的李亚仙写成"妻李氏"，作为封建官吏，这样做需要多么大的勇气！二是他剑门遇父，不认父亲。郑父问："你不是我孩儿郑元和么？"郑生说："怎这等要便宜，我那是你孩儿，左右将马来，我自去也。"他恨父亲狠毒无情，指出与父

"恩已断矣，义已绝矣"。（均见石君宝《曲江池》第四折）郑生不是唐代小说中那个柔顺的封建"孝子"，而是一个具有强烈反抗精神、勇于追求幸福爱情的青年书生。

在宋元话本、杂剧中，李亚仙、郑元和身上体现出浓郁的时代特色。宋元之际，伴随商业经济的迅速发展，新兴的市民阶层不断壮大，他们重视作为人自身的主体价值，要求摆脱封建束缚，追求个性解放。到了元代，蒙古军队挥戈南下，传统的儒家伦理道德观遭受猛烈冲击，明朝人就曾指责元朝统治者"其于父子、君臣、夫妇、长幼之序，渎乱甚矣"①。元代思想界呈现空前自由开放的特征，随之而来的是女性地位的提高，青年男女追求爱情的主动、大胆。这些在宋元文学作品中有着许多反映。宋话本《快嘴李翠莲》中李翠莲敢想敢做，敢于当面顶撞公婆，因"不守妇道"而自愿被休弃，这与汉乐府《孔雀东南飞》中谨守妇道却含怨被休的刘兰芝真是差之千里！《碾玉观音》中的璩秀秀、《闹樊楼多情周胜仙》中的周胜仙等主动表白爱情，为了爱情，死后做了鬼也要和爱人相会。元杂剧更是体现了作为"人"的自我意识的觉醒，作品中的主人公大都带有大胆、勇敢、泼辣的特色。《秋胡戏妻》中的梅英自愿嫁给"又无钱、又无功名"的秋胡。《留鞋记》中的王月英大胆声称："便犯出风流罪，暗约下雨云期，常言道风情事那怕人知。"（第一折）《西厢记》中张生、莺莺，《柳毅传》《张生煮海》中的柳毅、张生、龙女等不待"父母之命，媒妁之言"，私订终身，都是现实世界鲜明的折射。如此看来，较之唐代小说，《曲江池》中李亚仙地位的上升，李亚仙、郑元和被赋予大胆、主动、勇于追求个性解放的性格特征，不为无因。

二

明代根据《李娃传》改编的作品主要有朱有燉的《李亚仙花酒曲江池》杂剧（简称朱氏《曲江池》，《脉望馆钞校本古今杂剧》本）以及薛近兖的《绣襦记》传奇。这两部作品在情节的剪裁上，没有像元曲那样删除"倒宅计"一场戏，而是按照人物性格发展的需要，对此加以改造。

① ［明］宋濂：《谕中原檄》，见《传世藏书》集库别集第8册《宋濂集》卷九七，海南国际新闻出版中心1996年版，第850页。

本文试图分两个方面进行考察。

（一）人物形象的改动

像元杂剧一样，明曲中的李亚仙是个纯情而忠贞的女子，没有唐代小说中李娃的成熟与老练。朱氏《曲江池》中，她与郑元和一见钟情，"我看那秀才风流儒雅，我将托以终身之计，不知家中妈妈心内如何？"（第一折）郑生被老鸨骗尽钱财，李亚仙对郑生态度如何？唐代小说中一笔带过："姥意渐怠，娃情弥笃。"过于抽象。朱氏《曲江池》对此有很具体的描写，着意将亚仙的多情与鸨母的无情相对照，作者借郑生之口说："俺留在此，幸得亚仙守志，不肯弃旧怜新，但恨他那老虔婆狠毒，每日聒噪要他别嫁人。亚仙一心顾恋小生，不肯再觅衣饭人。"（第二折）在朱氏《曲江池》和《绣襦记》中，为了突出李亚仙性格的前后一致，对于"倒宅计"情节重新"剪裁""锻炼"，由鸨母独自承担计逐郑生的罪过，这一改动决定了李亚仙性格塑造的根本性变化，亚仙多情而纯真，且具有强烈的反抗精神。不过，在塑造李娃的形象方面，明曲存在一点不足。我们知道，唐代小说中李娃性格相当复杂，她救助荥阳公子是真情与良心两者引发下的必然举动，所以最后她的辞婚，在读者看来，也不显突兀。但在明曲中，既然李亚仙从开始即对郑生倾心相许，并且一如既往地真心相爱，何以郑元和功成名就，李亚仙不但不为之高兴，反要辞婚呢？（元曲《曲江池》因为删除"倒宅计"情节，不存在这个问题）显然，明曲中亚仙的辞婚是剧作家片面拘泥于《李娃传》情节的结果，这不能说不是一处败笔。

再看郑元和这个人物。比起唐代小说，明曲中郑元和形象的刻画更为鲜明生动，突出地表现在明曲通过人物的独白、对话揭示出人物的心理活动，把笔触伸向主人公的内心深处。郑生于贫困落魄之中再遇李亚仙，心情之复杂可想而知。他骂亚仙："老尊君发怒，威若严霜将草摧，险些儿一命临泉世，闪的我孤身三不归，不似你啜火贼。""我欲待骂几句弃旧怜新泼贱的，兜的上我心里想起旧日美满夫妻，事事相依，步步相随。"他又怨又恨，又爱又怜，非常切合人物彼时彼地的心境。心理描写的介入，使这个人物形象血肉丰满，呼之欲出。明曲刻画郑生果敢、坚强的性格，是继承元杂剧的写法。亚仙收留郑元和，鸨母威逼李亚仙赶走这个叫花子，郑元和一气之下，拿刀要杀老鸨。他说："我左右是个乞儿，活也活不成，死也不怕死，将这老虔婆杀了拐将大姐去了罢。"逼得老鸨打躬作揖，求饶不迭。（均见朱氏《曲江池》第三折）生活的磨炼使郑生一步步坚强起来。剑门遇父，他虽然很快就认了父亲，但在严父面前，他敢于当面嘲弄、挖苦："想当日曲江池边弃置之时，尊亲太严，岂知今日再得会面？"逼得郑父认错："当原一时之失。"（朱氏《曲江池》第四折）《绣襦记》刻画郑元和形象，与唐代小说、元曲相比，显著的不同在于：它不是静态的，而是动态地刻画元和性格特征。郑元和性格由单纯、不谙世事、懦弱到坚强、果断、对爱情忠贞不渝，是不断变化发展的。作者把郑生的嫖妓说成受到无赖书生乐道德之流的引诱（第七出），这是突出郑生的单纯；郑生忠于爱情，后来状元及第，崔尚书、曾学士逼他应允曾学士女儿的婚事，郑生不顾曾小姐"似玉肌、如花貌，青春二八年犹少"的花容月貌以及显赫家世，毅然辞婚，不负亚仙深情。郑生从受人引诱、上当受骗到有主见、坚强果断，性格不断发展。

　　以上我们分析了李娃（李亚仙）、荥阳生（郑元和）这两组人物形象塑造之间的异同点。值得注意的是：明代戏曲尤其是《绣襦记》中人物形象身上充满浓郁的封建伦理道德的色彩。《绣襦记》第二出便道明创作主旨："风化重纲常。"因此，李亚仙、郑元和这两个在唐代小说中带有部分封建叛逆性质的人物到了明曲中，其言行也都符合封建道德规范。戏曲作家把李亚仙对爱情的忠贞说成是"娼妓守志，古今难得""虽古先烈女，不能逾也"。（《绣襦记》第二十九出、四十一出）郑元和是个"有仁有义，守分甘贫，容德兼备"的封建典范式人物，郑生"一家忠义"。（朱氏《曲江池》第四折）李娃成了"节妇"、郑生成了"仁义之士"。不仅如此，《绣襦记》还塑造一批"义士"如熊店主、仆人来兴和东肆长等角色。熊店主好心劝告郑元和："这娼妓人家，一动一静，都是哄人的机关，你怎肯信。"郑生受骗落难，他竭诚周济；仆人来兴即使被郑生卖掉，依然念念不忘自己"兼受老爷奶奶抚育之恩，承相公同手足之看，此欲图报，素志未酬"，劝郑生不要眷恋烟花。郑生受骗，来兴救助"旧恩主"，送他衣服与银子；（《绣襦记》第十六出、二十一出）郑父将元和鞭至濒死，又得热心的东肆长搭救。明曲这些"节妇""孝子""义士"形象的存在，是有其现实依据的。明朝建立以后，加强了对文化的控制，体现在戏曲所反映的内容上，一方面统治者禁演有损于帝王后妃形象、对封建统治有害的戏曲。《大明律》卷二六规定："凡乐人搬做杂剧、戏文，不许装扮历代帝王、后妃、忠臣、烈士、先圣、先贤、神像。违者杖一百。官民之家，容令装扮者与同罪。"① 另一方面他们又鼓励戏曲作家写那些"神仙道扮及义夫节妇、孝子顺孙"的戏曲。（参见《大明律》卷二六）在这种情势下，《五伦全备记》《五伦香囊记》《闵子骞单衣记》《琵琶记》等一大批宣扬封建教化的戏曲作品应运而生。《琵琶记》作者高明在"副末开场"中公开宣称："不关风化体，纵好也枉然。""只看子孝共妻贤。"朱氏《曲江池》《绣襦记》中人物形象的塑造，正体现了作者与时代的双重局限。

（二）明代戏曲的改编，呈现出才子佳人小说（戏曲）创作的倾向

一般认为，才子佳人小说（戏曲）以《西厢记》为先河，后世文人在创作中沿着这种格局竞相模仿、改进，到了明末清初，这种以才子、佳人遇合故事为主要情节的作品盛况空前。创作于明初的朱氏《曲江池》以及明朝中期的《绣襦记》，虽然才子佳人作品的格式没有明末清初小说那么明显，但已出现这种创作趋势。笔者按照才子佳人作品的一般性结构，对明曲试作简要分析。

第一，郑、李二人是男才女貌式的遇合。郑元和是上京应试的书生，出身贵族之家，"自从幼年攻习儒业，黄卷青灯，寒窗十载，又兼家中丰富，父亲是员外郑澹"，才貌双美，李亚仙称赞他"庞儿堪品题，串幮的更整齐，赛子建文章，盛比潘安容貌美"，（均见朱氏《曲江池》第一折）是个"俊俏郎君"。（《绣襦记》第八出）李亚仙美貌动人，郑生赞叹："久闻友人称誉，大姐才貌双美。今日于此相会，果是名不虚传。"（朱氏《曲江池》第一折）"貌果沉鱼落雁，闭月羞花，淡抹浓妆。"（《绣襦记》第八出）李亚仙虽处风尘，却想找个才子："我子待立清名，伴一个多才秀、有文章、学业儒流，等得他青霄一举成名后，匹配上凤鸾俦。"（朱氏《曲江池》第一折）两人一见钟情："恰相思早黑海似无边，我这里恨无青鸟传芳信，他那里待得鸾胶续断弦。两意悬悬。"（朱氏《曲江池》第二折）

---

① ［明］刘惟谦等：《大明律》卷二六，见《续修四库全书》史部政书类第 862 册，据明嘉靖刻本影印，第 601 页。

第二，郑、李二人对爱情忠贞、执着，中间"小人拨乱"，历经挫折。郑、李同居期间，和谐美满，李亚仙唱道："偕老，愿恩意地久天长，海阔山高。"元和唱道："偕老，期誓海盟山，如同地厚天高。"（《绣襦记》第十四出）老鸨贪财、狠毒，用计赶走郑生，拆散鸳鸯；《绣襦记》中，郑元和科举得意，崔尚书、曾学士又逼元和允婚，企图破坏郑、李美满姻缘。

第三，郑元和科举成名，父子和好，夫妇团圆，皇帝赐封。李亚仙为了纯挚的爱情，向老鸨据理力争，粉碎鸨母的阻挠，鼓励郑生发愤苦读，考中进士。郑父备六礼正式聘亚仙为媳，最终皇帝出面，赐亚仙为"汧国夫人"，千古流芳。

笔者较为详细地论述了《李娃传》在宋、元、明诸朝小说、戏曲中的流变情况。由此可见，后世根据李娃故事改编的文学作品，在人物形象、门第观念诸多方面都出现深刻变化，至明代戏曲则出现才子佳人小说（戏曲）创作的倾向，这些变化很大程度上是因不同社会现实之间存在的差异而形成的。考察《李娃传》故事的演进过程，可以帮助我们了解唐至明社会演变的轨迹。

（原载《南京大学学报》1994 年第 3 期）

第二部分

明代小说刊刻研究

明代坊刊小说稿源研究

明代坊刊小说的稿源，主要指书坊主刊印的小说文本来源。稿源问题涉及小说创作与传播的很多层面，从稿件的形成来看，它与作家队伍、小说观念、文学思潮等关系密切；从稿件来源渠道考察，又与抄本市场、读者阶层、宋元话本以及书坊主群体之间联系紧密；从明代不同刊刻中心的稿源来看，又体现很强的地域特征。

明代是坊刊小说的鼎盛时代，古典小说尤其是通俗小说得到迅速而广泛的传播，正如明代何良俊所撰、初刊于隆庆三年（1569）的《四友斋丛说》卷三《经三》所云："今小说杂家，无处不刻。"[①] 正因为不同阶层小说读者队伍的壮大、小说刊刻业的迅猛发展，所以对小说作品尤其是通俗小说作品稿源的需求急剧增加，书坊主们千方百计地寻找稿源，多方拓展稿源渠道，甚至不惜翻刻、盗版。明刊小说的稿源是丰富多样的，也是纷繁复杂的。本文所讨论的明代坊刊小说的稿源是指在当时比较规范、与其他时代相比较为独特的小说文稿来源。

一、明代坊刊小说的稿源渠道

明代坊刊小说的稿件来源，笔者认为主要有购刻小说、征稿、组织编写、书坊主自编四种渠道。下面分别加以论述。

（一）购刻小说

自明代嘉靖、万历时期到明朝末年，小说刊刻业相当兴盛，刊印小说可以获得很好的社会效应和经济利益，为书坊主带来巨额利润。精明的书坊主充分意识到这一点，为了应对激烈的市场竞争，他们想方设法地寻找优秀的小说文稿，甚至不惜以重金购买稿件，以此吸引读者，扩大发行量。凌濛初"二拍"的编撰及其刊刻、发行的过程就颇能说明当时书坊

---

① ［明］何良俊：《四友斋丛说》卷三《经三》，中华书局 1959 年版，第 25 页。

主敏锐的市场洞察力、购买小说的热情以及急于刊刻小说的心态。明末冯梦龙的"三言"刊行以后，迅速传播，深受读者欢迎，"肆中人见其行世颇捷，意余当别有秘本，图出而衡之。不知一二遗者，皆其沟中之断，芜略不足陈已。因取古今来杂碎事可新听睹、佐谈谐者，演而畅之，得若干卷"①。可见，《拍案惊奇》正是在苏州书坊安少云尚友堂的催促下成篇的，一旦成书，尚友堂立即"购求，不啻供（按：应为"拱"）璧"②。《拍案惊奇》的刊刻获得成功以后，"贾人一试之而效，谋再试之。余笑谓一之已甚。顾逸事新语可佐谈资者，乃先是所罗而未及付之于墨，其为柏梁余材，武昌剩竹，颇亦不少，意不能恝，聊复缀为四十则"③。这样又促成了《二刻拍案惊奇》的面世。

尚友堂购刻"二拍"的经历在明代小说刊刻中是比较有代表性的。笔者经过统计发现，书坊主以购买的方式获取稿源的主要有以下几种，如表2-1所示。

表2-1　书坊主获取稿源的方式（购买）一览表

小说名称	刊刻时间	书坊名称	文献出处
《三国志传通俗演义》十二卷二百四十则	万历十九年（1591）	金陵周曰校万卷楼	周曰校《三国志通俗演义·识语》："购求古本。"（北京大学图书馆藏万历刊本）
《西游记》二十卷一百回	万历二十年（1592）	金陵世德堂	陈元之《刊西游记·序》："唐光禄既购是书，奇之。"（国家图书馆藏世德堂本）
《金瓶梅》一百回	万历	不详	沈德符《万历野获编》卷二十五《词曲·金瓶梅》："（冯梦龙）怂恿书坊以重价购刻；马仲良时榷吴关，亦劝予应梓人之求，可以疗饥。"

① ［明］即空观主人：《拍案惊奇·自序》，见《古本小说丛刊》，据崇祯元年（1628）尚友堂本影印本《拍案惊奇》卷首。

② 《拍案惊奇》卷首识语。

③ ［明］即空观主人：《二刻拍案惊奇·小引》，见《古本小说丛刊》，据崇祯五年（1632）尚友堂本影印本《二刻拍案惊奇》卷首。

程国赋自选集 CHENG GUOFU ZIXUANJI

续表

小说名称	刊刻时间	书坊名称	文献出处
《古今小说》四十卷	天启元年（1621）左右	吴县天许斋	1. 绿天馆主人《古今小说·叙》："因贾人之请，抽其可以嘉惠里耳者，凡四十种，畀为一刻。" 2. 天许斋《古今小说·识语》："本斋购得古今名人演义一百二十种，先以三分之一为初刻云。"
《喻世明言》《警世通言》《醒世恒言》等一百二十种	天启年间	吴县衍庆堂	衍庆堂《醒世恒言·识语》："本坊重价购求古今通俗演义一百二十种，初刻为《喻世明言》，二刻为《警世通言》……三刻为《醒世恒言》。"
《新刻钟伯敬先生批评封神演义》二十卷一百回	天启五年（1625）	苏州舒载阳	明人李云翔《封神演义·序》："余友舒冲甫自楚中重资购有钟伯敬先生批阅《封神》一册。"
《拍案惊奇》四十卷四十篇	崇祯元年（1628）	苏州安少云尚友堂	尚友堂本《拍案惊奇·识语》："本坊购求，不啻供璧。"
《二刻拍案惊奇》四十卷四十篇	崇祯五年（1632）	苏州安少云尚友堂	尚友堂本《二刻拍案惊奇·小引》："（书稿）为书贾所侦，因以梓传请。"
《墨憨斋批点北宋三遂平妖传》（即《新平妖传》）四十回	崇祯	苏州陈氏嘉会堂	嘉会堂《新平妖传·识语》："墨憨斋主人曾于长安复购得数回，残缺难读。"（《古本小说集成》据日本内阁文库所藏墨憨斋本影印）
《禅真逸史》八卷四十回	明末	杭州夏履先	夏履先《禅真逸史·凡例》："此书旧本出自内府，多方重购始得。"（大连图书馆藏明末刻本）

表 2 - 1 是根据有明确文献记载的材料而统计的。因为资料散佚，我们无法得知明代到底有多少小说文稿是书坊主通过购买的方式取得并刊刻的，正如陈寅恪先生所言："吾人今日可依据之材料，仅为当时所遗存最小之一部。"① 另外，明代坊刊小说假托现象较为普遍，如舒载阳刊《封神演义》即假托为钟伯敬批评。书坊主在叙及小说稿源时，也不排除存在假托之举。不过由表 2 - 1 可知，谈及购刻小说这一稿源渠道者，除书坊主以外，还有小说的作者和传播者；从坊刊小说的时间来看，自小说刊刻开始崛起并兴盛的嘉靖、万历时期，到明末天启、崇祯年间，购买文稿的现象广泛存在。由此我们认为，购刻小说之辞并非全为书坊主之假托。书坊主熟悉市场需求，了解市场动向，他们凭借自己对小说书稿的判断力和鉴别力，或从民间，或自"内府"，寻找并购买文稿。尽管他们这样做的主要目的是求利，但是客观上推动了古典小说的发展，促进了古典小说的广泛传播，像《三国演义》《西游记》《金瓶梅》、"三言""二拍"等名著都是通过书坊主购刻面世的。同时，文人通过编撰、出售小说文稿，获得相当丰厚的报酬，改变自身的经济状况，从而激发了小说作家创作的热情，促使他们将更多的时间和精力投入小说创作，包括新作的撰写以及对小说旧本的改造。这也是导致明代中后期小说创作与传播持续兴盛的一个重要因素。

在书坊主所购买的小说文稿中，以抄本为多。明代盛行抄书，原因是多种多样的。一方面，明代中期以前出版业发展较为缓慢，印刷成本高，所以书价高，有些读者尤其是生活于社会底层的读者如"农工商贩"之辈，因自身财力所限，无法购买，所以靠抄写去满足阅读需要，如明人叶盛《水东日记》卷二十一《小说戏文》篇云："今书坊相传射利之徒伪为小说杂书……农工商贩，钞写绘画，家畜（按：同"蓄"）而人有之。"② 另一方面，明代文人喜欢抄书，如《静志居诗话》卷八 "朱存理（字性父）"条附录云："愚山云：性父自少至老，未尝一日忘学，闻人有异书，必往访求，以必得为志。手自缮录前辈诗文积百余家。"同卷 "吴宽"条云："余尝见公（按：指生活于景泰至弘治年间的著名苏州文人吴宽）家

---

① 陈寅恪：《金明馆丛稿二编》，生活·读书·新知三联书店 2001 年版，第 279 页。
② ［明］叶盛：《水东日记》卷二十一《小说戏文》，中华书局 1980 年版，第 213 - 214 页。

遗书偶有流传者，悉公手录，以私印记之。"① 这就为当时抄本的存在、流行提供了广泛的社会基础。

明代刊刻的小说不少经历了从抄本流传到雕版刊刻的阶段，李昌祺在《剪灯余话》自序中声称，《余话》成书以后，"稍稍人知，竞求抄录"②。庸愚子《三国志通俗演义·序》云："士君子之好事者，争相誊录，以便观览。"③《金瓶梅》的传播也是如此，谢肇淛《金瓶梅·跋》云："此书向无镂板，钞写流传，参差散失。唯弇州（按：即王世贞）家藏者最为完好。余于袁中郎得其十三，于丘诸城得其十五，稍为厘正，而阙所未备，以俟他日。"④《西汉通俗演义》的流传也经历了从抄本到刻本的过程："书成，识者争相传录，不便观览，先辈乃命工锓梓，以与四方好事者共之。"⑤ 抄本与刊本的关系相当密切，也很微妙。一方面，抄本是坊刻重要的文本基础，它为坊刻提供了版本，同时，抄本的流传检验了该小说是否受读者欢迎，是否经受得住市场考验，从而产生优胜劣汰效应，使一些优秀的小说作品得以刻印传世。另一方面，刊本的流传在一定程度上又导致抄本价值的下降，甚至使其逐步走向衰亡。明代胡应麟在分析当时图书市场时就指出："凡书市之中，无刻本则钞本价十倍，刻本一出则钞本咸废不售矣。"⑥

明代抄书成风，抄本广泛流传，这为书坊主购买并刊刻抄本提供了可能。在小说文本从抄本走向刊刻的过程中，书坊主起到不可忽视的作用。

（二）征稿

征稿的形式是伴随着出版业的崛兴而出现的。宋代洪迈编撰《夷坚

---

① ［清］朱彝尊：《静志居诗话》卷八，人民文学出版社 1990 年版，第 208、219 页。

② ［明］李昌祺：《剪灯余话·自序》，见《剪灯新话》附刊本，上海古籍出版社 1981 年版，第 121 页。

③ ［明］庸愚子：《三国志通俗演义·序》，见《古本小说集成》，据嘉靖本影印《三国志通俗演义》卷首。

④ ［明］谢肇淛：《金瓶梅·跋》，见《小草斋文集》卷二十四，《四库全书存目丛书》集部第 176 册，据江西省图书馆藏明天启刻本影印，第 279 页。

⑤ ［明］甄伟：《西汉通俗演义·序》，见万历四十年（1612）金陵大业堂刊《西汉通俗演义》卷首。

⑥ ［明］胡应麟：《少室山房笔丛》卷四《经籍会通四》，上海书店出版社 2001 年版，第 44 页。

乙志》，虽然没有刊登征文，征集稿件，但其成书方式却类似于征稿而获取的效果："《夷坚》初志成，士大夫或传之，今镂板于闽、于蜀、于婺、于临安，盖家有其书。人以予好奇尚异也，每得一说，或千里寄声，于是五年间又得卷帙多寡与前编等，乃以乙志名之。"①

根据现有文献记载，征稿的做法最早出现于元末，至元二年（1336）李氏建安书堂刻印孙存吾编、虞集校选的《元诗》，刊登征稿广告："本堂今求名公诗篇，随得即刊，难以人品齿爵为序。四方吟坛多友，幸勿责其错综之编。倘有佳章，毋惜附示，庶无沧海遗珠之叹云。李氏建安书堂谨咨。"明代书坊借鉴这种方法，如天启三年（1623）苏州西西堂刊《明文欣赏》四十卷，卷首登征文云："愿与征者或封寄、或面授，须至苏州阊门问的书坊西西堂陈龙山，当面交付。"征集《明文欣赏》的续篇。崇祯年间苏州坊刻本《皇明今文定》附录云："此刻据予十余年来藏本，增以近科，然嘉、隆以来，先辈未见全稿者尚多。近科房书藏稿，经选手漏遗者，又未及见，而海内岂无湛思坚忍不好浮名者。倘嘉惠后学，邮寄阊门徐氏书室，共成补刻，此不佞所厚祈也。"

我们现在可以看到的明代小说征稿广告，以崇祯六年（1633）陆云龙峥霄馆刊《皇明十六家小品》所附征稿启事最为有名："见惠瑶章，在杭付花市陆雨侯家中；在金陵付承恩寺中林季芳、汪复初寓。"征集拟刻文稿具体内容如下。

（1）刊《行笈二集》，征名公制诰、奏疏、诗文、词启、小札。
（2）刊《广舆续集》，征各直省昭代名宦人物。
（3）刊《续西湖志》，征游客咏题，嘉、隆后杭郡名宦人物。
（4）刊《明文归》，征名公、逸士、方外、闺秀散逸诗文。
（5）刊《皇明百家诗文选》，征名公、逸士、方外、闺阁成集者。
（6）刊《行笈别集》，征名公新剧，骚人时曲。
（7）刊《型世言二集》，征海内奇闻。

陆氏峥霄馆征集文稿的第七项就是征集小说，他征稿的做法是：先刊登拟刻文稿标题，再征集具体内容。我们从他的征稿启事不难看出，陆云龙征稿呈现三个特点：首先，他征集文稿的内容相当广泛，涉及诗文、词启、制诰、奏疏、戏曲等多种文体；其次，他注重名家之作，包括"名

---

① ［宋］洪迈：《夷坚乙志·序》，见《夷坚志》，中华书局1981年版，第185页。

宦""名公"等；最后，他注重新奇之作，所以陆云龙拟刊《型世言二集》，"征海内奇闻"。

明末时，除陆云龙以外，苏州、杭州等地的一些书坊也采用这种刊登广告的方式征集文稿，征集的范围很广。清初李渔、吕留良、张潮等人都用此方法征稿。①

（三）组织编写

明代书坊与文人之间的结合，按文人身份的不同，笔者认为，可以划分为四种形式：一是书坊主与文人合二为一，可以称之为儒商，他们不仅刊印小说，而且兼任创作、校勘、评点等工作，如余象斗、周之标、陆云龙等人；二是有一定的文学修养、科场失意的下层文人，因生活所需或因个人兴趣等原因受雇于书坊主，在书坊主的组织下编撰小说等作品，即使不是受雇于书坊主，也与书坊关系非常密切，如邓志谟；三是具有很高的文学修养，有一定的文名、社会地位，甚至考中举人、进士，担任过知县一类官职者，他们介于下层文人和达官贵族之间，笔者称之为中层文人，如冯梦龙、李贽、汤显祖等人；四是高级官僚，如曾为《岳鄂武穆王精忠传》作序、担任过吏部尚书、中极殿大学士的李春芳，他们较少参与小说创作，主要是为坊刊小说撰写序跋，或作评点。

笔者在此要讨论的主要是以上第二种形式，也就是以受雇（如塾师）的身份为书坊服务或与书坊关系非常密切的下层文人，他们为书坊编撰书稿、校勘、评点、撰写序跋，等等。小说作为商品，从策划、创作、编辑，到刊刻、发行的过程中，尤其是在前半段，凝聚着这些文人的大量心血。书坊主组织编写，如余象斗在万历十九年（1591）所刊《新锓朱状元芸窗汇辑百大家评注史记品萃》中声称："辛卯之秋，不佞斗始辍儒家业，家世书坊，锓笈为事，遂广聘缙绅诸先生，凡讲说，文笈之裨业举者，悉付之梓。……余重刻金陵等板及诸书杂传，无关于举业者，不敢赘录。"在这里，余氏对自己刊刻的数十种小说杂传等，因其"无关于举业"，所以未列出目录，不过，通过这条材料可以看出，余象斗曾经"广聘缙绅诸先生"参与书坊的编刻工作。有些书坊主在其刊刻的小说中宣

---

① 参见张秀民《中国印刷史》第一章《雕版印刷术的发明与发展》明代部分，上海人民出版社 1989 年版，第 519－520 页。

称"敦请名士"进行创作，如万历十九年（1591）周曰校刻印《三国志传通俗演义》，其识语云："敦请名士按鉴参考"①；万历十六年（1588）建阳书坊克勤斋组织编写《西汉志传》，也声称："遂请名公修辑《西汉志传》一书，加之以相，刊传四方。"② 实际上这些小说很多都是书坊主为适应社会、读者需要，组织周围的文人进行编写的，所谓"名公"编撰，不过是出于广告宣传的需要而作的假托之言。

关于明代书坊主与下层文人结合从事小说刊刻的问题，笔者根据当时几大刊刻中心的书坊情况简要分析如下。

首先，建阳地区。为建阳书坊所雇请或者与建阳书坊关系十分密切的文人，以江西籍者为多，如邓志谟、朱星祚、黄化宇、朱鼎臣。福建、江西两省相邻，建阳刻书业发达，所以对江西文人尤其是失意文人颇具吸引力，如江西人周尚文"因屡试不达，遂忿志游闽书市，日以著述为事"③。又如邓志谟，江西饶安府安仁县人，万历中期入闽，担任建阳余氏塾师，并为萃庆堂编写小说。他在《答饶君隆轩》中指出："仆穷愁著书，雕虫技尔，然不能藏之名山，徒为梨枣也者。"④ 梨枣代指书板，即刊刻之意。邓氏编有《铁树记》《飞剑记》《咒枣记》各二卷等，均由萃庆堂刊出。

关于建阳书坊主余成章所刊《新民公案》、熊龙峰忠正堂所刊《天妃娘妈传》的编撰者吴还初的籍贯，笔者根据邓志谟所撰《得愚集》卷二《答余君养谦》《与吴君还初》两封书信，结合其小说创作考证为江西南昌人。⑤

其次，金陵地区。金陵是明朝政治、经济、文化的中心之一，人员流动频繁，受雇于书坊主或者与书坊关系密切的下层文人不限于一地，如江西抚州金溪人吴敬所编辑《新刻京台公余胜览国色天香》十卷，金陵周曰校万卷楼万历十五年刊；编撰《杨家府演义》与《续英烈传》的纪振

---

① ［明］周曰校：《三国志通俗演义·识语》，北京大学图书馆藏万历刊本。

② ［明］佚名：《叙西汉志传首》，见《古本小说集成》，据万历克勤斋刊本影印《西汉志传》卷首。

③ 《皇明人文》之《周尚文小传》，转引自王重民《中国善本书提要》，上海古籍出版社1983年版，第366页。

④ ［明］邓志谟：《答饶君隆轩》，见《得愚集》卷一，台北天一出版社1985年版《锲注释得愚集》本。

⑤ 参见拙文《明代小说作家吴还初生平与籍贯新考》，载《文学遗产》2007年第4期，第124－126页。

伦，字春华，号秦淮墨客、空谷老人，从其号来看，当为南京人。袁世硕先生推测为"（金陵）唐氏书坊之编书先生"①。

再次，苏州地区。冯梦龙与书坊天许斋、嘉会堂等关系非常密切，在小说编刊领域的合作也很成功，然而这不是本文探讨的重点。苏州书坊与下层文人之间关系较为密切的如罗懋登，字登之，号二南里人，撰《三宝太监西洋记通俗演义》二十卷，苏州步月楼万历二十五年（1597）刊，曾为书坊刻印的《西厢记》《拜月亭》《琵琶记》等作过音释。

最后，杭州地区。书坊主与下层文人的结合在这一地区呈现明显的地区特色，那就是在组织编写、合作刊刻的过程中，亲情或乡情的色彩相当浓厚，书坊主与聚集在其周围的文人之间或为兄弟，或为挚友、同乡。峥霄馆主人陆云龙创作《魏忠贤小说斥奸书》获得巨大成功以后，其弟陆人龙也加入了时事小说创作队伍，创作出版《辽海丹忠录》。后来，兄弟俩又合创、评点、刊刻了《型世言》，成为小说传播史上的一段佳话。

在书坊笔耕山房周围，应当也聚集着一批志趣、爱好颇为相同的文人，以西湖渔隐主人、醉西湖心月主人等与"西湖"相关的字眼为名号，编撰出版《宜春香质》《弁而钗》《醋葫芦》等小说作品。

以上我们就明代不同刊刻中心书坊主组织编写小说文稿、书坊与下层文人密切相关的情况作简要论述。除已列举的作家以外，还有很多作家（包括化名者、佚名者）受雇于书坊，如神魔小说作家杨致和、朱名世、朱开泰等人，陈大康推测："观其作品之简陋粗率以及刊行之迅速，可以推测他们也是为书坊服务的下层文人。"②

以邓志谟为代表的下层文人群体具有较好的文学素养，有些参加过科举，朱鼎臣曾获庠生身份，但是大多科场蹭蹬，博学多才。邓志谟的族兄、曾于万历三十二年（1604）考中进士、担任过国子监祭酒的邓士龙称赞邓志谟云："族季明甫（按：即邓志谟）幼称颖敏，长擅博物，综今昔已类胥臣，披图牒已媲袁豹，丁年屈首，暂戢翼于云程；壮志雄心，益

---

①　袁世硕：《杨家府世代忠勇演义志传·前言》，见《古本小说集成》，据万历三十四年（1606）卧松阁本影印《杨家府世代忠勇演义志传》卷首。

②　陈大康：《明代小说史》第四编《繁华与危机的双重刺激》第十二章《〈西游记〉与神魔小说》第三节《神魔小说的崛起及其意义》，上海文艺出版社 2000 年版，第 431 页。

游神于艺圃。"① 这些下层文人在书坊主的组织下进行创作，换言之，书坊与下层文人的结合，具有很强的小说史意义：就小说的题材内容而言，由于邓志谟辈长期生活于社会底层，熟悉市民生活和民间故事传说，并将其带入小说的编创之中，丰富了小说的题材内容；就小说艺术和编创方式而言，提高了小说的艺术水平，扩大了小说的社会影响，促使小说由民间走上案头，由世代累积型编创方式向文人独立创作、向雅俗共赏的道路迈进一步；从小说流派的角度来看，邓志谟辈在书坊主有意识的组织下进行小说编撰，推动了小说流派的形成与发展。

笔者认为，以邓志谟为代表的下层文人，标志着中国古代小说创作史上最早的专业作家队伍的形成。陈美林等人的《章回小说史》认为，小说专业作家队伍出现于清初，以天花藏主人、烟水散人等为代表。② 笔者认为此说有商榷的余地。所谓小说专业作家，是指具有一定的文学修养、以小说编撰作为谋生手段③、创作小说数量较多、与书坊联系比较紧密的文人。从这些因素来看，邓志谟、吴还初等人是符合上述条件的，邓氏一人就编撰《铁树记》等神魔小说三种，"争奇"类小说六种。与建阳萃庆堂一样，建阳书坊清白堂、忠正堂，金陵书坊万卷楼、世德堂、大业堂等也组织下层文人编写小说，正如余象斗在万历十九年所刊《新锲朱状元芸窗汇辑百大家评注史记品萃》中所声称的那样"广聘缙绅诸先生"参与小说的编撰。所以笔者倾向于认为，中国古代最早的专业小说作家队伍就是明代中后期围绕在书坊周围进行小说编撰的下层文人群体，而不是清初以天花藏主人为代表的才子佳人小说作家。当然，作为书坊聘请的文人，他们以编书为生，不可能仅仅从事小说的编撰，而是按照书坊主和市场的需要，既投身小说的创作，又从事编辑工作；既编撰小说，又编撰类书、诗文集。这种情形并不影响其专业小说作家的身份。

---

① ［明］邓士龙：《事类捷录序》，邓志谟《锲旁注事类捷录》，见《故宫珍本丛刊》第491 册，海南出版社 2001 年版，第 341 页。

② 陈美林、冯保善、李忠明：《章回小说史》第五章《清代初中期的章回小说》第一节《章回小说创作形成鼎盛局面》第二部分"专业作家队伍的形成"，浙江古籍出版社 1998 年版，第 137－139 页。

③ 邓志谟虽曾任塾师，但主要是以为书坊服务而谋生的，正如《锲注释得愚集》卷一《答饶君隆轩》所云："仆穷愁著书，雕虫技尔，然不能藏之名山，徒为梨枣者也。"《锲旁注续得愚集》卷二《与张淳心丈》："不佞谫谫学，糊口书林，所刻峡，不知殃梨枣、污剡藤几许。"《锲注释得愚集》《锲旁注续得愚集》，台北天一出版社 1985 年版。

（四）书坊主自编

关于明代书坊主，以往我们予以较多关注的是他们作为商人的身份，是他们在小说刊刻、传播中所做的贡献，而忽视了他们文人化的特性，忽视了他们的小说创作。事实上，明代中后期，书坊主群体加入小说创作队伍，开始自编小说。从嘉靖到崇祯年间，这种状况持续不绝，在中国小说创作与传播史上，这是非常奇特的现象，也是值得研究的。有的学者已经注意到这一现象，并从宏观的角度、从小说传播的层面加以阐发①。然而，关于明代书坊主创作的题材选择、文体特征、艺术特点、有明一代书坊主小说创作的演进特点诸问题，学术界极少有人作全面、细致的分析。② 明代的书坊主以其小说创作的亲身实践，丰富了古代小说的题材内容，尤其是熊大木等人在明代中后期的创作，弥补了自元末明初以来直到嘉靖年间通俗小说创作的空白，促进了小说文体尤其是演义体的发展，推动了明代小说流派的产生与成熟，推动了明代通俗小说创作高潮的到来，其意义不言自明。

据笔者统计，明代参与小说创作的书坊主，主要有熊大木、余邵鱼、余象斗、洪楩、杨尔曾、凌濛初、陆云龙和陆人龙兄弟、袁于令等人。他们编撰的小说，有的自刊，有的则由其他书坊刊印。笔者试将他们的创作与刊刻状况列表，如表2－2所示。

表2－2　书坊主创作与刊刻小说情况一览表

书坊主	籍贯	编撰小说名称	原刊本或现存最早刊本	备注
熊大木	福建建阳	《大宋演义中兴英烈传》八卷	嘉靖三十一年（1552）杨涌泉清白堂刊	又名《大宋中兴通俗演义》
		《唐书志传通俗演义》八卷	嘉靖三十二年（1553）杨江清江堂刊	

---

① 陈大康：《熊大木现象：古代通俗小说传播模式及其意义》，载《文学遗产》2000年第2期，第99－113、140页。

② 有鉴于此，拙著《明代书坊与小说研究》第三章《明代坊刻小说的稿源》第二节《明代书坊主的小说创作》对此加以探讨，因本文篇幅所限，此处不再赘述。

书坊主	籍贯	编撰小说名称	原刊本或现存最早刊本	备注
熊大木	福建建阳	《南北宋志传》二十卷	万历年间建阳余氏三台馆刊（首有余象斗序）	南宋部分题陈继儒编，北宋部分不题撰人，实为熊大木之作
		《全汉志传》十二卷	万历十六年（1588）建阳余世腾克勤斋刊	此本东汉部分卷一题"爱日堂继葵刘世忠梓行"，尾页又题"清白堂杨氏梓行"
余邵鱼	福建建阳	《春秋五霸七雄列国志传》八卷	万历三十四年（1606）余象斗三台馆刊	
余象斗（双峰堂、三台馆）	福建建阳	《皇明诸司廉明奇判公案传》四卷	万历二十六年（1598）余象斗双峰堂刊	
		《全像类编皇明诸司公案》六卷	万历二十六年（1598）余象斗三台馆刊	
		《北方真武祖师玄天上帝出身志传》四卷	万历三十年（1602）余象斗双峰堂刊	
		《五显灵官大帝华光天王传》四卷	余象斗双峰堂刊	
		《列国前编十二朝传》四卷	余象斗三台馆刊	
		编《万锦情林》六卷	万历二十六年（1598）余象斗双峰堂刊	
洪楩（清平山堂）	浙江钱塘	辑《六十家小说》六十卷	嘉靖年间钱塘洪楩清平山堂刊	孙楷第《中国通俗小说书目》卷三《明清小说部甲》认为《清平山堂话本》"为残本《六十家小说》无疑"

书坊主	籍贯	编撰小说名称	原刊本或现存最早刊本	备注
杨尔曾（夷白堂）	浙江杭州	辑《海内奇观》十卷	万历十三年（1585）杭州杨尔曾夷白堂刊	
		《东西两晋演义志传》十二卷	万历年间建阳余氏三台馆刊	
		《新镌批评出相韩湘子》八卷	天启三年（1623）金陵九如堂刊	
凌濛初	浙江乌程	《拍案惊奇》四十卷四十篇	崇祯元年（1628）苏州安少云尚友堂刊	
		《二刻拍案惊奇》三十九卷三十九篇	崇祯五年（1632）苏州安少云尚友堂刊	附《宋公明闹元宵》杂剧一篇
陆云龙陆人龙（峥霄馆、翠娱阁）	浙江杭州	陆云龙撰《魏忠贤小说斥奸书》八卷四十回	崇祯元年（1628）陆氏峥霄馆刊	陆云龙、陆人龙兄弟联手编撰、评点、刊印小说
		陆人龙撰《辽海丹忠录》八卷四十回	崇祯十五年（1642）陆氏翠娱阁刊	
		陆人龙撰《型世言》十卷四十回	崇祯年间陆氏峥霄馆刻	
袁于令（剑啸阁）	江苏吴县	《隋史遗文》十二卷	崇祯六年（1633）杭州名山聚刊	

以上小说作品共有二十一种，笔者将它们大致分为前后两期，前期为嘉靖、万历年间，共有十四种，后期为天启至崇祯年间，共七种。概而言之，从嘉靖、万历时期到明末，明代书坊主自编小说，经历了从演述历史到着眼现实，从讲史、写幻到写实的转变；由杂采多种文体、采取类书体写作方式到注意增删，强化小说特性；由按鉴演义、以编年体为主逐步过渡到以纪传体为主。可以说，明代书坊主的小说创作也经历了一个动态演进的历程。

二、明代坊刊小说的稿源特点

以上我们从四个方面论述了明代坊刊小说的稿源渠道，即购刻小说、征稿、组织编写、书坊主自编。根据对稿源渠道的考察，并结合明代坊刊小说的整体状况，笔者试图归纳明代坊刊小说的稿源特点。应该指出的是，笔者在此探讨的重点不是稿件自身的特征，而是在明代坊刊小说稿件形成过程中所呈现的特点与规律。

（一）书坊主有很强的参与意识

无论是购刻小说、征稿，还是组织编写，或者书坊主自编小说，都体现了明代书坊主强烈的参与意识。这一特定的社会群体由于身份、职业、爱好等缘故，对书籍出版市场有着非常敏锐的把握能力，对读者阶层的需求相当了解。嘉靖后期，建阳书商杨涌泉发现武穆王《精忠录》一书，他预感到此书可能畅销，可以带来巨大的经济利益，所以约请同为书商的熊大木加以编写：

> 近因眷连杨子素号涌泉者，挟是书谒于愚曰："敢劳代吾演出辞话，庶使愚夫愚妇亦识其意。"思之一二，余自以才不及班、马之万一，顾炎能用广发挥哉？既而恳致再三，义弗获辞，于是不容臆见，以王本传行状之实迹，按《通鉴纲目》而取义。①

明代不同时期，在稿源的寻找、发现、拓展方面，书坊主都积极地参与，然而他们参与的方式却不尽相同。嘉靖、万历时期，由于商品经济的迅速发展，城市繁荣，不同层次的读者群体对小说等通俗文学的需求急剧增加，书坊主们大量刊印通俗小说以满足市场之需。不过，明中叶以前，文人的传统小说观念尚未开放，他们虽然参与文言小说的创作与传播，但对小说往往存在矛盾复杂的心态，这种复杂的心态在明代进士出身、曾任河南左布政使的李时勉（1376—1442）身上体现得较为明显。他在永乐

---

① ［明］熊大木：《大宋武穆王演义·序》，嘉靖三十一年（1552）清白堂刊本《大宋中兴通俗演义》卷首。

年间曾为李昌祺的《剪灯余话》作序，但在正统七年（1442）又请禁小说。① 在明代中期以前的中上层文人中间，李时勉的复杂心态是颇具代表性的。即使是在商品经济十分繁荣、社会风气急剧变化、传统小说观念受到挑战的情况下，还是有不少文人对通俗小说持相当谨慎的态度。万历十七年（1589），进士及第、曾任兵部左侍郎的汪道昆（1525—1593）为《水浒传》作序，不愿意或者不方便用真名，还用了"天都外臣"的化名。一方面，文人的小说观念不够开放，很少参与小说尤其是通俗小说的创作与传播，市场上新创的作品不多；另一方面，社会上读者对小说的需求急剧增加，这两者之间构成矛盾。为解决这一矛盾，书坊主除四处寻找、拓展稿源，组织下层文人进行编写以外，还亲自动手创作，在满足市场的同时，也获取高额的利润。

到了明代后期，由于小说观念的改变，小说的地位得到很大的提高，以李贽、冯梦龙为代表的中上层文人参与小说创作与流传的现象日益普遍，稿源市场较为充足，书坊主可以从容地购买稿件，或采取征稿的方式寻求优秀文稿。这一时期尽管凌濛初、陆云龙、袁于令等书坊主也进入小说作者队伍，但从小说创作和传播的整体来看，书商与文人之间的分工更为细致、明确，书商更多地承担起小说传播的职能，或购买小说，或征稿，或组织编写，但很少参与小说的创作，此职能则由文人群体来承担，书坊主与小说作者身份混杂的状况有了很大的改变。

（二）对旧本的依赖较多

在明代坊刊小说的序跋、识语、正文中间，不少作品标明源于旧本。与旧本相关的概念还有原本、秘本、古本、古板、旧传、旧文，等等。我们虽然不排除有的书坊假托旧本以抬高身价的可能性，但是笔者认为，在明代小说刊刻中，旧本的大量存在是很有可能的，正如明人郎瑛《七修类稿》所言："我朝太平日久，旧书多出，此大幸也。"② 另外，我们从具体的小说文本也可以推断，当时的旧本是普遍存在的，并非全为书坊托

---

① 参见［清］顾炎武《日知录之余》卷四《禁小说》，见《续修四库全书》子部杂家类第1144册，据宣统二年（1910）吴中刻本影印，第636－637页。

② ［明］郎瑛：《七修类稿》卷四十五事物类《书册》篇，上海书店出版社2001年版，第478页。

言。例如，嘉靖三十二年（1553）杨氏清江堂刊本《唐书志传通俗演义》标明"金陵薛居士的本　鳌峰熊钟谷编集"，明确指出旧本作者为"薛居士"；万历三十三年（1605）西清堂詹秀闽刊《两汉开国中兴传志》卷一注云："旧本说此蛇众人看时，其大如山；汉祖视之，小如一带。未知的否？但此亦不必论。"崇祯六年（1633）杭州名山聚所刊袁于令《隋史遗文》卷之一第三回《济州城豪杰奋身　楂树岗唐公遇盗》回末总评云："旧本有太子自扮盗魁，阻劫唐公，为唐公所识。"① 这些注文、评点涉及旧本的具体内容，显然是有旧本作为依据。以此观之，旧本之说应该不是书坊妄言。

明代坊刊小说的稿源对旧本的依赖较多，尤其是历史题材的作品，这在嘉靖、万历时期比较明显。到了明末，这种状况虽得到改善，但是还在一定程度上出现依赖旧本的情况，如《隋史遗文》的创作便是如此。明代坊刊小说稿源所依赖的旧本主要包括哪些？笔者以为主要由四个层面构成：①宋元旧刊小说；②嘉靖以前刊印的说唱结合的词话本；③明代社会上流传的小说抄本；④明末所云旧本、旧传亦指嘉靖、万历时所刊小说。明代坊刊小说稿源与旧本之间关系相当密切，如天启二年（1622）建阳黄正甫刊罗贯中编《新刻京本按鉴考订通俗演义全像三国志传》，明人博古生《三国志叙》云："第坊刻不遵原本，妄为增损者有之。"对书坊不遵旧本的情况予以批评。

从旧本到明刊小说稿源的形成，其间发生质的飞跃，突出地表现在"义"与"理"的掺入，促进了演义体的发展与成熟。熊大木改编旧本《精忠传》就是较为典型的事例："武穆王《精忠录》，原有小说，未及于全文。今得浙之刊本，著述王之事实，甚得其悉。然而意寓文墨，纲由大纪，士大夫以下遽尔未明乎理者，或有之矣。"② 于是熊大木在杨涌泉的恳求下，"以王（按：指岳飞）本传行状之实迹，按《通鉴纲目》而取义"③。这样就完成了从旧本到演义体的过渡。

---

① ［明］袁于令：《隋史遗文》卷之一第三回《济州城豪杰奋身　楂树岗唐公遇盗》，见《古本小说集成》，据崇祯六年（1633）杭州名山聚本影印，第85页。
② ［明］熊大木：《序武穆王演义》，见《古本小说集成》，据嘉靖三十一年（1552）杨涌泉清白堂刊本影印《大宋中兴通俗演义》卷首。
③ ［明］熊大木：《序武穆王演义》，见《古本小说集成》，据嘉靖三十一年（1552）杨涌泉清白堂刊本影印《大宋中兴通俗演义》卷首。

到了明末，小说对旧本的依赖程度有所减弱。一方面是经嘉靖到明末，各地书坊的大量刊印，小说旧本市场被发掘殆尽；另一方面，到了明末，小说观念、小说的编创手法都发生巨大的变化，文人独立创作的成分逐步增强，反映现实的题材愈来愈受到读者、作者以及书坊主的重视。时事小说的创作，虽然多依塘报、邸报、奏疏而作，且快速成篇，小说的艺术性受到影响，但是它的创作与刊刻标志着古典小说创作从对旧本的依赖、改编到文人逐步独创的质的飞跃。学术界一般认为《金瓶梅》是第一部文人独立创作的小说。① 就明末文人创作、供案头阅读的拟话本而言，冯梦龙的"三言"对宋元旧本的依赖和改造，是人所皆知的事实，凌氏"二拍"与笔记等也有很多联系（参见其序）。可以说，在中国小说史上，时事小说才是真正意义上摆脱对旧本的依赖、由文人独立创作、反映现实内容的小说，而这种局面的形成，与熊大木、余象斗、杨尔曾等书坊主的小说创作实践和经验积累，与书坊主陆云龙兄弟的创作及其影响，与小说传统观念的变革都是密切相关的。

（三）不同刊刻中心的稿源呈现明显的地域特征

在明代有限的刊刻中心之间，因为当地提供稿源的市场不同，所以刊刻形态存在差异。吴越之地如南京、苏州、杭州地区，文人群体活跃，稿源充足，所以书坊主可以比较从容地选择既具有较高艺术水平又适合市场的稿件。他们重视小说刊刻质量，正如明代胡应麟评价金陵、苏州所刊书籍"书多精整"②。建阳地区虽然以刊刻中心的地位出现，但是经济、文化的发展落后于吴越地区，尽管也有不少下层文人在书坊主周围进行小说的创作与刊印，但是具有较高文学修养、有一定的社会地位、有一定文名的中上层文人参与小说编撰刊刻者较少，所以，建阳在稿源方面比不上南京、苏州和杭州，缺少优秀的稿源，于是只好想尽办法弥补其不足。

一是标明"京本"，这在建阳所刊小说中是相当普遍的。"京本"一词并非明人发明，南宋尤袤《遂初堂书目》即有《京本太平广记》一书，

① 也有学者提出异议，如徐朔方先生，参见其《小说考信编》中《金瓶梅成书新探》《再论〈水浒传〉和〈金瓶梅〉不是个人创作》诸文，上海古籍出版社1997年版。

② ［明］胡应麟：《少室山房笔丛》卷四《经籍会通四》，上海书店出版社2001年版，第42页。

明代建阳书坊在小说刊刻中使用"京本"则有其独特的意义。正如郑振铎先生所言："闽中书贾为什么要加上'京本'二字于其所刊书之上呢？其作用大约不外表明这部书并不是乡土的产物，而是'京国'传来的善本名作，以期广引顾客的罢。"① 万历十六年（1588）余世腾克勤斋刻熊大木编《全汉志传》，万历十六年（1588）杨先春刻熊大木《全汉志传》，万历杨先春刻吴承恩撰、华阳洞天主人校《西游记》，万历二十二年（1594）余象斗双峰堂刻《忠义水浒志传评林》，建阳杨起元（闽斋）万历三十一年（1603）刻吴承恩《西游记》等，均标注"京本"。明代书坊所言"京本"之"京"指两京（北京、南京），就小说而言，应主要指南京。作为明代小说、戏曲的刊刻中心之一，南京以其稿源丰富、刊刻书籍质量精美而著称，难怪建阳人要冒其名了。建阳人余季岳明末刊《盘古至唐虞传》，在封面即直接声称"金陵原梓"。建阳郑以桢宝善堂万历刻《新镌校正京本大字音释圈点〈三国志〉演义》，封面题"李卓吾先生评释圈点《三国志》，金陵国学原板，宝善堂梓"。标注"京本"，突出其稿件来源地，显示小说的正宗地位并借此扩大小说的影响，这与元杂剧在曲目上标明"古杭新刊"的做法有异曲同工之妙。②

二是注重插图等广告促销手段。大多数的建本小说采取上图下文的形式，甚至每页一图，重视评点，建阳书坊主余象斗是最早的通俗小说评点者之一；重视小说的广告促销手段；同时，注重压缩刊刻成本，以压低书价，从而应对激烈的市场竞争。稿源的状况在一定程度上影响着小说刊刻形态、刊刻质量。

在小说稿件的选择及刊印上，不同类型、不同风格的小说刊刻体现出较为显著的地域性。

以情色小说为例，在苏州、杭州、金陵等地刊印较多，《如意君传》《浪史》《昭阳趣史》《玉妃媚史》《玉闺红》《宜春香质》《弁而钗》《醋葫芦》等基本上在上述地区流传或刊刻，建阳书坊应该仅刊刻一本情色小说即种德堂所刊《绣榻野史》。齐裕焜先生认为："建阳是以朱熹为代

① 郑振铎：《西谛书话·京本通俗小说》，生活·读书·新知三联书店1998年版，第107页。

② 如关汉卿《古杭新刊的本关大王单刀会》、尚仲贤《古杭新刊尉迟恭三夺槊》、石君宝《古杭新刊关目风月紫云庭》、王伯成《古杭新刊关目李太白贬夜郎》、杨梓《古杭新刊霍光鬼谏》、郑光祖《古杭新刊关目辅成王周公摄政》等。

表的闽学的故乡，是深受理学影响的地方，他们出版书籍时，还有一条道德的底线……不敢去刊印那些有露骨的色情描写的作品。"① 民国十八年（1929）所修《建阳县志》卷八云："建阳自朱子倡道，彬彬然道义之乡。"② 南京、苏杭则不同，"正、嘉以前，南都风尚最为醇厚"③。嘉靖以后，风俗顿变，"南京俗尚侈靡"④，"吴中自（祝）枝山辈以放诞不羁为世所指目，而文才轻艳，倾动流辈，传说者增益而附丽之，往往出名教外"⑤。明代谢肇淛评姑苏风习云："其人儇巧而俗侈靡。"⑥ 相比之下，明代中后期南京、苏杭地区世俗奢靡，士风浮艳，所以在稿件的选择上，出现大量情色小说也就不足为奇了。

以上我们分析了明代坊刊小说的稿源渠道，并阐述明代坊刊小说稿源所体现的特点，得出主要结论如下。

第一，明代坊刊小说稿源主要有购刻小说、征稿、组织编写、书坊主自编四种渠道。书坊主积极参与拓展稿源，在早期小说稿源不足的情况下，他们亲自参与小说创作。明后期由于小说观念的逐步开放，文人积极投入到小说的创作与传播之中，小说稿源日渐丰富，书坊主与文人之间的分野愈来愈清晰。

第二，明代书坊主以雇佣或聘请塾师的形式，在其周围聚集了一批像邓志谟这样的下层文人，这批文人与书坊的结合，有着重要的小说史意义，标志着中国小说创作史上最早的专业作家队伍的形成。

第三，明代坊刊小说尤其是早期的历史题材小说，对旧本依赖较大，到了明代后期这种依赖才逐步减弱。时事小说的创作与刊刻标志着古典小说创作从对旧本的依赖、改编到文人逐步独创的质的飞跃。

第四，不同刊刻中心的稿源呈现明显的地域特征。南京、苏杭地区稿源丰富，所以重视稿件的艺术水平，重视刊刻的质量，建阳地区的稿

---

① 齐裕焜：《明代建阳坊刻通俗小说评析》，载《福建师范大学学报（哲学社会科学版）》2006 年第 1 期，第 108 页。

② 赵模修、王宝仁纂修《建阳县志》卷八第二十二条"礼俗志"，台北成文出版社 1975 年版，第 903 页。

③ ［明］顾起元：《客座赘语》卷一《正嘉以前醇厚》篇，中华书局 1987 年版，第 25 页。

④ ［清］张廷玉等：《明史》卷二八三《湛若水传》，中华书局 1974 年版，第 7267 页。

⑤ ［清］张廷玉等：《明史》卷二八六《文苑传·唐寅传》，中华书局 1974 年版，第 7353 页。

⑥ ［明］谢肇淛：《五杂俎》卷三，上海书店出版社 2001 年版，第 50 页。

源不及南京、苏杭，所以标注"京本"、注重插图等广告手段；在小说稿件的选择及刊印上，不同类型、不同风格的小说刊刻体现出较为显著的地域性。

（原载《文学评论》2007 年第 3 期）

论明代坊刊小说选本的类型及兴盛原因

选本体现出编选者强烈的审美观念，对文学创作实践与理论都起到举足轻重的推动作用，成为一种重要的批评形式。鲁迅先生认为："评选的本子，影响于后来的文章的力量是不小的，恐怕还远在名家的专集之上。"①在一定程度上，选本的形成源于市场需求和读者阅读需要，同时，它对读者又产生导向和牵制的作用。明代钟惺曾经从诗歌选本的角度指出："昭明选古诗，人遂以其所选者为古诗，因而名古诗曰选体；唐人之古诗曰唐选。呜呼！非惟古诗无，几并古诗之名而亡之矣。何者？人归之也。选者之权力，能使人归，又能使古诗之名与实俱狥之，吾其敢易言选哉！"②

明代可谓选本盛行的时代，诗、词、文、曲、小说等各种文体的选本层出不穷，出现了《唐诗品汇》《诗归》《皇明诗选》《八大家文钞》《元曲选》《六十种曲》《虞初志》《今古奇观》等著名的选本。明代选本的刊刻也相当盛行，以明末毛晋为例，他所刊刻的唐人诗文选本就有《盛唐二大家》《三唐人文集》《四唐人集》《五唐人集》《六唐人集》《八唐人集》《唐三高僧诗集》《唐人选唐诗》《唐诗类苑》《唐诗纪事》等多种。③ 在刊刻数量上，小说选本不及诗歌选本，但就研究的价值和意义而言、就其在中国小说发展和传播史上的地位而言，小说选本不容忽视，值得我们给予足够的关注。本文主要论述明代坊刊小说选本的类型及兴盛原因。

一、明代坊刊小说选本的界定及分类

明代坊刊小说选本，顾名思义，是明代书坊按照一定的取舍标准进行

---

① 鲁迅：《集外集·选本》，见《鲁迅全集》第七卷，人民文学出版社 1973 年版，第 505 页。
② ［明］钟惺：《诗归·序》，见《四库全书存目丛书》集部总集类第 337 册，据清华大学图书馆藏明万历四十五年（1617）刊本影印，齐鲁书社 1997 年版，第 653 – 654 页。
③ 章宏伟：《论毛晋》，见《出版文化史论》，华文出版社 2002 年版，第 193 页。

选择、对原作篇目顺序加以重新编排而形成的小说文本，以作品集的形式出现，所选作品已经以抄本或刊本形式面世，并非编者新创。在本文中，笔者确立的小说选本概念界定标准主要有以下三条：第一，总集、丛书不能等同于选本，因此明代编刊的《古今说海》《顾氏文房小说》《五朝小说》等均非选本。第二，与原作相比，选本的情节、结构、人物等一般不变，仅在题目、个别字句上有少量改动，《智囊》《智囊补》《情史》《古今谭概》等书虽多选前代小说故事，但删改太多，笔者不视为选本；明代嘉靖、万历时期《国色天香》《绣谷春容》等多选唐人等文言小说，但删改亦多，对这些短篇文言小说，笔者不视为选本，不过本文重点讨论其所选中篇文言小说，故视作选本。第三，全书所选文体众多，如《小说传奇合刊》既选小说，又选戏曲，《国色天香》等除小说选本外，还选诗文杂类，笔者也视作小说选本。

　　按照以上确立的关于小说选本的三条标准进行衡量、统计，笔者认为，明代小说选本共有三十一种。其中，吴大震印月轩万历年间刊《广艳异编》、鹿角山房万历三十年（1602）刊梅鼎祚《青泥莲花记》、蟫隐居万历三十三年（1605）刊梅鼎祚辑《才鬼记》、周诗雅万历四十年（1612）刊自编《续剑侠传》四种选本系家刻本，不列入本文讨论范畴。除此以外，坊刊小说选本共有二十七种，如表2-3所示。

表2-3　明代坊刊小说选本

选本名称	明代编者	明代刊刻者及刊刻时间	选目情况
《文苑楂橘》二卷二十篇	不详	孙楷第《日本东京所见小说书目》推测"（刊本）应在万历以后"。存高丽活字本和高丽抄本，名为《删补文苑楂橘》，当据明本而删补	文言小说选本。选唐人小说十五篇、唐前及宋代小说各一篇、明代小说三篇
《虞初志》八卷	陆采辑	有如隐草堂刊八卷本、乌程凌濛初万历刻袁宏道评《虞初志》七卷本、凌性德天启刻《虞初志》七卷本等	文言小说选本。除南朝梁吴均《续齐谐记》以外，其余皆为唐人小说

选本名称	明代编者	明代刊刻者及刊刻时间	选目情况
《续虞初志》四卷	汤显祖编	明钱塘钟人杰万历刊	文言小说选本。多收唐人小说，各篇后附汤显祖等人评语
《广虞初志》四卷二十篇	邓乔林编辑	明刊	文言短篇小说选集，其中《中山狼传》为明人撰，其余皆选前人小说
《剑侠传》四卷	题王世贞辑	有毗陵履谦子隆庆三年（1569）翻刻本、吴琯《古今逸史》本、《秘书廿一种》等	文言小说选本。收唐宋小说三十三篇。履谦子本另收唐人小说，宋、明小说各一篇
《艳异编》四十卷	题王世贞辑	有嘉靖年间刊息庵居士序本、隆庆刊本、苏州叶启元玉夏斋万历四十六年（1618）刊本（四十卷）、杭州段景亭读书坊天启刊本（五十三卷）等	文言小说选本。四十卷本分十七部（类），收作品三百六十一篇，包括唐人小说及明代《剪灯新话》《剪灯余话》等书中作品
《续艳异编》十九卷	不详	有万历四十六年苏州叶启元玉夏斋刊本	文言短篇小说选集，收汉魏至明代作品一百六十三篇
《国色天香》十卷	吴敬所编	有金陵周曰校万卷楼万历十五年（1587）刊本、万历二十五年（1597）重刊本等	分上下两层，收话本、文言小说等
《绣谷春容》十二卷	羊洛敕里起北赤心子汇辑	金陵世德堂万历刊	上层收中篇文言小说十三篇，下层收多种诗文词曲，含短篇小说近二百篇。封面题"起北斋辑"

选本名称	明代编者	明代刊刻者及刊刻时间	选目情况
《万锦情林》六卷	余象斗编	万历二十六年（1598）余象斗（文台）双峰堂刊	上栏收唐宋小说、话本以及各类文体的作品，下栏收中篇文言小说七篇
《刻注释艺林聚锦故事白眉》十卷	邓志谟补、书林余元熹订	万历二十七年（1599）萃庆堂刊	
《精选故事黄眉》十卷	邓志谟辑、羊城丘毛伯校	万历四十二年（1614）萃庆堂刊	
《风流十传》十卷	不详	万历四十八年（1620）即泰昌元年刊	中篇文言选集，收元、明中篇文言小说十篇
《花阵绮言》十二卷	楚江仙叟石公纂辑	明末刊	收中篇文言小说七篇，无此类选本较常见的上下栏格式
《古今清谈万选》四卷	不详	金陵周近泉大有堂万历刊	皆选唐以来小说
《小说传奇合刊》一集	不详	不详	据《小说传奇合刊》书末所题"三集下"，知有一、二集
《小说传奇合刊》二集	不详	不详	同上
《小说传奇合刊》三集	不详	约刊于万历年间	上栏选话本小说《李亚仙》《女翰林》《王魁》《贵贱交情》《玉堂春》共五篇

选本名称	明代编者	明代刊刻者及刊刻时间	选目情况
《仙媛纪事》九卷补遗一卷	杨尔曾	明万历三十年苏州草玄居刊	主要收录明朝以及明前女子修道成仙故事。收图三十三幅
《燕居笔记》（原刻本）	不详	不详	据林近阳、何大抡、冯梦龙等增补《燕居笔记》可知，必有原刻本，今佚
《新刻增补燕居笔记》十卷	林近阳增编	建阳余泗泉萃庆堂万历刊	上栏收文言中篇小说六篇，下栏收诗词杂类、文言短篇小说
《重刻增补燕居笔记》十卷	何大抡编	金陵李澄源崇祯六年（1633）刊	分上下两栏，上栏收文言中篇小说五篇，下栏收录含小说、话本在内的各种文体作品
《增补批点图像燕居笔记》二十二卷	冯梦龙增编，余公仁批补	明末书坊余公仁刊	收中、短篇文言小说及诗词杂类，无上下栏格式，与前几种《燕居笔记》相比，篇幅增加，编排完善，刊刻较精
《僧尼孽海》三十二则	题唐寅撰	明末刊	皆选僧尼故事，揭示其恶行，全书文字风格不尽统一，或文言，或白话
《今古奇观》四十卷	抱瓮老人编	苏州宝翰楼崇祯刊本	明末拟话本选集，均选自"三言""二拍"
《觉世雅言》八卷	不详	明末刊	今存五卷。拟话本选集，实据《今古奇观》而选
《香螺卮》十卷	周之标选评	明末刊	文言小说选集，选汉至宋代文言小说一百二十九篇

通过表2-3可以看出，明代坊刊小说选本共有二十七种，占明代小说选本总数三十一种的87%，而且选本中的名篇、巨制如《今古奇观》《虞初志》《艳异编》等皆由书坊刊刻。由此可知，在明代选本的编撰与传播过程中，书坊占据主导性的地位，甚至可以说，明代小说选本正是在书坊及书坊主的参与与推动下形成并发展的。

总的来看，明代坊刊小说选本可以分成以下三种类型。

（1）文言短篇小说选本，包括《文苑楂橘》《虞初志》《续虞初志》《广虞初志》《剑侠传》《艳异编》《续艳异编》《古今清谈万选》《仙媛纪事》《香螺卮》，共十种。从现存文献记载来看，以《文苑楂橘》为明代文言小说选本之始，已选多篇唐代小说，内含《虬髯客》《红线》《昆仑奴》、《义倡汧国夫人》（即《李娃传》）、《柳毅》等小说名篇，但从产生的影响来看，当以《虞初志》《艳异编》为代表。文言短篇小说体现以下两个特点：一是编者重视评点，如《虞初志》不少选文的篇末、《艳异编》采用眉批诸形式，用简要的词语进行评点；二是对原文的标题、作者喜作改动，如《虞初志》卷三《枕中记》题为"唐李泌"作，卷五《无双传》署名"唐裴说"作，《杨娟传》署名"唐李群玉"作，与往说出入较大，其中有明显错误者，如卷八《白猿传》署名"唐江总"撰，《四库全书总目提要》已作辨正。

（2）杂志型小说选本（亦称类书型选本），包括《国色天香》《绣谷春容》《万锦情林》《刻注释艺林聚锦故事白眉》《精选故事黄眉》《风流十传》《花阵绮言》以及《燕居笔记》四种，共十一种。"杂志"一词，金陵世德堂万历刊《绣谷春容》卷六有《杂志》一篇，从其所选七篇文字来看，内容庞杂，既有文人间故事，又有民间传说，故事时间涉及元、明、清数朝，可见随手所记，以供休闲阅读。这在一定程度上与我们所说的杂志型小说选本的内涵及编选原则有着相通之处。除了所选文字内容庞杂以外，这类选本还有一个特点，那就是选文重复情况相当突出，《娇红记》《钟情丽集》《三奇合传》《天缘奇遇》《花神三妙传》《怀春雅集》《刘生觅莲记》《双双传》《龙会兰池录》《五金鱼传》《金谷怀春》等在当时普遍流行的文言中篇小说被多次重复选入；在刊刻形态上，除《花阵绮言》等少数选本以外，一般采取上下栏的形式刊刻，较为独特。

（3）白话短篇小说选本，包括《小说传奇合刊》一至三集、《今古奇观》《觉世雅言》《僧尼孽海》，共六种。与前两类选本相比，以《今古奇观》为代表的白话短篇小说选本比较忠实于原作，对原文的情节结构、人物形象、语言文字改动不大。

二、明代坊刊小说选本兴盛的整体考察

坊刊小说选本在整个明代小说选本中占比达87%，这一统计数字充分说明，明代书坊在选本的形成与传播过程中起着重要且无可替代的作用。书坊缘何大量编印小说选本呢？明代书坊与小说选本的兴盛这两者之间有哪些内在的联系呢？笔者从以下三个层面对此加以整体考察。

首先，书坊因为科举而刊刻小说选本。金陵万卷楼万历刊《国色天香》卷一《珠渊玉圃》篇标题下注称："是集大益举业，君子慎毋忽焉。"笔者认为，这句话值得我们予以足够的关注，因为它从科举的角度给我们提供了关于明代坊刊小说选本之兴的重要信息。首先我们探讨《珠渊玉圃》的选文情况，这一篇共选文六十七篇，含诰、制、诏书、启、状、判、赞、词、帖、铭、颂诸文体。由《明史·选举志》可知，对于当时参加科举考试的考生而言，诰、诏等文体是他们必须熟悉、掌握的，选本收录众多文体的作品可以说为考生提供了范本。从这一角度来看，万卷楼本《国色天香》卷一所云"是集大益举业"并非虚言。不过，此书虽然有其为科举考试服务、为考生提供范本的作用，但它毕竟不是枯燥的科举考试参考书，书坊在选录众多文体作品的同时，也收录了多种中篇文言小说，将有益于科举的众多文体范文与提供休闲的小说糅合到一起，这样既体现实用价值，又具有很强的可读性。著名汤显祖《艳异编·叙》称："吾尝浮沉八股道中，无一生趣。月之夕，花之晨，衔觞赋诗之余，登山临水之际，稗官野史，时一转玩，诸凡神仙妖怪，国士名姝，风流得意，慷慨情深等语千转万变，靡不错陈于前，亦足以送居诸而破岑寂，岂其詹詹学一先生之言而以号于人曰：此夫出自《齐谐》之口也者，而摈不复道耶？"[①] 序言作者作为"尝浮沉八股道中"之人，深感八股"无一生趣"，但对"稗官野史"、新奇小说极感兴趣，明代书坊将两者结合起来，

① 署名［明］汤显祖《艳异编·叙》，见《古本小说集成》，据明万历四十六年（1618）刊本影印《艳异编》卷首。汤显祖于万历四十四年（1616）去世，因此本序以及所题"玉茗堂批选"皆为伪托，序文将唐代元稹错题为"元镇"，亦足以证非汤氏之作。

自然会受到读者的欢迎。

科举的发达导致时文的编选、刊印之风盛行，从而推动了小说选本的形成与发展。八股文兴起于成化年间，"经义之文，流俗谓之八股，盖始于成化以后"①。对明代科举时文的刊刻也从成化年间开始，明代郎瑛《七修类稿》卷二十四《辨证类》云："成化以前世无刻本时文，吾杭通判沈澄刊《京华日抄》一册，甚获重利，后闽省效之，渐至各省刊提学考卷也。"② 至嘉靖时，此风大盛，嘉靖初李濂云："比岁以来，书坊非举业不刊，市肆非举业不售，士子非举业不览。"③ 李诩《戒庵老人漫笔》卷八云："余少时学举子业，并无刊本窗稿。有书贾在利考，朋友家往来，钞得灯窗下课数十篇，每篇誊写二三十纸，到余家塾，拣其几篇，每篇酬钱或二文，或三文。……今满目皆坊刻矣。"④ 李诩所言主要是指嘉靖时期，此时的坊刊时文选本已相当流行。时文的编选在明代后期盛行的状况，我们从坊刊小说《鼓掌绝尘》的序文中可以看出。署名"临海逸叟"的作者在序文中声称："房稿行世……海内共赏选叙。"⑤ 这里提到的"房稿""选叙"即指科举文字、八股时文编选。时文的编选冲击了经学的地位，编成于嘉靖末年的郎瑛《七修续稿》卷三《义理类·字书经文》云："时文崇而圣经不明矣。"⑥ 这使小说等文体的传播获得进一步发展的机会。同时，书坊对科举时文的编选为小说选本的编刊提供了借鉴，积累了经验，从而推动小说选本的发展。

其次，书坊适应读者的需要而刊刻小说选本。以往我们谈到明代小说的兴起尤其是通俗小说的兴盛原因时，常常会笼统地归结为市民阶层兴起、读者需求等因素。事实上，这些也确实是明代小说发展的巨大推动力，也是书坊刊印小说乃至小说选本的重要原因。但是笔者认为，由于印

① ［清］顾炎武：《日知录》卷十六《诗文格式》，见《日知录集释》，上海古籍出版社1985年版，第1266页。

② ［明］郎瑛：《七修类稿》卷二十四《辨证类》，上海书店出版社2001年版，第259页。

③ ［明］李濂：《纸说》，见《嵩渚文集》卷四十三，《四库全书存目丛书》据杭州大学图书馆藏明嘉靖刊本影印，齐鲁书社1997年版。

④ ［明］李诩：《戒庵老人漫笔》卷八《时艺坊刻》，中华书局1982年版，第334页。

⑤ ［明］临海逸叟：《鼓掌绝尘·序》，见《古本小说集成》，据崇祯四年（1631）龚氏刊本影印《鼓掌绝尘》卷首。

⑥ ［明］郎瑛：《七修续稿》卷三《义理类·字书经文》，上海书店出版社2001年版，第564页。

刷技术的欠发达、书价昂贵、小说观念的束缚诸因素，在万历早期以前，市民阶层参与小说传播的机会和能力是相当有限的，对小说的兴盛与发展所起的作用也不太明显，这种状况大约到明代万历中后期开始才有转变。可以说，明代不同时期、不同类型小说的读者身份、状况是不尽相同的，我们不能一概而论。下面笔者从小说选本的角度加以论述。

如果从小说选本所使用的语言来看，我们可以把上述三类选本大致合并为两类，即文言小说选本（含短篇文言小说和中篇文言小说）以及白话小说选本。文言小说选本的刊刻主要集中在嘉靖、万历时期，明末虽然也有少量杂志型选本，如李澄源、余公仁所刊《燕居笔记》等，但是以刊刻白话小说选本为主。

嘉靖、万历时期，士人应是文言小说选本的读者阶层主体之一，包括各级学校、书院的学生，参加科举考试的考生，还有一些具有一定知识水平的小商人，普通的手工业者、下层百姓很少购买并阅读。书坊按照士人的口味去编选小说，因此被士人群体广泛接受，正如万卷楼本《国色天香》卷首谢友可的《刻公余胜览国色天香序》所称："今夫辞写幽思寄离情，毋论江湖散逸需之笑谭，即缙绅家辄藉为悦耳目。"这里就指出了此书的编刊是为江湖散逸之辈、缙绅士大夫等士人群体服务的，这一点在《国色天香》卷四、卷五说得更为清楚。卷四《规范执中》篇标题下注释云："此系士人立身之要"，卷五《名儒遗范》篇标题下注释云："士大夫一日不可无此味。"同样，与《国色天香》编辑体例、宗旨非常接近的其他杂志型小说选本，如《绣谷春容》《万锦情林》《风流十传》《花阵绮言》《燕居笔记》等，也是书坊为满足士人群体的阅读需要而编刊的。例如，双峰堂刊《万锦情林》的封面识语云："更有汇集诗词歌赋诸家小说甚多，难以全录于票上，海内士子买者一展而知之。"《国色天香》等中篇文言小说选本、《艳异编》等文言短篇小说选本，一般以文人为描写对象，采用的小说语言为文言，作品中穿插大量的诗词文赋等各种文体，不适合下层市民的欣赏口味，却符合士人群体的阅读习惯。因此笔者认为，万历以前的坊刊文言小说选本是书坊为适应士人而不是下层市民的阅读需要而编刊的。

我们通过对杂志型小说选本刊刻地域的考察也可以说明这个问题。从现存文献来看，选辑中篇文言小说的选本最早出现于金陵，万历十五年（1587）金陵周氏万卷楼刊刻《国色天香》，金陵世德堂万历刊《绣谷春容》。此后，具有敏锐市场洞察力的建阳书坊主余象斗等人才随之跟进，刊印同类选本。而金陵地区的杂志型小说选本的刊刻并没有停止步伐，到崇祯六年（1633）金陵李澄源刊刻何大抡编《重刻增补燕居笔记》，延续此类选本刊刻的势头。类书型选本最早在金陵出现，并且刊刻的时间很长，主要因为此类选本是供士子阅读的，而金陵作为明朝两都之一，经济、文化发达，明人邱濬曾说过："天下财赋，出于东南，而金陵为其会。"① 金陵的学校、书院很多，文人队伍庞大，这为杂志型小说选本的刊刻提供了广阔的市场。正因为如此，《国色天香》刊出以后，"悬诸五都之市，日不给应"②，受到读者的热烈欢迎。

明末的情况就明显不同。我们知道，限制下层阶层读者阅读的一个重要因素就是书价，早期的小说价格很高③，对于下层市民而言，这样价格的小说，他们自然不敢问津。胡应麟《少室山房笔丛》卷四《经籍会通四》指出："凡书之直之等差，视其本、视其刻、视其纸、视其装、视其刷、视其缓急、视其有无。本视其钞、刻，钞视其讹正，刻视其精粗，纸视其美恶，装视其工拙，印视其初终，缓急视其时又视其用，远近视其代又视其方，合此七者参伍而错综之，天下之书之直之等定矣。"④ 胡氏指出影响书价的七种因素，涉及稿件来源、印刷材料、装帧设计、编辑费用等多方面。为了扩大小说的读者范围，书坊主在以上几个方面想方设法缩减成本，如建阳书坊采用价格低廉的印刷材料，吴兴凌氏刻书不愿请人编辑⑤，从而降低书价，这样使更多的下层市民加入小说读者队伍之中。明代绿天馆主人《古今小说·叙》指出："大抵唐人选言，入于文心；宋人通俗，谐于里耳。天下之文心少而里耳多，则小说之资于选言者少，而资于通俗者多。"这里通过对唐宋小说的比较，阐明了唐宋时期小说创作所呈现的不同的审美倾向及其面对的不同的读者阶层，我们用这句话来阐释明代的坊刊小说选本，也有一定的道理。嘉靖、万历时期，为了士子的科

---

① ［明］顾起元：《客座赘语》卷二《两都》，中华书局1987年版，第36页。

② ［明］谢友可：《刻公余胜览国色天香序》，万卷楼刊《国色天香》卷首。

③ 直到明末有些小说刊本的价格依然不菲，如苏州书坊舒载阳（冲甫）天启时刊刻《封神演义》，封面题"每部定价纹银贰两"。

④ ［明］胡应麟：《少室山房笔丛》卷四《经籍会通四》，上海书店出版社2001年版，第43页。

⑤ ［明］谢肇淛：《五杂俎》卷十三《事部一》，上海书店出版社2001年版，第266页。

举考试及阅读需要，书坊刊刻了大量以唐代小说和中篇小说为主的文言小说选本。到了明末，由于商品经济迅速发展，市民队伍壮大，这一群体逐渐加入小说读者队伍之中。读者队伍逐步扩大，从嘉靖、万历时期以士子为主，到明末士子、商人、市民群体等共同构成读者队伍的整体。雅俗共赏的白话小说以及在此基础上形成的白话选本，适应了较为广泛的读者阶层的阅读需要。

最后，传播的需要。从传播的角度来看，经过精心筛选的选本往往比原作更受欢迎，鲁迅先生认为："凡选本，往往能比所选各家的全集或选家自己的文集更流行，更有作用。册数不多，而包罗诸作，固然也是一种原因，但还在近则由选者的名位，远则凭古人之威灵，读者想从一个有名的选家，窥见许多有名作家的作品。"①　明代坊刊小说选本的产生在一定程度上正是书坊为适应传播的需要而刊刻的。就文言短篇小说选本来看，宋初李昉等人编《太平广记》，将绝大多数的唐代小说囊括在内，明代小说选本编者对《太平广记》是相当熟悉的。明刊《虞初志》卷一选唐代《集异记·宁王》，篇末评语云："是记（按：指《集异记》）本十卷，宋初犹存，观《广记》所录可见已。予窃爱而刻之，不忍以残缺废焉。"②《太平广记》共有五百卷，篇幅太大，不利于传播，但是其中描写详尽、叙事生动、文备众体的唐代小说却颇受市场青睐，由此书坊主们便刊印了诸如《虞初志》《艳异编》《续艳异编》等多部文言短篇小说选本，主要选辑唐人名作投放市场。白话小说选本也是如此，以《今古奇观》为例，"三言""二拍"加在一起共有二百篇③，构成鸿篇巨制，这就给它的广泛传播带来一定的困难。在这种情况下，选本则应运而生。正如明代笑花主人在《今古奇观·序》中所言："至（冯梦龙）所纂《喻世》《警世》《醒世》三言，极摹人情世态之岐，备写悲欢离合之致，可谓钦异拔新，洞心骇目，而曲终奏雅，归于厚俗。即空观主人壶矢代兴，爰有《拍案

---

①　鲁迅：《集外集·选本》，见《鲁迅全集》第七卷，人民文学出版社 1973 年版，第 504 页。

②　[明] 陆采辑：《虞初志》卷一《宁王》篇，见《四库全书存目丛书》子部第 246 册，据清华大学图书馆藏明刊本影印，第 417 页。

③　"三言""二拍"共二百篇，现在据明末尚友堂本整理的通行本中，《二刻拍案惊奇》的卷二三与《拍案惊奇》卷二三重复，第四十卷为《宋公明闹元宵》杂剧，所以，"二拍"实有小说七十八篇，加上"三言"一百二十篇，实为一百九十八篇。

惊奇》两刻，颇费搜获，足供谈麈。合之共二百种，卷帙浩繁，观览难周，且罗辑取盈，安得事事皆奇？僻如印累累，绶若若，虽公选之世，宁无一二具臣充位？"① 考虑到这一因素，抱瓮老人便从"三言""二拍"中选刻四十卷，编成《今古奇观》。自明末至二十世纪初，"三言""二拍"原著几乎湮没不闻，作为选本，《今古奇观》则得到广泛流传。这一传播实践正好从一个侧面说明：删繁就简、去粗取精的选本更能适应传播的需要。

三、各种类型小说选本的具体成因

以上我们对明代坊刊小说选本兴盛的原因加以整体观照，涉及不同类型小说选本的成因，也各不相同。下面我们分别加以论述。

首先，文言短篇小说选本。这类选本以选唐代小说为主，唐代小说之所以受到明代书坊的广泛青睐，一是因为唐代小说文辞华美，叙述生动，二是因为明代复古思潮的影响。署名汤显祖《点校虞初志序》称：

> 《虞初志》一书，罗唐人传记百十家，中略引梁沈约十数则，皆奇僻荒诞、若灭若没、可喜可愕之事，读之使人心开神释，口张眉舞，虽雄高不如《史》《汉》，简澹不如《世说》，而婉缛流丽，洵小说家之珍珠船也。其述飞仙盗侠，则曼倩之滑稽；志佳冶窈窕，则季长之绛纱；一切花妖木魅，牛鬼蛇神，则曼卿之野饮。意有所荡激，语有所托归，律之风雅之罪人，彼固欢然不辞矣！使呫呫读古，而不知此味，即日垂衣执笏，陈宝列俎，终是三馆画手，一堂木偶耳，何所讨真趣哉！

《虞初志》卷一《宁王》篇末的评语对唐代小说的艺术成就也给予很高的评价："唐之文味纯于古，而高词丽句犹存江左余味，虽野书稗说之靡，亦臻其妙，萧然有言外之趣，非复后世所能及。宋人极力模仿，若洪野处者，犹未足比肩，况其他乎？"从这两条材料不难看出，唐代小说文

---

① 《今古奇观·序》，见《古本小说集成》，据上海图书馆藏本影印《今古奇观》卷首，上海古籍出版社1994年版。

采斐然，"婉缛流丽，洵小说家之珍珠船也"，诚为"高词丽句"，"非复后世所能及"，具有强烈的艺术感染力，"读之使人心开神释，口张眉舞"。在明代复古思潮弥漫的背景下，在"咄咄读古"的风气下，书坊精选唐代小说以飨读者确实是很好的选择，可以做到名利双收。

其次，类书编撰之风与中篇文言小说选本。明代掀起类书编刊的风气，永乐元年（1403），明成祖就下令编撰后来被称为《永乐大典》的第一部大型类书。据《钦定四库全书总目》统计，在总共收录的六十四种类书中，明代就占了十三部，即《名疑》《荆川稗编》《万姓统谱》《喻林》《经济类编》《同姓名录》《说略》《天中记》《图书编》《骈志》《山堂肆考》《古俪府》《广博物志》等，还不包括《永乐大典》诸书在内。

明代几大刊刻中心尤其是金陵、苏州、建阳等地也出现类书编撰、刊刻、发行的热潮。《少室山房笔丛》卷四《经籍会通四》记载："吴会、金陵，擅名文献，刻本至多，巨帙类书咸会萃焉。"① 在金陵、苏州等地的出版、发行市场上，出现很多"巨帙类书"；建阳地区活跃着一批眼光敏锐、经营灵活的书坊主，他们也先后加入编刊类书的潮流当中。肖东发对建阳第一刻书世家——余氏所刻二百一十三种图书进行统计、分析，其中类书有三十一种，仅明代刊刻的类书就有二十六种②，占所有类书刊刻的81%左右，这一数字显示明代建阳书坊对刊刻类书的高度重视。

类书编撰之风对坊刊小说选本的影响可以归纳为以下三个方面：其一，直接影响到杂志型或称类书型小说选本的形成与发展。从嘉靖开始，到万历、天启、崇祯，此类选本持续不断地涌现，在万历时期达到顶峰。从广义的角度来看，《国色天香》《绣谷春容》《万锦情林》等选本均属类书的范畴，因为这些书籍所选以小说为主，且在中国小说发展史上占据突出的地位，所以我们将其视为小说选本。其二，作为类书，突出的特点就是分门别类，小说的分类并非始于类书，但是明代类书的编刊之风却使小说选本的分类编排进一步趋于严密、细致。以明刊四十卷本《艳异编》为例，共分成星部、神部、水神部、龙神部、仙部、宫掖部、戚里部、幽

---

① ［明］胡应麟：《少室山房笔丛》卷四《经籍会通四》，上海书店出版社 2001 年版，第42 页。

② 肖东发：《建阳余氏刻书考略》，见《历代刻书概况》，印刷工业出版社 1991 年版，第127 页。

期部、冥感部、梦游部、义侠部、徂异部、幻术部、妓女部、男宠部、妖怪部、鬼部十七部，其中神类还细化为星神、水神、龙神等，可见考虑相当细密。其三，对小说选本题材内容的影响，集中体现在内容庞杂和重视用典诸方面。以《万锦情林》为例，除选录中篇文言小说外，还收录辨本、疏、书、联、判、诗、吟、行、词、歌、赋、曲、题图、文、赞、箴、铭、状十八类，可谓无所不包；选本编者还喜欢用典，这在文中随处可见，不再一一举例。

最后，白话短篇小说选本。除上文所论明末读者阶层的扩大这一原因以外，"三言""二拍"编刊之后产生的典范意义及其市场欢迎程度，也是白话短篇小说选本大量面世原因之一。如果说市民阶层的崛兴、明代小说通俗化进程等是"三言""二拍"等话本小说兴盛的前提的话，那么，在"三言""二拍"面世以后，它所开拓的话本小说的市场又为此类选本的出现奠定了基础。《喻世明言》《警世通言》刊刻以后，"海内均奉为邺架玩奇矣"①。由于前两部小说畅销，衍庆堂又及时推出第三部即《醒世恒言》；因为"三言"受到市场欢迎，"行世颇捷"②，于是便随之出现了"二拍"。"三言""二拍"带动了明末话本小说编撰与刊刻之风，甚至有些小说在名称上直接加以借鉴，如《型世言》《觉世雅言》《三刻拍案惊奇》等，坊刊白话小说选本就是在这样的土壤上萌生的。

以上我们对明代坊刊小说选本的概念加以界定，并就其类型与兴盛原因进行阐述，由此可以发现，在明代坊刊小说选本形成过程中，书坊与书坊主起到重要作用，商业化、市场化的色彩尤为突出。同时，明代的社会文化思潮如科举考试及八股时文的盛行、类书编撰之风的兴起等也对小说选本的崛兴带来推动作用。

（原载《文艺理论研究》2008 年第 3 期）

---

① 《醒世恒言·识语》，见明代衍庆堂刊本《醒世恒言》卷首。
② ［明］即空观主人：《拍案惊奇·自序》，见尚友堂刊《拍案惊奇》卷首。

论明代通俗小说插图的功用

明代是中国古代通俗小说的发展演变期与成熟期，同时也是版画艺术发展的辉煌时期。如果说佛教在中国的流传推动了版画的变革的话，那么，元明以来小说、戏曲等通俗文学样式的迅速传播为版画艺术提供了新的契机，增加了传播载体，扩大了传播范围，促进了文学与版刻、绘画艺术的有机结合。

作为版画艺术的重要组成部分，明代通俗小说插图数量众多，佳作如林，几乎到了无书不图的地步。明末，无瑕道人在《玉茗堂摘评王弇州艳异编》卷首识语中声称："古今传奇行于世者，靡不有图。"明代佚名《新刻续编三国志·序》亦云："摹神写景，务肖妍媸。"① 小说插图附着于小说文本，所以，无论自刊刻的时间而言，还是从小说刊刻的地域来看，小说插图与小说刊刻都密切相关。就现存文献而言，明代最早的小说插图可见于宣德张光启刊《剪灯余话》等建本小说，上图下文，沿袭宋元旧式，古朴粗糙，艺术水平不高。嘉靖之前，小说刻本数量较少，同样，小说插图也较为罕见；明代通俗小说刊刻的鼎盛时期——嘉靖、万历至崇祯时期，也是出现小说插图的高峰期。明代通俗小说的几大刊刻中心——建阳、金陵、苏州、杭州也正是版画艺术发达的地区，被学界称为建阳派、金陵派、苏州派、杭州派（或称武林派）。明朝中后期，徽州刻工刀法细腻，技术高超，多赴金陵、苏州、杭州等地书坊镌刻插图，其版画之作又被称为徽州派（或称新安派）。

明代崇祯十五年（1642），举人朱一是在为《蔬果争奇》所作的跋语中指出："今之雕印，佳本如云，不胜其观，诚为书斋添香，茶肆添闲。佳人出游，手捧绣像，于舟车中如拱璧；医人有术，索图以示病家。凡此

---

① ［明］佚名：《新刻续编三国志·序》，见《古本小说集成》，据万历三十七年（1609）刊本影印《三国志后传》卷首。

诸百事，正雕工得剞劂之力，万载积德，岂逊于圣贤之传道授经也。"①
这段材料，一方面揭示当时小说插图受到读者与市场广泛欢迎的情况，另
一方面，朱一是认为绣像小说等"万载积德，岂逊于圣贤之传道授经
也"，把它与圣贤之语相提并论，充分肯定了小说插图的价值和地位。关
于明代通俗小说插图的功用，本文主要从以下五个层面进行阐述。

一

小说插图具有直观性、实用性的特点，有助于加深读者对小说作品文
字与情节的理解，也可以更为直观地展示小说所描写的社会背景，甚至可
以补充文字之不足。从这个意义上来看，小说插图具备"导读"的功用。

第一，插图的运用可以加深读者对小说作品文字与情节的理解。中国
古代图文之间关系密切。"图"与"书"二字并用，始见于汉代司马迁的
《史记》，此书《秦始皇本纪》云："三十二年，始皇之碣石，使燕人卢生
求羡门、高誓……燕人卢生使入海还，以鬼神事，因奏录图书，曰：'亡
秦者胡也。'"同书卷五三《萧相国世家》云："（萧）何独先入收秦丞相
御史律令图书藏之。"② 图文结合，可以很好地起到宣传与教育的作用，
因此，"左图右史""左图右文"成为中国古代早期图书较为普遍采用的
形式。对于阐释、理解文字而言，图画能够起辅助性功能。南朝齐谢赫
《古画品录》云："明劝戒，著升沉，千载寂寥，披图可鉴。"③《唐会要》
卷七三云："商殷有盘铭，周有欹器，或戒以词，或警以事，披图演义，
发于尔志，与金镜而高悬，将座右而同置，人皆有初，鲜慎厥终。"④《唐
会要》提到的"图"是指运用于"盘铭""欹器"等器物之上的图画，
不是指书籍的插图，但是它却指出了图的功用，"披图演义"，图有助于
读者加深对文的理解，这与小说插图的功用有其相通之处。南宋郑樵说得
更为具体："见书不见图，闻其声不见其形；见图不见书，见其人不闻其

① ［明］朱一是：《蔬果争奇·跋》，见崇祯十五年（1642）清白堂刊《蔬果争奇》卷首。
② ［汉］司马迁：《史记》卷六《秦始皇本纪》，卷五三《萧相国世家》，中华书局1959年
版，第251－252、2014页。
③ ［南朝齐］谢赫：《古画品录》，［明］毛晋订，见《丛书集成初编》，据《津逮秘书》
本影印。
④ ［宋］王溥：《唐会要》卷七三"灵州都督府"条，中华书局1955年版，第1373页。

语。图至约也，书至博也，即图而求易，即书而求难。古之学者为学有要：置图于左，置书于右，索象于图，索理于书，故人亦易为学，学亦易为功，举而措之，如执左契。后之学者离图即书，尚辞务说，故人亦难为学，学亦难为功，虽平日胸中有千章万卷及置之行事之间，则茫茫然不知所向。"① 书与图的关系，相当于一个人的声音与形象，缺一不可。书与图结合，"人亦易为学，学亦易为功"，否则，就会茫然无措。唐代变相正是配合变文进行佛教宣传的。唐末吉师老《看蜀女转昭君变》一诗云："妖姬未著石榴裙，自道家连锦水溃。檀口解知千载事，清词堪叹九秋文。翠眉频处楚边月，画卷开时塞外云。说尽绮罗当日恨，昭君传意向文君。"② 此诗讲述的是蜀女讲说变文的故事，值得我们注意的是"画卷开时塞外云"，女子边说边展开画卷，画面上显示的是塞外风光，这种图被称为"变相"，与变文相互呼应。

从明代通俗小说读者角度来看，如果说文字使他们产生丰富的联想、获得艺术享受的话，那么，插图则更为直观，简洁明了，缩短读者与小说人物之间的距离，同时又可以减少因语言文字而引起的阅读障碍，从而有利于读者阅读，使读者得到更为直接、更为强烈的艺术共鸣。鲁迅先生曾经指出："因中国文字太难，只得用图画来济文字之穷的产物。""那目的，大概是在诱引未读者的购读，增加阅读者的兴趣和理解。"③ 对于小说文字而言，插图并非多余之笔，而是帮助阅读、增进理解的工具，正如明代袁无涯《忠义水浒全书·发凡》云："此书曲尽情状，已为写生，而复益之以绘事，不几赘乎？虽然，于琴见文，于墙见尧，几人哉？是以云台、凌烟之画，《豳风》《流民》之图，能使观者感奋悲思，神情如对，则象固不可以已也。今别出新裁，不依旧样，或特标于目外，或迭彩于回中，但拔其尤，不以多为贵也。"④ 这里指出，"绘事"于小说而言，并非

① ［南宋］郑樵：《通志》卷七二《图谱略第一·索象》第 1 册，中华书局 1987 年版，第 837 页。

② ［唐］吉师老：《看蜀女转昭君变》，见《全唐诗》卷七七四集部总集类，中华书局 1960 年版，第 8771 页。

③ 鲁迅：《连环图画琐谈》，见《鲁迅全集》第六卷，人民文学出版社 1973 年版，第 34 页。

④ ［明］袁无涯：《忠义水浒全书·发凡》，见朱一玄、刘毓忱编《水浒传资料汇编》，南开大学出版社 2002 年版，第 133 页。

累赘，而是具有特定的意义，正如云台、凌烟之画，《豳风》《流民》之图一样，可以获得良好的艺术效果，使观众、读者"感奋悲思，神情如对，则象固不可以已也"。明代弘治十一年（1498）北京书坊金台岳家刊本《新刊大字魁本全相参订奇妙注释西厢记》牌记云："本坊谨依经书重写绘图，参订编次，大字魁本，唱与图合，使寓于客邸、行于舟中、闲游坐客，得此一览始终。歌唱了然，爽人心意。"① "唱与图合""歌唱了然，爽人心意"，戏曲插图可以加深对唱词、曲文的认识与理解。小说也是如此，插图与文字相互配合，使作品语言和情节可以更好地为读者所接受与理解。例如，建本小说如余象斗所撰《列国前编十二朝》《华光天王传》《北方真武祖师玄天上帝出身志传》等采取上图下文的刊刻形态，根据故事情节的发展，每页配以插图，和情节对应，使小说的文字得到一定程度的诠释，小说的情节得以展示。

插图一般在每回或每卷情节发展的重要时刻甚至高潮时出现，编刊者以插图的形式提示读者，突出重点，具有"提示"的作用，点明故事发生的时间、地点、人物、情节高潮。在这一点上，变文影响不可忽视，如《汉将王陵变》开头云："从此一铺，便是变初。"变文往往以"……处"表示情节发展的高潮或转折。以《李陵变文》为例，在情节发展的高潮地方，分别注明"看李陵共单于火中战处""具看李陵共兵士别处若为陈说""诛陵老母妻子处若为陈说"，叙述李陵与匈奴单于激战、李陵与战士分别、李陵家人被杀等重要情节，在这些地方，皆有唱词，烘托气氛，渲染情绪与心理。同时，从"……处"的字样可以看出，在情节高潮或转折之际，应有绘画，配合文字，提供"导读"功能。变文、变相将正文、绘画与韵文三者结合，这种形式对元刊平话以至明清通俗小说皆产生影响。以明代世德堂所刊《西游记》第七回《八卦炉中逃大圣　五行山下定心猿》为例，此回叙述孙悟空"将身一纵，跳出丹炉，吻喇一声，蹬倒八卦炉，往外就走……"，接下来就是"有诗为证"，有三首诗与一幅《八卦炉中逃大圣》插图与此正文相配，渲染小说气氛，加深读者印象。又如，金陵周曰校万卷楼万历十五年（1587）所刊《国色天香》，涉及男女表达情意之高潮的地方，往往伴

<hr>

① 《新刊大字魁本全相参订奇妙注释西厢记》，见北京大学图书馆藏弘治十一年（1498）北京书坊金台岳家刊本。

有插图，渲染小说的氛围，加深读者对情节的理解。

插图有时还可补充文字之不足，"夫简策有图，非徒工绘事也。盖记未备者，可按图而穷其胜；记所已备者，可因图而索其精。图为贡幽阐邃之具也"①。"记未备者"，可以使读者"按图而穷其胜"。小说插图也是如此，以《禅真逸史》的插图为例，明末夏履先《禅真逸史·凡例》指出："图像似作儿态。然《史》（按：指《禅真逸史》）中炎凉好丑，辞绘之，辞所不到，图绘之。"② "图"与"辞"之间互为补充，由插图完成语言表达未尽之处，两者达到很好的统一。

第二，小说插图有助于揭示小说的社会背景，这在明末尤为突出。明末小说更为注重对现实的刻画、注重对人情世故的摹写，正如明末夏履先在其所刊《禅真逸史·凡例》中所言："《史》中圣主贤臣，庸君媚子，义夫节妇，恶棍淫娼，清廉婞直，贪鄙奸邪，盖世英雄，幺么小丑，兵机将略，诈力阴谋，释道儒风，幽期密约，以至世运转移，人情翻覆，天文地理之征符，牛鬼蛇神之变幻，靡不毕具。……《史》中吟咏讴歌，笑谭科诨，颇颇嘲尽人情，摹穷世态。"③ 附着于小说文本之中，与小说正文和情节相互呼应、相互配合的明代小说插图也是如此，"在那些可靠的来源的插图里，意外的可以使我们得见各时代的真实的社会的生活的情态"④。以崇祯年间所刊《新刻绣像批评原本金瓶梅》为例，此书共有二百幅插图，是徽派名工合作的典范之作，由刘启先、刘应祖、黄子立、黄汝耀、洪国良等刻工完成，刻图者以写实的笔法把市井百姓以及豪门贵族生活状况在图画上展示无遗，使读者对当时的社会现实与市民生活有着直观的认识与了解。对此，郑振铎曾经指出："崇祯版的《金瓶梅》插图，以二百幅的版画，横恣深刻地表现出封建社会的现实生活，在那里，没有金戈铁马、名将对垒，没有神仙鬼怪的幻变，没有大臣名士的高会、遨游，有的只是平平常常的人民的日常生活，是土豪恶霸们的欺诈、压迫，

---

① 《坐隐弈谱·坐隐图跋》，见环翠堂万历己酉年（1609）刊本。

② ［明］夏履先：《禅真逸史·凡例》，见《古本小说集成》，据浙江图书馆藏本衙爽阁本影印《禅真逸史》卷首。

③ ［明］夏履先：《禅真逸史·凡例》，见《古本小说集成》，据浙江图书馆藏本衙爽阁本影印《禅真逸史》卷首。

④ 郑振铎：《插图本中国文学史·例言》，见《郑振铎全集》第 8 册，花山文艺出版社1998 年版，第 2 页。

是被害者们的忍泣吞声，是无告的弱小人物的形象，实在可称为封建社会时代的现实主义的大杰作，正和《金瓶梅》那部大作品相匹配。"①

二

明代通俗小说插图有助于直观地展示人物的言行、性格。万历后期，海阳吴承恩曾撰《状元图考·凡例》云："图者像也，像也者象也。象其人亦象其行。"② 图像可以凭借直观性、形象性的特点，向读者直接展示人物言行、性格，刺激读者的感官，满足人们的阅读需求。明代通俗小说中一个个栩栩如生的人物形象如曹操、诸葛亮、李逵、鲁智深、武松、宋江、孙悟空、猪八戒、唐僧、西门庆、潘金莲等，他们的言行举止、个性特征在插图中得到充分的展现，给读者留下深刻的印象。人物塑造的成功与否是判定小说作品成败优劣的重要标准，插图的设置可以为小说中人物的塑造起到较好的补充及完善作用，使小说人物塑造更为完整、全面。以杭州容与堂本《忠义水浒传》中有关李逵形象塑造的几幅插图为例，《黑旋风沂岭杀四虎》《黑旋风打死殷天锡》等图显示出他的英雄勇敢，《李逵斧劈罗真人》一图写出李逵的鲁莽、天真，《李逵寿昌乔坐衙》写出其风趣、幽默的性格，《黑旋风扯诏谤徽宗》显示出他的真性情和大无畏的气概。我们把所有以李逵为描摹、刻画重点的小说插图放在一起进行考察可以发现，小说插图以"象其人亦象其行"的特点，向读者展示李逵这一人物性格的丰富多样性，成为小说正文在塑造李逵形象方面的有益补充。

再以金陵人瑞堂崇祯四年（1631）刊《隋炀帝艳史》中有关隋炀帝的插图为例加以论述。在历史上，作为荒淫亡国之君，隋炀帝是个饱受鞭挞、抨击的对象，从《隋炀帝艳史》的插图进行考察，小说作者、插图绘制者并没有刻意为炀帝翻案，多则插图揭示炀帝贪图个人享受、自私、阴险等性格特点。例如，第二回《饰名节尽孝独孤》一图，刻画隋炀帝

① 郑振铎：《中国古代版画丛刊总序》，见《郑振铎全集》第 14 册，花山文艺出版社 1998 年版，第 275 页。

② ［明］吴承恩：《状元图考·凡例》，万历刊本，见《故宫珍本丛刊》史部传记类第 60 册，海南出版社 2001 年版。

在继皇位之前，为了篡夺太子之位，千方百计地博取皇后欢心。插图中的隋炀帝跪在皇后面前，卑躬屈膝，向皇后独孤氏敬献奇珍异宝；《蓄阴谋交欢杨素》一图，描摹隋炀帝结交大臣杨素，为篡夺皇位做准备，上述两图体现炀帝的胸有城府、阴险狡诈；第三回《侍寝宫调戏宣华》一图，刻画炀帝在探望病中的父亲文帝之际，调戏父亲的宠妃宣华夫人，第三十一回《任意车处女试春》《乌铜屏美人照艳》诸图亦揭示炀帝的荒淫无耻；第九回《炀帝大穷土木》一图，描写炀帝奢侈浪费、好大喜功的性格。不过，从《隋炀帝艳史》插图整体来看，小说作者、插图绘制者试图塑造一个真实的隋炀帝，试图还原其历史本来面目，因此，他们在对炀帝进行鞭挞的同时，也尽量展示其多情和富有才华的一面。第五回《黄金盒赐同心》一图描写炀帝刚刚继位，即因思念宣华，赐之同心盒，以表真心，虽然这种行为有悖于伦理，但这幅插图在一定程度上也反映了炀帝真情的一面；第八回《擅兵戈蓟北赋诗》、第十一回《泛龙舟炀帝挥毫》两图刻画炀帝的多才多艺；小说结尾即第四十回《弑寝宫炀帝死》《烧迷楼繁华终》两幅插图表明小说以及图画作者对炀帝遭遇的同情之心，亦如《隋炀帝艳史》第八卷总评所言："炀帝受用一十三年，何等繁华富贵，谁知下场头至于如此。虽荒淫之报，亦惨极矣，痛哉。"①

从明代通俗小说插图刊刻形态的转变可以考察小说插图功能的变化。大约在万历时期以及万历之前，小说插图注重标注"全相"，这在建阳地区尤为突出。所谓"全相"，又称"全像"，是指每页皆有插图，插图与每页正文情节相互配合。这种刊刻形态并非明代书坊所独创，早在元刊平话中间已经得到广泛运用。元代建安李氏书堂刊《三分事略》，全称《至元新刊全相三分事略》，建安虞氏所刊平话《新刊全相平话武王伐纣书》等五种皆称"全相"。元代建安书堂标注"全相"的做法被明代书坊尤其是与建安县同属建宁府的建阳县的书坊继承，明代建本小说中间，标明"全相"之举非常普遍。以《三国演义》为例，明代建阳所刊《三国》，标注"全像"者至少有宗文堂、种德堂、仁和堂、爱日堂四家。② 余象斗

① 《隋炀帝艳史》第八卷总评，见《古本小说集成》，据崇祯四年（1631）人瑞堂刊本影印《隋炀帝艳史》卷末。

② 参见［明］余象斗《三国辨》，万历二十年（1592）余象斗双峰堂刊《批评三国志传》卷首。

双峰堂刊《京本增补校正全像忠义水浒志传评林》，是明代通俗小说中单部小说插图最多的一部，类似于连环画，每页一图，共有一千二百多幅插图。从小说插图的角度而言，元刊平话普遍采用的"全相"一词逐渐演变成为带有广告宣传意味的术语，被明代不少地区的书坊应用于小说刊刻的实践。例如，北京书坊成化年间所刊词话即标"全相"一词，如《新刊全相说唱包待制出身传》《新刊全相说唱包龙图陈州粜米传》《新刊全相说唱足本仁宗认母传》《新编全相说唱包龙图公案断歪乌盆传》《新刊全相说唱足本花关索出身传》《新刊全相唐薛仁贵跨海征辽故事》《新刊全相说唱开宗义富贵孝义传》《新刊全相莺哥孝义传》《新编说唱全相石郎驸马传》《新刊全相说唱张文贵进宝传》《全相说唱师官受妻刘都赛上元十五夜看灯传》，不过其中只有《花关索传》每页一图，其余的并非如此，与"全相"之称不太符合。

相比之下，明末通俗小说插图多标"绣像"。鲁迅《且介亭杂文·连环图画琐谈》如是解释"绣像"的概念："明清以来，有卷头只画书中人物的，称为'绣像'。"① 绣指绣梓，像指人物肖像。与"全相"等概念相比，"绣像"小说更加注重对人物举止、神情的描摹，重视性格的刻画。小说插图标注"绣像"的做法在明末乃至清代比较常见，崇祯年间人瑞堂刊《隋炀帝艳史·凡例》即称："坊间绣像，不过略似人形。"此书卷首封面题"绣像批评艳史"。明代通俗小说标注"绣像"的还有：杭州人文聚天启刊《绣像韩湘子全传》、金陵文润山房崇祯四年（1631）刊《绣像玉闺红全传》、苏州长春阁崇祯刊《新镌批评绣像列女演义》、兴文馆弘光元年（1645）刊《新编剿闯通俗小说》（又题《绣像剿闯小说》）、崇祯刊《新刻绣像批评原本金瓶梅》一百回，等等，主要集中在明末。

明代通俗小说插图刊刻形态从"全相"（全像）到"绣像"的转变体现出小说插图功能的转换，即由配合小说文字阅读、增强对情节的理解发展到注重刻画人物的言行、性格、形象。由此也可看出，明代通俗小说创作观念的变化以及通俗小说创作的逐步成熟，即由以叙述故事为主过渡到重视塑造人物，由刻意进行情节性的描绘到注重意韵，讲求诗画结合。透过插图，我们可以发现明代通俗小说创作以及小说文体发展、演变的轨迹。

① 鲁迅：《且介亭杂文·连环图画琐谈》，见《鲁迅全集》第六卷，人民文学出版社1973年版，第33页。

三

　　明代通俗小说插图具备审美的意义。郑振铎先生是二十世纪以来最早重视书籍插图研究的学者之一，不过他认为："书籍中的插图，并不是装饰品。"① 事实并非如此。从刊刻层面而言，小说插图体现装饰性的特点，配上插图，可以美化图书，提高读者阅读的兴趣。叶逢春刊本《三国志史传》卷首刊载钟陵元峰子撰写于嘉靖二十七年（1548）的《三国志传加像序》声称："书林叶静轩子又虑阅者之厌怠，鲜于首末之尽详，而加以图像，又得乃中郎翁叶苍溪者，聪明巧思，镌而成之。"从阅读角度来看，一方面，长时间的纯粹文字阅读会带来一定的视觉疲劳，美观、精致的小说插图和图文并茂的形式则可以产生阅读调剂的作用；另一方面，插图的运用，可以突出小说的诗情画意，增加小说的意境。

　　早在明代成化年间所刊词话之中，小说插图的审美意义已可窥见一斑。以《张文贵进宝传》的插图为例，这篇小说刊刻形态较为丰富，有单面大图，也有上下两层楼式插图，如《文贵与杨都知饮酒》和《店主绞死文贵》、《夫人入朝借宝》与《救文贵还魂》、《静山王接诏》和《静山王清连公主见帝》等皆为上下相连式插图。我们注意到，这些两层楼式小说插图中间不是用一条直线简单划分，而是用祥云图案上下隔开，这样比较柔和、美观。总的来看，成化词话的插图较为粗糙、质朴，保留着民间版画的色彩，但是从这些细微之处亦可窥见词话编刊者、插图绘制者以及刻工在小说插图审美方面的用心之所在。疑刊于明正德年间的《孔圣宗师出身全传》，上图下文，有四字标题，两边各有两字，如："问官"与"剒子"、"适晋"与"听琴"、"襄子"与"论琴"、"襄子"与"拜圣"、"齐君"与"见圣"、"评论"与"秦伯"等，虽然两边文字未必平仄相互对称，但至少字数相等，说明刊刻者已经注意到插图的美观性以及插图的审美功能。建阳杨闽斋万历三十一年（1603）刊《西游记》出现与此较为相似的情况。第一回《灵根育孕源流出　心性修持大道生》开头几幅插图《天地混沌　鸿蒙初开》《东胜神州　花果山境》《石猴跳入

---

① 郑振铎：《中国历史参考图谱·跋》，见《郑振铎全集》第 14 册，花山文艺出版社 1998 年版，第 375 页。

瀑布泉中》，第六回《观音赴会问原因　小圣施威降大圣》插图《观音引众仙见玉帝》，这些标题有的两边大体相对，也有的两边连为一体，并未形成对仗，不过从字数上看，两边相等，较为美观。崇祯时建阳书坊主余季岳刊《盘古至唐虞传》更加注重小说插图的美观性，刊刻者对插图做了一些设计，两边各有四字，长方形的方框内加上圆形的插图，显得比较精美。

明末人瑞堂所刊《隋炀帝艳史》的"凡例"指出："坊间绣像，不过略似人形，止供儿童把玩。兹编特恳名笔妙手，传神阿堵，曲尽其妙。一展卷，而奇情艳态勃勃如生，不啻顾虎头、吴道子之对面，岂非词家韵事、案头珍赏哉……诗句皆制锦为栏，如薛涛乌丝等式，以见精工郑重之意。"为了提高小说插图的质量，增强插图的审美意义，书坊想尽各种办法，或者在插图的刊刻形态上寻求创新，甚至在插图的题诗上都做了精心考虑，"以见精工郑重之意"；或者邀请"名家妙手"绘制插图，邀请著名画家、刻工雕刻。明代画家仇英、李翠峰、陈洪绶等都加入小说插图创作队伍之中，仇英曾为吴郡长春阁所刊《新镌批评绣像列女演义》等书作画。天启年间吴县书坊主叶昆池刊《南北宋传》邀请著名画家李翠峰绘制插图，陈洪绶曾绘制《水浒叶子》。仇英为吴门画派重要画家之一，陈洪绶在明末影响很大。《清史列传》记载："陈洪绶，字章侯，浙江诸暨人，工诗善画。与莱阳崔子忠齐名，号'南陈北崔'。"① 这些名家加入小说插图的创作、刊刻之中，在很大程度上提高了小说插图的审美价值。

明代通俗小说刊刻者、插图绘制者对插图审美性的重视，我们通过对宋、明两代小说刊本的比较不难看出。试以《古列女传》的刊刻为例，北宋嘉祐八年（1063）建安余氏勤有堂刊《新刊古列女传》，共有插图一百二十三幅，采用上图下文形式，图画占每页近一半的篇幅，人物线条简洁，屏风、树木等背景设置皆以简单的线条勾勒，亦无标题；明万历十五年（1587）金陵富春堂刊《新镌增补出像评林古今列女传》插图为双面相连式，体现较为典型的金陵版画风格，人物图像较大，线条质朴，粗犷明快，同时增加标题，上方两两相对，左右亦两两对称，比较美观大

① 《清史列传》卷七十《文苑传一·陈洪绶传》，王钟翰校点，中华书局 1987 年版，第 5701 页。

方①；万历三十四年（1606）黄嘉育刊《古列女传》插图由徽派刻工黄镐所刻，采取单面插图形式，人物图像较小，但神态逼真，人与景浑然合一，线条优美，笔法细腻，布局合理，可以说是中国古代小说插图中的精品。明代中后期，徽州刻工常赴金陵、苏州、杭州等吴越地区参与小说插图的绘制，海阳吴承恩万历后期所撰《状元图考》凡例称："得良史黄兆圣氏，以像属焉。……绘与书双美矣。不得良工，徒为灾木。属之剞劂即歙黄氏诸伯仲，盖雕龙手也。"② 郑振铎《中国版画史图录·自序》云："万历中叶以来，徽派版画起而主宰艺坛，睥睨一切，而黄氏诸父子昆仲，尤为白眉。时人有刻，其刻工往往求之新安黄氏。"③ 吴越地区书坊所刊小说很多插图出自徽州刻工之手，如，杭州容与堂万历三十八年（1610）刊本《李卓吾先生批评忠义水浒传》就出自歙县刻工黄应绅、黄应亮、吴凤台之手，《隋炀帝艳史》由徽州著名刻工黄子立刻制。明代后期，金陵、苏州、杭州等地的小说插图无形中受到徽派风格的影响④，相当细腻、精美。在明代书坊主、画家、刻工的共同努力下，小说插图的审美价值逐步提高，成为读者的"案头珍赏"。

插图的运用还可以突出小说的诗情画意，增加小说的意境。明末夏履先《禅真逸史·凡例》云："昔人云：诗中有画，余亦云：画中有诗。俾观者展卷，而人情物理，城市山林，胜败穷通，皇畿野店，无不一览而尽。其间仿景必真，传神必肖，可称写照妙手，奚徒铅椠为工。"小说插图不仅可以直观地再现作品的现实背景，同时也可以表达诗的意境，做到诗与画的结合。在这一方面，明末人瑞堂刊《隋炀帝艳史》的插图较具代表性。其书"凡例"云：

> 锦栏之式，其制皆与绣像关合。如调戏宣华则用藤缠，赐同心则用连环，剪彩则用剪春罗，会花荫则用交枝，自缢则用落花，唱歌则

① 参见薛冰《插图本》下编《掇英》，江苏古籍出版社 2002 年版，第 164－167 页。
② ［明］吴承恩：《状元图考·凡例》，万历刊本，见《故宫珍本丛刊》史部传记类第 60 册，海南出版社 2001 年版。
③ 郑振铎：《中国版画史图录·自序》，见《郑振铎全集》第 14 册，花山文艺出版社 1998 年版，第 241－242 页。
④ 参见周心慧《中国古小说版画史略》，见《中国古代版刻版画史论集》，学苑出版社 1998 年版，第 33－64 页。

用行云，献开河谋则用狐媚，盗小儿则用人参果，选殿脚女则用蛾眉，斩佞则用三尺，玩月则用蟾蜍，照艳则用疏影，引谏则用葵心，对镜则用菱花，死节则用竹节，宇文谋君则用荆棘，贵儿骂贼则用傲霜枝，弑炀帝则用冰裂，无一不各得其宜。虽云小史，取义实深。

诗句书写，皆海内名公巨笔。虽不轻标姓字，识者当自辨焉。

此书共有插图八十幅，放在全书卷首，刻画较为细致，人物神态毕现，且注重人物与景物的和谐统一，注重特定的景物对渲染氛围、意境所起到的独特的作用，使景物的设置与小说情节达到有机的统一，各得其宜；另外，每幅插图有标题，并配有名家诗句，如第一回插图《文帝带酒幸宫妃》，配有唐代王昌龄的诗句"火照西宫知夜饮，分明复道奉恩时"。诗句配合插图与小说正文，可增加插图与小说的诗意，将诗情与画境结合得比较紧密。

四

明代通俗小说插图呈现较为明显的广告效应。与没有插图的小说刊本相比，插图本无疑受到读者与市场的广泛欢迎，既然如此，明代书坊便在小说刊刻过程中考虑这一因素。建阳书坊主余象斗在重刊其族叔余邵鱼《列国志传》时声称："象斗校正重刻全像批断，以便海内君子一览。"[①]"全像"与"批断"，即插图与评点，是余象斗在重刊《列国志传》时增加的两个重要内容，目的就在于照顾读者的阅读习惯与兴趣，"以便海内君子一览"。

从刊刻主体来看，与官刻相比，明代民间书坊刊刻小说更加重视插图。比如，司礼监嘉靖元年（1522）刊《三国志通俗演义》并无插图，万卷楼万历十九年（1591）刊《三国志通俗演义》，此本当为嘉靖元年（1522）所刻《三国志通俗演义》在万历十九年（1591）的校正本。与司礼监本相比，万卷楼本有双面相连大幅插图二百三十九幅；从不同刊刻地域而言，建阳地区比其他刊刻中心更为重视小说插图，差不多无书不图，

---

① ［明］余象斗：《按鉴演义全像列国评林》识语，见万历三十四年（1606）三台馆刊本《列国志传》卷首。

且以上图下文、每页一图这种全相式小说插图最为常见；从刊刻时间来看，随着时间的推移，小说插图越来越受到重视。以熊大木所撰《唐书志传》的刊刻为例试加说明，现存最早刊本为嘉靖三十二年（1553）建阳清江堂刊《新刊参采史鉴唐书志传通俗演义》，无插图。万历二十一年（1593），金陵唐氏世德堂刊《新刊出像补订参采史鉴唐书志传通俗演义题评》，此本与杨氏清江堂嘉靖刊本基本相同，但是一个突出的区别体现在：万历本有图二十四幅，穿插于正文中间，为单幅整页大图。通过考察同一部小说在明代不同时期的刊刻情况，可以发现：与嘉靖时期比较，万历至崇祯时的小说刊本更加重视插图的运用，而插图所体现的功用之一就在于它的广告效应。请看以下几条资料。

万历时，苏州龚绍山刊《春秋列国志传》卷首识语云："本坊新镌《春秋列国志传批评》，皆出自陈眉公手阅。删繁补缺，而正讹谬。精工绘像，灿烂之观。"

崇祯时，雄飞馆主人在其所刊《英雄谱》识语中指出：

> 语有之："四美具，二难并。"言璧之贵合也。《三国》《水浒》二传，智勇忠义，迭出不穷，而两刻不合，购者恨之。本馆上下其驷，判合其圭。回各为图，括画家之妙染；图各为论，搜翰苑之大乘。校雠精工，楮墨致洁。诚耳目之奇玩，军国之秘宝也。识者珍之！雄飞馆主人识。

崇祯时金陵人瑞堂所刊《隋炀帝艳史》凡例指出："坊间绣像，不过略似人形，止供儿童把玩。兹编特恳名笔妙手，传神阿堵，曲尽其妙。""诗句书写皆海内名公巨笔，虽不轻标姓字，识者当自辨焉。"

由上可知，在明代激烈竞争的出版市场中，插图成为书坊与书坊主宣传、推介自家小说刊本的重要手段，不同书坊都夸耀自家插图精美，质量上乘，或称"精工绘像，灿烂之观"，或谓"回各为图，括画家之妙染"，或曰"传神阿堵，曲尽其妙"；另外，有些书坊在吹嘘自己所刊刻的小说插图质量精美的同时，批评他坊之绣像，从而突出自己。像人瑞堂所刊《隋炀帝艳史》就是如此，它把其他书坊的小说插图贬为"不过略似人形，止供儿童把玩"。同时，强调自家书坊邀请名家妙手绘制插图，质量精美。不可否认的是，有些书坊确实邀请名家参与小说插图的创作、镌刻，比如前文提到著名画家仇英、陈洪绶、李翠峰等曾为书坊绘制小说插图，不过，也存在很多假托名公绘制小说插图，借"名公"招牌作广告宣传，以扩大小说刊本销路的现象。这些所谓的"名公""巨笔"，不少就是围绕在书坊周围或者与书坊关系密切、为书坊从事编辑工作的下层文人，甚至就是书坊主本人。

五

如前所述，作为明代通俗小说插图整体中的一部分，插图的标题具备一定的审美意义，除此以外，它也为通俗小说回目的发展提供了借鉴与启迪。

从中国古代小说回目的演进来看，唐末变文并无明确的分回立目意识，不过根据正文进行推断，变文中隐约可见以图画分卷的功能。例如，《王昭君变文》云："上卷立铺毕，此入下卷。"《汉将王陵变》开头云："从此一铺，便是变初。"所谓"立铺""一铺"，即为展示图卷。据此我们认为，与变文情节相应的图画应该承担着一定的分卷功能。元刊平话的插图多数有标题，如元至治建安刊本《三分事略》卷上"得胜班师""三战吕布""王充献董卓貂蝉"，等等，字数不一，也有的插图无标题。元刊平话插图的标题与小说正文、回目之间有着密切的联系。以元代建安虞氏书坊所刊《三国志平话》为例，平话无正式回目，但每页一图，图有标题，标题在一定程度上具备了回目的功能，提示每页情节。

明代成化年间永顺堂所刊词话中插图的标题颇有值得关注之处。如《花关索传》，以前集为例，回目如下：《刘备关张同结义》《胡氏生关儿》《先生引关索学道》《索童得水打强人》《索童拜别师父下山》《员外引索童见外公》《关索杀退二强人》《十二强人投关索》《关索别外公去寻父》《收太行山二强人》《关索射包王》《关索问包丰包义》《三娘问父要捉关索》《关索大战鲍三娘》《关索娶鲍三娘》，共有十五幅插图带标题。其中，五言二幅，六言一幅，七言八幅，八言四幅，以七言单句居多；对《花关索传》全文进行统计，包括前集、后集、续集、别集，插图的标题字数情况如下：四言一幅，五言十二幅，六言七幅，七言二十五幅，八言十幅。《富贵孝义传》《包待制出身传》《陈州粜米传》《仁宗认母传》《张文贵进宝传》《赵皇亲孙文仪公案传》等不少插图是上下两幅连成一体，呈现两层楼式的刊刻形态，其插图标题也是相互对应，如《富贵孝义传》中"刘清奏开家富贵""使臣奉敕宣开公"两幅插图标题连为一体；《陈州粜米传》两幅插图上下连为一体，有标题，均为七言单句，上下两图合二为一，标题则构成七言双句，如"陈州耆老奏饥荒"与"重封包相监粜米"。值得注意的是，有些地方的标题可以看出原为八字，但是被刊刻者改为七字。比如，"处断违条不法人"，"处"字之前有一字被涂，留下涂抹的痕迹，这样与上图标题"包公减价粜官米"相互对应；另外，像"张妃鸾驾遇包公"和"包公奏谏仁宗主"也是上下相连的两幅插图标题，从标题来看，"包公奏谏仁宗"已经完整表达出此幅插图的内容，末尾的"主"字显系多余，增设此字目的在于和上图七言标题相配。这类插图的标题为后来的通俗小说七言双句回目的发展应该带来一定的借鉴与启示。

万历十九年（1591），周曰校万卷楼所刊《三国志通俗演义》插图为双面相连式大图，其标题对仗、工整，如卷一《祭天地桃园结义》一节插图标题为"萍水相亲为恨豺狼当道路　桃园共契顿教龙虎会风云"，讲究对仗、工整。此刊本小说的"识语"中提到"节目有全像"，节目就是小说作品每节的标目，可见插图是配合节目（后来称为回目）而绘制的，两者之间的关系相当密切。同为金陵周曰校万卷楼所刊小说，万历三十四年（1506）刊刻的《新刻全像海刚峰先生居官公案传》正文插图虽无对称之标题，但卷首"海公遗像"标题云："九重抗疏回天力　四海均徭盖世功"，相互对应。朱仁斋与耕堂万历二十二年（1594）刻安遇时编《新刊京本通俗演义增像包龙图判百家公案全传》十卷一百回，回目字数不等，七字回目如第七十四回《断斩王御史之赃》，九字回目如第三十九回《晏实与许氏谋杀其夫》，不过，其书扉页插图绘包公断案现场，插图两侧有对称的标题："日断其阳生民无不沾恩泽""夜判其阴死魂尽得雪冤愆"。和朱仁斋与耕堂刊《百家公案全传》一样，建本小说相当注重小说插图的标题，一般讲究对称。余象斗"评林体"小说插图，图的两边还有类似于对联形式的简短的题名，这些题句或六字、或八字不等，起到介绍、评点人物、情节的作用。三山道人万历二十五年（1597）刊《三宝太监西洋记通俗演义》二十卷一百回，讲究插图标题的对称，卷一第一回开头插图为《一点灵山直纳须弥于芥子　片时兰会横挑日月于莲花》，两两相对。综合以上材料，我们认为，小说插图的标题与小说回目之间有着一定的关联；小说插图的标题较早成熟，较为注重美观、注重对称，这对小说回目的发展带来一定的启发。

明代后期有的通俗小说直接以回目作为插图标题，如杭州容与堂万历三十八年（1610）刊《李卓吾先生批评忠义水浒传》、杭州泰和堂天启刊《新镌出像东西晋演义》、苏州舒载阳（冲甫）天启五年（1625）刊《封神演义》、苏州尚友堂崇祯元年（1628）刊《拍案惊奇》、金陵人瑞堂崇祯四年（1631）刊《隋炀帝艳史》等都是如此。以舒载阳刊《封神演义》为例，此书共二十卷一百回，卷首有插图一百幅，每幅插图与各回对应，所有回目均为七言单句回目，插图直接以回目作为标题。这种小说插图的标题与小说回目之间相互对应的现象在一定程度上体现出两者之间的内在联系。可以说，在明代通俗小说体制的发展过程中，尤其是小说回目的演进历程中，小说插图的标题提供了一定的借鉴与启示作用。

综上所述，笔者从五个方面就明代通俗小说插图的功用加以阐述，得出结论如下：明代通俗小说创作、刊刻继承了中国古代图文结合的传统。插图的运用体现"导读"的功用，可以增加读者对作品文字、内容、创作背景的认识与理解，有助于直接展示人物的言行、性格。同时，小说插图还具有审美的意义、广告效应，它也为通俗小说回目的发展提供了一定的借鉴与启迪。

（原载《文学评论》2009 年第 3 期）

明代小说读者与通俗小说刊刻之关系阐析

作为古代小说传播链条上重要的一环，读者阶层与通俗小说创作及刊刻之间的关系相当密切，这在明代书坊所刊小说之中体现得尤为突出。对于以市场、读者为出版导向的书坊与书坊主而言，读者阶层的喜好、需求直接影响到小说的编撰及刊刻。明代学者胡应麟《少室山房笔丛》在分析小说盛行的原因时指出："古今著述，小说家特盛；而古今书籍，小说家独传，何以故哉？……夫好者弥多，传者弥众，传者日众则作者日繁。"① 由此可见，读者阶层的喜好以及参与传播推动了小说创作的发展，影响着小说作品数量与艺术水平的提高。明代万历时期谢友可介绍《国色天香》在南京刊刻的缘由时也强调读者的因素："具厥氏揭其本，悬诸五都之市，日不给应，用是作者鲜臻云集，雕本可屈指计哉！养纯吴子恶其杂且乱，乃大搜词苑得当意，次列如左者，仅仅若干篇，盖其寡也。……是以付之剞劂，名曰《国色天香》，盖珍之也。"② 因为受到读者与市场的热烈欢迎，所以金陵书坊万卷楼聘请江西文人吴敬所在旧本基础上重新编辑之后刊刻出版，以飨读者。

关于明代通俗小说读者阶层的文献资料数量较少，散见于小说序跋、识语、凡例以及相关文集、笔记之中。就明代通俗小说研究的整体来看，学术界关注较多的是小说作家、作品研究，对于小说传播中相当重要的一环——读者阶层的研究却往往忽略。本文试图讨论明代读者与通俗小说刊刻之间的内在关联，分析明代不同时期小说读者主体构成的演变及其对通俗小说创作与刊刻的意义，读者阶层的阅读行为与小说审美趣味、刊刻形态的关系，读者心理对小说刊刻的影响。

---

① ［明］胡应麟：《少室山房笔丛》卷二九《九流绪论（下）》，上海书店出版社 2001 年版，第 282 页。

② ［明］谢友可：《刻公余胜览国色天香序》，见上海古籍出版社《古本小说集成》，据周氏万卷楼万历刊本影印《国色天香》卷首。

一、明代不同时期小说读者主体构成的变化

在论述明代通俗小说兴盛原因时，学界一般认为，明代通俗小说多应市民需要而刊，这种说法有其合理的因素，但是不能一概而论。明代不同时期小说读者阶层的构成主体不尽相同，所以，关于明代小说的读者阶层及其对通俗小说创作与刊刻的影响，我们应针对具体问题进行具体分析。

美国汉学家何谷理以叙述唐朝李密故事的几部白话文学作品为例，阐述明清时期白话文学的读者阶层。他认为，明代围绕这一题材而创作的杂剧《魏征改诏》《四马投唐》是为准文盲读者阅读服务的，明朝中期的长篇历史叙事作品《隋唐两朝志传》（成书于 1550 年）、《大唐秦王词话》（成书于 1550 年左右）等是为中等文化程度读者阅读服务的，17 世纪出现的两部文人小说《隋史遗文》《隋唐演义》是为文化程度很高的社会精英阶层阅读服务的。① 换言之，有明一代，小说、戏曲读者阶层的文化层次由低而高，文人群体到明代中后期才加入小说读者队伍之中。何谷理对相关文本的分析比较细致，这一分析对于解读李密故事的读者队伍演变也许有一定的道理，但是如就整个明代小说的读者状况而言，笔者认为，他得出的结论颇有值得商榷之处。

由于商品经济的发展、物质材料的丰富、印刷技术的改进、印刷成本的降低，一方面社会民众的购买力普遍增强，另一方面明刊书籍的价格呈下降趋势，再加上自万历中期开始，文人的小说观念得以改观，所以，从总体上看，明代通俗小说的读者阶层在不断扩大。然而，不同时期小说读者阶层的构成与差异并非如何谷理所划分的那样清楚。我们大约以万历中期为界，将明代分为前后两期。笔者认为，明代前后期通俗小说读者阶层的整体构成并没有发生很大的改变，上至帝王、贵族、官员，下至普通士子、下层百姓，共同构成小说的读者阶层，不同时期读者阶层的演变主要体现在：其一，与前期相比，后期读者人数增加，阅读范围扩大，读者阶层的主体产生变化，也就是说，不同身份、阶层的读者在明代不同时期小说读者整体中所占的比例有所不同；其二，前后期小说读者的阅读形式不

① ［美］何谷理：《明清白话文学的读者层辨识——个案研究》，见乐黛云、陈珏编选《北美中国古典文学研究名家十年文选》，江苏人民出版社 1996 年版，第 439–476 页。

太一致。下面，笔者试就明代通俗小说前后两期读者主体构成的变化及其特点加以阐述。

第一，在明代前期通俗小说读者群体中，"农工商贩"之类的下层读者是重要的组成部分。正如明代叶盛（1420—1474）《水东日记》所云："今书坊相传射利之徒伪为小说杂书……农工商贩，钞写绘画，家畜（按：同"蓄"）而人有之。"① 嘉靖三十一年（1552）清白堂所刊《大宋中兴通俗演义·凡例》声称："大节题目俱依《通鉴纲目》牵过，内诸人文辞理渊难明者，愚则互以野说连之，庶便俗庸易识。……句法粗俗，言辞俚野，本以便愚庸观览，非敢望于贤君子也耶！"② 这里说得很清楚，《大宋中兴通俗演义》是为"俗庸"而不是为"贤君子"所编的，"以便愚庸观览"，因而句法粗俗，言辞俚野。不过，前期的小说价格较高，关于这方面的现存资料很少，明代钱希言《桐薪》卷三记载，武宗正德时期《金统残唐记》"肆中一部售五十金"③，此说恐不可信。然而，我们从明代前期其他书籍的价格可以推断，如嘉靖时刊本《李商隐诗集》六卷值四两银④。如此来看，小说刊本价格是不菲的，下层读者当无力购买，所以他们参与小说传播的形式是以听说书或以抄写、租赁等为主，真正购买小说刊本的人应该不会很多。

笔者认为，从小说刊本读者的角度来看，明代前期主要由中上层商人、士子构成读者主体。先说士人读者，受小说观念等多种因素影响，士人阶层应该是从万历中后期才开始大量参与到通俗小说的编撰、评点、写序跋、刊刻等活动之中。不过，在此之前，轻视通俗小说的观念并没有影响他们对小说的阅读兴趣和阅读行为。胡应麟《少室山房笔丛》写道："今世人耽嗜《水浒传》，至缙绅文士亦间有好之者。……嘉、隆间一巨公案头无他书，仅左置《南华经》，右置《水浒传》各一部。"⑤ 万历十

① ［明］叶盛：《水东日记》卷二一《小说戏文》，中华书局 1980 年版，第 213－214 页。
② 《大宋中兴通俗演义·凡例》，见嘉靖三十一年（1552）清白堂刊《大宋中兴通俗演义》卷首。
③ ［明］钱希言：《桐薪》卷三，国家图书馆藏明万历刊本。
④ 傅增湘：《藏园群书经眼录》卷十二《集部一》之《李商隐诗集》："当为明嘉靖时刊本。……书为（嘉靖时人）项子京旧藏，子京有手识一条，云得此书值四两。"（中华书局 1983 年版，第 1093 页）
⑤ ［明］胡应麟：《少室山房笔丛》卷四一《庄岳委谈（下）》，上海书店出版社 2001 年版，第 437 页。

五年（1587）金陵万卷楼所刊《国色天香》卷四《规范执中》篇标题下注释云"此系士人立身之要"，卷五《名儒遗范》篇标题下注释云"士大夫一日不可无此味"。可见，《国色天香》《绣谷春容》《万锦情林》等杂志型小说选本是书坊为满足士人群体的阅读需要而编刊的。书商周曰校在万历十九年（1591）所刊《三国志通俗演义》的识语中也指出："此编此传，士君子抚养心目俱融，自无留难，诚与诸刻大不侔也。"① 这些都表明，在 17 世纪之前，士人群体是小说的重要读者。

再看商人阶层。陈大康认为，嘉靖、万历朝通俗小说的主要读者群应该是既有钱同时文化程度又不高的商人。② 笔者基本同意此说，不过值得提出的是，明代前期通俗小说的读者应以中上层的商人为主，对于小商人而言，一二两银子甚至更高价格的小说也远远超出他们的购买能力。

第二，在明代后期的读者队伍中，随着下层读者的大量介入，市民群体、商人、士子共同构成通俗小说读者群体，其中，以下层百姓的数量最多，最为引人注目，当为后期读者的主体阶层。崇祯间王黉《开辟衍绎·叙》交代此书编刊原因时认为，对于"开天辟地、三皇五帝、夏、商、周诸代事迹"，"民附相讹传，寥寥无实，惟看鉴士子，亦只识其大略"，所以编刊此书，"使民不至于互相讹传矣，故名曰《开辟衍绎》云"③。在这里就提到，"士"与"民"均为小说的读者。

我们根据小说序跋考察明代通俗小说读者阶层的微妙变化。嘉靖刊本《三国志通俗演义》卷首所附庸愚子序称："书成，士君子之好事者，争相誊录，以便观览。"④ 到万历十九年（1591），周曰校在所刊《三国志通俗演义》的识语中，还瞩目于"士君子"之类的读者阶层，但是后期的《三国》刊本，如崇祯时梦藏道人《三国志演义·序》则两次提及"愚夫愚妇""愚夫妇"："正欲愚夫愚妇，共晓共畅人与是非之公。""愚夫妇

---

① ［明］周曰校：《三国志通俗演义·识语》，见北京大学图书馆藏万卷楼万历刊本《三国志通俗演义》卷首。

② 陈大康：《通俗小说的历史轨迹》第二章《通俗小说近二百年停滞局面的形成》，湖南出版社 1993 年版，第 53－54 页。

③ ［明］王黉：《开辟衍绎·叙》，见崇祯时麟瑞堂刊《开辟衍绎通俗志传》卷首。

④ ［明］庸愚子：《三国志通俗演义·序》，见《古本小说集成》，据嘉靖刊本影印《三国志通俗演义》卷首。

与是非之公矣。"① 从小说序跋来看，在万历中期以前，虽然也有提及"愚夫愚妇"，如《大宋武穆王演义·序》②，但数量较少。不过，万历中期以后的序跋中则频繁出现这种对下层读者的称谓，如万历末林瀚《隋唐志传·序》云："（编撰《隋唐志传》）使愚夫愚妇一览可概见耳。"③ 明末大涤余人《刻忠义水浒传缘起》云："以此写愚夫愚妇之情者。"④ 乐舜日崇祯时撰《皇明中兴圣烈传·小言》称："使庸夫凡民亦能披阅而识其事。"⑤ 这些都显示出明代后期大量下层读者加入了通俗小说的阅读与传播领域。

二、读者阶层与明代小说的通俗化趋势

作为明代小说读者阶层的重要组成部分，下层读者的参与对小说创作与刊刻带来深刻的影响，小说通俗化甚至俚俗化的趋势就是其中一个重要体现，尤其是明代后期，下层市民群体逐渐成为小说读者的主体构成，加速了小说通俗化的进程。绿天馆主人《古今小说·叙》称："茂苑野史氏，家藏古今通俗小说甚富。因贾人之请，抽其可以嘉惠里耳者，凡四十种，畀为一刻。"⑥ 从其编刊目的来看，注重下层读者需要，以求"嘉惠里耳"，这种创作目的推动了明代小说创作与刊刻的通俗化趋势。

从小说刊本的文体形式来看，在某种意义上，按鉴创作、语言通俗的演义体小说就是适应这种需求而产生的。《五杂俎》云："《三国演义》与《钱唐记》《宣和遗事》《杨六郎》等书，俚而无味矣。何者？事太实则

---

① ［明］梦藏道人：《三国志演义·序》，见崇祯五年（1622）遗香堂刊本《三国志演义》卷首。

② ［明］熊大木：《大宋武穆王演义·序》，见嘉靖三十一年（1552）清白堂刊《大宋中兴通俗演义》卷首。

③ ［明］林瀚：《隋唐志传·序》，见万历四十七年（1619）龚绍山刊《隋唐两朝志传》卷首。

④ ［明］大涤余人：《刻忠义水浒传缘起》，见明末芥子园刻本《忠义水浒传》卷首。

⑤ ［明］乐舜日：《皇明中兴圣烈传·小言》，见《古本小说集成》，据崇祯刊本影印《皇明中兴圣烈传》卷首。

⑥ ［明］绿天馆主人：《古今小说·叙》，见天许斋泰昌、天启初刊《古今小说》卷首。

近腐，可以悦里巷小儿而不足为士君子道也。"① 这条资料说明小说拥有不同阶层的读者，同时，也反映了不同阶层的读者具备不同的审美趣味。随着越来越多下层读者的加入，他们的阅读需求和审美趣味必然在通俗小说刊刻中有所体现，这对演义体小说的大量刊印带来一定的推动作用。正如万历时余邵鱼《题全像列国志传引》所言："抱朴子性敏强学，故继诸史而作《列国传》。……且又惧齐民不能悉达经传微辞奥旨，复又改为演义，以便人观览。"②

从通俗小说刊本的描写重心来看，它也呈现出通俗化的趋势。以明末"三言""二拍"等小说为例，在这些作品中，小商人、不得意的书生等市民群体占据突出的比例，蒋兴哥、卖油郎秦重、程宰等，都是我们非常熟悉的小商人形象，小说描摹他们的婚姻、家庭与生活经历，反映他们的喜怒哀乐。"三言""二拍"中也有大量作品描写读书人的生活尤其是社会地位、文学修养不高的下层文人的生活。明末所刊话本小说中出现包括小商人、下层文人在内的诸多市民形象并非偶然，小说读者主体构成由前期的中上层商人、士子变为下层市民，作者、书坊主应对这种变化，在编刊小说过程中，注重贴近市井生活，适应市民需要，因而带来小说刊本描写重心的变化。

从小说刊本的注释（包括释义、音注等）来看，它也体现出通俗化的趋势。笔者以历史小说与公案小说的刊刻为例试加说明。先谈历史小说的刊刻。在明代历史小说流派兴起阶段，建阳书坊主熊大木是较早参与创作与刊刻的作家与出版家。嘉靖后期至万历年间，他一人创作《大宋中兴通俗演义》《唐书志传》《全汉志传》《南北宋志传》四部小说，分别由清白堂、清江堂、克勤斋与三台馆刻印。在创作小说的过程中，熊氏普遍运用注释，穿插于正文之间，有人名注、地名注、官职名称注、风俗典故注、音注、词语注等，如《大宋中兴通俗演义》卷一《李纲措置御金人》一节："遣太宰张邦昌随御弟康王为质于金营。"原注："康王者，名构，乃徽宗第九子，韦贤妃所生；为质者，做当头也。"③ 这是人名注、

① ［明］谢肇淛：《五杂俎》卷十五《事部三》，上海书店出版社 2001 年版，第 312 - 313 页。

② ［明］余邵鱼：《题全像列国志传引》，见万历三十四年（1606）三台馆刊《列国志传》卷首。

③ ［明］熊大木：《大宋中兴通俗演义》，见嘉靖三十一年（1552）清白堂刊本。

词语注。在熊氏注释中，有些并非疑难字，也加了注释。比如，《唐书志传》卷四第三十四节《世民计袭柏壁关　唐主竟诛刘文静》："尔兄日前饮酒至酣（原注：半醉也）。"① 从这里对"饮酒至酣"的注释可以看出，编刊者显然是为识字不多的下层读者阅读服务的。在其他的历史小说中，也存在类似的注释，如《残唐五代史演义传》卷一第六回《郑畋大战朱全忠》："郑畋复来搦（原注：搦音诺）战。"卷二《安景思牧羊打虎》："其人赶上，用手挝（原注：挝音查）住虎项。"②

再以明代公案小说的刊刻为例，我们从其音注、释义等也可以判断读者阶层。如建阳刘太华明德堂万历刻《详刑公案》为"辜""盟"等一些不太难读的字也加上音注，卷三《赵代巡断奸杀贞妇》："事系无辜（原注：音孤）不究。"卷四《苏县尹断指腹负盟》："（叶）荣帝悔盟（原注：音明）。"与耕堂万历二十二年（1594）刊《包龙图判百家公案》第四回《止狄青家之花妖》："归宁即谓回家也。"此类注释显然也是为识字不多的读者阅读服务的，而不是为士子所做的注释。

由于下层读者的存在，读者人数的增加，无论是小说编撰者，还是刊刻者，都自觉考虑到他们的身份特点与文化程度，在小说的题材选择、文体形式、叙事艺术诸方面，注重适应下层读者的精神需求和阅读水平，从而加快了明代坊刊小说通俗化的进程。

三、读者阶层的阅读行为与通俗小说刊刻形态

作为明代商品经济发展与城市化的产物，通俗小说刊刻的兴盛与否取决于市场与读者，小说的刊刻形态也受到读者阶层阅读行为的影响，对此，笔者从以下两个方面加以论述。

第一，分栏刊刻。早在元刊平话之中，已经出现分栏刊刻的形式，如建安虞氏所刊平话即为上图下文。明代书坊刊刻小说，分栏刊刻的形式比较常见，一般分为上下两栏。不过，上下两栏的内容各不相同，明代中后

---

① ［明］熊大木：《唐书志传》，见《古本小说丛刊》，据嘉靖三十二年（1553）清江堂刊本影印。

② 《残唐五代史演义传》，见上海古籍出版社《古本小说集成》，据复旦大学图书馆所藏明末刊本影印。

期金陵、建阳等地刊刻的《国色天香》《绣谷春容》《万锦情林》《燕居笔记》等杂志体小说，上下栏俱为文字，或收中篇文言小说，或收诗文杂类，正文中间，偶有较小的插图；约刊于万历年间的《小说传奇合刊》上栏选话本小说《李亚仙》等，下栏为小说。这种分两栏刊刻的形式在明代小说选本中比较普遍。

就刊刻的地区而言，建阳版图书多为上下两栏，上图下文，图文结合。从通俗小说的刊刻来看，明代采取分两栏刊刻的形式比较早的当属金陵周曰校万卷楼万历十五年（1587）所刊《国色天香》。此书原有旧本，虽然"杂且乱"，但是深受读者欢迎："悬诸五都之市，日不给应。"①《国色天香》等杂志体小说之所以受到读者的热烈欢迎，一方面正是因为其内容之"杂"，无所不包；另一方面，《国色天香》分栏刊刻的形式也是此书受到读者欢迎的原因之一，这对后来的杂志体小说以及其他通俗小说分栏刊刻带来一定的影响。

建阳书坊主余象斗在此基础上创建上中下三栏的形式，上评、中图、下文，如双峰堂万历二十年（1592）刻罗贯中编次、余象乌批评《三国志传》，万历二十二年（1594）刻题罗贯中编辑《忠义水浒志传评林》，三台馆万历三十四年（1606）重刊余邵鱼撰《列国志传》，万历刻罗贯中《三国志传评林》，都采取三栏形式。

在分栏刊刻过程中，正文之外所增设的一栏或两栏多为插图与评点，显示出书坊主对插图与评点的重视。"曲争尚像，聊以写场上之色笑，亦坊中射利巧术也。"② 戏曲无图，便难以得到市场与读者的欢迎，所以在刊刻中出现"曲争尚像"的现象。同为叙事文学的小说也是如此，明末刊《玉茗堂摘评王弇州艳异编》卷首附无瑕道人识语声称："古今传奇行于世者，靡不有图。"评点也是为便于读者阅读而出现的，正如余象斗在刊刻其族叔余邵鱼《列国志传》的识语中所言："象斗校正重刻，全像批断，以便海内君子一览。"③ 署名李贽《忠义水浒全书·发凡》云："书

---

① ［明］谢友可：《刻公余胜览国色天香序》，见上海古籍出版社《古本小说集成》，据周氏万卷楼万历刊本影印《国色天香》卷首。

② 著坛：《汤义仍先生还魂记凡例》，见毛效同编《汤显祖研究资料汇编》，上海古籍出版社1986年版，第858页。

③ ［明］余象斗：《列国志传·识语》，见三台馆万历三十四年（1606）刊《列国志传》卷首。

尚评点，以能通作者之意，开览者之心也。"① 评点是沟通作者与读者的桥梁，而搭桥者往往是书坊及书坊主。

第二，合刊。约刊于万历之际的《小说传奇合刊》就是小说以及传奇的合刊本，据《小说传奇合刊》书末所题"三集下"可知至少还有第一集、第二集。崇祯时期，建阳雄飞馆合刻《三国》《水浒》，雄飞馆主人在《英雄谱》卷首的识语中声称：

> 语有之："四美具，二难并。"言璧之贵合也。《三国》《水浒》二传，智勇忠义，迭出不穷，而两刻不合，购者恨之。本馆上下其驷，判合其圭。回各为图，括画家之妙染；图各为论，搜翰范之大乘。校雠精工，楮墨致洁。诚耳目之奇玩，军国之秘宝也。识者珍之！雄飞馆主人识。

由此观之，《英雄谱》合《三国》《水浒》而为一书，也是考虑到读者的阅读行为，"两刻不合，购者恨之"。于是"本馆上下其驷，判合其圭"。

四、读者心理与通俗小说刊刻

不同时期、不同阶层的读者心理千变万化，因而对明代通俗小说刊刻也带来各自不同的影响。尽管如此，在纷繁复杂的心理活动之中，我们也可以探寻一些共同的特性。对于明代读者心理与通俗小说刊刻的关系，笔者从以下四个方面加以阐述。

首先，读者心理与不同类型小说的刊刻。明代通俗小说流派众多，尤其是章回小说迅速崛起并获得空前的发展。考察明代通俗小说的刊刻缘起及其经过，不难发现，读者的心理需求对不同类型的刊刻均起到有力的推动作用。据明代东山主人《云合奇踪·序》可知，读者喜欢历史故事，对朝代更替、贤佞得失的历史题材津津乐道，以此引发了民间说唱与历史

---

① 署名［明］李贽：《忠义水浒全书·发凡》，见黄霖等选注《中国历代小说论著选》上册，江西人民出版社2000年版，第214页。

小说刊刻的兴盛，再加上"世俗好怪喜新"①，所以，说书者、小说编刊者在历史史实的基础上，增加了神鬼怪异的描写，以此动人耳目，吸引听众与读者。

历史小说如此，明代中后期情色小说的刊刻也不例外。由于商品经济的发展，思想领域的开放，明代中期开始，世风顿变，酒色财气之风甚浓，即空观主人《拍案惊奇·自序》就写道"近世承平日久，民佚志淫"②，这正是当时世风的反映。同时，它也揭示出明代中后期通俗小说读者奢靡志淫的心理，"淫声丽色，（大雅君子）恶之而弗能弗好也"③。可见，喜好"淫声丽色"是人的本性之一，在礼教松弛、思想开放的明代中后期，这种禁锢于内心的情感得以放纵，《浪史》《玉妃媚史》《昭阳趣史》等情色小说的刊刻正是为了适应读者这种心理需求而大量出现的。

明末时事小说的刊刻也有力地证明了读者心理与小说刊刻之间的紧密联系。天启年间，魏忠贤独揽朝政，作恶多端，崇祯即位后，铲除阉党，百姓为之拍手称快。崇祯时，乐舜日在《皇明中兴圣烈传·小言》中比较真实地记载了这种心理：

> 宋文正公曰："在国则忧其民，在野则忧其君。"野臣切在野之忧也久矣！忧君侧之奸逆，忧灾变之洊至，每思埋轮，分蹈越俎，乃圣天子在上，公道顿明。倏而豺狼剪除，倏而狐狸屏迹，倏而花妖月怪消形。读邸报，崔跃扬休，即湖上烟景，顿增清明气象矣。逆珰恶迹，罄竹难尽。特从邸报中与一二旧闻，演成小传，以通世俗。使庸夫凡民亦能披阅而识其事，共畅快奸逆之殛，歌舞尧舜之天矣。④

读者阶层对奸臣的痛恨以及铲除阉党之后的畅快心理，引发了明末诸如《魏忠贤小说斥奸书》《皇明中兴圣烈传》《警世阴阳梦》等以魏阉为

---

① ［明］东山主人：《云合奇踪·序》，见清致和堂刊《云合奇踪》卷首。

② ［明］即空观主人：《拍案惊奇·自序》，见尚友堂崇祯元年（1628）刊《拍案惊奇》卷首。

③ ［明］胡应麟：《少室山房笔丛》卷二九《九流绪论（下）》，上海书店出版社2001年版，第282页。

④ ［明］乐舜日：《皇明中兴圣烈传·小言》，见《古本小说集成》，据崇祯刊本影印《皇明中兴圣烈传》卷首。

题材的小说刊刻热潮。

其次，读者通过阅读小说抒发对个人怀才不遇的感慨以及表达对时世的关注。在上文我们提到，《英雄谱》应读者需求而合刊，读者为什么希望《三国》《水浒》两部小说合刊呢？笔者认为，其中既蕴含着读者不得志的个人情怀，又抒发了对时局的感慨以及浓郁的民族情感。据明代杨明琅《叙英雄谱》记载，《水浒》《三国》同写英雄之事，一"以其地见"，一"以其时见"，英雄不遇于时，则胸中自有"如许嵚崎历落不可名言之状"，读者可借助阅读两部英雄小说，发抒自身不平之气。①

明末出现的《水浒》《三国》合刊本，还体现读者浓厚的民族情怀。杨明琅《叙英雄谱》写道"经略掌勤王之师，马部主犁庭之役"，熊飞《英雄谱弁言》也写道："东望而三经略之魄尚震，西望而两开府之魂未招。飞鸟尚自知时，嫠妇犹勤国恤。"所谓"三经略"指明天启、崇祯年间经略辽东抗击后金（清）失利受诛或战死的杨镐、熊廷弼、袁应泰，"两开府"指在围剿农民起义军战争中自杀或被杀的杨嗣昌、孙传庭。②在明末充满内忧外患的特定形势下，读者既有对个人际遇的感触，又有对国家、民族前途的担忧，他们希冀《三国》《水浒》中的英雄扭转时局，铲除不平，《英雄谱》正是适应读者的这种心理需求而刊刻的。

再次，读者心理与明代通俗小说刊刻的"后续效应"。在明代不同流派小说刊刻过程中，出现诸多"后续效应"。笔者认为，小说刊刻中的"后续效应"不等同于小说创作中的续书现象，小说刊刻中的"后续效应"包括以下三种形式：第一，对原作的翻刻；第二，续书的刊刻；第三，选本的刊刻。明代书坊大量翻刻小说，据笔者统计，仅《三国演义》就被翻刻三十多次；明刊小说选本有三十一种，其中书坊刊刻二十七种，家刻四种；小说续书的刊刻也相当普遍，《三国志演义》的续作有西阳野史的《三国志后传》等，《西游记》的续书刊行于明末的有《续西游记》和《西游补》等，《西湖二集》之前有《西湖一集》；等等。

明代通俗小说刊刻中"后续效应"的出现与读者的心理有着密切的

---

① ［明］杨明琅：《叙英雄谱》，见《古本小说集成》，据明雄飞馆刊本影印《二刻英雄谱》卷首。

② 袁世硕：《二刻英雄谱·前言》，见《古本小说集成》，据雄飞馆刊本影印《二刻英雄谱》卷首。

关联，正如冯梦龙《增广智囊补·自叙》所云："忆丙寅岁，余坐蒋氏三径斋小楼近两月，辑成《智囊》二十七卷，以请教于海内之明哲，往往滥蒙嘉许，而嗜痂者遂冀余有续刻。"① 《智囊》一书受到广泛欢迎，于是读者希望冯氏"有续刻"，这样直接激起了《增广智囊补》一书的面世。

明清时期的通俗小说、戏曲多采用大团圆结局，正是顺应读者的阅读需求："人情喜合恶离，喜顺恶逆，所以悲惨之历史，每难卒读是已。"② 就明代通俗小说刊刻而言，采取大团圆结局的事例比较常见，如书坊主熊大木所撰《大宋中兴通俗演义》的结局，忠奸各得其所，奸臣秦桧被冥司索命而亡，在阴间备受酷刑，忠臣岳飞则受褒奖。③ 编刊者不惜改变史实，以满足读者的阅读心理。读者喜欢大团圆结局的心理在《三国演义》续书的刊刻中间体现得尤其明显，正如明代佚名《新刻续编三国志·引》所云：

> 及观《三国演义》，至末卷见汉刘衰弱，曹魏僭移，往往皆掩卷不怿者众矣。又见关、张、葛、赵诸忠良反居一隅，不能恢复汉业，愤叹扼腕，何止一人？及观刘后主复为司马氏所并，而诸忠良之后杳灭无闻，诚为千载之遗恨。及见刘渊父子因人心思汉乃崛起西北，叙檄历汉之诏，遣使迎孝怀帝，而兵民景从云集，遂改称炎汉，建都立国，重奥继绝。虽建国不永，亦快人心。今是书之编，无过欲泄愤一时，取快千载，以显后关、赵诸位忠良也。其思欲显耀奇忠，非借刘汉则不能以显扬后世，以泄万世苍生之大愤。突会刘渊，亦借秦汉余以警后世奸雄，不过劝惩来世戒叱凶顽尔。④

最后，追求热闹好看，追求娱乐性，这是读者心理的重要构成，也是

---

① ［明］冯梦龙：《增广智囊补·自叙》，见《笔记小说大观·外集》所收《增广智囊补》卷首，上海进步书局石印本。

② 觚庵：《觚庵漫笔》，见《小说林》第 5 期"评林"类，上海书店 1980 年复印本，第 2 页。

③ 《大宋中兴通俗演义》卷八《栖露岭诏立坟祠》《效颦集东窗事犯》《冥司中报应秦桧》诸节，见《古本小说丛刊》，据嘉靖三十一年（1552）杨氏清江堂本影印。

④ ［明］佚名：《新刻续编三国志·引》，见《古本小说集成》，据万历三十七年（1609）刊本影印《三国志后传》卷首。

促成明代通俗小说刊刻的原因之一。明代佚名《新刻续编三国志·引》亦云："夫小说者，乃坊间通俗之说，固非国史正纲，无过消遣于长夜永昼，或解闷于烦剧忧态，以豁一时之情怀耳。今世所刻通俗列传并梓《西游》《水浒》等书，皆不过快一时之耳目。"[①] 小说首先引起读者兴趣的就是它的娱乐功能，用以消遣、解闷，"以豁一时之情怀"。正因为如此，嘉靖年间，杭州书坊主洪楩编刊《六十家小说》时，分别取名为《雨窗集》《长灯集》《随航集》《欹枕集》《解闲集》《醒梦集》，其用意相当明显。到明代晚期，娱乐心态在小说刊刻方面的体现，朝两极化方向推进：一种是朝"泛情"方向发展，从而推动了情色小说的刊刻；一种是娱乐与教化并举，娱乐功能淡化，而教化意味增强，由此在小说刊刻中出现传统礼教复归的倾向。

明代通俗小说流传之广、影响之深，远非前代之所能及；读者阶层之广泛，也非前代可比。本文对明代通俗小说的读者阶层构成进行解读，分析不同时期读者阶层构成主体的演变，阐述读者阶层与通俗小说的通俗化趋势、小说刊刻形态之间的关系，并就读者心理对明代通俗小说刊刻的影响加以探讨，希望通过对读者阶层的分析，阐述明代通俗小说刊刻的内在动力与发展规律，了解社会阶层的变化以及小说文体发展的轨迹。

（原载《文艺研究》2007 年第 7 期）

123

---

① ［明］佚名：《新刻续编三国志·引》，见《古本小说集成》，据万历三十七年（1609）刊本影印《三国志后传》卷首。

程国赋自选集

第三部分

中国古代小说命名研究

论中国古代小说命名的文体意义

中国古代小说命名是作家艺术构思的重要组成部分，也是文学创作的重要内容之一。研究古代小说命名，有助于我们更全面地考察小说作家的创作心理，认识古代小说创作的内在规律，了解古代小说文体的发展、演变历程，分析不同时期的社会状况、思想文化及其对小说创作、传播的影响。①

本文试图通过考察中国古代小说命名，探讨古代小说文体发展、演变的历程。因古代小说作家、作品数量众多，跨越的时代漫长，有鉴于此，我们选取《汉书·艺文志》所著录的小说、唐代小说以及明清通俗小说的命名三个方面对此加以论述，阐述古代小说命名所体现的文体意义。

一、《汉书·艺文志》著录十五家小说体现的文体特征

东汉班固在西汉刘向、刘歆父子《七略》的基础上编成《汉书·艺文志》，他在《诸子略》小说家类著录了十五种小说作品，具体篇目以及班固、颜师古、应劭等人的简短注文如下。

> 《伊尹说》二十七篇（其语浅薄，似依托也。）
> 《鬻子说》十九篇（后世所加。）
> 《周考》七十六篇（考周事也。）
> 《青史子》五十七篇（古史官记事也。）
> 《师旷》六篇（见《春秋》，其言浅薄，本与此同，似因托之。）
> 《务成子》十一篇（称尧问，非古语。）
> 《宋子》十八篇（孙卿道：宋子，其言黄老意。）
> 《天乙》三篇（天乙谓汤，其言非殷时，皆依托也。）

---

① 本文探讨的小说命名主要指小说作品的篇名（含作品集名称），不包括小说人物的命名、人物绰号等。

《黄帝说》四十篇（迂诞依托。）

《封禅方说》十八篇（武帝时。）

《待诏臣饶心术》二十五篇（武帝时。师古曰："刘向《别录》云：'饶，齐人也，不知其姓，武帝时待诏，作书名曰《心术》也。'"）

《待诏臣安成未央术》一篇（应劭曰："道家也，好养生事，为未央之术。"）

《臣寿周纪》七篇（项国圉人，宣帝时。）

《虞初周说》九百四十三篇（河南人，武帝时以方士侍郎，号黄车使者。应劭曰："其说以《周书》为本。"师古曰："《史记》云：虞初，洛阳人，即张衡《西京赋》'小说九百，本自虞初'者也。"）

《百家》一百三十九卷。

以上小说出自先秦至汉代，共十五种，合计一千三百九十篇①。笔者根据小说命名以及班固、颜师古、应劭等人注文，从以下两个方面阐述早期小说命名的文体特征。

(一)《汉书·艺文志》著录的小说命名与子、史关系紧密

鲁迅《中国小说史略》在罗列以上十五家小说之后指出："诸书大抵或托古人，或记古事，托人者似子而浅薄，记事者近史而悠缪者也。"②诚如鲁迅所言，《汉书·艺文志》小说家类所著录的小说体现出"似子"或"近史"的性质。我们从小说命名可以推断，《伊尹说》《鬻子说》《师旷》《务成子》《宋子》等类似于先秦诸子著作，这些小说直接将人名嵌入小说的命名之中，与先秦诸子《庄子》《孟子》《荀子》《韩非子》等命名方式相当接近。而《周考》《青史子》《臣寿周纪》等命名则接近于史书，如《周考》，班固注称："考周事也。"《青史子》为"古史官记事也"。这些小说命名反映出早期小说对子书、史书的模仿与依赖，它们

---

① 班固统计为一千三百八十篇，误。参见《汉书》卷三十《艺文志第十》，中华书局1962年版，第1745页。

② 鲁迅：《中国小说史略》第一篇《史家对于小说之著录及论述》，上海古籍出版社1998年版，第2—3页。

与子书、史书的取材、创作手法、创作风格等相当接近，甚至可以说是子、史的附庸。上述十五种小说不少存在假托的现象。例如，班固认为《伊尹说》"其语浅薄，似依托也"，认为《鬻子说》乃"后世所加"，怀疑《师旷》是"似因托之"，认为《天乙》《黄帝说》皆"依托"之小说。不管这些小说命名、创作是否为后人假托，至少可以说明到班固生活的东汉时期，小说取材、创作徜徉于子、史之间，距离文体独立的路途还非常遥远。

（二）《汉书·艺文志》著录的小说命名与说体文关系密切

值得我们注意的是，在《汉书·艺文志》著录的十五家小说之中，《伊尹说》《鬻子说》《黄帝说》《封禅方说》《虞初周说》五种小说共一千零四十七篇，皆以"说"命名，占《汉书·艺文志》所著录的十五种小说、一千三百九十篇的75.3%，这一比例相当可观。"说"是一种独特的文体，西晋陆机《文赋》已把"说"作为诗、赋、碑、诔、铭、箴、颂、论、奏、说十种文体之一。南朝梁刘勰《文心雕龙》卷四《论说》指出：

> 说者，悦也；兑为口舌，故言资悦怿；过悦必伪，故舜惊谗说。
>
> 说之善者，伊尹以论味隆殷，太公以辨钓兴周，及烛武行而纾郑，端木出而存鲁，亦其美也。
>
> 暨战国争雄，辨士云涌；纵横参谋，长短角势；《转丸》骋其巧辞，《飞钳》伏其精术。一人之辨，重于九鼎之宝；三寸之舌，强于百万之师。六印磊落以佩，五都隐赈而封。至汉定秦楚，辨士弭节。郦君既毙于齐镬，蒯子几入乎汉鼎。虽复陆贾籍甚，张释傅会，杜钦文辨，楼护唇舌，颉颃万乘之阶，抵巇噬公卿之席，并顺风以托势，莫能逆波而溯洄矣。
>
> 夫说贵抚会，弛张相随，不专缓颊，亦在刀笔。范雎之言事，李斯之止逐客，并烦情入机，动言中务，虽批逆鳞，而功成计合，此上书之善说也。至于邹阳之说吴梁，喻巧而理至，故虽危而无咎矣。敬通之说鲍邓，事缓而文繁，所以历骋而罕遇也。
>
> 凡说之枢要，必使时利而义贞；进有契于成务，退无阻于荣身。

自非谲敌，则唯忠与信。披肝胆以献主，飞文敏以济辞，此说之本也。①

刘勰认为，说体文主要是春秋战国时期辩士们的言辞，这种说法不免缩小了说体文的内涵，但他指出："说者，悦也；兑为口舌，故言资悦怿；过悦必伪，故舜惊谗说。"揭示出说体文的渊源及特点。他认为："说贵抚会，弛张相随，不专缓颊，亦在刀笔"，"烦情入机，动言中务"，"喻巧而理至"，"事缓而文繁"。这在一定程度上概括出说体文的特征。王齐洲先生指出，先秦后期诸子在言说中已经有把"说"作为文体概念使用的倾向。下面略举几例为证。

《庄子·天下》："惠施不辞而应，不虑而对，遍为万物说，说而不休，多而无已，犹以为寡，益之以怪。以反人为实而欲以胜人为名，是以与众不适也。"

《荀子·正论》："今子宋子严然而好说，聚人徒，立师学，成文曲，然而说不免于以至治为至乱也，岂不过甚矣哉！"②

战国中后期出现不少以"说"冠名的作品，如《墨子》之《经说》，《列子》之《说符》，《庄子》之《说剑》，《韩非子》之《说林》《八说》《内储说》《外储说》，等等，这表明当时说体文已经存在并流行。在《汉书·艺文志》所著录的小说中，以"说"命名者占 75.3%，充分体现出先秦说体文对小说创作的影响之深。

二、唐代小说命名的文体意义

唐代小说在中国古代小说史上具有承上启下的独特地位③。一方面，它标志着古代小说文体的独立；另一方面，又继承汉魏六朝小说的取材方式、创作倾向。这在小说命名中得以充分体现，我们试图从以下三个方面对此进行阐述。

---

① ［南朝梁］刘勰原著、詹锳义证：《文心雕龙义证》，上海古籍出版社 1989 年版，第707－719 页。

② 参见王齐洲《说体文的产生及其对中国传统小说观念的影响》，见《稗官与才人——中国古代小说考论》，岳麓书社 2010 年版，第 103 页。

③ 本文讨论的唐代小说，包括少数五代作品。

（一）唐代小说的命名体现出与史传文学之间的紧密关系

唐代重视史学，修史成风。史学发展到了唐代，可以说达到鼎盛时期。自唐高祖开始，官方修史成为制度。令狐德棻向唐高祖建议：

> 窃见近代已来，多无正史，梁、陈及齐，犹有文籍。至周、隋遭大业离乱，多有遗阙。当今耳目犹接，尚有可凭，如更十数年后，恐事迹湮没。陛下既受禅于隋，复承周氏历数，国家二祖功业，并在周时。如文史不存，何以贻鉴今古？如臣愚见，并请修之。①

唐高祖接受了令狐德棻的建议，下诏修史。唐太宗也非常重视以史为鉴，《晋书》《梁书》《北齐书》《周书》《隋书》等都是在唐代由官方修撰的。唐代文士也将参与修史作为人生的最高理想，官至宰相的薛元超还以"不得修国史"作为平生三大恨事之一。② 在这种重史的氛围下，唐代小说的命名也不可避免地受其影响，突出地表现为小说创作多以"记""纪""志""录"等词语命名。

关于唐代小说以"记""传"命名的问题，有些论者曾经谈及。比如：李少雍撰《〈史记〉纪传体对唐传奇的影响》（刊于《文学评论丛刊》第18辑，中国社会科学出版社1983年版）、孙永如撰《唐代文士的史学意识与小说的历史化》（刊于《扬州师院学报》1994年第3期）。李少雍认为：唐传奇单篇有十四种以"传"命名，七种以"记"命名，二种以"录"命名。李少雍指出："唐传奇单篇中，不近纪传体方式命名的，实际上只有《游仙窟》《湘中怨解》《传奇》三篇。"应该说，李少雍的说法是有道理的，但是他的统计主要从单篇传奇着眼，没有顾及小说集，所以说还不够全面。笔者主要依据汪辟疆《唐人小说》所录篇目的正文部分，同时参照程毅中《唐代小说史话》（文化艺术出版社1990年版）、拙著《唐代小说嬗变研究》（广东人民出版社1997年版），从单篇小说和小说集两个方面进行统计，统计情况如下。

（1）以"传"命名的：《补江总白猿传》、《邺侯家传》（《邺侯外

---

① ［后晋］刘昫等：《旧唐书》卷七十三《令狐德棻传》，中华书局1975年版，第2597页。

② 参见［唐］刘𫗧《隋唐嘉话》卷中，中华书局1979年版，第28页。

传》)、《崔少玄传》《高力士外传》《欧阳詹传》《任氏传》《柳毅传》
《柳氏传》《霍小玉传》《南柯太守传》《谢小娥传》《庐江冯媪传》《李
娃传》《东城老父传》《长恨歌传》《莺莺传》《冯燕传》《无双传》《上
清传》《虬髯客传》《杨娼传》《灵应传》《阴德传》《仙传拾遗》《续神
仙传》，共二十五种。

（2）以"记"或"纪"命名的：《古镜记》《梁四公记》《冥报记》
《广异记》《枕中记》《离魂记》《三梦记》《通幽记》《周秦行纪》《秦梦
记》《秀师言记》《纪闻》《河东记》《集异记》《纂异记》《大唐奇事记》
《原化记》《兰亭记》《大业拾遗记》《耳目记》《扬州梦记》，共二十
一种。

（3）以"志"命名的：《辨疑志》《博异志》《独异志》《宣室志》，
共四种。

（4）以"录"命名的：《定命录》《异梦录》《龙城录》《玄怪录》
《续玄怪录》《冥音录》《会昌解颐录》《明皇杂录》《东阳夜怪录》《潇
湘录》《剧谈录》《刘宾客嘉话录》《闻奇录》《续定命录》《稽神录》，
共十五种。①

刘勰《文心雕龙·史传》云："古者左史记言，右史书事。"② 古代
史官将真实记载历史事实、言行作为自己神圣的职责，唐代小说的命名也
体现出小说作家的拟史意识。他们记载自己亲耳所听、亲眼所见的人或
事，有言必录，有事必记，并突出真实的原则。在上述不完全统计中，以
"传""记""纪""志""录"引入小说篇名者达六十五种之多，这一数
字可以视作唐代小说历史化的直接证据之一。

（二）唐代小说的命名体现古代小说文体的独立趋势

我们在前文提到，在中国古代小说史上，唐代小说处在承上启下的重
要时期，在它发展、演变的历程中，子、史的影响是不可低估的，与此同
时，唐代小说的出现标志着古代小说文体的独立。我们从小说命名来看，
牛僧孺《玄怪录·元无有》讲述唐代宝应年间，有位元无有仲春末独行
于维扬郊野，正值天晚，风雨大至，元无有遇见四人聚谈吟诗，等到天亮

---

① 参见拙著《唐五代小说的文化阐释》，人民文学出版社 2002 年版，第 2 - 4 页。
② ［南朝梁］刘勰原著、詹锳义证：《文心雕龙义证》，上海古籍出版社 1989 年版，第 560 页。

以后才发现这四人原来是"故杵、烛台、水桶、破铛"四物所变。作者将这篇小说取名为"元无有"，明确向读者表明这是一篇有意虚构的作品，体现出唐代小说作家创作主体意识的觉醒。除此以外，像《东阳夜怪录》称《成自虚》同样是虚构之作。明代胡应麟《少室山房笔丛》卷三十六《二酉缀遗（中）》指出："凡变异之谈，盛于六朝，然多是传录舛讹，未必尽幻设语。至唐人乃作意好奇，假小说以寄笔端。"[①] 鲁迅《中国小说史略》第八篇也指出："（唐人）始有意为小说。"[②] 所谓"作意好奇""有意为小说"，其重要内涵之一就在于唐代小说作家主体意识的增强，他们有意识地采取虚构、夸张、想象等文学手段进行创作，逐步摆脱了史学的束缚，《元无有》《成自虚》等正是唐人"有意为小说"的集中体现，表现了古代小说文体的独立趋势。

（三）唐代小说以"闻""传闻""新闻"等为名

在小说文体演进过程中，民间传闻对唐代小说的影响不可忽视。例如，《纪闻》《纪闻谈》《封氏闻见记》《玉泉子闻见录》《闻奇录》《次柳氏旧闻》《南楚新闻》《异闻集》等。

古代小说自它产生的初期便与民间传闻结下不解之缘。班固《汉书·艺文志》明确指出小说多系"街谈巷语，道听途说者之所造也"。唐代小说的产生、发展与民间传闻同样关系紧密，以狐怪传闻为例，唐代社会流传的相关传闻成为此类小说创作的重要题材来源。《太平广记》卷四四七所引《朝野佥载·狐神》指出："唐初已来，百姓多事狐神，房中祭祀以乞恩，食饮与人同之，事者非一主。当时有谚曰：'无狐魅，不成村。'"《太平广记》卷四四七至四五五"狐"类作品共四十八篇，绝大多数是唐人所作，这些作品是与当时"无狐魅，不成村"、普遍流行的狐怪传闻密切联系的。中唐李德裕在《次柳氏旧闻》的自序中指出："彼（按：指高力士）皆目睹，非出传闻，信而有征，可为实录。"[③] 李德裕把"实录"与"传闻"相提并论，意在强调《次柳氏旧闻》一书都是高力

---

① ［明］胡应麟：《少室山房笔丛》卷三十六《二酉缀遗（中）》，上海书店出版社 2001 年版，第 371 页。

② 鲁迅：《中国小说史略》第八篇《唐之传奇文（上）》，上海古籍出版社 1998 年版。

③ ［唐］李德裕：《次柳氏旧闻·自序》，见上海涵芬楼影印明刊《顾氏文房小说》本《次柳氏旧闻》卷首。

士亲眼所见，告诉《次柳氏旧闻》的作者而被作者记载下来的，真实可信，不是据道听途说而创作的。李德裕这段话实际上也从侧面透露出当时小说创作领域根据传闻而创作的情况较为普遍。

唐代小说正是在糅合民间传闻、历史史实等基础上，运用虚构、想象、夸张等艺术手段，"作意好奇"，由此出现了接近于现代小说观念的作品，实现了小说文体的独立。

三、明清通俗小说命名与小说文体的演进

明清时期，古代小说从内容到形式都获得空前的发展，从而成为一代文学的代表。笔者试图通过小说命名的变化，从以下两个方面考察通俗小说文体发展、变化的历程。

（一）演义概念的变迁

从《三国志通俗演义》开始，明清时期通俗小说以"演义"为名的现象就非常普遍。在中国古代小说创作与传播历程中，演义这一概念的内涵是相当丰富的，涉及的范围也非常广泛，它既是一种创作方法，又是一种编辑手段，在多数情况下，则表示文体概念。

从小说创作的角度来看，所谓演义，体现为虚实结合的创作方法。演义，本来是依实事而演，在真实人物、事件的基础上加入适量的虚构，正如清代刘廷玑《在园杂志》卷二所云："演义者，本有其事而添设敷演，非无中生有者比也。"[1] 随着小说创作与小说观念的演进，"演义"一词逐步融入更多的虚幻、荒诞的成分。明代胡应麟《少室山房笔丛》云："今世街谈巷语有所谓演义者，盖尤在传奇、杂剧下，然元人武林施某所编《水浒传》特为盛行，世率以其凿空无据，要不尽尔也。"[2]

在小说编辑、整理、刊刻过程中，"演"或"演义"诸词也代表着一种编辑手段。我们以明末陆云龙峥霄馆所刊《型世言》为例，这部小说的第一回、第七回称"陆人龙……演"，第二回、第六回、第十回称

---

① ［清］刘廷玑：《在园杂志》卷二，中华书局 2005 年版，第 83 页。

② ［明］胡应麟：《少室山房笔丛》卷四十一《庄岳委谈（下）》，上海书店出版社 2001 年版，第 436 页。

"辑"，第三回、第四回、第五回、第九回、第十二回称"演义"，第八回称"撰"，第十一回称"编"。由此可见，"演""演义"与"编""撰""辑"等一样，成为坊刻小说的编辑手段。

演义作为小说文体概念，被人们广泛接受。明清时期，"演义"一词甚至成为通俗小说（包括长篇章回小说与短篇白话小说等）的通称，作为小说文体概念的演义从何而来？笔者从以下两个方面对此加以阐述。

1. 从注疏学角度来看，"演义"一词源于对经书、诗歌的注释与阐发

"演义"一词，较早见于西晋潘岳的《西征赋》："灵壅川以止斗，晋演义以献说。"① 演义的本义在于演说铺陈某种道理并加以引申。② 笔者认为，早期的"演义"一词主要是注疏学的概念，用于解释词意及考证名物等。章炳麟《洪秀全演义·序》云："演义之萌芽，盖远起于战国。今观晚周诸子说上世故事，多根本经典，而以己意饰增，或言或事，率多数倍。"③ 依据经典演说上世故事，并按照自己的理解作适当的"增饰"，可以说，早期的"演义"与经典已经结下不解之缘。宋、元、明时期，演说经典之风兴盛，尤其是自王安石以经义论策试进士以来，注重阐发经史的微言大义，如元代学者梁寅撰《诗演义》，"是书推演朱子诗传之义，故以演义为名"④。明代学者徐师曾撰《今文周易演义》十二卷⑤，这种做法对后来作为小说文体概念的演义的发展起到很大的推动作用。

"演义"一词与诗歌及其注释之间关系密切，清代钮琇《觚剩续编》卷一《言觚·文章有本》云："传奇演义，即诗歌纪传之变而为通俗者。"⑥ 明代陆容《菽园杂记》卷一四云："《杜律虞注》，本名《杜律演义》，元进士临川张伯成之所作也。……训释字理，极精详，抑扬趣致，极其切当。"⑦ 这里所说的演义实际上就是诗注，诗歌通过注释的形式而变为通俗，通过注释阐发作者的创作意图，这就揭示出早期演义概念的

① [西晋] 潘岳：《西征赋》，见严可均辑《全晋文》卷九〇，商务印书馆 1999 年版，第 966 页。

② 参见谭帆《"演义"考》，载《文学遗产》2002 年第 2 期，第 101－112、144 页。

③ 章炳麟：《洪秀全演义·序》，见人民文学出版社 1981 年版《洪秀全演义》卷首。

④ [清] 纪昀等：《钦定四库全书总目》卷十六《经部十六·诗类二·诗演义》，中华书局 1997 年版，第 201 页。

⑤ [明] 徐师曾：《今文周易演义》，见文渊阁《四库全书》卷七。

⑥ [清] 钮琇：《觚剩续编》卷一《言觚·文章有本》，上海古籍出版社 1986 年版，第 169 页。

⑦ [明] 陆容：《菽园杂记》卷一四，中华书局 1985 年版，第 172 页。

内涵。

演义所演之"义"至少有两层内涵：一是字词释义、名物考证；二是阐发义理，突出教化功用。在小说领域最早出现"演义"一词的是唐代苏鹗的《苏氏演义》，此书承继了传统注疏学的特点，以考证、释义为主，这与明清时期注重阐释微言大义，强调劝诫功能的演义小说有较大的区别。明代修髯子阐述《三国志通俗演义》的创作意图时指出："史氏所志，事详而文古，义微而旨深，非通儒夙学，展卷间，鲜不便思困睡。故好事者，以俗近语，櫽括成编，欲天下之人，入耳而通其事，因事而悟其义，因义而兴乎感，不待研精覃思，知正统必当扶，窃位必当诛，忠孝节义必当师，奸贪谀佞必当去，是是非非，了然于心目之下，裨益风教广且大焉，何病其赘耶！"① 修髯子所言强调阐发演义之"义"，突出小说的教化功用，这与宋、元、明时期演说经典之风有着千丝万缕的联系，与宋、明时期相当长的时间内理学的盛行也有一定的关联。明代熊大木在《序武穆王演义》中交代自己《大宋中兴通俗演义》一书的创作情况时就指出："按《通鉴纲目》而取义。"南宋理学家朱熹的《通鉴纲目》成为小说家阐发小说"义理"的重要参照。

2. 小说演义体源于民间说书之"演史"一家

如果说，在注重通俗化、注重劝诫的创作倾向诸方面，传统注疏学影响了小说演义体的形成与发展的话，那么，在按鉴的创作形式、题材内容、叙事结构等领域，小说演义体更多地受到民间说书中"演史"一支的影响。宋代罗烨《醉翁谈录·舌耕叙引》中"小说引子"篇注云："演史讲经并可通用。"并称："小说者流，出于机戒之官，遂分百官记录之司。由是有说者纵横四海，驰骋百家。以上古隐奥之文章，为今日分明之议论。或名演史，或谓合生，或称舌耕，或作挑闪，皆有所据，不敢谬言。言其上世之贤者可为师，排其近世之愚者可为戒。言非无根，听之有益。"② 宋元时期，"演史"成为通俗小说的一个重要分支，后来直接导致演义体小说的形成与发展。

一般认为，"演史"出现于宋元时期，实际上至少在五代时就已存

---

① ［明］修髯子：《三国志通俗演义·引》，见《古本小说集成》，据嘉靖本影印《三国志通俗演义》卷首。

② ［宋］罗烨：《醉翁谈录》，古典文学出版社1957年版，第2页。

在，到宋元时蔚为大观。明代观海道人《金瓶梅·序》云："小说中之有演义，昉于五代、北宋，逮南宋、金、元而始盛，至本朝而极盛。"① 据《南宋志传》记载，五代时，刘知远曾造勾栏，勾栏搬演故事②，"演史"应是五代至宋元勾栏说书的一个重要内容。早期"演史"呈现一些特点：依据史实按鉴演述，强调语皆有本，不同于全凭杜撰的其他小说；突出劝诫功能，宣扬忠义节孝；语言通俗，主要满足下层市民的欣赏要求；在说书艺人所演之"史"中，三国故事是其中重要内容之一，罗贯中在"演史"基础上完成的《三国志演义》标志着演义体小说的成熟。

五代以来民间说书中"演史"的特点多为后来演义体小说继承并发展，明清时期通俗小说书名多标"按鉴"，采取按鉴创作的形式，多以"演义"作为书名的演义体小说正是在五代以来的"演史"基础上发展、演变的。

（二）明清时期通俗小说文体呈现动态的发展、演进之迹

对此，我们从小说的命名上可见一斑，笔者试图从两个方面进行阐述。

1. 小说命名由"录""志传"到"演义"

明代书坊主熊大木《序武穆王演义》指出：

> 武穆王《精忠录》，原有小说，未及于全文。今得浙之刊本，著述王之事实，甚得其悉。然而意寓文墨，纲由大纪，士大夫以下遽尔未明乎理者，或有之矣。近因眷连杨子素号涌泉者，挟是书谒于愚曰："敢劳代吾演出辞话，庶使愚夫愚妇亦识其意思之一二。"余自以才不及班、马之万一，顾奚能用广发挥哉？既而恳致再三，义弗获辞，于是不吝臆见，以王本传行状之实迹，按《通鉴纲目》而取义。③

① ［明］观海道人：《金瓶梅·序》，见丁锡根编著《中国历代小说序跋集》，人民文学出版社1996年版，第1109页。

② 参见《南宋志传》第119－120、134页，据《古本小说集成》据三台馆刊本影印。

③ 参见［明］熊大木《序武穆王演义》，嘉靖三十一年（1552）清白堂刊《大宋演义中兴英烈传》卷首。

熊大木应杨涌泉的邀请，在旧本《精忠录》的基础上创作《大宋武穆王演义》（即《大宋中兴通俗演义》）。熊大木将《精忠录》改编为《大宋武穆王演义》，在虚构性、故事性等方面均超越旧本。除这篇小说以外，熊大木还曾编撰《全汉志传》，后来甄伟则编成《西汉通俗演义》、谢诏撰《东汉十二帝通俗演义》；生活于元末明初的罗贯中撰《隋唐两朝志传》，清代褚人获撰《隋唐演义》。这种由"录""志传"到"演义"的现象在明清通俗小说书名中不乏其例。我们在上文提到，"传""记""录"等词语与史学关系密切，而演义则更加注重通俗性、故事性、可读性。明代高儒《百川书志》卷六《三国志通俗演义》篇比较好地概括了演义小说文体的创作特性："据正史，采小说，证文辞，通好尚，非俗非虚，易观易入，非史氏苍古之文，去瞽传诙谐之气，陈叙百年，该括万事。"① 明代甄伟《西汉通俗演义·序》云：

> 西汉有马迁史，辞简义古，为千载良史，天下古今诵之，予又何以通俗为耶？俗不可通，则义不必演矣。义不必演，则此书亦不必作矣。……予为通俗演义者，非敢传远示后，补史所未尽也。……好事者或取予书而读之，始而爱乐以遣兴，既而缘史以求义，终而博物以通志。②

这则序言概括出演义体小说文体的一些特点：其一，依据史实创作，注重通俗化，"俗不可通，则义不必演矣"。其二，"补史所未尽也"，强调在"演史"的基础上进行"补史"，补充史书之不足，这与明代无碍居士《警世通言·叙》所言"通俗演义一种，遂足以佐经书史传之穷"意思相近。其三，强调演义小说的娱乐性与劝诫性结合，"始而爱乐以遣兴，既而缘史以求义"。明清小说命名由"录""志传"等到"演义"，体现出小说文体在摆脱史学束缚后，朝通俗化、文学性、大众化道路迈出的一大步。

2. 就历史题材小说而言，出现由"演义"到"遗文"的变化

明代嘉靖、万历时期历史题材的小说作品多采取小说按鉴编年的结构

---

① ［明］高儒：《百川书志》卷六《三国志通俗演义》，见《明代书目题跋丛刊》下册，书目文献出版社 1994 年版，第 1264 页。

② ［明］甄伟：《西汉通俗演义·序》，见万历四十年（1612）金陵周氏大业堂刊《西汉通俗演义》卷首。

方式，受司马光《资治通鉴》以及朱熹《通鉴纲目》等书影响较大。明末以后这种情况出现明显变化，明末袁于令创作《隋史遗文》即为例证。他在《隋史遗文》的序言中自称：

> 史以遗名者何？所以辅正史也。正史以纪事，纪事者何？传信也。遗史以搜逸，搜逸者何？传奇也。……向为《隋史遗文》，盖以著秦国于微，更旁及其一时恩怨共事之人，为出其侠烈之肠、肮脏之骨、坎壈之遇；感恩知己之报、料敌制胜之奇、摧坚陷阵之壮，凛凛生气溢于毫楮，什之七皆史所未备者己。①

《隋史遗文》以"遗文"而不是以"演义"命名，虽然与早期的历史演义一样有着"辅正史"的目的，但是在结构编排上，却与早期历史演义按鉴笔法明显不同。它以秦琼这一英雄人物而不是以帝王唐太宗作为小说的描写重点，围绕秦琼这一人物来构合情节；它虽然也按历史发展的先后顺序叙事，但是并没有拘于史书的束缚，而是按照人物塑造的需要，对材料进行必要的选择，选取能够揭示人物性格特征的事件着重叙述，完成了历史题材创作由以编年体为主到采取纪传体的结构方式的转换，逐渐摆脱早期历史题材小说按鉴编年的结构方式，参合了《水浒传》式纪传体小说的写法。通俗小说命名从"演义"到"遗文"的变迁揭示出明清时期历史题材小说文体的演进之迹。

以上我们选择《汉书·艺文志》所著录的小说、唐代小说以及明清通俗小说的命名三个方面，就不同时期的小说命名与小说文体的关系进行论述。从中国古代小说命名整体来看，古代小说是在诸子论说的风气和子、史的浸染下，逐步发展、演变并趋向成熟的；古代小说与民间传闻关系密切，小说来源于民间，经由文人的参与、加工，最终达至雅俗共赏的目标。通过小说命名的变迁，我们可以从特定的视角透视中国古代小说文体逐步发展、独立的演进过程。

（原载《明清小说研究》2011 年第 2 期）

---

① ［明］袁于令：《隋史遗文·序》，见人民文学出版社 1989 年版《隋史遗文》卷首。

论明清小说寓意法命名的内涵与特点

　　中国古代文学发展史历来具有寓意寄托的传统。孟子、庄子、荀子、韩非子等先秦诸子著作中存在大量寓言，如"螳螂捕蝉，黄雀在后""守株待兔""滥竽充数"，等等。这些寓言故事虽然是夹在议论文中的例证，篇幅短小，情节简单，主要是为了说明道理或论点，作为它们的附属品而存在①，但是读者通过这些生动形象的寓言故事能领悟深刻的生活哲理和处世原则。屈原《离骚》多处采用寓意寄托的手法，以香草、美人比喻忠臣、贤士，以恶禽、臭物比喻奸佞小人，以男女感情比喻君臣关系，一部《离骚》可以说是充满寓意的文学经典。

　　在古代小说创作领域，寓意法的运用也相当普遍。唐代李肇《唐国史补》卷下记载："沈既济撰《枕中记》，庄生寓言之类。"②宋代洪迈《夷坚乙志·序》指出："逮干宝之《搜神》、奇章公之《玄怪》、谷神子之《博异》《河东》之记、《宣室》之志、《稽神》之录，皆不能无寓言于其间。"③李肇、洪迈均认为，在《搜神记》《枕中记》《玄怪录》《博异志》《河东记》《宣室志》等宋前小说作品中，普遍存在寓意法。例如，《任氏传》赞扬狐女任氏"遇暴不失节，徇人以至死"的品行，突出任氏的忠贞而多情，《谢小娥传》歌颂小娥贞节和孝道，《虬髯客传》着力宣扬封建正统、真命天子。④采取寓意法创作的小说作品中，创作主体的情感相当浓郁，创作目的性比较明确，作者通过小说表达对于社会、人生的态度与看法。

　　明清时期是古典小说创作的高峰期，名家辈出，名作众多，很多小说

---

①　参见董乃斌《中国古典小说的文体独立》第五章第一节，中国社会科学出版社 1994 年版，第 170 – 171 页。

②　[唐] 李肇：《唐国史补》卷下，上海古籍出版社 1957 年版，第 55 页。

③　[宋] 洪迈：《夷坚乙志·序》，中华书局 1981 年版《夷坚志》，第 185 页。

④　参见拙文《唐代小说创作方法的整体观照》，载《暨南学报（哲学社会科学版）》1997 年第 3 期，第 9 页。

作品寓意深远，这在小说命名之中体现得尤为显著。① 清代张竹坡评点《金瓶梅》时指出："稗官者，寓言也……《金瓶》一部，有名人物不下百数，为之寻端竟委，大半皆属寓言。"② 张新之《红楼梦读法》认为："是书名姓，无大无小，无巨无细，皆有寓意。"③ 小说命名中的寓意法不仅体现于《金瓶梅》《红楼梦》等几部经典名著，而且在其他小说作品中也随处可见。

从寓意法角度探讨明清小说命名，前人很少论及。本文在对明清小说进行整体观照的基础上，从宣扬宗教、强化儒家伦理道德、寄寓遗民思想以及借小说自寓等几个方面重点阐释明清小说寓意法命名的内涵，并就其总体特点加以归纳、总结。

一

明清小说作者善于通过命名的形式加强宗教宣传，体现浓郁的宗教色彩，这是明清小说寓意说的重要内容之一。借小说命名宣扬宗教，渊源已久，旧本题后汉郭宪所撰《洞冥记》的命名就包含很深的道教寓意。南宋晁公武《郡斋读书志》卷九引郭宪《洞冥记》自序声称此书取名意在"洞心于道，教使冥迹之奥昭然显著，故曰'洞冥'"④。明清小说命名寓含宗教意味的作品很多，笔者下面从佛教和道教等方面加以阐述。

（一）宣扬佛教理论

佛教《大乘本生心地观经》认为，一切法皆由心生起，"心清净故世界清净"，心是万物的本原，外在事物如梦中幻境，均不存在。因此佛教注重人的本性本心的修养，希望世人摈弃尘念，清心灭欲，将人从各种功

---

① 本文所论古代小说命名，包括小说书名、单篇小说篇名、小说人物命名以及小说中地名、茶名、官职名等。
② ［清］张竹坡：《金瓶梅寓意说》，见《会评会校本金瓶梅》附录，中华书局 1998 年版，第 1483 页。
③ ［清］张新之：《红楼梦读法》，见朱一玄编《红楼梦资料汇编》，南开大学出版社 2003 年版，第 703 页。
④ ［南宋］晁公武：《郡斋读书志》卷九，孙猛校正本，上海古籍出版社 1990 年版，第 363 页。

利和欲望中解脱出来，回归本心本性。这在《西游记》一书的命名中得到鲜明的体现，明清时期不少学者对《西游记》命名蕴藏的佛理加以阐释。署名李贽撰《批点西游记序》指出："不曰东游，而曰西游，何也？东方无佛无经，西方有佛与经耳。西方何以独有佛与经也？东生方也，心生种种魔生；西灭地也，心灭种种魔灭。魔灭然后有佛，有佛然后有经耳。"① 魔生魔灭均源于本心，所以本心的修养显得尤为重要。明代谢肇淛在《五杂俎》中认为《西游记》寓意在于"求放心之喻"②，不是随意之作，放纵本心，则莫能禁制，唯有修身养性才能成佛。

《西游记》又名《西游释厄传》，清代张书绅对"释厄"之名进行解读："《西游》又名《释厄传》者何也？诚见夫世人，逐日奔波，徒事无益，竭尽心力，虚度浮生，甚至伤风败俗，灭理犯法，以致身陷罪孽，岂非大厄耶？作者悲悯于此，委曲开明，多方点化，必欲其尽归于正道，不使之覆蹈于前愆，非'释厄'而何？"③ 张书绅认为，《西游记》作者创作此书，取名"释厄"，意在使世人摆脱名利束缚，归于正道。张书绅《新说西游记·总批》还指出："《西游记》当名'遏欲传'……《南华》《庄子》是喻言，一部《西游》，亦是喻言。故其言近而旨远也。读之不在于能解，全贵乎能悟，惟悟而后解也……名为'消魔传'，信不诬也。"④ 张书绅明确揭示《西游记》作为"喻言"的性质，"其言近而指远"，包含很深的寓意。《西游记》之名无论是"释厄"还是"遏欲"或名"消魔"，均表明希望世人消除杂念，清心灭欲，修身养性。

《西游记》命名的寓意不仅体现于书名，而且体现于小说人物命名之中。以孙悟空名字为例，他本无名无姓，《西游记》第一回《灵根育孕源流出　心性修持大道生》末尾，祖师为他起名"孙悟空"⑤，作者评论称："鸿蒙初辟原无姓，打破顽空须悟空。"揭示出"悟空"一名寓意之所在。

---

① 署名［明］李贽：《批点西游记序》，见朱一玄、刘毓忱编《西游记资料汇编》，南开大学出版社 2002 年版，第 226 页。

② ［明］谢肇淛：《五杂俎》，上海书店出版社 2001 年版，第 312 页。

③ ［清］张书绅：《新说西游记·总批》，见《古本小说集成》，据上海古籍出版社藏本影印《新说西游记》卷首。

④ ［清］张书绅：《新说西游记·总批》，见《古本小说集成》，据上海古籍出版社藏本影印《新说西游记》卷首。

⑤ 参见人民文学出版社 1955 年版《西游记》，第 14 页。

在小说作品中，孙悟空获得了一系列的名号：石猴、美猴王、孙悟空、弼马温、齐天大圣（孙大圣）、孙行者，等等。《西游记》第一百回《径回东土　五圣成真》，孙悟空保护唐僧赴西天取经，历经九九八十一难，终至西天，成得正果，如来授孙悟空为"斗战胜佛"。自最初的"石猴"之名，到"孙悟空"，再到最后"斗战胜佛"，小说作者正是通过这一系列名号的变化，宣扬佛教，表明佛法无边。在《西游记》一些次要人物的命名上也体现宗佛之旨。《西游记》第十四回《心猿归正　六贼无踪》，唐僧与孙悟空师徒路遇强盗①，小说为六个强盗分别取名为"眼看喜""耳听怒""鼻嗅爱""舌尝思""身本忧""意见欲"。眼、耳、鼻、舌、身、意是佛家所说的"六根"，佛教把消除欲念、远离烦恼称为"六根清净"，《西游记》作者借六个强盗的名字希望世人摈弃"喜""怒""爱""思""忧""欲"各种杂念，做到六根清净，无忧无虑。

《西游记》续书《西游补》的命名继承原著寓意，小说叙述孙悟空"三调芭蕉扇"之后，被鲭鱼精所迷，进入虚幻的梦境，撞入自称为小月王的妖怪所幻造的"青青世界"。何谓"青青世界"？明代静啸斋主人《西游补·答问》称："《西游》之补，盖在火焰芭蕉之后，洗心扫塔之先也。大圣计调芭蕉，清凉火焰，力遏之而已矣。四万八千年俱是情根团结，悟通大道，必先空破情根；空破情根，必先走入情内；走入情内，见得世界情根之虚，然后走出情外，认得道根之实。"② 所谓"青青世界"象征着世间各种情感、各种欲望杂念，只有空破情根，消除欲念，才能"认得道根之实"。对此，明代嶷如居士《西游补·序》说得更为直接：

> 补《西游》，意言何寄？作者偶以三调芭蕉扇后，火焰清凉，寓言重言，以见情魔团结，形现无端，随其梦境迷离，一枕子幻出大千世界……一堕青青世界，必至万镜皆迷。踏空凿天，皆由陈玄奘做杀青大将军，一念惊悸而生……约言六梦，以尽三世。为佛、为魔、为仙、为凡、为异类种种，所造诸缘，皆从无始以来认定不受轮回、不受劫运者，已是轮回、已是劫运。若自作，若他人作，有何差别？夫心外心，镜中镜，奚啻石火电光，转眼已尽……阅是《补》者，暂

---

① 参见人民文学出版社 1955 年版《西游记》，第 180 页。
② 参见上海古籍出版社 1983 年版《西游补》卷首。

为火焰中一散清凉，冷然善也。①

董说于明末创作《西游补》，借小说创作寓含佛教宗旨，入清以后，作者无意功名，中年在苏州灵岩寺出家为僧，法名南潜。嶷如居士认为此书寓意深远，世间万物，包括各种情感皆为幻境，"一堕青青世界，必至万镜皆迷"。作者以"青"喻"情"，唐僧陈玄奘在书中化身为"杀青大将军"，实为"杀情"，破除一切情缘，跳出梦幻的世俗之境，从此不再受轮回、劫运之苦。

清代陈天池撰《如意君传》，又名《无恨天》，其命名同样具有佛教色彩。道光二十八年（1848）刘作霖撰《无恨天传奇序》指出，此书原名《如意君传》，刘作霖觉得这一书名"直率而少蕴蓄"，于是取佛书"离恨天"之义，改名为《无恨天》："离者，离而去之之谓，恐人以离别错解，故易离以为无也。而佛书之言六根也，眼耳鼻舌身，而终之以意；其言六尘也，色声香味触，而摄之以法，意尘为法，如法即如意矣。"②崇佛之意不言而喻。

我们从明清小说命名实践来看，在宣扬佛教清心灭欲的观念之中，以色空观最为突出。试以《红楼梦》为例，从书名与人物命名、茶名与地名两方面加以阐述。

1. 书名与人物命名

《红楼梦》第一回《甄士隐梦幻识通灵　贾雨村风尘怀闺秀》云："空空道人听如此话，思忖半晌，将《石头记》再检阅一遍……方从头至尾抄录回来，问世传奇。从此空空道人因空见色，由色生情，传情入色，自色悟空，遂易名为情僧，改《石头记》为《情僧录》。东鲁孔梅溪则题曰《风月宝鉴》。后因曹雪芹于悼红轩中披阅十载，增删五次，纂成目录，分出章回，则题《金陵十二钗》。"③《红楼梦》一书存在多种名称，其中《红楼梦》《情僧录》《风月宝鉴》等反映鲜明的色空观。清代梦觉主人《红楼梦·序》云："辞传闺秀而涉于幻者，故是书以梦名也。夫梦

---

① 参见上海古籍出版社 1983 年版《西游补》卷首。

② ［清］刘作霖：《无恨天传奇序》，见丁锡根编著《中国历代小说序跋集》，人民文学出版社 1996 年版，第 1586－1587 页。

③ ［清］曹雪芹、高鹗：《红楼梦》，人民文学出版社 1982 年版，第 6 页。

曰红楼，乃巨家大室儿女之情，事有真不真耳。红楼富女，诗证香山；悟幻庄周，梦归蝴蝶。作是书者借以命名，为之《红楼梦》焉。"① 梦觉主人认为富贵、情爱到头来都是一场梦幻一场空，这正是作者借以命名为《红楼梦》的深意。

《石头记》被改名为《情僧录》，后来再改为《风月宝鉴》，其寓意也在于此。清代王希廉在《红楼梦》第一回《甄士隐梦幻识通灵　贾雨村风尘怀闺秀》回评中对此加以阐释："是代石头说一生亲历境界，实叙其事，并非捏造，以见'空即是色，色即是空'之意。故借空空道人抄写得来……情僧者，情生也；情僧缘者，因情生缘也。风月宝鉴者，即因色悟空也。金陵十二钗，情缘之所由生也。"② 在《红楼梦》第十二回《王熙凤毒设相思局　贾天祥正照风月鉴》，叙及贾瑞之事，王希廉在回评中就《风月宝鉴》之名再加阐述："背面是骷髅，正面是凤姐。美人即骷髅，骷髅即美人。所谓'色即是空，空即是色'也。"③ 王希廉认为《情僧录》和《风月宝鉴》二名体现明显的色空思想，"色即是空，空即是色"，这正是《红楼梦》几种书名的真实寓意之所在。

从人物命名来看，"空空道人"是《红楼梦》作者假托的小说人物，他与小说中"警幻仙姑"等名称一样体现出"因空见色，由色生情，传情入色，自色悟空"的色空观念。

2. 茶名与地名

《红楼梦》中茶名"千红一窟""万艳同杯"寓含色空观。甲戌本《石头记》第五回："此茶名曰'千红一窟'。"甲戌侧评云："隐'哭'字。"第五回："因名为'万艳同杯'。"甲戌侧评云："与'千红一窟'一对，隐'悲'字。"④ 清代王希廉在《红楼梦》第五回回评中指出："茶名'千红一窟'，酒名'万艳同杯'，言目前虽有千红万艳，日后总归

① ［清］梦觉主人：《红楼梦·序》，见一栗编《红楼梦资料汇编》，中华书局 1964 年版，第 28 页。

② ［清］王希廉：《红楼梦》第一回回评，见朱一玄编《红楼梦资料汇编》，南开大学出版社 2001 年版，第 585 页。

③ ［清］王希廉：《红楼梦》第十二回回评，见朱一玄编《红楼梦资料汇编》，南开大学出版社 2001 年版，第 594 页。

④ ［清］曹雪芹：《脂砚斋甲戌抄阅重评石头记》，沈阳出版社 2005 年版，第 143－144 页。

杯（抔）土一穴。同是点化语，不是赞仙家茶酒。"① 《红楼梦》中的地名同样富有寓意。清代方玉润《星烈日记》卷七十云："案有《红楼梦》一书，乃取阅之。大旨亦黄粱梦之义，特拈出一情字作主，遂别开出一情色世界，亦天地间自有之境，曰太虚幻境，曰孽海情天，以及痴情、结怨、朝啼、暮哭、春感、秋悲、薄命诸司，虽设创名，却有真意。又天曰离恨，海曰灌愁，山曰放春，洞曰遣香，债曰眼泪，无不确有所见。盖人生为一情字所缠，即涉无数幻境也。"② 方玉润就《红楼梦》中多种地名寓意进行阐释，认为《红楼梦》命名的实质就是宣扬色空观念。

有些小说作品通过书名宣扬因果报应、劝人积善行德。明末天然痴叟所撰《石点头》取名借鉴了"生公说法，顽石点头"的传说。冯梦龙《石点头·叙》云："《石点头》者，生公在虎丘说法故事也。小说家推因及果，劝人作善，开清净方便法门，能使顽夫怅子，积迷顿悟，此与高僧悟石何异。"③ 明末清初小说《醉醒石》表达了同样的创作主旨，缪荃孙《醉醒石·序》曾经称赞此书："演说果报，决断是非，挽几希之仁心，断无聊之妄念；场前巷底，妇孺皆知，不较九流为有益乎？"④ 清代《善恶图全传》借书名劝人积善，正如浮槎使者《善恶图·序》所云："《善恶图》一书，所以劝善惩恶者也。"⑤

（二）借助小说命名宣扬道教理论

1. 通过小说书名表达钦慕仙道的思想

明代邓志谟创作的三部道教小说分别取名为《许旌阳得道擒蛟铁树记》《唐代吕纯阳得道飞剑记》《五代萨真人得道咒枣记》，简称《铁树记》《飞剑记》《咒枣记》，直接将晋朝许逊、唐朝吕纯阳、五代萨真人三位道教著名人物的姓名嵌入小说书名之中。《铁树记》歌颂许逊以铁树镇

---

① ［清］王希廉：《红楼梦》第五回回评，见朱一玄编《红楼梦资料汇编》，南开大学出版社2001年版，第589页。

② ［清］方玉润：《星烈日记》，见朱一玄《红楼梦资料汇编》，南开大学出版社2001年版，第828页。

③ ［明］冯梦龙：《石点头·叙》，见上海古籍出版社1957年版《石点头》卷末。

④ ［清］缪荃孙：《醉醒石·序》，见上海古籍出版社1956年版《醉醒石》卷末。

⑤ ［清］浮槎使者：《善恶图·序》，见《古本小说集成》，据清颂德轩刊本影印《善恶图》卷首。

蛟、救国护民的功绩，并称赞"都仙（按：指许逊）屡出护国，是当代之铁树，奕叶且重光矣!"① 以"铁树"一词称赞道教神仙，大力弘扬道教。《飞剑记》《咒枣记》分别记载吕纯阳、萨真人的事迹，表达同样的寓意，飞剑是得道之人所持之物，咒枣则是古代道士、方士等人对着枣念咒，希望祛邪治病，这些名称均含有浓郁的道教色彩。邓志谟在《萨真人咒枣记引》中声称："余暇日考《搜神》一集，慕萨君之油然仁风，摭其遗事，演以《咒枣记》。'咒枣'云者，举法术一事该其余也。"② 邓氏倾慕萨真人等神仙，希望通过小说创作对他们的事迹加以宣传。

清代潘昶撰《金莲仙史》演绎全真教人物的事迹，其在《金莲仙史·序》中认为，世俗之人追名逐利，沉迷苦海而不自知、不自拔，潘昶担心"世衰道微，去圣日远。凡有真志者，不得其门而入，尽被傍门野教诱惑；无夙根者，以虚情幻境上认真，酒色财气中取乐，蜗角争名，蝇头夺利"，所以他指出："岂知光阴有限，转瞬无常，幻梦觉时，事事非真；傀儡收处，般般是假；苦海无边，回头是岸矣。"③ 他希望世人及时醒悟，由此在旧本《七真传》的基础上创作小说《金莲仙史》。潘昶在序中指出，《金莲仙史》书名中的"金莲"出自"重阳所度七朵金莲"，此书编撰"乃登天之宝筏，渡世之慈航也"，世人通过阅读此书可入道德之门，可寻修真之路。④ 清代光绪三十四年（1908）常宝撰《金莲仙史·跋》也揭示出此书命名的崇道之旨，认为刊刻《金莲仙史》将"有功于黄冠者流"，希望读者领悟《金莲仙史》一书寓含的深意，坚定修道的信念。⑤

2. 通过小说作品人物命名宣传道教理论

这方面较为突出的是清代李百川所撰《绿野仙踪》，其中主人公冷于

---

① ［明］邓志谟：《豫章铁树记引》，见《古本小说集成》，据万历癸卯初刻本影印《铁树记》卷首。

② ［明］邓志谟：《萨真人咒枣记引》，见《古本小说集成》，据建阳萃庆堂刻本影印《咒枣记》卷首。

③ 以上所引均见 ［清］潘昶《金莲仙史·序》，见《古本小说集成》，据光绪三十四年（1908）翼化堂刊本影印《金莲仙史》卷首。

④ 以上所引均见 ［清］潘昶《金莲仙史·序》，见《古本小说集成》，据光绪三十四年（1908）翼化堂刊本影印《金莲仙史》卷首。

⑤ ［清］常宝：《金莲仙史·跋》，见《古本小说集成》，据翼化堂刊本影印《金莲仙史》卷末。

冰的命名寓意深远。《绿野仙踪》第一回《陆都管辅孤忠幼主　冷于冰下第产麟儿》介绍冷于冰的身世，冷于冰的高祖冷谦"深明道术"，祖父冷延年"远近有神仙之誉"①，冷于冰出生以后，他父亲冷时雪为之取名"冷于冰"，希望他秉性正直，洁身自好，注重个体修养。冷于冰没有辜负父亲的期望，他科举失利之后，远走他乡，访仙问道，修炼成仙，从此扬善惩恶，救民于水火。侯定超于乾隆三十六年（1771）为《绿野仙踪》作序，对"冷于冰"一名作进一步的解读，认为"冷"与"热"相对，所谓"热"即热衷功名利禄，热衷酒色财气。侯氏认为，"冷于冰"之名与道教关系密切：

> 三家村中学究读《绿野仙踪》，见冷于冰名，犹然慕之曰："道在是矣。"彼乌知之！夫天下之大冷人，即天下之大热人也。自来神圣贤人，皆具一片热肠。然曰淡，曰无欲，又曰欲立立人，欲达达人，淡然无欲者，冷也。欲立欲达者，热也。然则神圣贤人，其无酒色财气乎？曰：非也……热由于心，冷亦由心。善为热心者，必先能为冷心。心之聚散如冰凝释于水，乃可以平嗔、欲、贪之横行，而调气、色、财之正矩。是则以冷濯热，存心其要矣。以故际利害切身之场而不惧，遇万钟千驷之富而不顾，处皎日同穴之欢而不染，到此方毫无挂碍，始能为冷，始能为热，始可以守贞葆和，与天地终始，而道成矣……持心之要，莫妙于冷，莫妙于冷于冰，此作者命名之意，至深至切。庄子曰："形固可使如槁木，心固可使如死灰。"冷之谓也。张子曰："聚亦吾体，散亦吾体。"冷于冰之谓也。②

侯定超认为，所谓"冷"在于"无欲"，在于远离酒色财气，"持心之要，莫妙于冷，莫妙于冷于冰"，这正是作者命名的真实意图。

（三）宣扬宗教，同时掺入儒家伦理观念，显示儒佛道的结合

明末方汝浩（即清溪道人）撰《新编扫魅敦伦东度记》，又名《续证

---

① ［清］李百川：《绿野仙踪》，人民文学出版社1987年版，第2页。
② 以上所引参见［清］侯定超《绿野仙踪·序》，见《绿野仙踪》，人民文学出版社1987年版，第816—817页。

道书东游记》，简称《东度记》，描写晋朝达摩东度的故事，作者取名"扫魅敦伦"，既充满神怪色彩，又充分反映明代的社会现实，强化儒家伦理道德思想。清代世裕堂主人崇祯八年（1635）撰《扫魅敦伦东度记·序》指出此书："扫魅还伦，尽归实理……观者有感，愿为忠良，愿为孝友。"① 清代佚名《阅〈东度记〉八法》认为："不厌伦理正道，便是忠孝传家。任其铺叙错综，只顾本来题目。莫云僧道玄言，实关纲常正理。虽说荒唐不经，却有禅家宗旨。"② 皆揭示出此书命名意在结合儒佛的创作倾向。

在明代罗懋登所撰《三宝太监西洋记通俗演义》中，国师金碧峰、道士张天师协助郑和等人完成下西洋的壮举，体现佛道结合。明代余象斗编《南游记》，又名《华光天王传》《五显灵官大帝华光天王传》（简称《华光》），明代谢肇淛《五杂俎》指出小说之名富含寓意："华光小说，则皆五行生剋之理，火之炽也，亦上天下地莫之扑灭，而真武以水制之，始归正道。"③ 据贾二强考证，"五显是始见于宋代民间的一路神道，在相当长的一个时期里曾广为流传。华光是佛家的一位菩萨，时见于佛典之中"④。小说作者将道教之神和佛家菩萨同时置于书名之中，同样反映出佛道结合的趋势。

二

明清小说作家善于借助小说命名宣扬儒家伦理道德规范，强化小说的社会功用。忠孝节义是小说命名寓意法的重要组成部分，《水浒传》中改"聚义厅"为"忠义堂"，李卓吾在《明容与堂刻水浒传》卷六十第六十回《公孙胜芒砀山降魔　晁天王曾头市中箭》回评中对此评论道："改聚义厅为忠义堂，是梁山泊第一关节，不可草草看过。"⑤ 宋江为聚义厅改

---

① 参见上海古籍出版社 1996 年版《东度记》卷首。
② 参见上海古籍出版社 1996 年版《东度记》卷首。
③ ［明］谢肇淛：《五杂俎》，上海书店出版社 2001 年版，第 312 页。
④ 参见贾二强《说五显灵官和华光天王》，载《中国典籍与文化》2002 年第 3 期，第 81－88 页。
⑤ ［明］李卓吾：《明容与堂刻水浒传》卷六十第六十回回评，上海人民出版社 1975 年据明容与堂本影印。

名是《水浒传》情节的重要转折点，所以李卓吾评点提醒读者"不可草草看过"。清代观鉴我斋《儿女英雄传·序》探讨《水浒传》作者改"聚义厅"为"忠义堂"的原因："施耐庵见元臣之失臣道，予盗贼以愧朝臣，意在教忠，本平治以立言也。"① 很显然，改名为"忠义堂"，作者借以突出"忠义"的主旨。《水浒传》第八十一回《燕青月夜遇道君　戴宗定计出乐和》，宋江派戴宗、燕青带上闻焕章给宿元景太尉的书信，前往东京，希望找机会促成朝廷招安。燕青当面向宋徽宗表达希望接受招安的愿望。提到"忠义堂"，燕青奏道："宋江这伙，旗上大书'替天行道'，堂设'忠义'为名，不敢侵占州府，不肯扰害良民，单杀贪官污吏，谗佞之人。只是早望招安，愿与国家出力。"② "聚义厅"与"忠义堂"，堂名虽然只有两字之差，寓意相距甚远。

明清时期也有不少小说直接把"忠""奸"等字眼嵌入小说，如明末时事小说《魏忠贤小说斥奸书》《辽海丹忠录》等。明末佚名所撰时事小说《梼杌闲评》揭露宦官魏忠贤的行径，虽没有以"忠""奸"命名，但取名"梼杌"，亦有寓意。《辞海》云："梼杌，古代传说中的怪兽名，常用以比喻恶人。"作者以"梼杌"鞭挞奸臣魏忠贤之流。

《金瓶梅》是一部寓意很深的小说，小说以"官哥""爱姐"作结，寓含孝义和仁爱之旨。清代张竹坡云："《金瓶梅》，何为而有此书也哉？曰：此仁人志士、孝子悌弟不得于时，上不能问诸天，下不能告诸人，悲愤呜唈，而作秽言以泄其愤也……我何以知作者必仁人志士、孝子悌弟哉？我见作者之以孝哥结也。"③ 在《金瓶梅》第一百回《韩爱姐路遇二捣鬼　普静师幻化孝哥儿》回评中，张竹坡再次对"孝哥"一名寓意加以阐释："以捣儿、孝哥结者，孝悌乃为仁之本也。幻化孝哥，永锡尔类也……呜呼！结至孝字至矣哉！大矣哉！……第一回弟兄哥嫂以悌字起，一百回幻化孝哥，以'孝'字结，始悟此书，一部奸淫情事，俱是孝子

① ［清］观鉴我斋：《儿女英雄传·序》，见《古本小说集成》，据清光绪四年（1878）聚珍堂刊本影印《儿女英雄传》卷首。
② ［明］施耐庵、罗贯中：《水浒传》，人民文学出版社1975年版，第1113页。
③ ［清］张竹坡：《竹坡闲话》，见《会评会校本金瓶梅》附录，中华书局1998年版，第1480页。

悌弟穷途之泪。夫以孝悌起结之书，谓之曰淫书，此人真是不孝悌。"①
张竹坡认为，《金瓶梅》以"孝哥"作结，表明作者意在宣传志士孝子悌
弟，宣扬孝道。《金瓶梅》中"爱姐"命名也有深刻的寓意。张竹坡《金
瓶梅读法》云："《金瓶梅》是部改过的书，观其以爱姐结便知。盖欲以
三年之艾，治七年之病也。"② 在《金瓶梅》第九十八回《陈敬济临清逢
旧识　韩爱姐翠馆遇情郎》的回评中，张竹坡称："此回以下，复蛇足爱
姐何？盖作者又为世之不改过者劝也，言如敬济，经历雪霜，备尝甘苦，
已当知改过，乃依然照旧行径，贪财爱色，故爱姐来而金道复来看敬济，
言其饮酒宿娼，绝不改过也。虽有数年之艾在前，其如不肯灸何！故爱姐
者，艾也，生以五月五日可知也。"③ 在《金瓶梅》第九十九回《刘二醉
骂王六儿　张胜窃听陈敬济》的回评中，张竹坡又指出："此回乃完陈敬
济一人之案。其取祸被杀，总是不肯改过，故用以艾灸之，则爱姐乃所以
守节也。且欲一部内之各色人等皆改过，故又以爱姐结于此，且不及于一
百回。总之作者著此一书，以为好色贪财之病下一大大火艾也"④。《金瓶
梅》中，爱姐生于农历五月五日，这一天被称为恶日，民间举行插菖蒲、
艾叶等活动以驱鬼、避疫。张竹坡认为，"爱姐"的"爱"音同"艾"，
作者著书是为好色贪财之病"下一大大火艾也"。与此同时，以"爱姐"
作结还有另外一层寓意，那就是通过爱姐为陈敬济守节的行为，作为西门
庆等人贪淫的对照，歌颂仁爱和节义。

　　除《水浒传》《金瓶梅》外，还有很多小说命名宣扬儒家伦理道德观
念。例如，《醒世恒言》第三十卷《李汧公穷邸遇侠客》，房德忘恩负义，
要谋害曾经救他一命的李勉，李勉得到家人路信相救，"路信"一名自有
寓意；明代陆人龙著《型世言》第九回《淫妇背夫遭诛　侠士蒙恩得
宥》，作者为仿效唐代冯燕义行的男子取名"耿埴"，寓意"耿直"⑤；明

---

　　① ［清］张竹坡：《金瓶梅》第一百回回评，见《会评会校本金瓶梅》附录，中华书局
1998 年版，第 1449 – 1451 页。
　　② ［清］张竹坡：《金瓶梅读法》，见《会评会校本金瓶梅》附录，中华书局 1998 年版，
第 1509 页。
　　③ ［清］张竹坡：《金瓶梅》第九十八回回评，见《会评会校本金瓶梅》附录，中华书局
1998 年版，第 1424 页。
　　④ ［清］张竹坡：《金瓶梅》第九十九回回评，见《会评会校本金瓶梅》附录，中华书局
1998 年版，第 1437 页。
　　⑤ ［明］陆人龙：《型世言》，中华书局 1993 年版，第 65 页。

代梅鼎祚撰《青泥莲花记》，以"青泥莲花"之名比喻历代娼妓之中也有节行①；清代小说《世无匹》中，干白虹行侠仗义，学憨主人《世无匹·题辞》云："请观其命名曰《世无匹》，标其人干白虹，彼所寄托，已约略可睹矣。"② 学憨主人分析《世无匹》书名以及人名"干白虹"的寓意，正是作者寄托之所在，作家借这些小说命名歌颂诚信、节义，"有裨于世道人心"。相反，小说作者对那些负心、负义的行径予以鞭挞，比较典型的是明代文言小说《中山狼传》。何良俊《四友斋丛说》卷十五云："李空同与韩贯道草疏，极为切直。刘瑾切齿，必欲置之于死。赖康浒西营救而脱。后浒西得罪，空同议论稍过严刻，马中锡作《中山狼传》以诋之。"③ 中山狼的典故出自春秋时东郭先生误救中山狼一事，比喻恩将仇报、忘恩负义之人。康海（西安府武功县人，即今陕西武功县武功镇浒西庄人）对李梦阳（号空同）有救命之恩，而李梦阳负之，故有《中山狼传》之作。明代康海、汪廷讷、陈与郊都创作同名杂剧，这一题材在当时影响很大，到《红楼梦》中也将贾迎春的丈夫、忘恩负义的小人孙绍祖称为"中山狼"，其寓意均在于鞭挞负心、负义的行径。

　　借助小说命名宣扬"情"与"礼"的结合，强调社会教化，也是明清小说命名的寓意内涵之一。明末冯梦龙提出著名的"情教"观，他在署名"詹詹外史"所作的《情史·叙》中指出："《六经》皆以情教也。"④ 在署名"龙子犹"所作的《情史·叙》中又说："我欲立情教，教诲诸众生。"⑤ 冯梦龙所说的"情"不仅指男女之情，而且指人间的各种情感；他提出"情教"，既提倡真情，又主张不逾越儒家伦理道德规范。明末清初才子佳人小说的命名也显示出这种命名趋势。清代名教中人编《好逑传》，书名取《诗经·周南·关雎》"窈窕淑女，君子好逑"之意，寓示才子铁中玉与佳人水冰心相爱而合乎礼教的行为。清代号称宣化里"维风老人"撰《好逑传·叙》分析"好逑"之意，认为所谓"好

　　① ［明］梅鼎祚：《青泥莲花记》，见《四库全书存目丛书》子部小说家类，据万历三十年（1602）鹿角山房刊本影印。

　　② ［清］学憨主人：《世无匹·题辞》，见《古本小说集成》，据金闾黄金屋本影印《世无匹》卷首。

　　③ ［明］何良俊：《四友斋丛说》，中华书局1959年版，第126页。

　　④ 《古本小说集成》据明刊本影印《情史》卷首。

　　⑤ 《古本小说集成》据明刊本影印《情史》卷首。

述"，意谓"尽人伦之乐而无愧者也"，爱伦常重于爱美色，重廉耻道德超过重婚姻①，将礼教置于情感之上，做到"情"与"礼"的结合。清初才子佳人小说《醒风流》《飞花艳想》命名表达同样的寓意，崔市道人撰《醒风流·序》称："是编也，当作正心论读。世之逞风流者，观此必惕然警醒，归于老成，其功不小。"② 清初刘璋《飞花艳想·序》主张将男女风情与忠孝节义相结合，认为"花飞矣，想艳矣，亦花艳矣，想飞矣，偏于忠孝节义之谈，而心及饮食男女之事"，希望这部小说"令人读之犹见河洲窈窕之遗风。则是书一出，谓之阅稗官野史也可，即谓之读四书五经也亦可"③。

明清很多小说命名体现宣扬教化之寓意。如明代吴还初《新刻郭青螺六省听讼录新民公案》，此书卷首《新民录引》云："将以明者新之民，而以新者效之君。"教化百姓以效忠君王。"新民公案"一名取义于《周书·康诰》，意即地方官审理案件应以教化为重。④ 清褚人获撰《坚瓠集》，清毛际可《坚瓠丁集·序》云："稼轩褚先生以《坚瓠》名其书，且不敢自比于庄叟五石之瓠，以示其无用。然人徒知有用之为用，而不知无用之为用……大旨主于维风教、示劝惩，博物洽闻，阐幽探颐，下逮闾巷歌谣、闺阁怀思之细，无不取之秘笈，先后问世。"⑤ 清代俞万春创作《荡寇志》，作者仇视以宋江为首的一百零八将，杜撰出宋江等被张叔夜剿灭的故事，消除《水浒传》带来的影响，其命名"荡寇"寓意正在于此。清代东篱山人咸丰七年（1857）作《重刻荡寇志叙》云："余见其原刊大板，逐卷详恭，觉虽小说，实有关世道人心。志曰《荡寇》，诚非虚语。顾特恐传之难遍也，爰校其舛讹，重付剞劂，宛成袖珍，俾行者易纳巾箱，居亦便于检阅，流传遍览，咸知忠义非可伪托，盗贼断无善终，即误入歧途者，亦凛然思，翻然悔，转邪就正，熙熙然共享太平之乐也，岂

———————————

① ［清］维风老人：《好逑传·叙》，见华夏出版社 1995 年版《好逑传》卷首。

② ［清］崔市道人：《醒风流·序》，见春风文艺出版社 1981 年版《醒风流》卷首。

③ ［清］刘璋：《飞花艳想·序》，见《古本小说集成》，据上海图书馆藏本影印《飞花艳想》卷首。

④ 参见徐朔方撰《新民公案·前言》，见《古本小说集成》，据日本延享元年（1744）甲子抄本影印《新民公案》卷首。

⑤ ［清］毛际可：《坚瓠丁集·序》，见《坚瓠集》第 1 册，上海古籍出版社 2012 年版，第 247 页。

不休哉！"①　另外，《三侠五义》中包拯命名寓意救国救民。清代石玉昆《三侠五义》第三回《金龙寺英雄初救难　隐逸村狐狸三报恩》云："且说当下开馆，节文已毕，宁老先生入了师位……遂乃给包公起了官印一个'拯'字，取意将来可拯民于水火之中；起字'文正'，取其意'文'与'正'，岂不是'政'字么？言其将来理国政，必为治世良臣之意。"②　九尾龟是传说中的神龟，晚清张春帆以此为名创作小说《九尾龟》，宣扬戒风月之主旨，故在小说第十五回《曲辫子坐轿出风头　红倌人有心敲竹杠》中声称"在下这前半部小说，原名叫作《嫖界醒世小说》，不过把《九尾龟》做个提头"③，意在借助小说宣扬教化。

<h2 style="text-align:center">三</h2>

明清时期一些小说作品借助命名表达遗民思想。明末盛于斯认为成书于元末明初的《水浒传》寄寓宋代遗民思想，其所撰《休庵影语·总批水浒传》云："耐庵，元人也，而心忠于宋。其立言有本，故不觉淋漓婉转，刻画如生。"④　他就《水浒传》人物命名的寓意进行解读，认为宋江处身元朝，而忠心于宋。宋江之姓寓示宋朝；吴用之姓名表明宋朝将相无能；王伦与奸臣同名，杀之以雪愤；宋公明葬楚州，而神游蓼儿洼，说明不忘故土。盛于斯之言可备一说。

明末清初张岱（号陶庵）在明朝灭亡以后，撰笔记小说集《陶庵梦忆》，以"梦忆"来追忆明王朝，如卷八《瑯嬛福地》自记陶庵之梦。清朝立国之初，时代的剧变在知识分子的心灵中烙下深深的印记，有的胸怀故国之思，抒写愤懑慷慨之情；有的则幽怨、消沉，沉迷于神仙道化。正如清初邹式金在其《杂剧三集·小引》中所言："迩来世变沧桑，人多怀感，或抑郁幽忧，抒其禾黍铜驼之怨；或愤懑激烈，写其击壶弹铗之思；

---

① ［清］东篱山人：《重刻荡寇志叙》，见丁锡根编著《中国历代小说序跋集》，人民文学出版社1996年版，第1522页。

② ［清］石玉昆：《三侠五义》，中华书局1996年版，第16页。

③ ［清］张春帆：《九尾龟》，见《古本小说集成》，据上海图书馆藏本影印，第82页。

④ ［明］盛于斯：《休庵影语》，开明书店1931年版，第34－35页。

或月露风云，寄其饮醇近妇之情；或蛇神牛鬼，发其问天游仙之梦。"①
作为一个明朝遗民，亡国之后，张岱有着难以名状、难以言说的悲伤，只
能像《瑯嬛福地》的记载一样通过梦境寄托对故国的哀思。清代伍崇曜
咸丰壬子年（1852）跋云：

> 右《陶庵梦忆》八卷，明张岱撰……考邵廷采《思复堂集·明
> 遗民传》，称其尝辑明一代遗事为《石匮藏书》。谷应泰作《纪事本
> 末》以五百金购请，慨然予之。又称明季稗史罕见全书，惟谈迁编
> 年、张岱列传具有本末，应泰并采之以成《纪事》。则《明史纪事本
> 末》固多得自宗子《石匮藏书》暨列传也。阮文达《国朝文苑传稿》
> 略同……昔孟元老撰《梦华录》，吴自牧撰《梦粱录》，均于地老天
> 荒沧桑而后，不胜身世之感，兹编实与之同。虽间涉游戏三昧，而奇
> 情壮采，议论风生，笔墨横姿，几令读者心目俱眩，亦异才也。②

伍崇曜跋中提到两部笔记，其中，孟元老《东京梦华录》是一部追
忆靖康之变以后北宋都城汴京风俗人情的笔记；吴自牧《梦粱录》自序
提到"时异事殊""缅怀往事，殆犹梦也"，由此推断此书当作于元军攻
破临安城之后，作者怀着对故国、乡土的怀念创作《梦粱录》。伍崇曜认
为张岱《陶庵梦忆》所表达的遗民思想与孟元老《东京梦华录》、吴自牧
《梦粱录》有异曲同工之妙。张岱对故国的哀思不仅体现于笔记小说，而
且出现在他的其他作品之中。他搜集、整理有明一代遗事编为《石匮藏
书》，具有很高的史料价值，成为后来谷应泰作《明朝纪事本末》取材的
蓝本；他创作的小品文集《西湖梦寻》追记昔日西湖的盛况，从而寄托
遗民思想。《钦定四库全书总目》卷七十六云："《西湖梦寻》五卷（浙
江鲍士恭家藏本）。国朝张岱撰……是编乃于杭州兵燹之后，追记旧
游。"③《西湖梦寻》查继佐序称："张陶庵作《西湖梦寻》，以西湖园亭

---

① 〔清〕邹式金：《杂剧三集·小引》，见《续修四库全书》集部戏剧类，上海古籍出版社
2002 年版。
② 〔清〕伍崇曜：《陶庵梦忆·跋》，见《陶庵梦忆》，中华书局 2007 年版，第 105 -
106 页。
③ 〔清〕纪昀等：《钦定四库全书总目》卷七十六史部地理类，中华书局 1997 年版，第 1030 页。

桃柳、箫鼓楼船，皆残缺失次，故欲梦中寻之，以复当年旧观也。"① 李长祥序称："甲申三月，一梦跷蹊，三十年来若魇若呓，未得即醒……吾谓陶庵惟知旧梦，而不知新梦。"② 与《陶庵梦忆》一样，《西湖梦寻》也是张岱通过追梦的形式表达遗民哀思。

入清以后，明朝的遗民利用手中的笔，抒写亡国之痛，鞭挞明朝的降将、叛臣，直接或间接地表达反清复明的心愿。王夫之根据唐代小说《谢小娥传》和《拍案惊奇》卷一九《李公佐巧解梦中言　谢小娥智擒船上盗》改编成《龙舟会》杂剧，鲜明地表达反清复明思想。谢小娥的父亲、丈夫在唐代小说中有姓无名，在话本小说中被称为"谢翁"和"段居贞"，王夫之则给谢小娥的父亲、丈夫分别取名"谢皇恩"和"段不降"，目的就在于讽刺、鞭挞那些背叛朱明朝廷、投靠新朝的降将、降臣。杂剧通过一个柔弱女子谢小娥为父、夫报仇的行为，有力反衬出明朝降将、降臣的贪生怕死、自私自利，两者之间形成强烈的对比。

遗民思想在清初小说作品中同样有着充分的体现。清代《女仙外史》作者吕熊曾明确提出此书的取名原因。刘廷玑《江西廉使刘廷玑在园品题》对此有所记载：

> 岁辛巳（按：康熙四十年），余之任江西学使，八月望夜，维舟龙游，而逸田叟（按：吕熊号逸田）从玉山来请见。杯酒道故，因问叟："向者何为？"叟对以将作《女仙外史》。余叩其大旨，曰："尝读《明史》，至逊国靖难之际，不禁泫然流涕，故夫忠臣义士与孝子烈媛，湮灭无闻者，思所以表彰之，其奸邪叛逆者，思所以黜罚之，以自释其胸怀之哽噎。"③

吕熊，苏州府昆山县人，出生于明末，吕熊的父亲吕天裕是一个颇具民族气节的爱国志士："以国变故，命熊业医，毋就试。"④ 父辈的熏陶以

---

① 参见［明］张岱《西湖梦寻》，中华书局 2007 年版，第 116 页。
② 参见［明］张岱《西湖梦寻》，中华书局 2007 年版，第 118 页。
③ ［清］刘廷玑：《女仙外史·品题》，见《在园杂志》附录，中华书局 2005 年版，第 188 页。
④ 参见《昆山新阳合志》卷二五，乾隆十六年（1751）刻本，藏中国国家图书馆，第 17 页。

及目睹清兵在江南的种种暴行，使吕熊坚定了反清复明的信念，他有感于明代"忠臣义士与孝子烈媛"事迹湮灭无闻，希望通过创作《女仙外史》以"褒显忠节，诛殛叛佞"①，补充《明史》记载之不足，并由此抒发个人情怀。他在此书第十九回《女元帅起义勤王　众义士齐心杀贼》肯定唐赛儿率义兵勤王的行为。在清初特定的历史环境下，这种描写就被赋予了特殊的时代内涵。《女仙外史》第一百回《忠臣义士万古流芳　烈媛贞姑千秋表节》陈奕禧回评曾对《女仙外史》的创作主旨予以揭示："（吕熊）作《外史》者，自贬其才以为小说，自卑其名曰'外史'，而隐寓其大旨焉。"② 可见吕熊创作《女仙外史》的"大旨"在其小说命名中就得到集中体现。

正因为如此，在清代道光二十四年（1844）、同治七年（1868）《女仙外史》数次被查禁。清人周召《双桥随笔》卷二指出："文人之笔，有离经畔（按：同"叛"）道而启人以诞妄邪淫之习者，如《女仙》《剑侠》《述异》《搜神》《灵鬼》《睽车》《北里》《平康》《比红儿》《小名录》之类是也。"③《女仙外史》虽然是被列为"淫词小说"而禁毁，实际上禁毁此书的深层原因则是它所隐含的反清复明思想。

清初陈忱托名"古宋遗民"创作《水浒后传》，卷首有署名"雁宕山樵"作于万历戊申年（1608）的序言，小说中还印有"元人遗本"字样，使其看上去为元明时期所作，但实际上这些都是作者为躲避清初统治集团的迫害、打击而做的"伪装"。清代俞樾根据沈登瀛《南浔备志》考定为陈忱于清初所作，寄寓遗民思想。雁宕山樵在《水浒后传》卷首序言中抒发作者的遗民心态："嗟乎！我知古宋遗民之心矣。穷愁潦倒，满腹牢骚，胸中块垒，无酒可浇，故借此残局而著成之也。然肝肠如雪，意气如云，秉志忠贞，不甘阿附，傲慢寓谦和，隐讽兼规正，名言成串，触处为奇，又非□然如许伯哭世、刘四骂人而已。"④ 清初一些小说借宋金冲突表

①　《女仙外史》第一回《西王母瑶池开宴　天狼星月殿求姻》，百花文艺出版社1985年版，第10页。

②　〔清〕吕熊：《女仙外史》卷末，见百花文艺出版社1985年版《女仙外史》。

③　〔清〕周召：《双桥随笔》卷二，见《文津阁四库全书》子部儒家类第240册，商务印书馆2005年版，第495页。

④　署名雁宕山樵：《水浒后传·序》，见《古本小说集成》，据绍裕堂刊本影印《水浒后传》卷首。

达反清复明思想。例如，钱彩的《说岳全传》歌颂南宋将领岳飞抵抗金兵入侵的爱国行为，鞭挞、丑化金人，倡导民族气节，"内有指斥金人语，且词内多涉荒诞"。① 作为与辽金一样的由少数民族建立的王朝，清朝统治者很害怕《说岳全传》这类的小说戏曲作品，因此对其加以禁止。乾隆皇帝于四十五年（1780）十一月禁毁戏曲时指出："至南宋与金朝关涉词曲，外间剧本往往有扮演过当以致失实者，流传久远，无识之徒或至转以剧本为真，殊有关系，亦当一体饬查。"② 这则材料也从侧面表明在清朝借宋金冲突表达遗民思想的戏曲小说作品是普遍存在的。

四

以小说命名自寓个人的人生经历、生活境遇，表达自己对社会、现实的看法，这类作品在明清时期较为常见。《草木子》是明初叶子奇撰写的一部文言小说集，涉及的内容很广。叶子奇为当时浙西有名的学者，洪武年间曾担任岳州巴陵县（今湖南岳阳市）主簿，后因事牵连无辜下狱，在狱中撰《草木子》一书。叶子奇见闻甚广，知识渊博。他在《草木子·自序》中交代为自己的著作取名为《草木子》的原因：入狱以后，担心身遭不测，"与草木同腐"，所以取名《草木子》。③ 据《草木子》一书正德刻本序，叶子奇别号"草木子"④，因此此书命名也是按作者字号命名。取名《草木子》，与左丘明《国语》、司马迁《史记》一样，实为感慨而作，感慨个人的命运如草木一样微不足道、生命与草木一样短暂。

清代小说创作中以小说命名自寓的现象比较常见。吴敬梓《儒林外史》以杜少卿自寓。金和同治八年（1869）撰《儒林外史·跋》云："书中杜少卿乃先生自况。"⑤ 同治十三年（1874）齐省堂增订本《儒林外史》例言第五则云："原书不著作者姓名，近阅上元金君和跋语，谓系

① 参见雷梦辰《清代各省禁书汇考·江西省》，北京图书馆出版社 1989 年版，第 110 页。

② ［清］《清高宗实录》卷一一一八，见《清实录》第 22 册，中华书局 1986 年版，第 939 页。

③ ［明］叶子奇：《草木子·自序》，见《草木子》卷首，中华书局 1959 年版。

④ ［明］叶子奇：《草木子》，中华书局 1959 年版，第 95 页。

⑤ ［清］金和：《儒林外史·跋》，见《儒林外史》，上海古籍出版社 2010 年版，第 690 页。

全椒吴敏轩征君敬梓所著，杜少卿即征君自况，散财、移居、辞荐、建祠，皆实事也。"① 杜少卿是作者着力描写的重点人物之一，他不像一般的封建士子那样积极投身科举考试，而是拒绝科举，蔑视礼教，轻财尚义。吴敬梓的人生经历、性格与杜少卿有着很多相似之处，同样辞却征辟，同样蔑视礼教，作者借杜少卿这一人物自寓个人的人生经历、生活境遇。

曹雪芹以《红楼梦》自寓人生经历，甲戌本《石头记·凡例》称："《红楼梦》旨意。是书题名极多……又曰《石头记》，是自譬石头所记之事也。"② 《石头记》书名寄寓着作者个人及其家庭在石头城（即金陵）的经历。清代周春《红楼梦约评》云："开卷云'说此《石头记》一书'者，盖金陵城吴名石头城，两字双关。"③ 清代王希廉评《红楼梦》第一回《甄士隐梦幻识通灵　贾雨村风尘怀闺秀》亦云："'石头记'者，缘宁、荣二府在石头城内也。"④ 脂砚斋评本多处提到"真有是事，经过见过""真有是语""作者与余实实经过"等语，证明《红楼梦》所叙之事多为评点者和小说作者亲身经历。

乾隆年间夏敬渠撰《野叟曝言》，其书名和人物命名均体现自寓倾向。首先考察其书名。野叟，指村野老人。《野叟曝言》命名出自《列子·杨朱》中"负暄献曝"的故事，这则寓言中宋国农夫欲以"冬日负暄"求赏于君王。《野叟曝言》作者郁郁不得志，以野叟献曝而自寓，意谓自己像宋国田夫一样"自曝于日"，作此清谈之言，正如《野叟曝言·凡例》所言："作是书者，抱负不凡，未得黼黻，休明至老，经猷莫展，故成此一百五十余回洋洋洒洒文字，题名曰《野叟曝言》，亦自谓野老无事，曝日清谈耳。"⑤ 与此同时，在"野老无事，曝日清谈"之际，又犹如宋国田夫一样不忘君王，忠心可鉴："是书之叙事说理，谈经论史，教

①　齐省堂刊本《儒林外史·例言》，见《儒林外史》，上海古籍出版社 2010 年版，第694 页。

②　［清］曹雪芹：《脂砚斋甲戌抄阅重评石头记》卷首，沈阳出版社 2005 年版。

③　［清］周春：《红楼梦约评》，见朱一玄编《红楼梦资料汇编》，南开大学出版社 2001 年版，第 567 页。

④　［清］王希廉：《红楼梦》第一回回评，见朱一玄编《红楼梦资料汇编》，南开大学出版社 2001 年版，第 585 页。

⑤　［清］夏敬渠：《野叟曝言·凡例》，见人民文学出版社 1997 年版《野叟曝言》卷首。

孝劝忠，运筹决策。"① 其次考察其人物命名。小说描写明代苏州府吴江县文武双全的士子文素臣（名白）的一生功绩。小说主人公文素臣是作者自寓，黄人《小说小话》指出："《野叟曝言》，作者江阴夏某（名二铭，著有《种玉堂集》，亦多偏驳。此书原缺数回，不知何人补全，先后词气多不贯），文白即其自命，盖析夏字为姓名也。"② 黄人揭示出小说作者夏敬渠利用拆字的形式，从姓氏"夏"中拆出"文""白"二字作为《野叟曝言》主人公的姓名。文白官至尚书、宰相，娶二妻四妾，富贵至极。很显然，作者夏敬渠晚年撰写这部小说，意在借文白的人生境遇抒发自己的人生感慨，表达自己建功立业、出将入相的梦想。对于清代乾隆、嘉庆年间的文人屠绅（号磊砢山人）所撰《蟫史》，鲁迅《中国小说史略》第二十五篇《清之以小说见才学者》云："书中有桑蠋生，盖作者自寓，其言有云：'予，甲子生也。'与绅生年正同。"③

晚清时期，以小说命名而自寓的现象较为常见。清代魏秀仁撰《花月痕》，其咸丰戊午年（1858）撰《花月痕·后序》云："嗟乎！《花月痕》胡为而命名也？作者曰：余固为痕而言之也，非为花月而言之也……夫所谓痕者，花有之，花不得而有之，月有之，月不得而有之者也。何谓不得而有之也？开而必落者，花之质固然也，自人有不欲落之之心，而花之痕遂长在矣；圆而必缺者，月之体亦固然也，自人有不欲缺之之心，而月之痕遂长在矣。"④《花月痕》是一部以妓女为描写重点的长篇小说，叙述韩荷生与妓女杜采秋、韦痴珠与妓女刘秋痕两对青年男女的爱情故事。韩荷生成就功名，杜采秋被封一品夫人；韦痴珠则怀才不遇，郁郁而终，刘秋痕自缢殉情。林家溱《花月痕·考证》云："韦痴珠为先生之自况，韦者魏也，先生少字痴珠。"⑤"韦"与"魏"音同，且作者"少字痴珠"，韦痴珠与作者坎坷遭遇相似，故以此自寓。鲁迅在《中国小说史略》第二十六篇《清之狭邪小说》中认为韩、韦二生均为作者自寓："设穷达两途，各拟想其所能至，穷或类韦，达当如韩，故虽自寓一己，

① ［清］夏敬渠：《野叟曝言·凡例》，见人民文学出版社 1997 年版《野叟曝言》卷首。

② 《小说林》第 6 期，清光绪三十三年（1907），上海书店 1980 年复印本，第 25 页。

③ 鲁迅：《中国小说史略》，上海古籍出版社 1998 年版，第 175 页。

④ ［清］魏秀仁：《花月痕》，中华书局 1996 年版，第 363 页。

⑤ 林家溱：《花月痕·考证》，见《花月痕》附录，人民文学出版社 1982 年版，第 440 页。

亦遂离而二之矣。"① 对于成书于光绪四年（1878）的《青楼梦》，邱炜萲《菽园赘谈·续小说闲评》认为："《青楼梦》出近时苏州一俞姓者手笔，即此小说中所叙之金挹香其人，而邹拜林即其好友邹翰飞，尝著《三借庐赘谈》者也。此书专为自己写照，事实半从附会。"②《谭瀛室随笔》指出："《九尾龟》小说之出现，又后于《海上繁花梦》，所记亦皆上海近三十年青楼之事……书为常州张春帆君所撰……亦即张君以之自况也。"③ 可见在晚清以小说命名自寓的现象较之以前更为普遍。

五

明清时期小说寓意呈现复杂多样的状况，除以上我们重点论述的四种类型以外，还体现各种各样的寓意内涵。例如，明代文言小说选集《文苑楂橘》中"楂橘"一词出自《庄子·天运》："其犹柤梨橘柚邪！其味相反，而皆可于口。"④ 明代吴敬所《国色天香》如此取名，"盖珍之也"⑤。有时，命名甚至在同一部小说作品中蕴藏多种寓意，《金瓶梅》《红楼梦》等小说名著尤其如此。综而言之，笔者认为，明清小说寓意法命名主要体现以下四个方面的特点。

（一）明清小说寓意法命名具有鲜明的时代特征

这里我们分明末、清初及晚清三个历史阶段作简要论述。

首先，先看明末，这一时期奸臣当道，党争激烈，以魏忠贤为代表的阉党，为所欲为，顾宪成、高攀龙等东林党人以及后起的复社与之展开生死斗争。在对外关系上，后金、倭寇等对朱明江山构成极大威胁。在这种特定的历史形势下，实学思潮十分兴盛，提倡经世致用、崇实黜虚。这在

① 鲁迅：《中国小说史略》，上海古籍出版社 1998 年版，第 188 页。

② 参见阿英《晚清文学丛钞·小说戏曲研究卷》卷四《客云庐小说话》卷一，中华书局 1960 年版，第 399－400 页。

③ 佚名：《谭瀛室随笔》，见朱一玄编《明清小说资料选编》下册，南开大学出版社 2006 年版，第 707 页。

④ ［战国］庄子原著，［清］郭庆藩辑，王孝鱼整理《庄子集释》，中华书局 1961 年版，第 514 页。

⑤ ［明］谢友可：《刻公余胜览国色天香序》，见上海古籍出版社《古本小说集成》，据周氏万卷楼万历刊本影印《国色天香》卷首。

明清小说寓意法命名中有着集中体现。明末时事小说命名较为普遍体现出歌颂忠臣、贬斥奸佞的创作意图，这些作品将"斥奸""忠""烈""警世"等词融入小说书名，如《魏忠贤小说斥奸书》《辽海丹忠录》《皇明中兴圣烈传》《警世阴阳梦》，等等。

明末话本小说的命名也明显体现出很强的劝惩意味和现实精神，笔者以"三言"和《型世言》的命名为例试加说明。"三言"原名《古今小说》，共一百二十种，后来改名为《喻世明言》《警世通言》《醒世恒言》。衍庆堂刊印《喻世明言》的识语声称："题曰《喻世明言》，取其明白显易，可以开□（按：原字缺）人心，相劝于善，未必非世道之一助也。"① 可一居士《醒世恒言·序》也指出："明者，取其可以导愚也。通者，取其可以适俗也。恒则习之而不厌，传之而可久。"② 劝诫色彩更为突出。"三言"的命名形式以及其中寓含的创作观念对话本小说的命名产生较大影响。例如，《型世言》卷一第一回《烈士不背君　贞女不辱父》回末评称，小说塑造诸多忠臣、义士、烈士等形象，"以为世型"③，作为世人的道德楷模。"三言""二拍"的选本《今古奇观》一名《喻世明言二刻》，《石点头》又名《醒世第二奇书》，明末以后的小说作品如《二刻醒世恒言》《警世奇观》《警世选言》《醒梦骈言》等的命名均不免受到"三言"命名的影响。

其次，清初小说命名至少体现两种趋势：一方面，遗民思想得到集中体现，张岱《陶庵梦忆》、吕熊《女仙外史》等创作于清初的小说均具有鲜明的遗民思想，或表达亡国之痛，或对明朝忠臣、义士予以歌颂，对投降于清朝的降将、降臣进行鞭挞，或宣传反清复明思想。不过由于清代对思想文化实行高压政策，所以不少明遗民不敢直接抒发情怀，而是将其含蓄、间接地隐藏于小说命名之中。清初陈忱《水浒后传》托名"古宋遗民""元人遗本"即为典型例证。另一方面，从表面上看，清初的才子佳人小说作者们仿佛置身于社会大变革之外，一味描摹歌舞升平景象，着力描写男女恋情，甚至以较多笔墨表现艳情，与社会现实之间产生严重背离

① 《喻世明言·识语》，见明代衍庆堂刊《喻世明言》卷首。

② ［明］可一居士：《醒世恒言·序》，见《醒世恒言》，人民文学出版社1956年版，第895页。

③ ［明］陆人龙：《型世言》，中华书局1993年版，第20页。

倾向。实际上，清初才子佳人小说可以说是一些文人借以逃避现实、自我陶醉的结果，他们在小说命名上重视"情"与"礼"的结合，如《好逑传》《醒风流》《飞花艳想》，等等。

最后，晚清时期，小说寓意法命名之中，现实性愈益突出，其寓意更为直接。例如，李伯元的《活地狱》，梁启超《新中国未来记》中的黄克强、李去病，碧荷馆主人《新纪元》中的黄之盛，《狮子吼》中的文明种、狄必攘，《黄绣球》中的黄绣球，吴趼人的《痛史》，痛哭生第二的《仇史》等，充满着浓郁的排满意识和振兴中华、宣扬革命的思想。《黄绣球》的命名就是"把地球锦绣起来的意思"①。《仇史》宣扬民族革命，刊载于 1905 年《醒狮》第一、二期，痛哭生第二作《仇史·凡例》云："是书专欲使我四万万同胞洞悉前明亡国之惨状，充溢其排外思想，复我三百余年之大仇，故名曰《仇史》……是书以明神宗万历年间，汉奸范文程投满起，至永历帝二十二年台湾郑克塽降清止，为汉族生死存亡，颠扑起灭之一大惨剧。"② 晚清小说《仇史》命名借明末之事敷衍成篇，反映排外思想。刘鹗《老残游记》中主人公老残号"补残"，以"老残"为小说主人公之名，尤其是为之取号"补残"，含有深意。正如清初笔炼阁主人以《五色石》"学女娲氏之补天而作"的寓意一样③，身处晚清动荡时代的刘鹗撰《老残游记》鞭挞时弊，揭露现实，希望以补残破之社会。曾朴《孽海花》中第一回《一霎狂潮陆沉奴乐岛　卅年影事托写自由花》提到"自由神""孽海""奴乐岛"和"爱自由者""东亚病夫"等名称，体现了晚清社会心理，揭露当时统治集团的昏聩无能以及世人的醉生梦死，表达出对自由、富强世界的向往之情，具有鲜明的时代特色。蒋瑞藻在《小说枝谈》中转引《负暄絮语》评论称："近来新撰小说，风起云涌，无虑千百种，固自不乏佳构。而才情纵逸，寓意深远者，以《孽海花》为巨擘。"④

---

① 阿英：《晚清小说史》，人民文学出版社 1980 年版，第 105 页。
② ［清］痛哭生第二：《仇史·凡例》，见黄霖等选注《中国历代小说论著选》下册，江西人民出版社 2000 年版，第 145 页。
③ ［清］笔炼阁主人：《五色石·序》，见《五色石》卷首，春风文艺出版社 1985 年版。
④ 蒋瑞藻：《小说枝谈》，古典文学出版社 1958 年版，第 196 页。

（二）包含不同寓意的明清小说命名所用词语较为集中，不同寓意的小说往往有不同的关键词

宣扬宗教理论的常用"壶""梦""幻"等词。以"壶"为名表现神仙灵异的有晋朝葛洪《神仙传·壶公》篇，描写神仙变幻，想象奇特，壶公悬壶出诊，日落，跳入壶中。"壶"与道教的关系密切，清代百一居士在《壶天录·自序》中解释为何以"壶天"为名："盖壶之为器也小，而能分时日之朝暮、晷刻之长短，所谓日向壶中特地长者，则壶中一小天也。以壶中而论，天则不啻坐井观天之喻，而所见者终小也。独是人生百年，孰不同此壶中之岁月。一壶虽小，固有即天人造化万事万物之理，而禀受于其中者，远窥六合，近征一室，要皆可以壶天赅之也。"① 百一居士自序称书名系取壶中见天、小中见大之喻。以"壶"命名的小说，还有《玉壶冰》《续玉壶冰》《广玉壶冰》等。

明清小说以"梦""空""幻"等字词嵌入小说书名或作为人物命名，表达空幻思想，以《红楼梦》最为典型。我们在上文谈到，《红楼梦》《情僧录》等书名以及"空空道人""警幻仙姑"等人物命名都体现出"因空见色，由色生情，传情入色，自色悟空"的色空观念。蕴藏遗民思想寓意的古代小说往往也用"梦"一词，如《梦粱录》《东京梦华录》《陶庵梦忆》等，遗民借助"梦"字表达空幻心态、悲愤心理。

宣传儒家伦理道德的明清小说则多以"钟""醒""警""灯""鉴"等为名，如《清夜钟》《警寤钟》《五更钟》《增注金钟传》《醒世恒言》《轮回醒世》《醒世姻缘传》、《醒世新编》（一名《花柳深情传》）、《警世通言》《警世奇观》《警富新书》《警寤钟》《剪灯新话》《剪灯余话》《风月宝鉴》，等等。通过上述字眼宣扬儒家伦理道德，强化社会教化。

（三）明清小说寓意法命名中存在模仿现象

这一现象在续书和仿作中较为明显，古代小说续书、仿作常运用"续""新""后""补""圆""再""复""广""增补"等字眼命名。清代刘廷玑在《在园杂志》卷三指出："近来词客稗官家，每见前人有书

① ［清］百一居士：《壶天录》，见《续修四库全书》子部小说家类第1271册，据清光绪铅印申报馆丛书本影印，第153页。

盛行于世，即袭其名，著为后书副之，取其易行，竟成习套。有后以续前者，有后以证前者，甚有后与前绝不相类者，亦有狗尾续貂者。"① 他列举了一些事例：《三国演义》作为经典名著常常被后来者命名时所模仿，《东西晋演义》一名《续三国志》，"更有《后三国志》，与前绝不相侔"。作为明代四大奇书之一的《西游记》，有《后西游记》《续西游记》《东游记》《南游记》《北游记》等续仿之作；《水浒传》《金瓶梅》也有多种续书；《禅真逸史》之后有《禅真后史》；等等。这些续书、仿作在命名上极力模仿原著，在寓意上也模仿前书，但一般难以与原著相媲美。正如刘廷玑《在园杂志》卷三所云："总之，作书命意，创始者倍极精神，后此纵佳，自有崖岸，不独不能加于其上，即求媲美并观，亦不可得。何况续以狗尾，自出下下耶。演义，小说之别名，非出正道，自当凛遵谕旨，永行禁绝。"②

晚清有些小说在命名上也存在模仿现象。如李伯元《官场现形记》面世之后，随后出现诸多以"现形"命名的作品，如睡狮《革命鬼现形记》、玩时子《滑头现形记》、冷泉亭长《后官场现形记》、啸侬《时髦现形记》、慧珠《最近女界现形记》，等等。晚清痛哭生第二作《仇史》模仿吴趼人的《痛史》。《痛史》描写宋朝灭亡前后，奸臣贾似道卖国求荣，文天祥等忠臣抗元之事。《仇史》则叙述明朝万历年间女真族与明朝的战争。《仇史》作者模仿《痛史》命名，表达民族主义思想。③ 晚清《九尾狐》则模仿《九尾龟》之名，其寓意也有模仿之处。清灵岩山樵《九尾狐·序》云："夫以龟而比贪鄙龌龊之贵官，宜也；则以狐而比下贱卑污之淫妓，亦宜也。"④ 晚清陆士谔撰《十尾龟》，模仿之意相当明显。几部小说同样描写晚清上海妓女生活，同样揭示晚清生活百态，其寓意较为接近。

（四）明清小说寓意法命名存在随意或寓意较浅的情况

例如，《醉醒石》第十二回《狂和尚妄思大宝　愚术士空设逆谋》描

---

① ［清］刘廷玑：《在园杂志》卷三，中华书局2005年版，第124–125页。
② ［清］刘廷玑：《在园杂志》卷三，中华书局2005年版，第125页。
③ ［清］痛哭生第二：《仇史·凡例》，见黄霖等选注《中国历代小说论著选》下册，江西人民出版社2000年版，第145页。
④ ［清］灵岩山樵：《九尾狐·序》，见《九尾狐》卷首，百花文艺出版社2002年版。

写成化年间，侯姓人家生子，赶上邻居造屋，故取名"立柱儿"①。一些名著也不例外。例如，《醒世恒言》第十八卷《施润泽滩阙遇友》提到"薄有寿"之名，寓意老汉无福消受财产，命名比较随意，没有多少深刻的寓意。

我们从宗教宣传、宣扬忠孝节义等儒家伦理道德规范、表达遗民思想、以小说命名自寓四个方面阐述明清小说寓意法命名的内涵，并分析其特点。总的来看，关于明清小说寓意法命名的问题，前人很少涉及，本文对此进行探讨，希望借以了解明清小说创作的艺术构思和作家的创作心理，了解明清时期独特的时代风貌和社会状况。

（原载《文学评论》2016 年第 1 期）

---

① ［清］东鲁古狂生编：《醉醒石》第十二回，上海古籍出版社 1956 年版，第 177 页。

论明清小说书名所体现的文学观念

明清时期是中国古代小说创作的高峰期，作家辈出，名作众多。这一时期的小说创作观念丰富多样，蕴含于小说文本、序跋、识语、凡例、评点、笔记等各种文献资料之中。小说书名是我们考察明清小说观念的一个独特视角。从现存文献来看，小说书名中补史说、劝诫说、娱乐说、真情说等几种创作观念体现得尤为突出，本文从以下四个方面对此加以阐述。

一、小说书名与补史说

以小说补史，这是中国古代小说发展史上的主流观念之一。从古代小说命名实践来看，受《史记》《汉书》等正史的影响，很多小说以"史""记""传""志""录"等词语作为书名，体现很强的"补史"意识，这在唐前就普遍存在。例如，《列异传》《博物志》《西京杂记》《搜神记》《拾遗记》《幽明录》等，这些小说的补史观念比较明确。东晋葛洪《西京杂记·跋》明确指出："（《西京杂记》）以裨《汉书》之阙。"①

唐代小说中，以"史""传""外传""记""纪""志""录"等与史传相关的词语命名的现象相当普遍。② 例如，对于署名唐代张说撰《梁四公记》，清代李慈铭《越缦堂读书记》子部杂家类评价此书时认为，《梁四公记》多处记载"可以补史阙也"③。又如，李肇撰《唐国史补·序》明确指出，自己创作《唐国史补》的意图就在于"虑史氏或阙则补"④。唐代郑綮则直接将"传信"一词嵌入小说书名，他按照史家"实录"的笔法创作小说，以"搜求遗逸，传于必信"作为取材、创作的基

---

① ［汉］刘歆撰，［东晋］葛洪集，向新阳、刘克任校注《西京杂记校注》，上海古籍出版社1991年版，第279页。

② 参见拙著《唐五代小说的文化阐释》，人民文学出版社2002年版，第2-4页。

③ ［清］李慈铭：《越缦堂读书记》，上海书店出版社2000年版，第653-654页。

④ ［唐］李肇：《唐国史补·序》，见《唐国史补》卷首，上海古籍出版社1979年版。

本要求。①《梁四公记》《唐国史补》等唐人小说的命名实践均表明唐代小说创作中充溢着浓郁的补史观念。宋代小说也是如此，如《开河记》《迷楼记》《海山记》《绿珠传》《谭意歌传》《杨太真外传》《江淮异人录》《云斋广录》等将"传""外传""记""志""录"等与史传有关的词语嵌入小说书名。

在明清小说创作、评论过程中，补史说相当盛行。从小说书名的角度加以考察可以发现，以"传""外传""记""纪""志""录"等与史传相关的词语作为小说名称的现象非常普遍，如《水浒传》《三遂平妖传》《金统残唐记》《西游记》《说岳全传》《信徵录》《扶风传信录》《儿女英雄传》《官场现形记》等。

有些小说直接以"史""史补""阙史""外史""艳史""逸史""佚史""史遗文""后史""小史"等词语命名，如《燕山外史》《隋炀帝艳史》《禅真逸史》《禅真后史》《隋史遗文》《女仙外史》《岭南逸史》《放郑小史》《驻春园小史》《儒林外史》等，这些作品更加鲜明地体现出"补史"观念。明代吉衣主人《隋史遗文·序》对取名的缘由加以阐释："史以遗名者何？所以辅正史也。正史以纪事，纪事者何？传信也。遗史以搜逸，搜逸者何？传奇也……盖（《隋史遗文》）本意原以补史之遗，原不必与史背驰也。"②吉衣主人说得非常清楚，《隋史遗文》的命名就是以"遗文"辅正史，补充正史记载之不足。明末夏履先《禅真逸史》凡例也对书名进行解释："是书虽逸史，而大异小说稗编。事有据，言有伦，主持风教，范围人心。两朝隆替兴亡，昭如指掌，而一代舆图土宇，灿若列眉。乃史氏之董狐，允词家之班马。"③在凡例中作者把《禅真逸史》与一般的"小说稗编"区别开来，以春秋晋国太史董狐，汉代司马迁、班固等史学家作为创作的榜样。清代《女仙外史》作者吕熊在《女仙外史·自跋》中曾明确提出此书取名"外史"的原因，是作者不敢以"作史"自居，"托诸空言以为'外史'"，意在借游戏之笔表达

① ［唐］郑綮：《开天传信记·自序》，见《文津阁四库全书》子部小说家类第347册《开天传信记》卷首，第217页。

② ［明］吉衣主人：《隋史遗文·序》，见《古本小说集成》，据崇祯六年（1633）杭州名山聚刊本影印《隋史遗文》卷首。

③ ［明］夏履先：《禅真逸史·凡例》，见《古本小说集成》，据本衙爽阁本影印《禅真逸史》卷首。

自己的创作主旨，"忠贞者予以褒谥，奸叛者加以讨殛"①。清代刘廷玑《江西廉使刘廷玑在园品题》认为作者吕熊有感于明代"忠臣义士与孝子烈媛"事迹湮灭无闻，希望通过创作《女仙外史》褒扬忠臣，黜罚奸佞，补充《明史》记载之不足，并由此抒发个人情怀。② 对于《女仙外史》第一百回《忠臣义士万古流芳　烈媛贞姑千秋表节》，陈奕禧的回评曾对《女仙外史》的创作主旨予以揭示："（吕熊）作《外史》者，自贬其才以为小说，自卑其名曰'外史'，而隐寓其大旨焉。"③ 可见吕熊创作《女仙外史》的"大旨"在其小说书名中得到集中体现。

清代小琅环主人《五虎平南后传·序》云："自古一代之兴，即有一代之史。以寓旌别，示惩劝，麟炳古今，囊括人物，厥来藉已外，此则学士博古，称奇搜异，著为实录，则曰'外史'。更有故老传闻，资其睹记，勒为成编，则曰'野史'。故外史野史亦可备国史所未备。要其大旨，总以阐明大义，导扬盛美为主。"④ 小琅环主人认为，"外史"与"野史"虽有区别，但是均可补正史之不足。小说以"佚史""外纪"为名，同样体现补史观念，清代汪端撰《元明佚史》以"佚史"命名。对此，蒋瑞藻《小说考证续编》卷五引《缺名笔记》云："（汪端）奉高（青丘）为圭臬。因觅《明史》本传阅之，见青丘之以魏观故被杀也，则大恨。犹冀厄于遭际，而不厄于声名也……既因青丘感张、吴待士之贤，节录《明史》，搜采佚事，以稗官体行之，曰《元明佚史》，凡十八焉。复存元遗臣及张、吴诸臣诗于集中，以为诗史。"⑤《元明佚史》之作直接节录《明史》，"搜采佚事，以稗官体行之"。清代江日昇撰小说《台湾外记》又名《台湾外志》，陈祈永康熙年间撰《台湾外记·序》云："是书以闽人说闽事，详始末，广搜辑，迥异于稗官小说，信足备国史采择焉。

---

① ［清］吕熊：《女仙外史·自跋》，见《古本小说集成》，据复旦大学图书馆所藏钓璜轩本影印《女仙外史》卷首。

② 参见［清］刘廷玑《在园杂志》附录《女仙外史·品题》，中华书局 2005 年版，第191 页。

③《女仙外史》第一百回《忠臣义士万古流芳　烈媛贞姑千秋表节》陈奕禧回末总评，见《古本小说集成》，据清代钓璜轩刊本影印《女仙外史》，第 2323 页。

④ ［清］小琅环主人：《五虎平南后传·序》，见《古本小说集成》，据启元堂本影印《五虎平南后传》卷首。

⑤《缺名笔记》，转引自蒋瑞藻《小说考证续编》卷五，见《小说考证》附录，上海古籍出版社 1984 年版，第 625 页。

余故乐而序之。"① 清代彭一楷《台湾外志·叙》云："故读是编者，可以教孝，可以教忠，可以教义……有功名教，良匪浅鲜。异日之以登大廷，备史氏之阙文，江子与是书不朽矣。"② 无论是陈祈永还是彭一楷，都指出《台湾外志》的一个重要创作主旨在于"信足备国史采择"或称"备史氏之阙文"。

晚清时期以"史""外史""史记"等作为小说书名的情况也屡见不鲜。吴沃尧撰《发财秘诀》，一名《黄奴外史》；侠民撰《菲猎滨外史》。王上春撰《阴界史记》，蒋瑞藻《小说考证续编》卷一引《芦峰旅记》云：

> （《阴界史记》）其书本纪二十四，凡世所传玉历钞传之说，概不采取，而以项羽等辈当之。编年系月，穿凿附会。列传一百四十五，自古忠臣义士皆在焉，而分忠义、节孝、奸佞三类。志一十二：曰兵、刑、食货、天官、地舆、都邑、礼、职官、选举、氏族、艺文、灾祥。表三：曰《十殿诸王年表》《判相拜罢年表》《僇囚年表》。其后有自序一卷殿焉。综观其书，体类小说，而文笔雅饬，绝不谫陋。一切行事，不袭正史正传，此其难能也。若本纪列传，诸志诸表，绝无根据，敢于作古。③

王上春撰《阴界史记》描写阴界之事，也以"史记"为名。小说不仅取名模仿《史记》，写作体例亦加以借鉴，设置列传、志、表等体例。

明清时期有些情色小说的命名也披上"史""传""志""录"的外衣，如《昭阳趣史》《玉妃媚史》《妖狐艳史》《呼春稗史》《巫山艳史》《春灯迷史》《浓情快史》《绣榻野史》《株林野史》《浪史》《如意君传》《风流野志》、《野叟奇语钟情录》（《肉蒲团》别名）等。情色小说以"史""传""志""录"命名的原因比较复杂。一方面，应是受到当时小

---

① ［清］陈祈永：《台湾外记·序》，见《台湾外志》，上海古籍出版社1986年版，第444页。

② ［清］彭一楷：《台湾外志·叙》，见《台湾外志》，上海古籍出版社1986年版，第446页。

③ 《芦峰旅记》，转引自蒋瑞藻《小说考证续编》卷一，见《小说考证》附录，上海古籍出版社1984年版，第419页。

说书名普遍冠以"史""传""志""录"等词语的影响，以这些词语迎合读者，满足读者的阅读需要。另一方面，以"史""传""志""录"等词语命名也可以逃避官方检查、封禁，以便小说出版、发行。

二、小说书名与劝诫说

古代小说书名在一定程度上寓含劝诫思想，强调小说的教化意识。五代时后蜀何光远将所撰小说取名为《鉴诫录》，其意不言自明。清代顾广圻《鉴诫录·跋》指出："予向谓此书颇载极有关系文字，足当鉴诫之目。"① 顾氏认为此书文字记载贯彻了书名的鉴戒意图。明清小说书名充分体现劝诫观念，笔者按劝诫的具体内容，从以下四个方面加以阐述。

（一）劝告人们遵循儒家伦理道德规范，歌颂忠孝节义，这是劝诫说的重要内容之一

明清小说多将"忠""忠义""忠烈""斥奸""开迷""孝""义"等词语嵌入小说书名之中，宣扬忠孝节义。署名李卓吾撰《忠义水浒传·叙》认为，《水浒传》一书取名为"忠义水浒传"，体现宣扬忠义的主旨，水浒一百零八将皆忠义之辈，宋江尤其忠于朝廷。此文还认为《水浒传》对于不同阶层、不同地位的读者而言，都将起到宣扬忠义的作用。② 金陵万卷楼万历刊《三教开迷归正演义》则以"开迷归正"为名，劝告人们遵循儒家伦理道德规范。小说凡例指出："本传独重吾儒纲常伦理，以严政教而参合释道，盖取其见性明心、驱邪荡秽、引善化恶以助政教……本传指引忠孝之门，发明礼义，下返混元，又是丹经一脉……（本传）固以开迷是良药苦口之喻，寓言若戏，亦以开迷，是以酒解醒之

第三部分 中国古代小说命名研究

① ［清］顾广圻：《鉴诫录·跋》，见《荛圃藏书题识》卷六《子类三》第13册，《宋元明清书目题跋丛刊》，中华书局2006年版，第123页。

② 参见署名［明］李卓吾撰《忠义水浒传·叙》，作家出版社2006年版《水浒传》，据明容与堂刊本整理，第1077－1078页。明末清初，金圣叹对此持不同见解。他在《圣叹外书序二》中指出："施耐庵传宋江，而题其书曰《水浒》，恶之至，迸之至，不与同中国也。而后世不知何等好乱之徒，乃谬加以'忠义'之目。"［中华书局1975年据明崇祯十四年（1641）贯华堂刊本缩印《水浒传》卷首］

说，乃正人君子、忠孝立身者不迷，而且哂喋喋嚣嚣者之迷。"① 由此可知，《三教开迷归正演义》取名"开迷归正"，意在阐发儒家纲常伦理，向读者"指引忠孝之门，发明礼义"。

明末清初时事小说的书名较为普遍地体现出歌颂忠臣、贬斥奸佞的创作意图，如《魏忠贤小说斥奸书》《辽海丹忠录》《皇明中兴圣烈传》《警世阴阳梦》，等等。明代吴越草莽臣在《魏忠贤小说斥奸书·自叙》中指出，此书创作："唯次其（按：指魏忠贤）奸状，传之海隅，以易称功颂德者之口；更次其奸之府辜，以著我圣天子英明。神于除奸，诸臣工之忠鲠；勇于击奸，俾奸谀之徒缩舌，知奸之不可为，则犹之持一疏而叩阙下也。是则予立言之意。"② 歌颂忠臣，鞭挞魏忠贤等奸佞之辈，是时事小说普遍存在的创作观念之一，通过对忠臣与奸佞的对比刻画，从而达到劝世目的，这在小说书名中得以集中体现。

除此以外，明清时期还有不少小说以"忠""忠烈""孝""义"等命名。例如，明代孙高亮撰《于少保萃忠全传》，明末《剿闯通俗小说》又名《忠孝传》，清代吴肃公撰文言小说《阐义》，阐发前人记载的各种义气之事，清代道光四年（1824）啸月楼刊《末明忠烈传》，清代小说《铁冠图》又名《忠烈奇书》，清代《小五义》又名《忠烈小五义传》。清代佚名撰《忠烈全传》，清代石玉昆所撰《三侠五义》又名《忠烈侠义传》，石玉昆在问竹主人序言基础上删改而成的《忠烈侠义传·序》称："是书……极赞忠烈之臣，侠义之士。且其烈妇烈女、义仆义鬟以及吏役平民僧俗人等，好侠尚义者不可收举。故取传名曰'忠烈侠义'四字，集成一百二十回。"③ 序言指出《忠烈侠义传》一书宣扬忠孝节义的创作主旨，这一主旨集中体现于小说书名之中。

（二）强调社会教化，讽喻社会，警醒世人

明清小说多以"喻""警""醒""省""照""戒""钟""镜"

① 《三教开迷归正演义·凡例》，见《古本小说集成》，据金陵万卷楼万历刊本影印《三教开迷归正演义》卷首。

② ［明］吴越草莽臣：《魏忠贤小说斥奸书·自叙》，见《古本小说集成》，据崇祯元年（1628）峥霄馆刊本影印《魏忠贤小说斥奸书》卷首。

③ ［清］石玉昆：《忠烈侠义传·序》，见《古本小说集成》，据清抄本影印《忠烈侠义传》卷首。

"针""天""石"等为小说书名,体现鲜明的劝诫观念。

(1)小说作者以"喻""警""醒""照"等为小说书名,而且常常与"世"字相连,表达劝世思想。"三言"原名《古今小说》,共一百二十篇,后来改名为《喻世明言》《警世通言》《醒世恒言》,劝诫色彩更为突出。衍庆堂刊印《喻世明言》的识语声称:"题曰《喻世明言》,取其明白显易,可以开□(按:原字缺)人心,相劝于善,未必非世道之一助也。"① 明代可一居士《醒世恒言·序》指出:"明者,取其可以导愚也。通者,取其可以适俗也。恒则习之而不厌,传之而可久。三刻殊名,其义一耳。"② 从"三言"的序言可以看出,"三言"取名"喻世""警世""醒世",其劝诫之意相当明确。

"三言"的命名形式以及其中寓含的创作观念对话本小说的命名产生较大影响。例如,陆人龙《型世言》卷一第一回《烈士不背君 贞女不辱父》回末评称,小说塑造诸多忠臣、义士、烈士等形象,"以为世型"③,作为世人的道德楷模。"三言""二拍"的选本《今古奇观》一名《喻世明言二刻》,明末及清代的小说创作如《觉世雅言》《二刻醒世恒言》《警世奇观》《警世选言》《醒梦骈言》等小说的命名均不免受到"三言"命名的影响。

除"三言"及其选本、续书、仿作等命名以外,明清时期以"喻""警""醒""省""照"等作为小说书名的很多。例如,明代汪于止撰《醒世外史》、元九撰《警世阴阳梦》、佚名撰《醉醒石》、佚名撰《轮回醒世》、西周生撰《醒世姻缘传》、天然痴叟撰《石点头》(又名《醒世第二奇书》),清代詹熙撰《醒世新编》(一名《花柳深情传》)、钟铁桥撰《警富新书》、佚名撰《警寤钟》、佚名撰《回头传》(又名《省世恒言》)、菊畦子辑《醒梦骈言》,天花才子编《快心编》初集内封又名《醒世奇观·新镌快心编全传》,《情梦柝》封面题"警世奇书",等等。明清小说多将"世"字嵌入书名之中,如"喻世""警世""醒世""省世""型世""觉世""照世"等。例如,明代朱国祯《涌幢小品》卷一

① 《喻世明言》识语,见明代衍庆堂刊《喻世明言》卷首。

② [明]可一居士:《醒世恒言·序》,人民文学出版社1956年版,第895页。

③ [明]陆人龙:《型世言》卷一第一回《烈士不背君 贞女不辱父》回末评,中华书局1993年版,第20页。

指出："撒马尔罕在西边，其国有照世杯，光明洞达，照之可知世事。"①
清代酌元亭主人编次的小说即以《照世杯》为名，我们通过朱国祯之语
可以窥见此书命名之由。

（2）以"戒""钟""镜""针"等作为小说书名。清代独醒道人撰
《鸳鸯针·序》指出："医王活国，先工针砭，后理汤剂。迨针砭失传，
汤剂始得自专为功。然汤剂灌输肺腑，针砭攻刺膏肓。世未有不知膏肓之
愈于肺腑也。世人黑海狂澜，滔天障日，总泛滥名利二关……古德拈一语
云：'鸳鸯绣出从君看，不把金针度与人。'道人不惜和盘托出，痛下顶
门毒棒。此针非彼针，其救度一也。使世知千针万针，针针相投；一针两
针，针针见血。上拔梯缘，下焚数（薮）宅，二童子环而向泣，斯世其
有瘳乎？"② 序言作者点明小说取名"鸳鸯针"之由，借用"鸳鸯绣出从
君看，不把金针度与人"一语，表明创作小说如医生救病一样以救世。
明末薇园主人以《清夜钟》作为自己创作的小说名称。其在《清夜钟·
自序》中称："余偶有撰著，盖借谐谭说法，将以明忠孝之铎，唤省奸
回；振贤哲之铃，惊回顽薄。名之曰《清夜钟》，著觉人意也。大众洗
耳，莫只当春风之过，负却一片推敲苦心！"③ 薇园主人说得很清楚，希
望这部小说像寂静的夜间响起的钟声一般警醒世人。

（3）小说以"石""天"等命名，借鉴女娲补天的神话传说，体现
"补天"意识。清初才子佳人小说作家笔炼阁主人注重通过小说书名阐发
作品的创作主旨，他在《五色石·序》中介绍此书命名时指出："《五色
石》何为而作也？学女娲氏之补天而作也……吾今日以文代石而欲补之，
亦未知其能补焉否也。第而吾妄言之，而抵掌快心；子妄听之，而入耳满
志。举向所望其如是、恨其不如是者，今俱作如是观，则以是为补焉而已
矣……予遂以'五色石'名篇而为之序。"④ 五色石是神话传说中女娲氏
炼之以补天之物，笔炼阁主人以《五色石》为名，"以文代石而欲补之"，
劝世、教化之意隐藏其中。《遍地金》实为《五色石》之前四卷，其书命

① ［明］朱国祯：《涌幢小品》卷一，中华书局 1959 年版，第 4 页。
② ［清］独醒道人：《鸳鸯针·序》，见《古本小说集成》，据大连图书馆藏本影印《鸳鸯
针》卷首。
③ ［明］薇园主人：《清夜钟·自序》，见《古本小说集成》，据路工藏和安徽省博物馆藏
本拼合影印《清夜钟》卷首。
④ ［清］笔炼阁主人：《五色石·序》，见春风文艺出版社 1985 年版《五色石》卷首。

名也是如此，以遍地金代指小说之文，通过小说描写弥补"缺陷世界，不平之事，遗憾之情"①，从而达到讽喻社会、宣扬教化的目的。五色石主人撰《八洞天》，其《八洞天·序》称："《八洞天》之作也，盖亦补《五色石》之所未备也。《五色石》以补天之缺，而缺不胜缺，则补亦不胜补也。"② 与《五色石》书名一样，《八洞天》同样表达"补天"之意，宣扬劝诫之意。

（三）宣扬因果报应、劝人积善行德

明代佚名撰传奇小说集《轮回醒世》，直接通过书名宣扬佛教轮回转世、因果报应。明万历聚奎楼刊本"题词"云："今生受今生造二语，可括轮回大旨，习矣不察，遂世多梦梦。欲使世醒，须仗轮回，故为是刻。"③ 明末小说《石点头》取名借鉴"生公说法，顽石点头"的传说，明代冯梦龙《石点头·叙》云："《石点头》者，生公在虎丘说法故事也。小说家推因及果，劝人作善，开清净方便法门，能使顽夫伥子，积迷顿悟，此与高僧悟石何异。"④ 明末清初小说《醉醒石》表达了同样的创作主旨，缪荃孙《醉醒石·序》曾称赞此书："演说果报，决断是非，挽几希之仁心，断无聊之妄念；场前巷底，妇孺皆知，不较九流为有益乎？"⑤《醒世姻缘传》的作者也希望通过一个两世姻缘的故事起到"醒世"的作用。这部小说分前后两部分，前二十二回描写前世姻缘，晁源射死仙狐，迫害其妻计氏致死；第二十三回起描写现世姻缘，晁源托生为狄希陈，受到分别由仙狐、计氏托生的妻妾薛素姐、童寄姐的虐待。东岭学道人在《醒世姻缘传·序》中解释取名《醒世姻缘传》的原因就在于借两世姻缘、因果相报的故事，"劝将来君子开卷便醒"⑥，从而达到劝诫的目的。

明清小说劝人积善行德的作品也很多。《清平山堂话本·阴骘积善》

---

① 参见［清］哈哈道士《遍地金·序》，据清乾隆、嘉庆间刊本《遍地金》。

② ［清］五色石主人：《八洞天·序》，见《古本小说集成》，据日本内阁文库所藏原刊本影印。

③ ［明］佚名撰，程毅中点校：《轮回醒世》，中华书局 2008 年版。

④ ［明］冯梦龙：《石点头·叙》，见上海古籍出版社 1957 年版《石点头》卷末。

⑤ ［清］缪荃孙：《醉醒石·序》，见上海古籍出版社 1956 年版《醉醒石》卷末。

⑥ ［清］东岭学道人：《醒世姻缘传·序》，见清同治九年（1870）刊《醒世姻缘传》卷首。

篇出自《夷坚甲志》卷十二《林积阴德》，"阴骘"意思是天命注定，"积善"一名和话本主人公"姓林名积，字善甫"之名皆劝人积德行善。针对清代佚名撰《善恶图全传》，浮槎使者《善恶图·序》云："《善恶图》一书，所以劝善惩恶者也。"①

（四）戒风月

明清小说的命名实践较为普遍地反映出这一创作观念。例如，明末清初小说《风流悟》、清代小说《风月梦》等小说的命名都是如此。清代崔市道人撰《醒风流》意在反对当时盛行的才子佳人创作倾向，他在《醒风流·序》中明确指出："既成（此书），质之同志。同志曰：'是编也，当作正心论读。世之逞风流者，观此必惕然警醒，归于老成，其功不小。'因遂以名而授之梓。虽然，从来以善道教人者，劝文诫语，刊刻行世，累至千百，鲜有寓目。即寓目而未必傲心。或粘壁而尘封，或抹几而狼藉，殊负美意，良可叹息。阅是编者，幸少加意焉。"② 作者希望此书对"世之逞风流者"有所规劝。甲戌本《石头记·凡例》也声称："《红楼梦》……又曰《风月宝鉴》，是戒妄动风月之情。"③ 以《风月宝鉴》为名，其用意相当明显。清代邗上蒙人《风月梦·自序》以自己三十余年在风月场的经历撰成小说，取名《风月梦》，意谓"风月如梦"，希望世人以他为戒，不要重蹈覆辙。④ 孙家振《海上繁花梦》以晚清上海妓院作为描写中心，反映近代上海乃至整个中国的世情百态。作者将"海上繁花"与"梦"组合在一起作为书名，体现劝诫之旨，灯红酒绿、风花雪月、繁华世界，到头来不过是一场梦。正如警梦痴仙之序所言，作者取名《海上繁花梦》，其中也包含着戒风月、希望此书"有功于世道人心"的劝诫之意。⑤ 晚清张春帆撰《九尾龟》，小说描写青楼生活，表现嫖客

① ［清］浮槎使者：《善恶图·序》，见《古本小说集成》，据清颂德轩刊本影印《善恶图全传》卷首。

② ［清］崔市道人：《醒风流·序》，见春风文艺出版社1981年版《醒风流》卷首。

③ 《石头记·凡例》，见上海人民出版社1975年版《脂砚斋重评石头记》卷首。

④ ［清］邗上蒙人：《风月梦·自序》，见《古本小说集成》，据光绪印本影印《风月梦》卷首。

⑤ ［清］海上警梦痴仙漱石氏：《海上繁花梦·序》，见齐鲁书社1995年《海上繁花梦》卷首。

丑态。作者实际上是以此戒风月，所以在小说第十五回《曲辫子坐轿出风头　红倌人有心敲竹杠》中声称"在下这前半部小说，原名叫作《嫖界醒世小说》，不过把《九尾龟》做个提头"①，宣扬戒风月之主旨。

劝诫说是明清小说非常流行、影响深远的小说观念之一。小说作家善于通过小说书名表达劝诫观念，劝诫内容丰富多样，他们希望通过小说书名强化小说的社会教化功用，突出小说与现实社会之间的密切关系。

三、小说书名与娱乐说

在中国古代小说观念之中，娱乐说是重要的组成部分之一，在不同时期的小说创作、评论实践中，娱乐说均有着鲜明的体现。早在唐代，韩愈就声称他创作《毛颖传》的目的在于"此吾所以为戏耳"②。明代胡应麟《少室山房笔丛》卷二九《九流绪论（下）》云："小说者流，或骚人墨客，游戏笔端；或奇士洽人，搜罗宇外。"③ 明万历三十七年（1609）所刊《新刻续编三国志》引言指出："夫小说者，乃坊间通俗之说，固非国史正纲，无过消遣于长夜永昼，或解闷于烦剧忧愁，以豁一时之情怀耳。今世所刻通俗列传并梓《西游》《水浒》等书，皆不过取快一时之耳目。"④ 小说创作的目的之一就在于"以文为戏""消遣于长夜永昼，或解闷于烦剧忧愁"，可见无论是文言小说还是白话小说，娱乐说、游戏说都较为普遍地存在。本文从小说书名的角度对明清小说娱乐说加以考察。

（一）小说书名体现娱乐读者的创作观念

隋朝侯白为自己所撰小说取名《启颜录》表明此书在于取悦读者。唐代温庭筠创作《乾馔子》，馔，《辞海》称："切熟肉更煮。""乾馔"即干腊肉，味道鲜美，温庭筠以此作为小说书名，其意同样在于吸引读者。宋代晁公武《郡斋读书志》卷第十三小说类《乾馔子》篇称："序谓语怪

---

① ［清］张春帆：《九尾龟》，见《古本小说集成》，据上海图书馆藏本影印，第 82 页。

② 参见 ［五代］王定保《唐摭言》卷五，古典文学出版社 1957 年版，第 55 页。

③ ［明］胡应麟：《少室山房笔丛》，上海书店出版社 2001 年版，第 283 页。

④ ［明］佚名：《新刻续编三国志·引》，见《古本小说集成》，据万历三十七年（1609）刊本影印《三国志后传》卷首。

以悦宾，无异膪味之适口，故以'乾膪'命篇。"①

　　明清时期以小说创作娱乐、游戏的观念也较为流行，并在小说书名中得到鲜明体现。嘉靖时洪楩清平山堂刊刻《六十家小说》分别取名为《雨窗集》《长灯集》《随航集》《欹枕集》《解闲集》《醒梦集》，小说创作、编辑的目的在于供读者消闲、娱乐。以《欹枕集》之"欹枕"为例，这一词语出自唐代郑谷诗《欹枕》："欹枕高眠日午春，酒酣睡足最闲身。明朝会得穷通理，未必输他马上人。"② 欹枕，指斜靠着枕头，很悠闲的样子，"雨窗""长灯""随航""解闲""醒梦"等词语的含义均在于供读者娱乐、消闲、打发无聊时光，体现小说的娱乐功能。

　　明清时期有些小说直接将"笑""快""快活""谐""谑""嘻""如意""闲"等与娱乐说关系密切的字眼嵌入书名。

　　（1）以"笑"嵌入小说书名。早在明清之前就出现很多这样的命名情况，如三国邯郸淳撰《笑林》，晋陆云撰《笑林》，隋魏澹撰《笑苑》，唐何自然撰《笑林》、佚名撰《笑言》，五代杨名高撰《笑林》，宋代张致和撰《笑苑千金》、路氏撰《笑林》、佚名撰《林下笑谈》等，明代赵南星撰《笑赞》、浮白主人撰《笑林》、佚名撰《续笑林》、冯梦龙撰《笑府》《广笑府》《古今笑史》（即《谭概》）、醉月子撰《精选雅笑》、潘游龙撰《笑禅录》、佚名撰《时尚笑谈》、佚名撰《笑海千金》，清代佚名撰《三山笑史》、佚名撰《一笑缘》（即《驻春园》)、陈皋谟撰《笑倒》、石成金撰《笑得好》、游戏主人撰《笑林广记》、俞樾撰《一笑》、独逸窝退士撰《笑笑录》、小石道人撰《嘻笑录》、程世爵撰《笑林广记》，近代吴沃尧撰《新笑史》《新笑林广记》等。小说以"笑"作为书名，其意不言自喻。万历四十八年（1620），冯梦龙编辑出版《古今笑》，署名"韵社第五人"的韵社成员介绍该书的策划和编辑过程：

　　　　韵社诸兄弟抑郁无聊，不堪复读《离骚》，计惟一笑足以自娱，于是争以笑尚，推社长龙子犹为笑宗焉……诸兄弟前日："吾兄无以

----

　　① ［宋］晁公武：《郡斋读书志》，见上海古籍出版社 1990 年版《郡斋读书志》卷第十三小说类。

　　② ［唐］郑谷：《欹枕》，见《全唐诗》卷六七六，中华书局 1960 年版《全唐诗》第 20 册，第 7750 页。

笑为社中私，请辑一部鼓吹，以开当世之眉宇。"子犹曰："可。"乃授简小青衣，无问杯余茶罢，有暇，辄疏所睹记，错综成帙，颜曰《古今笑》。①

    韵社文人们抑郁无聊之际，"计惟一笑足以自娱，于是争以笑尚"，正是在这些社友、读者的怂恿、推动下，作为"社长""笑宗"的冯梦龙才创作了《古今笑》一书。《古今笑》的书名表明此书显然是为了满足读者娱乐的需要。清代俞樾《俞楼杂纂》第四十八指出："《新唐书·艺文志》小说家类，有邯郸淳《笑林》三卷，何自然《笑林》三卷，又有《会昌解颐》四卷。今其书不传，不知所载何事，大率供人喷饭者也。"②俞樾认为古代以"笑""解颐"等词语命名的小说"大率供人喷饭者也"，以供人娱乐、消遣作为创作的目的。

    （2）以"快"命名，如清代五色石主人撰《快士传》、天花才子编辑《快心编》、饮霞居士编次《熙朝快史》、佚名《浓情快史》等。雍正年间写刻本《快士传·识语》云："古今妙文所传，写恨者居多。太史公曰：《诗》三百篇，大抵皆圣贤发愤之所为作也，然但观写恨之文，而不举文之快者以宕漾而开发之，则恨从中结，何以得解，必也运扫愁之思，挥得意之笔，翻恨事为快事，转恨人为快人，然后……破涕为欢。"③《快士传》创作诚如其书名所言，"翻恨事为快事，转恨人为快人"，为读者提供消遣、娱乐。天花才子编辑《快心编》也是如此。佚名《快心编·序》指出，小说创作意在破除烦闷，抒写不平，快人心目，使读者"忘暑止饥"④。这些作品的命名清楚地传达出作者利用小说娱乐读者的创作观念。清代西泠散人《熙朝快史·序》也指出："或谓作者胸有不平之事而故为游戏之笔，自娱以娱人也。"⑤清代山石老人在《快心录·自序》

---

① 署名韵社第五人：《题〈古今笑〉》，见中华书局 2007 年版《古今谭概》卷首。

② ［清］俞樾：《俞楼杂纂》，见《春在堂全书》第 3 册，凤凰出版社 2010 年版，第 764 页。

③ ［清］五色石主人：《快士传·识语》，见《古本小说集成》据清刊本影印《快士传》卷首。

④ ［清］佚名：《快心编·序》，见人民文学出版社 1992 年版《快心编》卷首。

⑤ ［清］西泠散人：《熙朝快史·序》，见丁锡根编著《中国历代小说序跋集》，人民文学出版社 1996 年版，第 1666 页。

中指出，自己创作《快心录》，以"快"命名小说，其目的在于"聊破一时之寂闷耳"①。

（3）以"谐""谑"等命名。在明代之前和明清时期小说书名中均出现不少此类现象。以"谐"命名，如南朝宋东阳无疑撰《齐谐记》，南朝梁吴均撰《续齐谐记》，唐代刘讷言撰《谐噱录》，宋代沈徵撰《谐史》、陈日华撰《谈谐》，明代陈邦俊编《广谐史》、钟惺编《谐丛》、刘元卿撰《应谐录》、屠本畯撰《五子谐册》、佚名撰《谐薮》、徐常吉撰《谐史》、朱维藩撰《谐史集》、江盈科撰《雪涛谐史》、思贞子撰《正续资谐》，清代袁枚撰《新齐谐》（即《子不语》）、沈起凤撰《谐铎》、蹇蹇撰《今齐谐》、尚湖渔父撰《虞谐志》等；以"谑"为名的小说，如宋代窦苹撰《善谑集》，明代陈沂撰《善谑录》、佚名撰《雅谑》、太函山人撰《善谑录》、郁履行撰《谑浪》；等等。

以"谐""谑"命名的小说体现娱乐读者的创作动机，继承《庄子》以及南朝宋东阳无疑《齐谐记》的创作精神，正如清代马国翰《齐谐记·序》所言："《齐谐记》一卷……书名取《庄子》'齐谐志怪'之语，所记皆神异事……探源火敦，亦览古者之快事云。"② 明代陈邦俊撰《广谐史》，其《广谐史·凡例》云："《广谐史》……作者自荐绅先生以至布衣逸士，各擅才情，游戏翰墨，穷工极变，另成一体，且词旨似若诙谐议论，实关风教，虽与正史并传可也。"③ 这表明《广谐史》是"游戏翰墨"之作。凡例作者将"谐"与"史"相结合，强调小说创作目的在于娱乐读者的同时，强化小说的补史功能，希望小说创作起到更多的历史教育的作用。

（4）以"闲"命名。明代洪楩编辑《六十家小说》，其中一部话本集命名为《解闲集》，清代艾衲居士撰《豆棚闲话》，晚清欧阳钜源撰《负曝闲谈》，等等。艾衲居士撰《豆棚闲话·弁语》称，诗人徐菊潭《豆棚吟》所咏之诗都是宇宙古今奇情快事。艾衲居士撰《豆棚闲话》，

---

① ［清］山石老人：《快心录·自序》，见丁锡根编著《中国历代小说序跋集》，人民文学出版社1996年版，第1285页。

② ［清］马国翰：《齐谐记·序》，见丁锡根编著《中国历代小说序跋集》，人民文学出版社1996年版，第64页。

③ ［明］陈邦俊：《广谐史·凡例》，见《广谐史》卷首，《四库全书存目丛书》子部第252册，齐鲁书社1995年版，第207页。

程国赋自选集 CHENG GUOFU ZIXUANJI

同样"检遗事可堪解颐者"①，故以"闲"命名。不过像《豆棚闲话》《负曝闲谈》等小说虽以"闲"命名，其间较多触及社会现实，具有一定的现实批判精神，与纯粹娱乐读者的笑话类小说作品不同。

（5）以其他词语命名。以"滑稽"命名的小说，如明代陈禹谟撰《广滑稽》、王薇撰《滑稽杂编》；以"无稽"命名的小说，如清代王兰皋撰《无稽谰言》；以"解颐""解人颐"命名的小说，如明代佚名撰《解颐赘语》、清代赵恬养撰《增订解人颐新集》；以"如意"命名的小说，如清代陈天池撰《如意君传》，又名《第一快活奇书如意君传》；以"暇"命名的小说小说，如清代半峰氏撰《异谈暇笔》、孟瑢樾撰《半暇笔谈》、陈莱孝撰《谈暇》、程庭鹭撰《多暇录》等。这些小说多记可笑之人物、事件，娱乐读者。清代陈天池撰《如意君传》，在小说中，主人公田文泉状元及第，建功立业，享尽荣华富贵，作者借此突出"如意""快活"的创作主旨。清代闲情老人《醒梦骈言·序》称，作者创作此小说"盖迫欲为若人驱睡魔也，因集逸事如干卷，颜曰《醒梦骈言》以救之。是是书命名之意也"②，表明此书命名以娱乐之意。

（二）小说书名体现娱乐与劝诫相结合的倾向

值得指出的是，古代小说创作观念中娱乐说呈现两极化倾向：一方面朝色情化方向发展，以低俗甚至淫秽字眼取悦读者，明代《双峰记》、清代《肉蒲团》等小说书名就反映出色情化痕迹。另一方面朝着娱乐与劝诫结合的趋势演进，《娱目醒心编》即为一例。乾隆五十七年（1792）自怡轩主人撰《娱目醒心编·序》称，小说创作既可以"娱目"，满足读者的阅读需求，又可以"醒心"，达到劝诫世人、宣扬忠孝节义、因果报应的目的。③

我们在上文提到，以"笑""快""谐"等命名的小说体现鲜明的娱乐观念，这些小说在表现以小说娱乐读者的同时，也包含着浓郁的劝诫意识，将娱乐与劝诫相结合。清代石成金《笑得好·自叙》声称："正言闻之欲睡，笑话听之恐后，今人之恒情。夫既以正言训之而不听，曷若以笑

---

① ［清］艾衲居士：《豆棚闲话·弁言》，见中华书局 2000 年版《豆棚闲话》卷首。
② ［清］闲情老人：《醒梦骈言·序》，见中华书局 2000 年版《醒梦骈言》卷末。
③ ［清］自怡轩主人：《娱目醒心编·序》，见上海古籍出版社 1988 年版《娱目醒心编》卷首。

话怵之之为得乎？予乃著笑话书一部，评列警醒，令读者凡有过愆偏私，蒙昧贪痴之种种，闻予之笑，悉皆惭愧悔改，俱得成良善之好人矣。因以"笑得好"三字名其书。"① 序言作者认为，读者不喜欢听"正言"，喜欢听笑话，所以小说作者将此书取名《笑得好》，以供读者娱乐。与此同时，作者在笑话之中穿插劝诫主旨，希望读者改过从善。清代西泠散人《熙朝快史·序》云："然则小说岂易言哉！或谓作者胸有不平之事而故为游戏之笔，自娱以娱人也。是犹未识作者之苦也夫。"② 《熙朝快史》以"快"为小说命名，同样主张将"游戏之笔，自娱以娱人"与劝诫相结合。《谐铎》的创作也是如此，以"谐"命名体现娱乐意识，以"铎"为名则富含劝诫观念。"铎"，大铃，形如铙、钲而有舌，古代宣布政教法令所用。明代兼善堂《警世通言·识语》所云："兹刻出自平平阁主人手授，非警世劝俗之语，不敢滥入，庶几木铎老人之遗意。"③ 明代衍庆堂《醒世恒言·识语》亦云："总取木铎醒世之意，并前刻共成完璧云。"④ 以木铎宣布朝廷政令，警醒世人。清代钱枋《谐铎·叙》云：

　　　　盖史贵铎而不谐，而说部书则谐而不铎也。予与蒉渔大兄共笔砚者垂二十年，知其湛深经术，偶以余绪溢为外编，而标其名曰《谐铎》，殆得史氏劝惩之旨，而不屑自侪于魏晋杂书者。夫西京肇悦，尚压骚坛，南部烟花，且传废阁。此书一出，当不仅贵洛纸而织蛮衣也。予虽谫陋，尚能与天下人宝之。⑤

　　考虑到"史贵铎而不谐，而说部书则谐而不铎也"，《谐铎》作者沈起凤创作此书并以"谐铎"命名，意在将劝诫与娱乐相结合。晚清邱炜萲《菽园赘谈·续小说闲评》说得很清楚："沈氏起凤自以为广文先生有

　　① ［清］石成金：《笑得好·自叙》，见《明清笑话集六种》，中州古籍出版社 2012 年版，第 209 页。
　　② ［清］西泠散人：《熙朝快史·序》，见丁锡根编著《中国历代小说序跋集》，人民文学出版社 1996 年版，第 1666 页。
　　③ ［明］兼善堂《警世通言·识语》，见人民文学出版社 1956 年版《警世通言》卷首。
　　④ ［明］衍庆堂《醒世恒言·识语》，见丁锡根编著《中国历代小说序跋集》，人民文学出版社 1996 年版，第 780 页。
　　⑤ ［清］钱枋：《谐铎·叙》，见《谐铎》，人民文学出版社 1985 年版，第 192 页。

司铎之职，庄语之不如谐语之，因著《谐铎》问世。"① 揭示出《谐铎》一书通过"谐语"的形式娱乐读者，并表达劝惩之旨，体现出将劝诫与娱乐相结合的文学观念。

四、小说书名与真情说

小说书名与真情说之间的联系也相当紧密。古代很多小说以"情"作为书名。针对宋代张君房撰《丽情集》，清人李调元《丽情集·序》云："《丽情集》一卷……以缘情而靡丽，故名之。"② 明清时期以"情"命名的小说作品很多。例如，明代雷世清撰《艳情集》、佚名撰《钟情丽集》、吕天成《如意君传》（又名《闲情别传》）、余象斗编《万锦情林》、陈继儒编辑《闲情野史》、佚名辑《绣谷春容》之《辜轲钟情集》、冯梦龙撰《情史》，明末清初佚名撰《钟情艳史》，江西野人编演《怡情阵》，清初佚名撰《一片情》、佚名撰《定情人》、烟水散人撰《梦楼月情史》、佚名编小说戏曲选集《最娱情》、佚名撰《山水情传》、佚名撰《情梦柝》、佚名撰《浓情快史》、佚名撰《浓情秘史》、绿意轩主人撰《花柳深情传》、曹雪芹撰《红楼梦》（又名《情僧录》）、佚名撰《绮楼重楼》［嘉庆二十一年（1816）刊本目录又题"蜃楼情梦目录"］，晚清詹熙撰《花柳深情传》、吴沃尧撰《情变》、佚名撰《情界囚》、佚名撰《情天劫》、佚名撰《情天恨》，等等。

在明清时期各种小说文本、序跋之中，我们可以清晰地体会小说作者、评论者对"情"的阐释与解读。清初素政堂主人《定情人·序》对"情"与"心""性"的关系、"定情人"书名蕴藏的含义做了充分的解读。他认为，宇宙万物皆有情，情迷则心、性为其牵累，所以，"欲收心正性，又不得不先定其情"。人世间最钟情的莫过于男女之情，一旦钟情于对方，"则情应定于是人矣"，情定则"收心正性"③。《定情人》描写四川双流宦家子弟双星与浙江绍兴府江蕊珠之间忠贞不渝的爱情故事，与

---

① 据阿英《晚清文学丛钞·小说戏曲研究卷》卷四《客云庐小说话》卷一转录，中华书局 1960 年版，第 393 页。

② ［清］李调元：《丽情集·序》，见丁锡根编著《中国历代小说序跋集》，人民文学出版社 1996 年版，第 405 页。

③ ［清］素政堂主人：《定情人·序》，见春风文艺出版社 1983 年版《定情人》卷末。

素政堂主人上述序言相互印证。

《红楼幻梦》是《红楼梦》的一部续书，花月痴人在《红楼幻梦》自序中将《红楼梦》界定为一部"情书"，他认为《红楼梦》是一部"用情"之作，倾注着作者真挚的情感、心血，尤其着重描写"愁绪之情"，让读者为黛玉的"割情而殀"、宝玉的"报情而遁"及小说众多女性的悲惨命运而扼腕叹息。① 晚清魏秀仁撰小说《花月痕》，描写韦痴珠与刘秋痕、韩荷生与杜采秋两对才子与妓女之间的爱情故事。小说第一回《蚍蜉撼树学究高谈　花月留痕稗官献技》指出："情之所钟，端在我辈……书名《花月痕》……书中之是非真假，小子亦不知道。但每日间听小子说书的人，也有笑的，也有哭的，也有叹息的，都说道：'书中韦痴珠、刘秋痕，有真性情；韩荷生、杜采秋、李谡如、李夫人，有真意气。即劣如秃僮，傻如跛婢，戆如屠户，懒如酒徒，淫如碧桃，狠如肇受，亦各有真面目，跃跃纸上。'"② 作者感慨青年男女之间的"真性情""真意气"，韦痴珠在并州遇见名妓刘秋痕，两人一见钟情，痴珠无力将刘秋痕救出娼门，后来因病而逝，刘秋痕殉情而死。小说歌颂青年男女之间矢志不渝的忠贞之情。

值得我们注意的是，明清以"情"命名的小说至少体现两个特点：第一，小说主要描写男女之情，不过，也写到同性之情。明代小说《弁而钗》四集分别题为《情贞记》《情侠记》《情烈记》《情奇记》，此书专写同性恋，同样称之为情。《情贞记》的赵王孙与凤翔，"始以情合，终以情全"，小说作者突出"情"字。第二，不少小说尤其是明末以后以"情"命名的小说往往宣扬"情"与"礼"的结合。明末冯梦龙提出著名的"情教"说，他在署名"龙子犹"所撰《情史·叙》中认为："天地若无情，不生一切物。一切物无情，不能环相生。生生而不灭，由情不灭故。四大皆幻设，性情不虚假。有情疏者亲，无情亲者疏。无情与有情，相去不可量。我欲立情教，教诲诸众生：子有情于父，臣有情于君，推之种种相，俱作如是观。"③ 在这里，冯梦龙一方面以"情"至上，天

---

　　① ［清］花月痴人：《红楼幻梦·自序》，见《古本小说集成》，据国家图书馆所藏疏景斋刊本影印《红楼幻梦》卷首。

　　② ［清］魏秀仁：《花月痕》第一回，见《花月痕》，人民文学出版社 1982 年版，第 1－3 页。

　　③ ［明］龙子犹：《情史·叙》，见凤凰出版社 2007 年版《冯梦龙全集》第七册《情史》卷首。

地万物皆由情而生；另一方面，他主张"立情教"，强调"子有情于父，臣有情于君"。冯梦龙所说的情不仅包括男女之情，也包括世界种种之情，尤其是合乎礼教道德之"情"。他在署名"詹詹外史"所撰《情史·叙》中同样指出："六经皆以情教也。"① 清代署名"蕙水安阳酒民"撰《情梦柝》第一回《观胜会游憩梵宫　看娇娃奔驰城市》阐明《情梦柝》一书取名之由时也指出，情出自心，有"正"与"不正"之分，小说取名"情梦柝"，希望"击柝数声，唤醒尘梦"，世人应做到"乐而不淫，怨而不怒，贞而不谅，哀而不伤"②。他将世间之"情"与教化、劝诫相结合。清代云水道人《巧联珠·序》也认为：

> 惟人生于情，有情而后有觉知，有情而后有伦纪……近今词说，宣秽导淫，得罪名教，呜呼！吾安得有心人而与之深讲于情之一字哉！烟霞散人博涉史传，偶于披览之余，撷逸搜奇，敷以菁藻，命曰《巧联珠》。其事不出乎闺房儿女，而世路险峨，人事艰楚，大略备此。予取而读之，跃然曰："此非所谓发乎情，止乎礼义者与？"亟授之梓。不知者以为涂讴巷歌，知者以为跻之风雅勿愧也。嗟乎！吾安得进近今词家而与之深讲于情之一字也哉！③

清代佚名撰《蝴蝶媒》，一名《鸳鸯梦》，浪迹生撰《鸳鸯梦·叙》云："夫情也者，发乎性，中乎礼者也，故推情即可以觅性。抑能好礼，乃可与言情。情之为用大矣哉！……人但知《鸳鸯梦》为稗官小说，而不知隐有人情世风在即。"④ 作为才子佳人小说，《巧联珠》《鸳鸯梦》描写男女之情，但是它们倡导的"情"，强调"发乎情止乎礼义"，与冯梦龙"情教说"在本质上是一致的。

综上所述，笔者试就明清小说书名与补史说、劝诫说、娱乐说、真情

---

① ［明］詹詹外史：《情史·叙》，见凤凰出版社 2007 年版《冯梦龙全集》第七册《情史》卷首。
② ［清］蕙水安阳酒民：《情梦柝》，见《古本小说集成》，据啸月轩刊本影印。
③ ［清］云水道人：《巧联珠·序》，见《古本小说集成》，据美国哈佛大学图书馆藏本影印《巧联珠》卷首。
④ ［清］浪迹生：《鸳鸯梦·叙》，见丁锡根编著《中国历代小说序跋集》，人民文学出版社 1996 年版，第 1276 页。

说等创作观念的关系加以阐述。书名往往直观、具体地体现小说创作观念，通过对明清小说书名的考察，我们可以从特定视角探寻这一时期小说观念的丰富内涵及其演进历程。

（原载《文艺理论研究》2017 年第 3 期）

论明清通俗小说书名的命名特点

中国古代小说命名是小说创作最明显、最直观的外在形式，是小说创作的重要组成部分之一，体现鲜明的文学观念和时代特色，蕴藏着不同时代丰富而独特的文化内涵。明清时期是通俗小说创作的高峰期，通俗小说命名的手段、方式丰富多样，体现在小说书名、人物命名、地名、动植物名称以及小说作品的其他命名之中。本文重点考察明清通俗小说书名，在对通俗小说书名进行整体考察的基础上，探寻丰富复杂的小说命名背后所蕴含的特点和规律，从以下四个方面加以阐述。

一、小说书名呈现复合式命名结构

就总体而言，明清通俗小说书名呈现出复合式命名结构，即由"A＋B"的形式构成。试举数例说明，如《三国志通俗演义》《列国志》《西游记》《海刚峰先生居官公案传》《封神演义》《隋唐演义》《说岳全传》《儒林外史》《洪秀全演义》等。在这些小说名称中，"三国""列国""西游""海刚峰""封神""隋唐""说岳""儒林""洪秀全"等是指小说的时代、情节、人物或题材等，我们姑且称之为 A 类；"演义""志""记""传""外史"等多与小说文体、编撰方式或创作观念相关，我们姑且称之为 B 类。在明清小说命名之中，存在一些省略的情况，如《金瓶梅》《今古奇观》《红楼梦》等小说书名省略 B 类。综而观之，一般都是由"A＋B"组合构成，下面我们分 A、B 两类分别进行阐述。

（一）从 A 类命名情况来看，可以分为以下七种类型

（1）以小说中相关人物姓名、官职名等嵌入小说书名，或将小说中人物姓名拼合而成书名。

第一，以小说中相关人物姓名或官职名作为小说书名，这种现象相当普遍。明前小说如《燕丹子》《汉武故事》《汉武内传》《梁四公记》《任氏传》《冯燕传》《莺莺传》《柳毅传》《明皇杂录》《尚书故实》《虬髯

客传》《韩擒虎话本》《王幼玉记》《谭意歌传》《李亚仙》《石头孙立》等都是如此命名。明清通俗小说中大量书名由这类命名方式而来，如《金云翘传》《如意君传》《华光天王传》《济公全传》《包龙图判百家公案》《韩湘子全传》《洪秀全演义》《老残游记》等。

第二，将小说中人物姓名拼合而成书名，这种命名形式受《娇红记》《金瓶梅》的影响较为显著。元代宋远为其所撰小说《娇红记》取名时即从小说中女主人公王娇娘和侍女飞红名字中各取一字而成。《金瓶梅》沿用《娇红记》的命名方式。东吴弄珠客撰《金瓶梅·序》称："然作者亦自有意，盖为世戒，非为世劝也。如诸妇多矣，而独以潘金莲、李瓶儿、春梅命名者，亦楚《梼杌》之意也。盖金莲以奸死，瓶儿以孽死，春梅以淫死，较诸妇为更惨耳。借西门庆以描画世之大净，应伯爵以描画世之小丑，诸淫妇以描画世之丑婆、净婆，令人读之汗下。盖为世戒，非为世劝也。"① 明代袁中道撰《游居柿录》卷九指出："往晤董太史思白，共说诸小说之佳者，思白曰：'近有一小说，名《金瓶梅》，极佳。'予私识之。后从中郎真州，见此书之半，大约模写儿女情态具备，乃从《水浒传》潘金莲演出一支。所云'金'者，即金莲也；'瓶'者，即李瓶儿也；'梅'者，春梅婢也。"② 鲁迅撰《中国小说的历史的变迁》第五讲《明小说之两大主潮》也指出："因为这书中的潘金莲、李瓶儿、春梅，都是重要人物，所以书名就叫《金瓶梅》。"③《金瓶梅》就是从小说中三位重要的女性人物潘金莲、李瓶儿、庞春梅名字中各取一字构成书名。这一命名方式对后世有明显的影响，才子佳人小说作者尤其喜欢效法④，《平山冷燕》《玉娇梨》《春柳莺》《金云翘》《宛如约》《英云梦》《吴江雪》《引凤箫》《群英杰》《雪月梅》《林兰香》等才子佳人小说均是糅合小说人物姓名而成小说书名。

---

① ［明］东吴弄珠客：《金瓶梅·序》，见台湾东大图书有限公司 1979 年印行《金瓶梅》卷首。

② ［明］袁中道：《游居柿录》，青岛出版社 2005 年版，第 193 页。

③ 鲁迅：《中国小说的历史的变迁》，见《鲁迅全集》第九卷，人民文学出版社 1981 年版，第 330 页。

④ 参见苏建新撰《中国才子佳人小说演变史》第四章《才子佳人小说考辨》，社会科学文献出版社 2006 年版，第 215 页；唐江涛撰《才子佳人小说题名研究》，暨南大学硕士学位论文，2011 年。

（2）以小说情节、故事来源、主要事件、题材等作为书名，这是明清通俗小说普遍采用的命名方式之一，如《西游记》《封神演义》《剿闯通俗小说》《女开科传》《扫荡粤逆演义》《官场现形记》等。有的小说作品则以题材命名，如晚清俞达所撰《青楼梦》。对此，邱炜萲《菽园赘谈·续小说闲评》指出："因说青楼轶事，遂以《青楼梦》名编，并非敢与《红楼梦》作上下云龙，互相追逐。或见其命名如此，出处执《红楼梦》相绳，则疵累多矣。"①

（3）以小说故事的发生地作为书名，如《水浒传》《辽东传》《西湖二集》《西湖佳话》《台湾外记》等。

（4）以小说故事发生或编撰的时代命名，如《三国志演义》《残唐五代史演义》《列国志传》《西汉演义》《有夏志传》《有商志传》《东西两晋演义》《隋唐演义》《光绪万年》等。

（5）以小说中重要物件命名，这在写情类小说尤其是才子佳人小说作品中较为突出。以《大明全传绣球缘》书名为例，"绣球"成为小说情节发展的重要环节，小说即以此命名。以小说中的物件（或信物）命名的还有清代《玉支玑》《合浦珠》《燕子笺》《飞花咏》《赛红丝》《白圭志》《玉燕姻缘全传》等。

（6）以"奇""异""怪"等代表创作倾向、审美趣味或具有广告意义的词语作为小说书名，如《拍案惊奇》《九命奇冤》等。

（7）以小说创作主旨或作品的寓意命名，如《魏忠贤小说斥奸书》《辽海丹忠录》《清夜钟》《红楼梦》《醉醒石》《照世杯》《五色石》《遍地金》《风月梦》《忠烈全传》等均寓含小说创作主旨或者寓意。以《红楼梦》为例，清代梦觉主人撰《红楼梦·序》云："辞传闺秀而涉于幻者，故是书以梦名也。夫梦曰红楼，乃巨家大室儿女之情，事有真不真耳。红楼富女，诗证香山；悟幻庄周，梦归蝴蝶。作是书者借以命名，为之《红楼梦》焉。"② 由此阐明《红楼梦》一书命名所寓含的深意。

---

① 据阿英《晚清文学丛钞·小说戏曲研究卷》卷四《客云庐小说话》卷一转录，中华书局1960年版，第400页。

② ［清］梦觉主人：《红楼梦·序》，见一粟编《红楼梦资料汇编》，中华书局1964年版，第28页。

（二）从 B 类命名情况来看，可分为以下四种类型

（1）以"传""外传""记""纪""志""录"等与史传相关的词语作为小说名称，如《水浒传》《三遂平妖传》《金统残唐记》《西游记》《说岳全传》《儿女英雄传》《官场现形记》等。

有些小说直接将"史""史记""外史""野史""艳史""稗史""趣史""媚史""逸史""史遗文""后史""快史""秘史""小史""迷史""佚史"等词语嵌入小说书名。如佚名撰《浪史》、佚名撰《绣榻野史》、无遮道人编次《海陵佚史》、佚名撰《隋炀帝艳史》、方汝浩撰《禅真逸史》、方汝浩撰《禅真后史》、袁于令撰《隋史遗文》、佚名撰《昭阳趣史》、佚名撰《放郑小史》、许仲琳撰《封神演义》（又名《武王伐纣外史》）、佚名撰《艳婚野史》、佚名撰《妖狐艳史》、佚名撰《呼春稗史》、佚名撰《玉妃媚史》、吕熊撰《女仙外史》、高继衍撰《蝶阶外史》、佚名撰《龙阳逸史》、黄耐庵撰《岭南逸史》、佚名撰《西湖小史》、佚名撰《驻春园小史》、吴敬梓撰《儒林外史》、佚名撰《浓情快史》、佚名撰《浓情秘史》、佚名撰《豹房秘史》、佚名撰《桃花艳史》、佚名撰《巫山艳史》、汪端撰《元明佚史》、佚名撰《哈密野史》、佚名撰《春情野史》、佚名撰《春灯迷史》、陈森撰《品花宝鉴》（又名《怡情佚史》）、佚名撰《霞笺记》（又名《情楼迷史》）、俞达撰《青楼梦》（又名《绮红小史》）、李宝嘉撰《文明小史》、王上春撰《阴界史记》、佚名撰《蜃楼外史》（又名《芙蓉外史》）、佚名撰《熙朝快史》等。

（2）以"言""评""谈"等与谈谑、说话风气相关的词语命名，如《喻世明言》《警世通言》《醒世恒言》《觉世雅言》《野叟曝言》《梼杌闲评》《东汉演义评》《俗话倾谈》《负曝闲谈》等。

（3）以平话、诗话、词话、演义、志传、故事、公案、传奇等命名，如题罗贯中编辑《隋唐两朝志传》，佚名撰《大唐秦王词话》，佚名撰《金瓶梅词话》，熊大木编撰《唐书志传》，熊大木撰《全汉志传》，题钟惺编辑、冯梦龙鉴定《有夏志传》，题钟惺编辑、冯梦龙鉴定《有商志传》，熊大木撰《大宋中兴通俗演义》，许仲琳撰《封神演义》，安遇时编辑《包龙图判百家公案》，佚名撰《龙图公案》，题葛天民、吴沛泉汇编《明镜公案》，吴还初撰《新民公案》，佚名撰《海刚峰先生居官公案》，谢开龙撰《元宝公案》，佚名撰《施公案》，佚名撰《彭公案》，佚名撰

《今古传奇》，黄小配撰《洪秀全演义》等。

（4）直接以"小说"命名，如熊龙峰刊行《冯伯玉风月相思小说》、洪楩汇刻《六十家小说》、冯梦龙编《古今小说》等。

（三）其他命名情况

（1）书名相同或相近，而描写的内容则各不相同。这种情况比较少见，如清代陈天池撰《如意君传》，与描写武则天淫秽之事的明代佚名撰《如意君传》同名，但不是同一部小说；清代佚名撰《莲子瓶演义传》，与乾隆时《离合剑莲子瓶》虽然书名相近，也并非同一部小说；清代佚名撰淫秽小说《河间传》与唐代柳宗元所撰小说同名。有的仿作与原作名称一样，如清代海上剑痴撰《仙侠五花剑》，宣统二年（1910）文元书庄石印本有同名《仙侠五花剑》。

（2）小说与戏曲同名。清代佚名撰《比目鱼》小说系据李渔《笠翁十种曲》之《比目鱼》改编而成；清代佚名撰《桃花扇》小说系据孔尚任同名传奇《桃花扇》改编；清代佚名撰《燕子笺》小说系根据阮大铖同名传奇改编而成。

以上我们对明清通俗小说命名的结构加以简要阐述，并就小说书名的类型进行探讨。总的来看，明清通俗小说书名呈现明显的 A＋B 型的复合式结构。通过对明清通俗小说书名结构、类型的解读，有助于我们了解明清通俗小说的创作观念、创作主旨与创作手法，洞察作家群体的创作心态以及小说作品的时代特征。

二、一书多名现象较为普遍

在中国古代小说创作、流传过程中，一书多名或称同书异名的现象非常普遍，这是古代小说命名中突出的特点之一。[①] 这种现象在古代通俗小说创作、流传过程中尤为明显。萧相恺先生曾编撰《中国通俗小说同书

---

① 参见江苏省社会科学院明清小说研究中心、文学研究所编《中国通俗小说总目提要》（中国文联出版公司 1990 年版）、石昌渝主编《中国古代小说总目》（山西教育出版公司社 2004 年版）等书。

异名书目通检》，作为《中国通俗小说总目提要》的附录。① 下面笔者主要就明清通俗小说一书多名现象进行阐述，并对出现这种现象的原因加以简要分析。

（一）明清通俗小说一书多名现象

先看明代。据刘世德撰《刘世德话三国·八个歧异的书名》称，刻印在《三国志通俗演义》书上的正式名称最少有八个：《三国志演义》《三国志传》《三国志史传》《三国全传》《三国志》《四大奇书第一种》《第一才子书》《三国演义》。② 《金瓶梅》又称《西门传》。③ 邓志谟编《晋代许旌阳得道擒蛟铁树记》简名《许仙铁树记》《铁树记》，又名《真君全传》。佚名撰《续西游记》又名《续西游真诠》。冯梦龙编著《新列国志》又名《玉鼎列国志》。方汝浩撰《扫魅敦伦东度记》又名《续证道书东游记》《扫魅敦伦东游记》。方汝浩撰《禅真逸史》又名《妙相寺全传》。罗懋登撰《三宝太监西洋记通俗演义》又名《三宝开港西洋记》。许仲琳撰《封神演义》又名《武王伐纣外史》《封神传》《商周列国全传》。佚名撰艳情小说《如意君传》，别名《阃娱情传》。佚名撰艳情小说《浪史》又名《浪史奇观》《巧姻缘》《梅花缘》。明末佚名撰《剿闯通俗小说》又名《剿闯小说》《馘闯小说》《剿闯小史》《忠孝传》。佚名撰《梼杌闲评》又名《明珠缘》等。

再看清代小说。清初才子佳人小说命名普遍体现一书多名的特点，暨南大学唐江涛在其硕士学位论文《才子佳人小说题名研究》附录四"一书多名的才子佳人小说"统计出具有此类命名现象的才子佳人小说作品共二十九种，试列如下。

①《才美巧相逢宛如约》，又名《宛如约》《绘图说本银如意》《才子如意缘》。②《飞花艳想》又名《梦花想》《幻中春》《鸳鸯影》。③《飞花咏》又名《玉双鱼》。④《好逑传》又名《第二才子好逑传》《侠义风月传》。⑤《蝴蝶媒》又名《新编春风蝴蝶媒》《春风面》《绘图鸳

① 参见江苏省社会科学院明清小说研究中心、文学研究所编《中国通俗小说总目提要》附录，中国文联出版公司1990年版，第1290—1329页。

② 刘世德：《刘世德话三国》，中华书局2007年版，第23—24页。

③ 参见［清］鸳湖紫髯狂客撰《豆棚闲话评》第十二则《陈斋长论地谈天总评》提到《西门传》，中华书局2000年版，第113页。

鸯梦》。⑥《画图缘》又名《花天荷传》《画图缘平夷传》《花田金玉缘》。⑦《锦疑团》又名《错错认锦疑团小传》。⑧《霞笺记》又名《情楼迷史》。⑨《两交婚小传》又名《双飞凤全传》《续四才子书》《玉觉禅》。⑩《麟儿报》又名《绣像葛仙翁传》《节义孝廉》。⑪《岭南逸史》又名《儿女浓情传》。⑫《女开科传》又名《花案奇闻》《万斛泉》。⑬《平山冷燕》又名《四才子书》。⑭《五凤吟》又名《素梅姐传》《新刻续六才子书》。⑮《五美缘》又名《再生缘》《五美再生缘》。⑯《西湖小史》又名《西湖雅史》。⑰《仙卜奇缘》又名《大刀得胜传》。⑱《绣球缘》又名《绘图烈女惊魂传》《绘图巧冤家》。⑲《雪月梅传》又名《第一奇书》《闺媛传》。⑳《意内缘》又名《新镌灯月传》。㉑《意外缘》又名《再求凰传》。㉒《鸳鸯配》又名《鸳鸯媒》《绣像第三奇书玉鸳鸯》。㉓《终须梦》又名《再同梦》。㉔《驻春园小史》又名《绿云缘》《第十才子书》《第十才子双美缘》《绘图一笑缘》。㉕《白圭志》又名《绣像第八才子书》《第八才子书白圭志传》。㉖《凤凰池》又名《续四才子书》。㉗《锦香亭》又名《绫帕记》《第一美女传》《睢阳忠毅录》。㉘《玉燕姻缘全传》又名《玉燕金钗》。㉙《玉娇梨》又名《双美奇缘》《三才子书》。①

以上对才子佳人小说命名的统计还存在一些错漏之处。

第一，清代陈朗撰《雪月梅传》又名《孝义雪月梅》，石印本改题《儿女浓情传》《第一奇书》。题名《儿女浓情传》的小说作品为《雪月梅传》，而非《岭南逸史》。

第二，清代天花藏主人编次《人间乐》，又名《锦传芳人间乐》。

第三，清代崔象川撰《白圭志》，光绪二十年（1894）崇文书局石印本又名《第一才女传》。

第四，清代徐震撰《女才子》，又名《闺秀佳话》《女才子书》《女才子集》《美人书》《情史续传》。

第五，清代佚名撰《女开科传》又名《万斛泉逸史》《新采奇闻小说全编万斛泉》《花阵奇》。

第六，《玉支玑》的节改本、清代佚名所撰《双英记》又名《方正合

---

① 参见唐江涛《才子佳人小说题名研究》，暨南大学硕士学位论文，2011 年，第 61 – 62 页。

传》。

除以上才子佳人小说以外，清代不同时期的小说均普遍存在一书而多名的现象，试列如下。

刘璋撰《斩鬼传》又名《平鬼传》。

佚名撰《金云翘传》后被书商删去诗词，改名为《双奇梦》或《双欢合》。

佚名撰《定鼎奇闻》又名《新世弘勋》《盛世弘勋》《新史奇观》《顺治皇过江全传》《铁冠图全传》《新世弘勋大明崇祯传定鼎奇闻》。

佚名撰《锦上花》又名《风月佳期》。

曹雪芹、高鹗撰《红楼梦》又名《石头记》《风月宝鉴》《情僧录》《金陵十二钗》。

佚名撰小说《回头传》又名《省世恒言》。

佚名撰《征西说唐三传》又名《异说后唐传三集薛丁山征西樊梨花全传》《仁贵征西说唐三传》《说唐征西传》。

佚名撰《施公案》全名《绣像施公案传》，又名《百断奇观》。

《施公案后传》又名《续施公案》《后施公案》《清烈传》。

张士登撰《三分梦全传》又名《醒梦录》。

邹必显撰《飞砣全传》又名《扬州话》《飞砣子书》。

佚名撰《警富新书》又名《添说八命全传》《孔公案》《七尸八命》。

初刊于道光十八年（1838）的《绿牡丹全传》又名《四望亭全传》《龙潭鲍骆奇书》。

佚名编辑《三续金瓶梅》又名《小补奇酸志》。

陈天池撰《如意君传》又名《无恨天》。

佚名撰《玉蟾记》又名《十二美女玉蟾奇缘》。

陈森撰《品花宝鉴》又名《怡情佚史》《群花宝鉴》《燕京许花录》《都市新谈》。

佚名撰《云钟雁三闹太平庄》又名《大明奇侠传》《云钟雁三侠传》等。

裴曰修撰《桃花女阴阳斗法传》，一名《桃花女斗法奇书》，光绪二十年（1894）石印本改题《阴阳斗异说奇传》。

文康撰《儿女英雄传》又名《金玉缘》《侠女奇缘》《日下新书》《正法眼藏五十三参》。

佚名撰《莲子瓶演义传》，又名《第一奇书莲子瓶》《后唐奇书莲子瓶传》，光绪二十六年（1900）上海书局石印本改题《银瓶梅》。

石玉昆述《三侠五义》原名《忠烈侠义传》。

佚名撰《金钟传》又名《正明集》《三教正明集》。

佚名撰《绘芳录》一名《红闺春梦》。

佚名撰《蜃楼外史》又名《芙蓉外史》。

光绪年间佚名撰《铁冠图》又名《忠烈奇书》。

张小山撰《平金川全传》又名《年大将军平西传》。

詹熙撰《花柳深情传》一名《醒世新编》。

佚名撰《白云塔》又名《新红楼》，首有冷译约言五则，第二则云："所谓新红楼者，因篇中有红楼故名，与名世之《红楼梦》，如风马与风牛。"

唐芸洲撰《七剑十三侠》又名《七子十三生》。

佚名撰《仙侠五花剑》又名《飞仙剑侠奇缘》。

佚名撰《扫荡粤逆演义》又名《湘军平逆传》。

韩邦庆撰《海上花列传》又名《青楼宝鉴》《海上青楼奇缘》《海上花》。

吴沃尧撰《近十年目睹之怪现状》原名《最近社会龌龊史》，又名《近十年之怪现状》。

黄小配撰《廿载繁华梦》，一名《粤东繁华梦》。

以上所列，仅为清代通俗小说命名的不完全性统计，由此即可看出，从清初到晚清，从才子佳人小说、世情小说、历史演义小说到侠义公案小说、狭邪小说等，均广泛存在一书多名的现象。

（二）出现一书多名现象的原因分析

明清时期通俗小说之所以出现众多的一书多名现象，存在多方面的原因，笔者试从以下四个方面加以阐述。

（1）古代小说地位低下。在梁启超提出"小说界革命"之前漫长的历史发展进程中，小说尤其是通俗小说被正统文人视为"小道"，在小说命名方面比较随意，而且不少小说名称存在后人追加、改动的现象。余嘉锡撰《古书通例》卷一《古书书名之研究》曾指出："古书之命名，多后人所追题，不皆出于作者之手。"① 由此带来很多一书多名的情况。

（2）一书多名现象与不同时代的社会思潮有关。小说出版、发行离不开特定时代的社会思潮，以明代后期为例，理学和心学盛行，在一定程度上导致明代空疏的学风，到了明末，思想界、学术界均对此进行深刻反思。明代后期实学思想流行，就小说创作、流传而言，强调小说的社会教化功用，强调经世致用，我们从当时的小说命名情况也可见一斑。明末苏州书坊天许斋刊刻"古今名人演义一百二十种"，原名《古今小说》②，衍庆堂在刊刻"三言"时，将《古今小说》改名《喻世明言》，以"喻世"为名，突出小说的社会功用。衍庆堂刊印《喻世明言》的识语声称："题曰《喻世明言》，取其明白显易，可以开□（按：原字缺）人心，相劝于善，未必非世道之一助也。"③ 可一居士撰《醒世恒言·序》也指出："明者，取其可以导愚也。通者，取其可以适俗也。恒则习之而不厌，传之而可久。"④ 劝诫之意相当明确。

（3）明清通俗小说一书多名现象与特定时代的文化政策有关。以清代为例，有清一代多次出现禁毁小说的情况，从康熙、乾隆直到同治等时期均多次禁毁小说，尤其是一些内容露骨，充斥着性描写、性挑逗的小说作品。书商为追逐经济利益，常常为小说改名。例如，清代佚名撰情色小说《肉蒲团》全称《肉蒲团觉世真言》，又名《觉后禅》，坊本改名《耶蒲缘》《野叟奇语钟情录》《循环报》《巧姻缘》，作为一部情色小说，被列入"禁书"，但是在市场上又受到欢迎，所以书商为迎合读者阅读兴趣，想方设法进行改名。这也是造成小说作品一书多名现象的原因之一。

（4）一书多名现象与不同时代的出版文化有关。元明以后尤其是明代中期以后，随着雕版印刷术的迅速发展，小说刊刻业相当兴盛，各地书坊刊刻的小说数量众多，在小说创作、流传、发行过程中，读者、市场的因素愈益明显。例如，清代佚名撰《莲子瓶演义传》，书坊在刊刻时加上"第一奇书""奇书"等字样吸引读者，所以出现《第一奇书莲子瓶》《后唐奇书莲子瓶传》等书名；光绪二十六年（1900）上海书局石印本改

---

① 余嘉锡：《古书通例》，中华书局 2007 年版，第 210 页。

② 参见天许斋刊《古今小说》卷首识语。

③ 《喻世明言·识语》，见明代衍庆堂刊《喻世明言》卷首。

④ ［明］可一居士：《醒世恒言·序》，见《醒世恒言》，人民文学出版社 1956 年版，第895 页。

程国赋自选集 CHENG GUOFU ZIXUANJI

题《银瓶梅》，以与《金瓶梅》相对应，目的也在于吸引读者注意；佚名撰《云钟雁三闹太平庄》，道光二十九年（1849）刊本和同治三年（1864）刊本均题此名，光绪二十二年（1896）上海理文轩铅印本改名为《大明奇侠传》，光绪二十三年（1897）上海文宜书局改名为《云钟雁三侠传》；清初佚名撰《金云翘传》，后来被书商删去诗词，改名为《双奇梦》或《双欢合》。这种随意更改书名的现象在晚清相当突出。邱炜萲撰《菽园赘谈》卷十三《说部不必妄续》曾经指出："近来沪上牟利书贾，取时贤所著说部，改易名目，以期速售，如《后聊斋志异》《续阅微草堂笔记》之类。"①

关于近代小说一书而多名的现象与出版文化之间的关系，潘建国曾经撰文进行分析。他指出，当时通俗小说翻印的一大弊端，即改换小说题目，欺世取售。该弊端的形成原因有两个方面：其一，通俗小说翻印趋于鼎盛，竞争日益加剧，文本资源颇有枯竭之虑；其二，盗版及重复出版十分严重，书商要想方设法制造新奇效果，取悦读者。②潘文较为中肯地分析了晚清小说出现一书而多名现象的原因，由于市场竞争激烈，加上盗版及重复出版的情况十分严重，不少书局通过改换小说名称以吸引读者，占有市场，获取利润。

三、小说书名呈现鲜明的时代特征

法国丹纳著《艺术哲学》第一编《艺术品的本质及其产生》第二章《艺术品的产生》指出："艺术品的产生取决于时代精神和周围的风俗。"③他在《艺术哲学》第四编《希腊的雕塑》第二章《时代》还指出："不论什么时代，理想的作品必然是现实生活的缩影……现代人的艺术便反映出这种精神状态。"④徐珂编撰《清稗类钞》"姓名类"之《名字》篇云："名字所取，根于心意，沿于习尚，因时变迁。"⑤无论是法国

① ［清］邱炜萲：《菽园赘谈》，见清光绪二十三年（1897）排印本。
② 潘建国：《铅石印刷术与明清通俗小说的近代传播——以上海（1874—1911）为考察中心》，载《文学遗产》2006年第6期，第96－107、160页。
③ ［法］丹纳著，傅雷译：《艺术哲学》，江苏文艺出版社2012年版，第68页。
④ ［法］丹纳著，傅雷译：《艺术哲学》，江苏文艺出版社2012年版，第284页。
⑤ 徐珂：《清稗类钞》，中华书局1984年，第2161页。

学者丹纳还是徐珂都指出艺术品的产生、人物命名与时代精神及周围的风俗之间存在着密切的关系。

命名文化体现出较为鲜明的时代特征，它与当时的社会背景、时代风气之间有着紧密的联系。魏晋六朝时期佛、道盛行，现实生活中人物命名多受影响。何晓明撰《中国姓名史》指出："魏晋崇尚老、庄，'玄学'意味浓郁的道、玄、真等字，在人名中多得惊人。"① 小说创作离不开特定的时代，它与当时的时代背景与社会风气之间有着密不可分的关系。这从小说命名方面也可以得到一定的印证，如晋谢敷撰《观世音应验记》、南朝宋刘义庆撰《幽明录》《宣验记》、南朝宋傅亮撰《观世音应验记》、北齐入隋的颜之推撰《冤魂志》，直到隋朝释净辩撰《感应传》、佚名撰《观世音感应传》、唐前佚名撰《真应记》等，均体现出与佛教之间的密切联系。

明清时期通俗小说书名同样呈现鲜明的时代特征，对此，我们分明末、清初及晚清三个历史阶段作简要论述。

（1）先看明末，这一时期奸臣当道，党争激烈，在这种特定的历史形势下，实学思潮十分兴盛，提倡经世致用、崇实黜虚。这在明清通俗小说书名中有着集中体现。明末时事小说书名体现出歌颂忠臣、贬斥奸佞的创作意图，《魏忠贤小说斥奸书》《辽海丹忠录》《皇明中兴圣烈传》《警世阴阳梦》等时事小说将"斥奸""忠""烈""警世"等词语嵌入小说书名。

明末话本小说书名也比较明显地体现出很强的劝惩意味和现实精神，笔者以"三言"和《型世言》的命名为例试加说明。"三言"原名《古今小说》，共一百二十种，后来改名为《喻世明言》《警世通言》《醒世恒言》，劝诫色彩更为突出。"三言"的命名形式以及其中寓含的创作观念对话本小说的命名也产生较大影响。例如，《型世言》塑造诸多忠臣、义士、烈士等形象，"以为世型"②，作为世人的道德楷模。"三言""二拍"的选本《今古奇观》一名《喻世明言二刻》；《石点头》又名《醒世第二奇书》；明末以后的小说创作如《二刻醒世恒言》《警世奇观》《警世选言》《醒梦骈言》等小说书名均不免受到"三言"命名的影响。

---

① 何晓明：《中国姓名史》，武汉大学出版社 2012 年版，第 12 页。
② ［明］陆人龙：《型世言》，据峥霄馆刊本整理出版，中华书局 1993 年版，第 20 页。

（2）清初通俗小说书名至少体现两种趋势：一方面，遗民思想得到集中体现，吕熊《女仙外史》等创作于清初的小说均具有鲜明的遗民思想，或表达亡国之痛，或对明朝忠臣、义士予以歌颂，对投降于清朝的降将、降臣进行鞭挞，或宣传反清复明思想。不过由于清代对文化思想实行高压政策，所以不少明遗民不敢直接抒发情怀，而是将所要表达的思想含蓄、间接地隐藏于小说命名之中。清初陈忱《水浒后传》托名"古宋遗民""元人遗本"即为典型例证。另一方面，清初的才子佳人小说作者们仿佛置身于社会大变革之外，一味描摹歌舞升平景象、塑造才子佳人，着力描写男女恋情，与社会现实之间产生严重背离倾向，在某种意义上可以说是一些文人借此逃避现实、自我陶醉。他们在小说书名上往往重视"情"与"礼"的结合，如《好逑传》《醒风流》《飞花艳想》等。

（3）晚清时期小说书名体现鲜明的时代特征，笔者认为主要表现于以下三个方面。

首先，现实性愈益突出。近代中国内忧外患，文人志士积极入世，关注国家命运，因而在小说书名上普遍运用"痛""恨""耻""惨""血""泪""仇""地狱"等字眼，表达对国家、民族命运的担忧，对外敌入侵以及对腐败无能的清政府的仇恨，如《恨海》《血泪痕》《痛定痛》《血痕花》《亡国恨》《洗耻记》《离恨天》《痛史》《仇史》《惨女界》《情天恨》《自由泪》《满洲血》《活地狱》等。以《仇史》为例，该书宣扬种族革命，刊载于1905年《醒狮》第一、第二期。痛哭生第二作《仇史·凡例》云："是书专欲使我四万万同胞，洞悉前明亡国之惨状，充溢其排外思想，复我三百余年之大仇，故名曰《仇史》。"[1]《仇史》借明末之事反映排外思想，揭示晚清的社会心理，小说以"仇史"作书名，其意相当明显。

其次，近代小说多以"新"命名，反映当时人们渴望求新变革的心理，如《新纪元》《新三国志》《新水浒》《新西游》《新金瓶梅》《新孽海花》《新上海》《新中国》《新中国未来记》《新石头记》《新镜花缘》《新七侠五义》《新儿女英雄》《新儿女英雄传》《新孽镜》《新野叟曝言》

199

---

① ［清］痛哭生第二：《仇史·凡例》，见黄霖等选注《中国历代小说论著选》下册，江西人民出版社2000年版，第145-146页。

等。这些以"新"命名的小说作品，有些是对传统小说进行"翻新"。阿英在《晚清小说史》中称这类小说为"拟旧小说"，他指出："晚清又流行着所谓'拟旧小说'，产量特别的多，大都是袭用旧的书名与人物名，而写新的事。甚至一部旧小说，有好几个人去'拟'。"① 欧阳健则称它们为"翻新小说"，他在《晚清小说史》第三章《晚清新小说的第二个新高峰（1906—1909）》第三节《陆士谔》中认为："（陆士谔所撰）《新三国》当属于'翻新小说'（或曰'拟旧小说'）的范畴。"② 也有一些小说作品鲜明反映当时社会现实和社会心理，如佚名撰《新纪元》是想象未来世界的一部理想小说，主要讲述黄种人如何打败白种人，迫使白种人国家采用黄帝纪元，光绪三十四年（1908）由《小说林》总发行所刊行，体现当时民众反对列强入侵的爱国思想。梁启超撰《新中国未来记》最早发表于光绪二十八年（1902）至二十九年（1903）的《新小说》上，标明"政治小说"，体现维新派政治家对未来政治的设想，激发民众的爱国热情。陆士谔撰《新中国》，宣统二年（1910）由上海改良小说社出版，标为"理想小说"，宣扬君主立宪。这些小说以"新"为名，均反映当时人们渴求变革的心理。

最后，近代小说书名中出现了具有鲜明时代印记的字眼，如《土地会议地方自治》《鬼维新》《明日维新》《上海之维新党》《维新豪杰情事》《私塾改良》《水族新改良》《佛国立宪》《立宪镜》《立宪万岁》《革命鬼现形记》《革命魂》《革命军》《革命奇缘》《革命之变相》《女议员》《脂粉议员》等。这些小说以"自治""维新""改良""立宪""革命""议员"等具有鲜明时代特征的词语命名，体现明显的时代特征。

四、小说书名中部分字词频繁使用

明清时期不同题材、不同类型的通俗小说书名所用词语较为集中，对此，笔者从以下四个方面进行阐述。

（1）宣扬佛教、道教理论的小说作品常常使用"梦""空""幻"等

---

① 阿英：《晚清小说史》，人民文学出版社 1980 年版，第 176 – 177 页。
② 欧阳健：《晚清小说史》，浙江古籍出版社 1997 年版，第 335 页。

词语，嵌入小说书名，表达空幻思想。这一点以《红楼梦》最为典型，《红楼梦》一名体现出"因空见色，由色生情，传情入色，自色悟空"的色空观念。《红楼梦》第一回《甄士隐梦幻识通灵　贾雨村风尘怀闺秀》写道："此回中凡用'梦'用'幻'等字，是提醒阅者眼目，亦是此书立意本旨。"① 清临鹤山人撰《红楼圆梦·楔子》云："梦者，觉也；觉者，梦也。"② 均对"梦"一词的内涵加以阐释，表达作者在经历人世的悲欢离合之后所体现的空幻思想。

（2）宣传儒家伦理道德、宣扬社会教化的明清小说多以"喻""警""醒""省""照""戒""钟""镜""针""天""石""灯""鉴"等字词为名，如《清夜钟》《警癍钟》《五更钟》《增注金钟传》《醒世恒言》《轮回醒世》《醒世姻缘传》、《醒世新编》（一名《花柳深情传》）、《嫖界醒世小说》（即《九尾龟》）、《警世通言》《警世奇观》《警富新书》《剪灯新话》《剪灯余话》《风月宝鉴》，等等。通过上述字眼宣扬儒家伦理道德，讽喻社会，警醒世人，强化社会教化。

（3）"缘"字在明清写情小说命名中被广泛运用。为什么明清写情小说命名中出现不少"缘"字？这与写情小说的题材内容有着密切的关系。宋代赵令畤撰《侯鲭录》卷一《缘》称："《文选·古诗》云：'文采双鸳鸯，裁为合欢被。著以长相思，缘以结不解。'注：被中著绵谓之长相思，绵绵之意；缘，被四边缀以丝缕，结而不解之意。余得一古被，四边有缘，真此意也。著，谓充以絮。（出《文选》第五卷）"③ 缘的本义是衣服的包边，"缘以结不解"，即将衣服、被子等物品紧紧缝住，这一词语象征着对爱情、婚姻的坚贞执着，白头偕老，多与婚姻、恋爱有关。

我们考察明清通俗小说创作实践可以看出，以"缘"命名的小说主要集中于写情小说作品之中，不仅才子佳人题材小说以"缘"为名，而且不少情色小说如《肉蒲团》《云雨缘》也名之为"缘"。明清写情小说着重刻画青年男女的爱情、婚姻，这与"缘"字的本义与外延有着紧密

① ［清］曹雪芹、高鹗：《红楼梦》，人民文学出版社1982年版，第1页。
② ［清］临鹤山人：《红楼圆梦·楔子》，见《红楼圆梦》，北京大学出版社1988年版，第2页。
③ ［宋］赵令畤：《侯鲭录》，中华书局2002年版，第33页。

的联系，所以明清写情小说常常将"缘"字嵌入书名之中。清代佚名撰《山水情》第一回《俏书生春游逢丽质》称："缘之所在，使人可以合，使人可以离；使人可以生，使人可以死，使人可以离而合，合而离，使人可以生而死，死而生。"① 青年男女无缘而分离，有缘而结合，由爱而生情。以"缘"为名有助于揭示小说情节发展的关键环节，同时小说以"缘"为名命名也预示着人物悲欢离合的情感经历。如清代小说《画图缘》，讲述浙江温州秀才花天荷得到仙人所授的两幅画图。其中一幅是广东山川地理图，他凭借这幅图画平定了峒寨的暴乱，建立军功；另一幅画是园林图，花天荷借此娶得美貌的妻子柳蓝玉，才子佳人凭借画图而结缘。可见两幅画图成为小说情节发展的重要线索。

（4）"虚""无""幻""空"等词语的运用体现明清通俗小说虚实结合的编创方式。在明清通俗小说发展史上，虚实结合的观念相当普遍，清初金丰撰《说岳全传·序》云："从来创说者，不宜尽出于虚，而亦不必尽由于实。苟事事皆虚，则过于诞妄，而无以服考古之心；事事皆实，则失于平庸，而无以动一时之听。"② 在小说书名上一个突出的体现就是出现"幻""空"等字样。清代佚名撰小说《都是幻》，分两集，一集为《写真幻》，二集为《梅魂幻》，从书名可知其书创作方法。③ 清代梧岗主人编《空空幻》，烟霞散人编《幻中真》，小说虽取名为"幻"，但天花藏主人在所撰《幻中真·序》中提倡"幻之真者"，即提倡忠孝节义，将"幻"与"真"相结合。④ 清代烟霞散人《幻中真》书后总评云："无名子演《幻梦集》，觉非人作《采真编》，俱以行世。幻者怪其虚无，真者流于执滞，烟霞子兼得其美，题曰《幻中真》。"⑤ 强调虚与幻相结合，体现明清通俗小说独特的创作方法。

综上所述，笔者从四个方面考察明清通俗小说书名的命名特点，分析明清通俗小说复合式命名结构，阐述一书而多名的现象，探讨明清通俗小

① ［清］佚名：《山水情》，见《古本小说集成》，据日本东京大学藏本影印《山水情》卷首。

② ［清］金丰：《说岳全传·序》，见《说岳全传》，上海古籍出版社1985年版，第728页。

③ ［清］佚名：《都是幻》，见《古本小说集成》，据国家图书馆藏本影印，第18页。

④ ［清］天花藏主人：《幻中真·序》，见《古本小说集成》，据本衙藏板十二回本影印《幻中真》卷首。

⑤ ［清］烟霞散人：《幻中真》书后总评，见《古本小说集成》，据本衙藏板十二回本影印《幻中真》卷末。

说命名中所呈现的时代特征，分析小说命名中部分字词频繁使用的情况。明清通俗小说作品数量众多，小说命名的方式复杂多样，笔者对明清通俗小说命名实践中普遍存在的几种现象加以探讨，试图加深人们对明清通俗小说命名的整体认识，探寻其内在规律和演进历程。

（原载《南京大学学报》2018 年第 3 期）

论明清小说书名的广告意义

　　明清时期图书出版市场竞争激烈，小说编刊者为了吸引读者注意、占有图书市场，采用了丰富多样的广告手段，利用小说书名进行广告宣传则是他们采取的重要方法之一。

　　对于一部小说而言，书名位于卷首，首先映入读者的眼帘，容易受到读者关注。小说编刊者充分意识到这一点，他们想方设法在书名上做文章，利用小说书名进行广告宣传。晚清徐念慈《余之小说观·小说之题名》指出，小说命名方式五花八门，"不嫌其（按：指小说）奇突而谲诡也，东西所出者岁以千数，有短至一二字者、有多至成句者、有以人名者、有以地名者、有以一物名者、有以一事名者、有以所处之境地名者，种种方面，总以动人之注意为宗旨"[①]。"动人之注意"，即吸引读者的注意力是小说编刊者的动机和目的，这在小说题名上有着集中体现。本文阐述明清小说书名的广告意义，所谓广告意义主要是指为达到营销目的而采取的广告宣传手段、方法以及从事广告宣传所带来的作用和价值。就本文论述而言，它主要包括以下两方面内容：一是分析小说作家的广告手段，在明清小说刊印本中，以"奇""异""怪""艳"等作为书名的现象相当普遍，或将"才子"字样嵌入书名，以"才子书"招徕读者，或在小说命名中增加序号，或借助名家宣传小说，或在书名中增加修饰语。二是探讨小说命名的广告倾向对明清小说发展的影响与意义，考察明清小说发生、发展的真实历程及其演变规律。

　　值得指出的是，在中国古代小说发展史上，小说命名的广告意义经历了一个漫长的发展过程。在宋代之前，商业发展对小说创作、传播的影响不太显著，通过小说命名进行广告宣传的现象虽然不乏其例，但是并不常见，以"奇""异""怪""艳"等词语命名，这是古代小说相当常见的命名方式之一。这些词语的运用并非全是出自广告宣传的需要，魏晋南北

---

　　① ［清］徐念慈：《余之小说观》，光绪三十四年（1908）发表于《小说林》第九期，上海书店 1980 年复印本，第 6 页。

朝小说普遍以"怪""异"等命名，唐宋小说多以"奇""异""怪"等命名，这些词语的运用主要揭示小说的题材选择、创作倾向和审美趣味。清人梁绍壬《两般秋雨盦随笔》卷一《小说传奇》篇分析唐代传奇集《传奇》的命名时曾指出："《传奇》者，裴铏著小说，多奇异，而可传示，故号《传奇》。"① "多奇异"表明裴铏所撰《传奇》的题材特征和创作倾向。可以说在宋代之前，以"奇""异""怪""艳"等词语为小说命名，较少存在广告宣传的色彩。

　　明清时期，随着商品经济的迅速发展，小说创作、传播过程中受商业因素影响相当显著。例如，据熊大木撰《序武穆王演义》可知，福建建阳书商杨涌泉发现武穆王《精忠录》一书，他预感到此书可能畅销，可以带来巨大的经济利益，于是约请同为书商的熊大木编写演述岳飞抗金故事的《大宋中兴通俗演义》以投放市场。《拍案惊奇》也正是在苏州书坊安少云尚友堂的催促下成篇的，一旦成书，尚友堂立即"购求，不啻供璧"②。《拍案惊奇》的刊刻获得成功以后，"贾人一试之而效，谋再试之"③，于是又促成《二刻拍案惊奇》的面世。

　　就小说书名角度而言，商业因素的影响也相当明显。明末冯梦龙编《谭概》一书，虽网罗古今笑谈，但书名浑朴，没有引起读者注意，"问者寥寥"。而改名为《古今笑》以后，雅俗共赏，受到市场欢迎，"（读者）购之惟恨不早"④。清代叶德辉《书林清话》卷七《明人刻书改换名目之谬》云："明人刻书有一种恶习，往往刻一书而改头换面，节删易名。"⑤ 明代书商为牟利，刻书时擅自改名的情况很多，清代也不例外。孙楷第《中国通俗小说书目》卷二著录《大隋志传》云："（此书）实即

　　① ［清］梁绍壬：《两般秋雨盦随笔》，见《续修四库全书》子部小说家类第 1263 册，第 36 页。

　　② 尚友堂刊《拍案惊奇·识语》，见《古本小说丛刊》第十三辑，据崇祯元年（1628）安少云尚友堂本影印《拍案惊奇》卷首。

　　③ ［明］即空观主人：《二刻拍案惊奇·小引》，见《古本小说集成》，据尚友堂刊本影印《二刻拍案惊奇》卷首。参见拙著《明代书坊与小说研究》第三章《明代坊刻小说的稿源》有关论述，中华书局 2008 年版。

　　④ ［清］李渔：《古今笑史序》，见《李渔全集》第一卷《笠翁文集》卷一，浙江古籍出版社 1991 年版，第 30 页。

　　⑤ ［清］叶德辉：《书林清话》，中华书局 1957 年版，第 182 页。

割裂褚人获书（按：即《隋唐演义》）前半部为之，而改题名目。"① 书商将褚人获《隋唐演义》割裂并改题为《大隋志传》；《红楼梦》曾被列为禁书，光绪间书坊为牟利将《红楼梦》改名为《金玉缘》印行。这些均表明随着商品经济的发展，市场和读者因素对小说书名产生显著的影响。本文结合小说文本，从以下五个方面对明清小说命名的广告意义进行具体阐述。

一

考察明清小说命名的整体状况，我们可以发现以"奇""异""怪""艳"命名的现象屡见不鲜。古代小说创作者、读者普遍存在好奇的审美心理。《水浒传》第三十六回《没遮拦追赶及时雨　船火儿夜闹浔阳江》写宋江浔阳江遇险，金圣叹评语称："此篇节节生奇，层层追险。节节生奇，奇不尽不止；层层追险，险不绝必追。"② "节节生奇""层层追险"的小说才能吸引读者更多的注意力和阅读兴趣。清代寄生氏嘉庆二十四年（1819）撰《争春园全传叙》云："人不奇不传，事不奇不传，其人其事俱奇，无奇文以演说之亦不传。"③ 在古典小说传播过程中，"人不奇不传，事不奇不传"。小说人物、情节是否新奇在一定程度上决定了小说的流传，影响小说的发行、销售，所以小说编刊者在书名上标注"奇""异""怪""艳"等字眼，以满足读者的好奇心理，吸引读者注意，体现显著的广告意义。

首先，考察以"奇"命名的情况。明清小说中以"奇"作为书名的现象非常普遍，以"三言""二拍"选本为例，拙著《三言二拍传播研究》经过统计得出结论，自明末至晚清共出现十四种"三言""二拍"选本，其中将"奇"嵌入书名的就有九种，即《今古奇观》、别本《二刻拍案惊奇》、《今古传奇》《警世奇观》《幻缘奇遇小说》《海内奇谈》《二奇合传》

---

① 孙楷第：《中国通俗小说书目》卷二，人民文学出版社 1982 年版，第 51 页。

② ［清］金圣叹：《批点水浒传》第三十六回回前评，见《第五才子书水浒》，线装书局 2007 年版，第 458 页。

③ ［清］寄生氏：《争春园全传叙》，见《古本小说集成》，据复旦大学图书馆藏清刊本影印《争春园》卷首。

《今古奇闻》《续今古奇观》，占"三言""二拍"选本总数的64.3%。①

明清时期有些小说作品直接以"奇书"命名，宣扬"奇书效应"。永乐十八年（1420）曾棨为《剪灯余话》作序时写道："迩日必得奇书也。"② 万历三十四年（1606）余邵鱼曾说过："自《三国》《水浒传》外，奇书不复多见。"③ 有些小说则直接以"奇书"为名，如《群英杰后宋奇书》《增评西游证道奇书》等。"奇书"之名是小说编撰者、出版者为了扩大小说销售而采取的广告手段。

明末清初出现"四大奇书"之说。明末笑花主人《今古奇观·序》以小说《水浒》《三国》和传奇《琵琶》《西厢》号"四大书"④。署名明代万历年间"雁宕山樵"所作、实撰于清初的《水浒后传·序》云："不谓是传（按：指《水浒后传》）而兼四大奇书之长也！"⑤ 提出"四大奇书"之说，不过此序是以《南华》《西厢》《楞严》《离骚》为四大奇书。将《三国志演义》《水浒传》《西游记》《金瓶梅》四部章回小说称为"四大奇书"始于何时？由何人提出？清初李渔云："尝闻吴郡冯子犹赏称宇内四大奇书，曰《三国》《水浒》《西游》及《金瓶梅》四种。余亦喜其赏称为近是。"⑥ 清代李海观《歧路灯·自序》云："古有四大奇书之目，曰左，曰骚，曰庄，曰迁。迨于后世，则坊佣袭四大奇书之名。而以《三国志》《水浒》《西游》《金瓶梅》冒之。"⑦ 由此可知，以《三国志演义》《水浒》《西游》《金瓶梅》作为"四大奇书"之专称，应始于冯梦龙。冯氏于1646年去世，在小说编撰与传播方面，他与苏州书坊

① 参见拙著《三言二拍传播研究》第二章《三言二拍的选本》，中国社会科学出版社2006年版，第42页。

② ［明］曾棨：《剪灯余话·序》，见上海古籍出版社1981年版《剪灯新话》附《剪灯余话》卷首。

③ ［明］余邵鱼：《题全像列国志传引》，见丁锡根编著《中国历代小说序跋集》，人民文学出版社1996年版，第861页。

④ ［明］笑花主人：《今古奇观·序》，见《古本小说集成》，据上海图书馆藏本影印《今古奇观》卷首。

⑤ 署名雁宕山樵：《水浒后传·序》，见《古本小说集成》，据华东师范大学藏绍裕堂刊本影印《水浒后传》卷首。

⑥ ［清］李渔：《三国志演义·序》，见《李渔全集》第十卷《李笠翁批阅三国志》卷首，浙江古籍出版社1991年版。

⑦ ［清］李海观：《歧路灯·自序》，见《古本小说集成》，据上海图书馆藏清抄本影印《歧路灯》卷首。

天许斋、嘉会堂之间的密切合作主要在明末。值得我们注意的是，李海观在自序中写道，"坊佣袭四大奇书之名"。所谓"坊佣"就是工作、生活在书坊之中，以编书、刻书为生者，包括书坊主在内，可见"四大奇书"之说应是在明末由冯梦龙与编书先生等人提出的。他们利用"四大奇书"的称号为小说名著进行广告宣传，是书坊及其合作者（"坊佣"）为扩大小说发行而采取的广告手段，提出此说的很可能就是苏州书坊。①

明末以后，"四大奇书"甚至"奇书"之名逐渐成为《三国》《水浒》《西游》《金瓶梅》的专称。因为"四大奇书"在社会上影响深远，所以书坊也借"四大奇书"效应招徕读者。钓璜轩康熙刻《女仙外史》一百回，全名为《新刻逸田叟女仙外史大奇书》，清代将《三国志演义》与《水浒传》合刊，命名为《汉宋奇书》。有些小说以"四大奇书"作为参照系，如明代佚名《新刻续编三国志·引》云："大抵观是书者，宜作小说而览，毋执正史而观，虽不能比翼奇书，亦有感追踪前传，以解世间一时之通畅，并豁人世之感怀君子云。"② 明代烟霞外史《韩湘子·叙》称："有《三国志》之森严，《水浒传》之奇变，无《西游记》之谲虐，《金瓶梅》之亵淫。谓非龙门兰台之遗文不可也？工竟杀青，简堪缥绿，国门悬赏，洛邑蜚声。"③ 借"四大奇书"效应对天启三年（1623）九如堂所刊《韩湘子全传》大加称赞，以此扩大《韩湘子全传》一书的影响。

其次，考察以"异""怪"为名的现象。明代胡应麟《少室山房笔丛》卷三十六《二酉缀遗（中）》通过对明代之前的小说进行不完全性统计之后认为，有六十种左右小说以"异"为名。④ 我们在上文提到过，明清之前以"奇""异""怪"等命名主要体现小说的题材选择、创作倾向和审美趣味，到了商品经济发达的明清时期，这类小说命名则被赋予更多广告宣传的色彩。明清小说中以"异""怪"为名的现象较为常见，尤其是在文言小说创作之中。例如，明代杨仪撰《高坡异纂》、薛朝选撰《外

---

① 参见拙著《明代书坊与小说研究》第四章《明代坊刻小说的编辑与广告发行》，中华书局 2008 年版，第 135－136 页。

② ［明］佚名：《新刻续编三国志·引》，见《古本小说集成》，据上海图书馆藏本影印《三国志后传》卷首。

③ ［明］烟霞外史：《韩湘子·叙》，见《古本小说集成》，据九如堂本影印《韩湘子全传》卷首。

④ ［明］胡应麟：《少室山房笔丛》，上海书店出版社 2001 年版，第 363－364 页。

史志异》、祝允明撰《志怪录》《语怪编》、清代庆兰撰《萤窗异草》、许元仲撰《三异笔谈》，等等。最有名的是清代蒲松龄的《聊斋志异》。高珩《聊斋志异·序》云："志而曰异，明其不同于常也。"① 明代东山主人《云合奇踪·序》云："（杂史、小说中）谶谣神鬼，不无荒诞，殆亦以世俗好怪喜新，姑以是动人耳目。"② 因为世俗"好怪喜新"，"不同于常"的奇异之事能引起观众和读者的兴趣，所以说书者、小说编刊者在历史史实的基础上，增加了神鬼怪异的描写，甚至在小说书名中直接标明"异""怪"等字样，以此动人耳目，吸引听众与读者。

最后，考察以"艳"命名的小说作品。明代王世贞辑《艳异编》、佚名《续艳异编》等小说选本直接以"艳"命名。这些小说所提到的"艳"，虽有艳遇之含义在内，但是并非如后来艳情小说之"艳"，即包括情欲的成分。笔者认为，上述小说所说的"艳"有两重含义：一是指男女恋情的真切、自然，可歌可泣；二是指多选女性题材的小说，故以"艳"相称。明清时期以"艳"命名的小说不乏其例，除上文提到的王世贞辑《艳异编》、佚名《续艳异编》以外，还有吴大震辑《广艳异编》、西湖渔隐主人编《艳镜》（即《欢喜冤家》）、齐东野人编选《隋炀帝艳史》、明末清初江海主人编《艳婚野史》、康熙时紫宙轩刻《春灯闹奇遇艳史》、清代《艳芳配》，等等。

近代小说命名方式五花八门，但是也有一些以"奇""异""怪""艳"等命名，试举数例：《案中奇缘》、《盗窟奇缘》（译本）、《古今志异》、《怪岛之一夜》（译本）、《怪梦》《艳异新编》《艳情小史》等。笔者据陈大康先生《中国近代小说编年史》（人民文学出版社 2014 年版）进行初步统计得出结论：近代以"奇"命名的小说作品共有一百二十四种，以"异"命名的十四种，以"怪"命名的十八种，以"艳"命名的六种，尤其是以"奇"命名的近代小说屡见不鲜。这一方面体现了近代小说作家和读者好奇的审美趣味和审美特征；另一方面，书商以"奇"等字样作为小说书名也反映出意在迎合读者和市场、扩大小说宣传的目的。晚清宣统元年至三年（1909—1911），虫天子编撰与女性相关的大型

---

① ［清］高珩：《聊斋志异·序》，见张友鹤《聊斋志异会校会注会评本》卷首，上海古籍出版社 1962 年版。

② ［明］东山主人：《云合奇踪·序》，见清致和堂刊《云合奇踪》卷首。

专题性丛书"香艳丛书"（上海国学扶轮社印行）还以"艳"作为小说书名。

除"奇""异""怪""艳"等字样以外，近代小说还增加了一些具有同类性质的词语，如"秘密""怪现状"等。例如，《巴黎秘密案》（译本）、《巴黎秘密小史》（译本）、《巴黎之秘密》（译本）、《福晋与杨小楼之秘密》《公主之秘密》《梅花秘密》《最近嫖界秘密史》《龙华会之怪现状》《官场怪现状》，等等。使用"秘密""怪现状"等词语，其目的与在小说书名中增加"奇""异""怪""艳"等词语一样，在一定程度上具有广告宣传的功效。

二

明清小说作家常常将"才子"字样嵌入书名。值得注意的是，在明清小说命名中"才子"一词蕴藏着小说的题材内容、创作手法和创新程度等方面的内涵，并非全是出自广告宣传的需要。梁启超《小说丛话》就从继承与创新的角度对明清"才子书"进行解释：

> 金圣叹定五才子书：一、《离骚经》，二、《南华经》，三、《史记》，四、《杜诗》，五、《水浒传》，六、《西厢记》。所谓才子者，谓其自成一家言，别开生面，不傍人门户，而又别于圣贤书者也。圣叹满腹不平之气，于《水浒》《西厢》二书之批语中，可略见一班（按：即斑）。今人误以《三国演义》为第一才子书，又谬托为圣叹所批，士大夫亦往往多信之，诚不解也。①

梁启超认为，所谓"才子书"重在独创，别开生面，自成一家之言。然而，考察明清小说创作的整体状况，不可否认的是，"才子书"一词体现的广告意义也是相当明显的，不少小说以"才子书"招徕读者，宣传小说作品。从现存文献看，这种做法始于明末金圣叹，他将自己所评的《庄子》《离骚》《史记》、杜甫律诗、《水浒传》《西厢记》称为六才子

---

① 梁启超：《小说丛话》，载《新小说》第八号，光绪二十九年（1903）八月十五日，第4页，上海书店1980年复印本。梁氏提到"金圣叹定五才子书"，实际上列举六部作品。特作说明。

书，其中影响最大的是《水浒传》，名之为《第五才子书水浒传》。金圣叹这种做法被后人仿效，作为广告宣传、获取利润的手段之一。清代董含《三冈识略》卷九"才子书"条云：

> 吴人有金圣叹者，著《才子书》，杀青列书肆中，凡《左》《孟》《史》《汉》，下及传奇小说，俱有评语，其言夸诞不经，谐辞俚句，连篇累牍，纵其胸臆，以之评经史，恐未有当也。即以《西厢》一书言之……乃圣叹恣一己之私见，本无所解，自谓别出手眼，寻章摘句，琐碎割裂，观其前所列八十余条，谓"自有天地，即有此妙文，上可追配《风》《雅》，贯串马、《庄》"，或证之以禅语，或拟之于制作，忽而吴歌，忽而经典，杂乱不伦。且曰："读圣叹所批《西厢记》，是圣叹文字，不是《西厢》文字。"直欲窃为己有，噫，可谓迂而愚矣！其终以笔舌贾祸也，宜哉！乃有脱胎于此，而得盛名获厚利者，实为识者所鄙也。①

董含对金圣叹所创"才子书"不以为然，他举金评《西厢记》为例，认为金圣叹"恣一己之私见"，违背《西厢记》原旨，并认为金评《左》《孟》《史》《汉》以及传奇小说"夸诞不经"、评语不当。同时，董含也揭示出后代小说编刊者对金圣叹的模仿行为，"乃有脱胎于此，而得盛名获厚利者"，以"才子"和"才子书"命名小说，牟取利润。清初天花藏主人将《玉娇梨》和《平山冷燕》合刊，取名《天花藏合刻七才子书》，其中《玉娇梨》有三位才子佳人，即苏友白、白红玉、卢梦梨，《平山冷燕》有四位才子佳人，即平如衡、山黛、冷绛雪、燕白颔，故名之为"七才子"。清代鸳湖烟水散人将自己所撰小说命名为《女才子书》，又名《女才子》《女才子集》《美人书》《闺秀佳话》等，记载明代至清初十七位佳人、才女的故事。清代署烟霞散人编《凤凰池》，全称《新编凤凰池续四才子书》，有意模仿四才子书《平山冷燕》，故以"续四才子书"名之。大德堂乾隆十五年（1750）刻《绣像女才子书》十二卷。乾隆以后出现"十才子书"之说，分别为《三国志演义》《好逑传》《玉娇梨》

---

① ［清］董含：《三冈识略》卷九，见王利器《元明清三代禁毁小说戏曲史料》（增订本），上海古籍出版社 1981 年版，第 215－216 页。

《平山冷燕》《水浒传》《西厢记》《琵琶记》《白圭志》《斩鬼志》《驻春园》，包括八部小说和两部戏曲作品。

在明清刊印的小说之中，以"才子""才子书"命名的作品屡见不鲜。我们就取名"才子书"的小说作品来看，以写情小说和女性题材为主。另外，在这些小说尤其是才子佳人小说作品中，充分表明对青年男女"才"的重视。清代荻岸山人编次《平山冷燕》第一回《太平世才星降瑞　圣明朝白燕呈祥》回前评云："此书欲写平、山、冷、燕之才。"①《平山冷燕》第八回《争礼论才惊宰相　代题应旨动佳人》通过才女冷绛雪之口，专门有一段关于"才"的论述，将天、地、人称为"三才"，"以天而论，风云雪月发亘古之光华；以地而论，草木山川结千秋之秀润。此固阴阳二气之良能，而昭著其才于乾坤者也。虽穷日夜，语之而不能尽"。就人之才而言，"圣人有圣人之才，天子有天子之才，贤人有贤人之才，宰相有宰相之才，英雄豪杰有英雄豪杰之才，学士大夫有学士大夫之才"。她认为文人之才、诗人之才"谓出之性。性诚有之，而非性之所能尽该；谓出之学，学诚有之，而又非学之所能必至"②。将才与性情、学识等相联系，冷绛雪关于"才"的一段论述反映了清初人们关于才学的看法，这与清初提倡经世致用、"崇实黜虚"的实学思潮有着密切的联系。同时，清初"才子书"重视才学的倾向对乾隆以后《镜花缘》等才学小说产生了一定的影响。

清代刘一明《西游原旨·读法》曾就"才子书"与"神仙书"的区别加以说明："《西游》，神仙之书也，与才子之书不同。才子之书论世道，似真而实假；神仙之书谈天道，似假而实真。才子之书尚其文，词华而理浅；神仙之书尚其意，言淡而理深。"③刘一明认为所谓"才子书"，关注现实，真幻相参；注重修饰文词，通俗易懂，与"神仙书"差异较大。对于"才子书"一名体现的广告意义，晚清邱炜萲撰《菽园赘谈·金圣叹批小说说》说得很清楚：

---

① ［清］荻岸山人编次：《平山冷燕》，中华书局2000年版，第1页。

② ［清］荻岸山人编次：《平山冷燕》，中华书局2000年版，第72－73页。

③ ［清］刘一明：《西游原旨·读法》，见《古本小说集成》，据清刊本影印《西游原旨》卷首。

坊间因仍《三国志演义》为"第一才子书"，而凑出《好逑传》《平山冷燕》《白圭志》《花笺记》各下乘陋劣小说，硬加分贴为"第二才子书""第三才子书"，以下除却五才《水浒》，六才《西厢》，还依圣叹旧号外，一直排下，到第十才子，无理取闹。设圣叹见之，当自悔不该为作俑之始，使毛、施、关、王四位真才子共起"何曾比余于是"之叹也。①

上述引文提到的《花笺记》是明末清初广东弹词木鱼歌作品，全称《第八才子书花笺记》，邱炜萲将这部作品与《好逑传》《平山冷燕》《白圭志》等一起称为"小说"。他对这些作品标注"才子书"的做法不以为然，认为它们与《三国演义》无法相提并论。小说编刊者在书名上标明"才子书"无非是为了扩大宣传，促进销路。清代杭世骏《飞龙全传·序》指出："《飞龙全传》一卷，予观其布置井井，衍说处亦极有理，毫无鄙词俚句，贻笑大方，洵特出于外间小说之上，而足与才子等书并传不朽。"② 杭世骏在序言中就借助"才子书"宣传《飞龙全传》，希望此书"足以与才子等书并传不朽"。

三

明清小说经常使用"第一""第二"等序号为小说命名，体现较为明显的广告意识。清代石华《镜花缘·序》指出："坊肆所行杂书，妄题为第几才子，其所描写，不过浑敦穷奇面目。即或阐扬盛节，点缀闲情，又类土饭尘羹，味同嚼蜡。余尝目为'不才子'，似非过论。"③ 石华对"坊肆所行杂书，妄题为第几才子"的做法提出批评，目之为"不才子"，但是这条材料也从侧面表明清代小说出版市场中"妄题为第几才子"的现象比较普遍。小说编刊者不仅以"奇书""才子书"招徕读者，有些作者、刊印者还给书名加上"第一""第二"等序号，其目的仍在于广告

---

① ［清］邱炜萲：《菽园赘谈》卷七，厦门大学出版社 2018 年版，第 443 页。
② ［清］杭世骏：《飞龙全传·序》，见《古本小说集成》，据清芥子园刊本影印《飞龙全传》卷首。
③ ［清］石华：《镜花缘·序》，见《古本小说集成》，据复旦大学图书馆藏本影印《镜花缘》卷首。

宣传。

（一）号称"第一奇书""第一才子书"的小说作品比较多

皋鹤草堂康熙三十四年（1695）刊刻《金瓶梅》时命名为《皋鹤堂批评第一奇书金瓶梅》，光绪年间香港刊闲云山人序本《金瓶梅》，改名为《第一奇书钟情传》，为删节本。清代夏敬渠所撰《野叟曝言·凡例》声称："原本编次，以'奋武揆文，天下无双正士；熔经铸史，人间第一奇书'二十字，分为二十卷……为古今说部所不能仿佛，诚不愧'第一奇书'之目。"① 将《野叟曝言》称为古今小说中"第一奇书"，显然是为了宣传的需要，上海申报馆光绪八年（1882）、佛镇英文堂光绪八年（1882）均铅印《第一奇书野叟曝言》二十卷一百五十四回。又如，清代陈天池撰《如意君传》，全称《第一快活奇书如意君传》，又称《第一快活奇书》《第一快活书》等。清代徐璈道光庚子年（1840）撰《第一快活奇书·序》云：

> 己亥四月，于午亭山村得晤陈子天池，既以所著《第一快活书》丐政。初读之快活奇；读半更快活更奇；读竟始末，快活且无一小不快活之蟀可摘者，愈见奇奇。盖天下竞言著述矣：圣经贤传，注解精赅，奇；剿袭雷同，不奇。子史杂集，汗牛充栋，皆欲争妙，奇；佶屈聱牙，腐滥庸弱，不奇。稗官如《红楼梦》者，艳称时尚，情隐事新，奇；卒读令人不快，不奇。《聊斋》辞炼意渊，奇；鬼狐甚惑世，不奇。《西游》幻，《水浒》侠，《西厢》荡，《镜花缘》浮，固各逞奇；抑皆有所呲议，不尽奇。奇莫奇此《第一快活书》者。②

徐璈对陈天池撰《如意君传》评价很高，认为这部小说堪称"第一奇书"，其奇妙之处甚至超过《西游记》《水浒传》《西厢记》《镜花缘》《聊斋志异》《红楼梦》等名著。我们暂且不论徐氏之评是否恰当，从小说书名以及这篇序言中可以看出小说借助"第一快活奇书""第一快活

---

① ［清］夏敬渠：《野叟曝言·凡例》，见人民文学出版社1997年版《野叟曝言》卷首。
② ［清］徐璈：《第一快活奇书·序》，见丁锡根编著《中国历代小说序跋集》，人民文学出版社1996年版，第1579－1580页。

书"等字样以扩大影响的目的。清代江陵渔隐撰《云钟雁全传》，全称《云钟雁三闹太平庄全传》，又名《大明奇侠传》，光绪甲午年（1894）张佩芝撰《大明奇侠传·序》同样以"第一"称赞这部小说："此书久已脍炙人口，兹经名手绘图，宿儒详校，乃稗官野史中第一快心醒目之奇编也。"① 张佩芝将《云钟雁全传》称为"稗官野史中第一快活醒目之奇编"，评价甚高。小说编刊者争相以"第一"或"第一奇书"为小说命名。清代陈朗撰《雪月梅传》，又名《第一奇书》；清代佚名撰《宋太祖三下南唐》，又名《第一侠义奇女传》；清代佚名撰《莲子瓶演义》，又名《第一奇书莲子瓶》《后唐奇书莲子瓶传》。晚清时期，在小说编撰、刊印过程中，此风不减。佚名编者将《肉蒲团》情节重新组合，编成抄本《天下第一绝妙奇书》。佚名撰《欢喜缘》，目录页题《第一奇书欢喜缘》。光绪十九年（1893）上海进步书局石印《绣像绘图第一奇女传》十二卷六十六回，光绪二十六年（1900）上海广益书局石印《绣像第一侠义奇女传》四卷五十二回，均以"第一奇书""第一奇女"等字样相标榜。

以"第一才子书"等字样招徕读者的小说作品也不少见，清代许时庚《三国志演义·补例》云："是书（按：指《绘图增像第一才子书》）为本朝国初吴郡金圣叹先生加增外评，称为《第一才子书》，是后以讹传讹，竟将《三国志演义》原名淹没不彰，坊间俗刻，竟刊称为《第一才子书》，未免舍本逐末。"② 《三国志演义》经金圣叹评点并称为《第一才子书》之后，竟将《三国志演义》的原名淹没不闻，可见，"才子书"之名影响深远。在小说出版市场，不少书坊主以"第一才子书"命名作品。例如，清代顺治刻《第一才子书古本三国志》六十卷一百二十回、清代经纶堂刻《绣像第一才子书》十九卷，等等。清代崔象川辑《白圭志》，又名《第一才女传》，以"第一才女"标榜。有些小说既称"奇书"又称"才子书"，如清代《雪月梅》，又名《镜湖才子书》《第一奇书》等。光绪三十年（1904）上海书局石印《绘图第一情书听月楼全传》四卷二十回。无论是取名"才子书"还是"第一奇书""第一情书"，其促销的目的是一

---

① ［清］张佩芝：《大明奇侠传·序》，见丁锡根编著《中国历代小说序跋集》，人民文学出版社1996年版，第1598页。

② ［清］许时庚：《三国志演义·补例》，见丁锡根编著《中国历代小说序跋集》，人民文学出版社1996年版，第908页。

致的。

（二）有些小说号称"第二""二刻""第二奇书""第二才子书"等

《今古奇观》一名《喻世明言二刻》，清代吴郡宝翰楼刊刻《喻世明言二刻》（即《今古奇观》）四十卷；《石点头》又名《醒世第二奇书》，光绪二十一年（1895）澳门知新书局、光绪二十二年（1896）上海文宜书局均曾石印《绣像醒世第二奇书》；清代小说《林兰香》一名"第二奇书"，上海熔经阁1917年曾经石印《绘图第二奇书》八卷六十四回，上海锦章书局1928年石印《第二奇书林兰香》八卷六十四回；《好逑传》又名《第二才子好逑传》。

（三）其他序号

《金瓶梅》乾隆乙卯本取名《四大奇书第四种》，清代吴兴于茹川撰《玉瓶梅》全名《绣像第六奇书玉瓶梅》，光绪二十二年（1896）上海文宜书局石印《五续今古奇观石点头》十四卷、光绪二十三年（1897）石印《欢喜三续今古奇观》四卷、光绪二十三年（1897）石印《案中奇缘第四奇书》十二回，标名"三续""五续""第四奇书"等字样吸引读者。

有些小说编刊者在"才子书"之前加上序号。崇祯十四年（1641）贯华堂刊刻《第五才子书施耐庵水浒传》七十五卷七十回。雍正十二年（1734）黄叔瑛撰《三国演义·序》指出："院本之有《西厢》，稗官之有《水浒》，其来旧矣。一经圣叹点定，推为'第五才子''第六才子'，遂成锦心绣口，绝世妙文；学士家无不交口称奇，较之从前俗刻，奚翅（按：即啻）什佰过之。"① 光绪十四年（1888）王韬撰《水浒传·序》也指出："《水浒传》一书，世传出施耐庵手，其殆有寓意存其间乎，抑将以自寄其慨喟也？其书初犹未甚知名，自经金圣叹品评，置之第五才子

---

① ［清］黄叔瑛：《三国演义·序》，见丁锡根编著《中国历代小说序跋集》，人民文学出版社1996年版，第905页。

之列，而名乃大噪。"① 通过黄叔瑛和王韬所撰序言记载可知，《水浒传》经金圣叹评点之后，以"第五才子"命名，立即产生巨大的社会影响，可见小说书名与小说评点一样，有助于提高小说的知名度，在小说出版市场的竞争方面处于优势地位。明清时期在小说书名中增加序号的事例很多。例如，雍正三年（1725）芥子园刻《绣像第五才子书水浒传》七十五卷七十回，雍正十二年（1734）刻《第五才子书水浒传》七十五卷；经纶堂清代刻《第八才子书白圭志》四卷十六回，康熙五年（1666）同文堂刻《第九才子书斩鬼传》十回，光绪十二年（1886）莞尔堂刻《莞尔堂第九才子书斩鬼传》四卷十回；清代《驻春园》又名《第十才子书》，上海熔经阁 1920 年石印《绣像第十才子驻春园》四卷二十四回、1920 年石印《第九才子书捉鬼传》四卷十回；等等。

在小说书名中增加序号，比较典型的事例莫过于晚清上海校经书局刊印的小说作品。光绪三十一年（1905）该书局石印《新刻再续彭公案》四卷八十一回，又石印《五续彭公案》《六续彭公案》《七续彭公案》《八续彭公案》《九续彭公案》《十续彭公案》；在《济公传》的刊印上更是如此，从晚清石印《绣像四续济公传》四卷四十回一直到 1926 年石印《绘图新编四十续济公传》四卷四十回，共刊印书名带有序号的《济公传》续书三十七种，在中国小说刊印史上相当罕见。

四

在小说书名中假托名家创作、评点的现象在明清时期非常明显。假托是古代小说的传统之一，如题为汉代小说的《神异经》《十洲记》托名东方朔所作，《搜神后记》托名东晋陶潜所作，类似的例子在古代小说发展史上屡见不鲜。明清时期小说创作、流传过程中普遍存在托名现象，这与当时出版市场竞争激烈的状况有着密切的联系。小说编刊者在小说书名中假托名家创作、评点，充分体现其广告功能。

---

① ［清］王韬：《水浒传·序》，见丁锡根编著《中国历代小说序跋集》，人民文学出版社 1996 年版，第 1501–1502 页。

（一）明代小说假托现象

杨守敬《日本访书志补·文章正宗》篇云："明代书估好假托名人批评以射利。"① 利用名人效应，在小说书名之前加上名人"评注""批评"等字样，这种做法非常常见。崇祯时刊《二刻英雄谱》封面题"名公批点"，陈君敬存仁堂崇祯刻《新镌国朝名公神断详情公案》八卷，刘太华明德堂明代刻《新镌国朝名公神断详情公案》八卷，王昆源三槐堂明刻《新刻名公神断明镜公案》七卷均借"名公"以宣传。在明代小说序跋中，往往出现"敦请名士""敦请名贤"参与编刊的词语，如天许斋所刊《古今小说》识语云："本斋购得古今名人演义一百二十种。"明佚名《重刊杭州考证三国志传·序》声称："本堂敦请名贤重加考证，刻传天下，盖亦与人为善之心也。收书君子其尚识之。"②

明代被假托最多的名人当数李贽。李贽所著之书很受欢迎，因而书坊所刊刻的传奇小说，多假托为李贽评点。明代陈继儒也曾指出坊间假托李贽的现象：

> 李贽……所著有《藏书》《说书》《焚书》等集，板刻于长洲黄氏，人争购之，吴下纸价几贵。以故坊间诸家文集，多假卓吾先生选集之名，下至传奇小说，无不称为卓吾批阅也。惟《坡仙集》及《水浒传叙》属先生手笔，至于《水浒传》中细评，亦属后人所托者耳。③

明末盛于斯《休庵影语·西游记误》指出："近日《续藏书》，貌李卓吾名，更是可笑。若卓老止于如此，亦不成其为卓吾也。又若《四书眼》《四书评》、批点《西游》《水浒》等书，皆称李卓吾，其实皆叶文

---

① 杨守敬：《日本访书志补·文章正宗》，见《日本访书志》附刊本，辽宁教育出版社2003年版，第26页。

② ［明］佚名：《重刊杭州考证三国志传·序》，见丁锡根编著《中国历代小说序跋集》，人民文学出版社1996年版，第892页。

③ ［明］陈继儒：《国朝名公诗选》卷六《李贽》，据天启间刊本。

通笔也。"① 叶昼（字文通）曾经假托李贽之名进行创作。明代钱希言《戏瑕》卷三《赝籍》指出："比来盛行温陵李贽书，则有梁溪人叶阳开名昼者，刻画摹仿，次第勒成，托于温陵之名以行。"② 清代周亮工《因树屋书影》卷一亦云："叶文通，名昼，无锡人……当温陵《焚》《藏书》盛行时，坊间种种借温陵之名以行者，如《四书》第一评、第二评，《水浒传》《琵琶》《拜月》诸评，皆出文通手。"③ 更多的假托者则不知其姓名，正如清代毛宗岗《三国志演义·凡例》所云："俗本谬托李卓吾先生批阅，而究竟不知出自何人之手。"④ 清代李葆恂《旧学庵笔记·古本水浒》云："向阅金圣叹所评《水浒传》，首载耐庵一序，极似金氏手笔，心窃疑之。后得明刊本，乃果无此篇，始信老眼无花。此本当刻于天启末年，正是李卓吾身后名盛之时，故备载李氏伪评。"⑤ 李葆恂既指出金圣叹假托施耐庵之名为小说作序，又点明小说中题为李贽的评点是"伪评"。

陈继儒曾指出李贽被人托名的情况，他自己在世时或身后也因"盛名倾江南"而被坊间假托。⑥ 万历四十三年（1615）苏州龚绍山刊刻《新镌陈眉公先生批评列国志传》，实际评点者为朱篁，但书名署"陈眉公先生批评"，该书识语煞有其事地宣称："本坊新镌《春秋列国志传批评》，皆出自陈眉公手阅，删繁补缺而正讹谬，精工绘像，灿烂可观。"陈继儒在当时名气很大，假托陈继儒评点，可以扩大小说的知名度。对于此类托

---

① ［明］盛于斯：《休庵影语·西游记误》，开明书店 1931 年版，第 37 页。据周亮工《赖古堂集》卷十八《盛此公传》，盛于斯卒于周亮工考中进士之前，而周亮工中进士在崇祯十三年（1640）春，所以盛于斯应卒于崇祯十三年之前，当为明人。（参见周亮工《赖古堂集》，上海古籍出版社 1979 年版，第 694－702 页。）朱一玄、刘毓忱以为盛于斯是清人。（参见其书《水浒传资料汇编》，南开大学出版社 2002 年版，第 305－306 页，误。）

② ［明］钱希言：《戏瑕》卷三《赝籍》，见《续修四库全书》子部杂家类第 1143 册，据明刻本影印，第 588－589 页。

③ ［清］周亮工：《因树屋书影》卷一，见《周亮工全集》第 3 册，凤凰出版社 2008 年版，第 105－106 页。

④ ［清］毛宗岗：《三国志演义·凡例》，见上海古籍出版社 1989 年版毛宗岗评本《三国演义》卷首。

⑤ ［清］李葆恂：《旧学庵笔记·古本水浒》，见朱一玄、刘毓忱编《水浒传资料汇编》，南开大学出版社 2002 年版，第 138 页。

⑥ ［明］沈德符：《万历野获编》卷二三《山人·山人愚妄》，中华书局 1959 年版，第 587 页。

名现象，陈继儒也深恶痛绝，他曾经指出："余著述不如辰玉（按：指王衡）远甚，忽为吴儿窃姓名，庞杂百出，悬赝书于国门。"①

除李、陈二人之外，明代书坊在出版小说评点本时，喜欢假托的名人还有钟惺、杨慎、徐渭、汤显祖诸人，多为文坛名人或社会名流。假托李卓吾评点的小说有《李卓吾先生批评三国志》《李卓吾批评忠义水浒全传》《李卓吾先生批评西游记》《镌李卓吾批点残唐五代史演义传》《武穆精忠传》《七十二朝人物演义》《绣榻野史》等；假托陈继儒评点的有《新镌陈眉公先生批评春秋列国志传》《新镌国朝名公神断陈眉公详情公案》等；假托钟惺评点的有《钟伯敬先生批评三国志》《新刻钟伯敬先生批评封神演义》《钟伯敬先生批评水浒忠义传》等；假托杨慎评点的有《隋唐两朝志传》等；假托徐渭评点的有《新刊徐文长先生评唐传演义》等；假托汤显祖评点的有《云合奇踪》《玉茗堂摘评王弇州艳异编》《新镌玉茗堂批评按鉴参补南北宋志传》；等等。从明代小说刊刻的角度来看，小说评点体现明显的广告效应，它是一种由广告演变而来的小说批评方式。书坊出于广告宣传的目的设置评点，甚至假托名人评点，这是推动小说评点形成与发展的重要原因之一。

（二）清代小说创作、评点中假托名家的现象不像明代那么突出，但在不同时期也不同程度地存在

小说编刊者沿袭明代假托李贽、陈继儒、汤显祖等人之风，刊刻明代托名之作。例如，康熙年间吴郡绿荫堂刻《李卓吾先生批评三国志》一百二十回，康熙十七年（1678）致和堂刻《新镌陈眉公批点按鉴参补出像南宋志传》、刻《绣像京本云合奇踪玉茗堂英烈全传》十卷八十回，康熙三十四年（1695）四雪草堂刻《新刻钟伯敬先生批评封神演义》十九卷一百回，乾隆四十七年（1782）茂选楼刻《新刻钟伯敬先生批评封神演义》二十卷一百回，等等。

明末清初一些著名的小说、戏曲作家、理论家如冯梦龙、李渔等人常常成为清代小说编刊者假托的对象。清代雍正年间刊本《二刻醒世恒言》

---

① ［明］陈继儒：《王太史辰玉集·叙》，见王衡《缑山先生集》，《四库全书存目丛书》集部别集类第178册，据吉林省图书馆所藏明万历刊本影印，第557页。

卷首题"墨憨斋遗稿",并题名为《二刻醒世恒言》,就是为了借冯梦龙、《醒世恒言》之名,扩大小说的影响。佚名选辑《警世选言》托名为李渔所编,全题为《李笠翁先生汇辑警世选言》。李渔是清代著名的戏曲作家、戏曲理论家,托名李渔所编,可以提高小说的身价。显然,这些都是书商所为,目的在于谋利。

明清小说书名中普遍存在的假托名家现象体现很强的广告色彩,因为标注名家会使小说受到更多读者的关注。明代盛于斯曾经指出:"读者又矮人观场,见某老先生名讳,不问好歹,即捧讽之。"① 所以,明清小说编刊者在小说创作、刊刻过程中,利用读者这种独特心理,假托名家以求获取高额利润。

五

明清时期小说编刊者经常在书名中增加修饰语,这在通俗小说的创作、流传过程中体现得尤为显著。例如,建阳熊冲宇种德堂万历刻《三国志传》,全名为《新刻汤学士校正古本按鉴演义全像通俗三国志传》,共二十一字;清代文英堂刊《列国志传》全名为《新刻京本春秋五霸七雄全像列国志传》。笔者考察明清小说的全名,经过统计可知,具有广告意义的常用词语包括以下内容:"新刊""新刻""新镌""新锲""新编""新纂""新订""新说""新增""新选""新辑""簇新""异说""鼎锲""精镌""精编""精选""精订""重镌""重订""重编""按鉴""参采史鉴""参补""通俗""演义""京本""古本""秘本""原本""真本""官板""大字""名公""音释""音诠""注释""增注""评释""旁训""插增""增补""增订""补遗""校正""考订""补订""订正""绣像""补相(像)""全相(像)""全图""出相(像)""图像""增像""绘图""评点""评林""题评""批评""批点""评定""评论""圈点""增评"等。

我们试对上述词语解读可知,"新刊""新刻""新镌""新锲""新编""新纂""新订""新说""新增""新选""新辑""簇新"

---

① 〔明〕盛于斯:《休庵影语·西游记误》,开明书店 1931 年版,第 37 页。

"异说""鼎镌""精镌""精编""精选""精订""重镌""重订"
"重编"等属于刊印时间和刊印质量、内容的范畴，"按鉴""参采史
鉴""参补""通俗""演义"属于编创方式与创作倾向的范畴，"京
本""古本""秘本""原本""真本""官板"表明稿件来源，"大字"
一词属于印刷装帧形式，其余的词语均指小说的编辑工作，包括编辑者
的身份（名公）、注释（音注、人名、地名注等）、章节增删、校勘、
插图、评点诸问题。

在上述具有广告意义的词语之中，最常见、使用频率最高的当数
"新刊""新刻""新镌""新锲"等带有"新"的词语。到了近代，在此
基础上出现一些变化，一些小说使用"最新""最近"等词语，如《最新
女界鬼蜮记》《最新学堂现形记》《最近女界现形记》《最近女界秘密史》
《最近社会秘密史》《最近官场秘密史》《最近上海秘密史》《绘图奇情小
说最新多宝龟》《最近社会醒龊史》《最近嫖界秘密史》等，所表达的内
涵与"新刊""新刻""新镌""新锲"等词语相同或相似，均强调小说
刊印、发表的时间以及所描写的题材内容之"新"，以吸引读者。

在明清时期小说刊刻史上，有些词语的运用从最初的含义到涂抹浓厚
的广告色彩，往往存在着演变的过程。比如，"京本"一词并非明清时人
所发明，南宋尤袤《遂初堂书目》即有《京本太平广记》一书。明清小
说刊印中使用"京本"至少有两重意义：第一层意义是借此躲避清代的
思想文化高压政策。王利器《元明清三代禁毁小说戏曲史料·前言》指
出："明清两代，通行本小说戏曲，往往有'京本'或'本衙藏板'等字
样……由于小说戏曲经常遭到无理的禁毁，书坊乃借'京本'等字样为
伪装，其意若曰，这是官方批准或官坊发兑的书，这样便可达到公开出
售、广泛传播的目的了。"① 另外一层意义就在于利用"京本"之名进行
广告宣传。对此，王利器先生有不同的看法，他认为明清小说戏曲标注
"京本"并非"是书坊借此以广招徕"②。实际上，在出版市场竞争激烈
的情况下，书坊这类做法不仅存在于清代思想文化高压政策之下，而且在

---

① 王利器：《元明清三代禁毁小说戏曲史料·前言》，上海古籍出版社 1981 年版，第
29 页。
② 王利器：《元明清三代禁毁小说戏曲史料·前言》，上海古籍出版社 1981 年版，第
29 页。

明代出版市场管理相对宽松的情况下同样存在，这在福建建阳书坊所刻小说中尤为明显。郑振铎先生指出："闽中书贾为什么要加上'京本'二字于其所刊书之上呢？其作用大约不外于表明这部书并不是乡土的产物，而是'京国'传来的善本名作，以期广引顾客的罢。"① 明清小说刊印所言"京本"之"京"指两京（北京、南京），就小说而言，应主要指南京。作为明代小说、戏曲的刊刻中心之一，南京以其稿源丰富、刊刻书籍质量精美而著称，成为小说刊刻重要的稿源渠道之一。"京本"一词的本义并无广告意味，但久而久之，这一词语由早期的稿件来源转变为广告宣传词语。尤其是建阳书坊常常冒其名刊刻小说，建阳余季岳明末刊《盘古至唐虞传》，在封面即直接声称"金陵原梓"。建阳郑以桢宝善堂万历刻《新镌校正京本大字音释圈点三国志演义》，封面题"李卓吾先生评释圈点《三国志》，金陵国学原板，宝善堂梓"。朱仁斋与耕堂万历二十二年（1594）刻《包龙图判百家公案》第五十八回《决戮五鼠闹东京》云："此段公案，名《五鼠闹东京》，又名《断出假仁宗》，世有二说不同，此得之京本所刊，未知孰是，随人所传。"② 这里就强调在"世有二说不同"的情况下，选择"京本"作为依据。由此可见，"京本"原意在于书坊刊刻小说对包括北京、南京在内的两京刊本尤其是南京刊本的依赖和借鉴，但是逐步演变为书坊吹嘘自己稿源、显示小说正宗地位并借此扩大小说影响、带有广告性质的词语。明清书坊刊印的小说作品标注"京本"的很多，笔者不再一一列举。

又如，"官板"一词，原意是指根据"官方的底本翻刻"③，后来同样演变为书坊主宣扬自己稿件质量的广告用语。如明代熊云滨重修世德堂刻《新刻出像官版大字西游记》、金陵荣寿堂万历刻《新刻出像官版大字西游记》二十卷一百回、启德堂雍正十二年（1734）序刻《官板大字全像批评三国志》一百二十回、郁文堂雍正十二年（1734）序刻《官板大

① 郑振铎：《西谛书话·京本通俗小说》，生活·读书·新知三联书店 1983 年版，第144 页。

② 《包龙图判百家公案》，见《古本小说集成》，据朱仁斋与耕堂万历二十二年（1594）刻本影印《包龙图判百家公案》，第 332 页。

③ 陈大康：《明代小说史》第五编《明末的小说创作》第十五章《文人的参与与小说理论的总结》第一节《明末小说创作的舆论环境》，上海文艺出版社 2000 年版，第 539 页。

字全像批评三国志》二十四卷一百二十回等，均通过标注"官板"进行广告宣传。

在明清小说编刊者为小说书名所增加的修饰语之中，"绣像""补相（像）""全相（像）""全图""出相（像）""图像""增像""绘图"等皆指小说插图，"评点""评林""题评""批评""批点""评定""评论""圈点""增评"等指小说评点，插图和评点是明清小说编刊者为吸引读者而采取的两种主要手段。明代余象斗在重刊其族叔余邵鱼《列国志传》时就增加了插图和评点，并借此宣传自己的双峰堂刊本："谨依古板校正批点无讹。三台馆刻《列国》一书，乃先族叔翁余邵鱼按鉴演义纂集，惟板一付，重刊数次，其板蒙旧，象斗校正重刻，全像批断，以便海内君子一览，买者须认双峰堂为记。"①"全像"与"批断"，即插图与评点，是余象斗在重刊《列国志传》时增加的两个重要内容，目的在于照顾读者的阅读习惯与兴趣，"以便海内君子一览"。金陵书坊主周曰校万历十九年（1591）刊刻《三国志通俗演义》，全称为《新刊校正出像古本大字音释三国志传通俗演义》，其识语声称：

> 是书也，刻已数种，悉皆伪舛，茫昧鱼鲁，观者莫辨，予深憾焉。辄购求古本，敦请名士按鉴参考，再三雠校。俾句读有圈点，难字有音注，地里有释义，典故有考证，缺略有增补，节目有全像。如牖之启明，标之示准。此编此传，士君子抚养心目俱融，自无留难，诚与诸刻大不侔矣。②

周曰校在古本《三国志通俗演义》的基础上加了"圈点""全像"等内容之后，强调自己所刊"诚与诸刻大不侔矣"，可见插图和评点是书坊主招徕读者的重要手段，在小说书名中加上有关小说插图、评点的修饰语，可以起到很好的广告宣传的功用。

---

① ［明］余象斗：《按鉴演义全像列国评林·识语》，见丁锡根编著《中国历代小说序跋集》，人民文学出版社 1996 年版，第 860 页。《古本小说集成》据万历三十四年（1606）三台馆刊本影印《列国志传》卷首。

② ［明］周曰校：《三国志通俗演义·识语》，万历十九年（1591）刊刻，据北京大学图书馆藏明万历刊本。

在商品经济相当发达的明清时期，随着小说出版业的兴盛，古典小说命名的广告意义愈益突出，小说编刊者重视市场与读者需求，重视广告宣传，这在小说书名之中体现得非常明显。笔者主要从上述五个方面对此加以阐述，考察明清小说编刊者以"奇""异""怪""艳""才子""才子书"等词语为小说命名、在小说书名中增加序号、借助名家进行宣传、在书名中增加修饰语等现象，分析小说编刊者的广告手段，以此探讨商品经济发展给小说创作、流传带来的深刻影响，与此同时，探讨小说命名的广告倾向对明清小说发展的影响与意义，考察明清小说发生、发展的真实历程及其演变规律。

（原载《暨南学报》2016 年第 10 期）

程国赋自选集

第四部分

中国古代小说综合研究

明清通俗小说识语研究

　　与小说序跋、凡例等一样，识语也是明清通俗小说的一种特定的文体形式。所谓识语，一般是为了读者阅读的需要，在小说的卷首或卷末简明扼要地介绍小说的创作缘由、题材来源、版本流传、创作主旨、编辑或刊刻特色等的文字。作为依附于小说文本而存在的原始文献，识语对于我们研究通俗小说作家、作品、时代背景、版本流传等具有较高的史料价值，与此同时，小说识语体现出比较浓郁的广告宣传色彩，值得我们加以归纳、总结。对识语这一特定视角进行考察，有助于我们认识通俗小说的创作主旨，了解读者阶层与通俗小说创作、传播之间的内在联系。

　　从目前学术界的研究状况来看，关于通俗小说识语的研究未受到应有的重视。据笔者检索结果，对此进行专门研究的论文只有一篇，即陈大康刊载于《明清小说研究》1991 年第 2 期的《漫谈小说“识语”》一文。陈文通过举例的形式介绍十六则小说识语的广告意义，其中提到明末夏履先所刊《禅真逸史》凡例，并非识语，所以实际列举十五则小说识语。陈文虽取名“漫谈”，论述亦较简略，但在小说识语的研究方面具有开拓意义。本文在对明清时期通俗小说识语进行整体观照的基础上，试图从文献整理和理论阐述两方面就这一特定的小说文体加以总结与探讨。①

一、明清通俗小说识语的文献统计及整体特征

　　关于明清通俗小说识语的文献统计，陈大康《漫谈小说“识语”》一

---

　　① 这里需要指出几个问题：第一，本文界定的通俗小说概念主要是指故事性强、适合于普通读者阅读水平和阅读需要的小说；语言通俗，以白话小说为主，包括少量以浅近文言写成的小说。第二，本文界定的明清时期是自 1368 年即明洪武元年到 1911 年即清宣统三年，包括晚清时期，不过，晚清翻译小说的译者识语，如《鲁滨孙漂流记》《毒蛇圈》等译者识语，不作为本文研究对象。第三，1912 年，梦笔生将《续金瓶梅》删改后，改题《金屋梦》，于 1915 年在《莺花杂志》创刊号连载，系民国时期作品，虽有识语，亦不属本文研究范围，故未列入，特作说明。

文曾列出十五篇进行介绍。经过笔者统计，在明清通俗小说作品之中，共有识语五十篇（其中三台馆万历年间刊《列国前编十二朝》卷首、书末各有识语，算作二篇），参见文末列表。

总的来看，明清时期通俗小说识语呈现以下四个特征。

第一，识语绝大多数出现于小说卷首的封面，也有个别置于书末，如建阳余氏萃庆堂万历三十一年（1603）所刊《咒枣记》《铁树记》《飞剑记》、余季岳崇祯所刊《盘古至唐虞传》等。余象斗三台馆万历刊《列国前编十二朝》卷首、书末则各有识语。

第二，识语主要附着于刊本，少数抄本，如乾隆四十五年（1780）传抄本《歧路灯》，清道光、同治年间潘氏钞本《儒林外史》，亦有识语。

第三，小说识语文字简短，一般几十字，多则一百余字，以散体文撰成。清代耕书屋刊《凤凰池》以七律诗的形式撰写识语，别具一格。

第四，编写识语者一般为小说的刊刻者。据现存文献考察，最早出现识语的通俗小说为金陵万卷楼万历十九年（1591）所刊《三国志通俗演义》，此书识语即为书坊主周曰校所撰；金陵兼善堂天启四年（1624）刊《警世通言》卷首有署名"金陵兼善堂"所撰识语；吴县叶敬池崇祯年间刊《新列国志》识语题"金阊叶敬池梓行"，可知为书坊主所为；嘉会堂所刊《新平妖传》识语称"本坊"，表明为书坊自撰。建阳书坊主余象斗在小说刊刻过程中经常运用识语的形式进行宣传，余氏小说刊本至少有6篇识语，即双峰堂万历二十年（1592）刊《批评三国志传》、双峰堂万历二十二年（1594）刊《忠义水浒志传评林》、双峰堂万历二十六年（1598）刊《万锦情林》、三台馆万历刊《新刊八仙出处东游记》、三台馆万历三十四年（1606）重刊《列国志传》、三台馆万历后期刊《列国前编十二朝》皆附有识语，这些识语基本上都是余氏个人所撰。在明清通俗小说刊刻、传播历史上，可以说余象斗是撰写小说识语最多的书坊主，其小说识语结尾常用"买者须认双峰堂为记"的字样招徕读者。也有个别小说刊本的识语并非书坊主所撰，如余氏萃庆堂万历三十一年（1603）刊《铁树记》《咒枣记》《飞剑记》，其书末识语为小说作者邓志谟所撰；玉屏山馆同治十年（1871）刊《荡寇志》，邀请小说作者俞万春之侄俞焌撰写《重刻荡寇志识语》，康熙癸丑年（1673）永庆堂余郁生刊《梁武帝西来演义》，卷首则附有署名"绍裕堂主人"所撰识语。

二、明清通俗小说识语的史料价值

作为附着于小说文本的原始文献，识语的史料价值不容忽视。对此，笔者试从版本流传、小说作者、创作或刊刻时间、书名、稿件来源、小说评点等方面加以阐述。

古代小说版本纷繁复杂，识语作为原始文献成为我们研究小说版本演变的重要途径。苏州陈氏嘉会堂崇祯刊《新平妖传》识语云："旧刻罗贯中《三遂平妖传》二十卷，原起不明，非全书也。"从这则识语可知，罗贯中《三遂平妖传》原为二十卷，经过墨憨斋（冯梦龙）重新编纂以后，才成为四十回本。《红楼梦》东观阁本是在程甲本基础上，参照程乙本、脂批本加工修改而成的版本，其识语云："《红楼梦》一书，向来只有抄本，仅八十卷。近因程氏搜辑刊印，始成完璧。但原刻系用活字摆成，勘对较难。书中颠倒错落，几不成文；且所印不多，则所行不广。爰细加厘定，订讹正舛，寿诸梨枣，庶几公诸海内，且无鲁鱼亥豕之误，亦阅者之快事也。"这里也为我们揭示出《红楼梦》版本的演变过程。由于种种原因，很多小说版本散佚不存，在这种情况下，识语记载就为我们提供不少小说版本的线索。例如，《三国志演义》版本众多，明代余象斗双峰堂本《批评三国志传》卷首所附《三国辨》即云："坊间所梓《三国》何止数十家矣，全像者止刘、郑、熊、黄四姓。"由此可知，仅明代《三国》刊本就达"数十家"，其中刘、郑、熊、黄四姓书坊即爱日堂、宗文堂、种德堂、仁和堂所刊《三国志演义》为全像。因原刊本多不存于世，所以《三国辨》所记具有一定的史料价值。与此相似的是，余象斗双峰堂万历二十二年（1594）刊刻《忠义水浒志传评林》卷首《水浒辨》亦提供了关于《水浒传》版本的重要史料。

在确定小说作者，考证作者生平、思想、著述诸方面，识语也有很好的参考价值。俞龙光为咸丰三年（1853）《荡寇志》原刊本所作识语云："龙光谨按：道光辛卯、壬辰间，粤东瑶民之变，先君随先大父任，负羽从戎。缘先君子素娴弓马，有命中技，遂以功获议叙。已而归越，以岐黄术遨游于西湖间。岁壬寅，唉夷犯顺，有献策军门，备陈战守器械，见赏于刘玉坡抚军。晚归玄门，兼修净业。己酉春王正月，无疾而逝。著有《骑射论》《火器考》《戚南塘纪郊新书释》《医学辨症》《净土事相》，皆属稿而未镌。而尤有卷帙繁重者，则《荡寇志》是。"因为俞龙光是《荡寇志》作者俞万春之子，所以他所言俞万春的生平、著述切实可信，成为我们研究《荡寇志》及其作者俞万春的第一手材料。有些识语还有助于我们认识小说作者的思想倾向。萃庆堂万历三十一年（1603）所刊《铁树记》书末识语云："予性颇嗜真君之道，因考寻遗迹，搜检残编，汇成此书，与同志者共之，使□（按：原字模糊不清）仙凡有路而吾人可以与好道之心云。"同为萃庆堂所刊的《飞剑记》书末识语云："予素慕真仙之雅，爰拾其遗事，为一部《飞剑记》，以阐扬万□（按：原字模糊）云云。"以上两篇识语体现出小说作者邓志谟"性颇嗜真君之道""素慕真仙之雅"的思想状况，这对我们分析、理解他创作的《铁树记》《咒枣记》《飞剑记》等道教小说提供了有益的借鉴与参考。

通过识语可以考证部分小说创作或刊刻时间。吴县叶敬池刊《新列国志》，不过未知具体刊刻时间，其识语云："墨憨斋向纂《新平妖传》及《明言》《通言》《恒言》诸刻，脍炙人口，今复订补二书。本坊恳请先镌《列国》，次当及《两汉》，与凡刻迥别，识者辨之。"透过这则由叶敬池所撰识语不难看出，《新列国志》之刊在"三言"之后，而"三言"中最后一部《醒世恒言》由叶敬池于天启七年（1627）刊刻，那么可以推知《新平妖传》应该是在明末天启七年（1627）之后，当在崇祯年间刊刻。另如，俞龙光为咸丰三年（1853）《荡寇志》原刊本所作识语云："《荡寇志》所以结《水浒传》者也，感兆于嘉庆之丙寅，草创于道光之丙戌，迄丁未，寒暑凡二十易，始竟其绪，未遑修饰而殁。"由此可知此书创作于道光六年（1826）到二十七年（1847）之间。

识语还为我们指出小说书名演变的重要信息。瑞凝堂嘉庆十年（1805）所刊《绮楼重梦》识语云："是书原名《红楼续梦》，因坊间有《续红楼梦》及《后红楼梦》二书，故易其帧曰《绮楼重梦》。"俞烷为同治十年（1871）刊本《荡寇志》所作识语云："谨按：是书之作，始于道光中叶。尔时无所谓寇焉，名之曰《荡寇志》者，盖思之深，虑之远尔。迨至咸丰元年（1851），始付剞劂氏。时值寇焰方张，古月老人乃更其名曰《结水浒》，行之于世，历有年所。但迩来区宇荡平，既除既治，所谓寇者，则又自有而之无矣，故仍其名而曰《荡寇志》者，匪特昭其实，亦微伯氏之先知灼见已在数十年之前也。"俞烷是《荡寇志》作者俞万春之侄，其言应当可信。

通过识语往往可以考察小说稿件的来源。虽然有些识语在这方面不免有夸大其词的成分（详见本文第三部分有关论述），不过总的来看，关于稿源的信息是值得我们予以关注的。明清时期稿件来源的一个重要渠道就是购买稿件，试举几例如下。

舒载阳明末刊《封神演义》识语云："余不惜重赀购求锓行，以供海内奇赏。"

吴县天许斋泰昌、天启初刊《古今小说》识语云："本斋购得古今名人演义一百二十种，先以三分之一为初刻云。"

吴县衍庆堂天启七年（1627）刊《醒世恒言》识语云："本坊重价购求古今通俗演义一百二十种，初刻为《喻世明言》，二刻为《警世通言》，海内均奉为邺架玩奇矣。"

尚友堂崇祯刊《拍案惊奇》识语云："本坊购求，不啻供璧。"

嘉会堂崇祯所刊《新平妖传》识语称："旧刻罗贯中《三遂平妖传》二十卷……墨憨斋主人曾于长安复购得数回，残缺难读，乃手自编纂，共四十卷，首尾成文，始称完璧，题曰《新平妖传》。"

明清时期小说出版业相当发达，市场需求旺盛，购买小说稿件的形式正是在这种特定的形势下应运而生的①，通过识语记载可以考察当时通俗小说的稿源渠道。

关于通俗小说评点的形成时间，陈大康《明代小说史》认为：熊大木《大宋演义中兴英烈传》以评点本的形式刊刻行世，"中国通俗小说评点的历史即是由此而开始"②。笔者认为，这一说法尚待商榷。从熊氏现存小说文本进行考察，他采取的基本上都是注释，评点的成分极少，还难以称得上是现代意义上的小说评点，真正的通俗小说评点应该是从金陵周曰校万卷楼万历十九年（1591）所刊《三国志通俗演义》开始的，此书识语明确写道："俾句读有圈点。"这是关于通俗小说评点的最早材料，值得我们予以重视。

---

① 除购买稿件以外，明清时期小说的稿件来源渠道尚有征稿、组织编写、书坊主自编等，可参见拙文《明代坊刊小说稿源研究》，载《文学评论》2007 年第 3 期，第 92－100 页。

② 参见陈大康《明代小说史》第三编《嘉靖、隆庆朝的小说创作》第八章《通俗小说创作的重新起步》，上海文艺出版社 2000 年版，第 266 页。

三、通俗小说识语的广告意义

小说识语一般印在封面或扉页等较为醒目的位置上，所以具有很好的广告宣传作用。对作品内容而言，具有"导读"的功能；对书籍销售而言，具有"导购"的作用。笔者经过归纳之后认为，明清通俗小说识语的广告意义主要体现在以下四个方面。

（一）强调稿源的独特性，或者表明编撰者的独特身份

明末夏履先所刊《禅真逸史》的识语云："此南北朝秘笈，爽阁主人而得之，精梓以公海内。"此本原系"秘笈"，他坊所无，自然十分珍贵。苏州舒载阳《封神演义》识语也指出，小说稿件来源于钟惺"家藏秘册"，十分难得。署名长安道人国清编次、崇祯元年（1628）刊《警世阴阳梦》的封面识语称："魏监微时，极与道人莫逆，权倖之日，不听道人提诲，瞥眼六年受用，转头万事皆空，是云阳梦。"这篇识语透露的信息表明作者与魏忠贤曾经关系密切，所以作者所记真切可信，不同于一般的小说家言。

（二）强调本坊小说题材内容新奇独特、结构精巧，或者强调本坊刊本编辑水平之高、刊印质量之精

清代耕书屋刊《凤凰池》识语云："才子从来不易生，河洲淑女岂多闻。事奇巧幻真无迹，离合悲欢实骇人。词香句丽堪填翰，胆智奇谋亦异新。是编迥别非他比，阅过重观不厌心。"虽然同属才子佳人小说，但此书识语强调本坊小说与其他同类作品之不同，在题材内容、人物塑造、情节设置、语言文字、小说结局诸方面皆显示出独特之处，"迥别非他比"，相信读者"阅过重观不厌心"。清初刊《十二笑》识语云："兹刻尤发奇藏，知音幸同珍赏。意味深长，勿仅以笑谈资玩也。"亦突出本坊所刊小说之"奇"。康熙元年（1662）刊《赛花铃》识语也将自家书坊小说称为"小说中之翘楚"，自我吹嘘。

小说的编辑水平、刊刻质量是刊刻者在识语中进行广告宣传的重要内容之一。万历二十二年（1594）余象斗双峰堂所刊《忠义水浒志传评林》的识语称，余氏考虑到旧本《水浒》错漏很多，所以"改正增评，有不

便览者芟之，有漏者删之，内有失韵诗词，欲削去恐观者言其省陋，皆记上层。前后廿余卷，一画一句，并无差错。士子买者可认双峰堂为记。"明末夏履先所刊《禅真逸史》的识语云："刀笔既工，雠勘更密，文犀夜光，世所共赏。嗣此续刻种种奇书，皆脍炙人口。"为了突出自家招牌，吸引读者，书坊常常借名公以宣传。万历四十三年（1615）龚绍山刻《春秋列国志传》，其识语以"名公"陈继儒为号召："本坊新镌《春秋列国志传批评》，皆出自陈眉公手阅。删繁补缺，而正讹谬。精工绘像，灿烂之观，是刻与京阁旧板不同，有玉石之分，□□之□。下顾君子幸鉴焉。"建阳余季岳崇祯刊《盘古至唐虞传》卷末识语云："是集出自钟、冯二先生著辑，自盘古以迄我朝。"清初刊《十二笑》识语云："墨憨著述行世多种，为稗史之开山，实新言之宗匠。名传邺下，纸贵洛阳。"分别借著名文学家钟惺、冯梦龙之名作为招牌，意在扩大小说销售渠道。

　　明清时期书坊主在强调本坊刊本质量精美的同时，往往贬低其他书坊刊本。金陵周曰校万卷楼万历十九年（1591）刊《三国志通俗演义·识语》指出："是书也，刻已数种，悉皆伪舛，茫昧鱼鲁，观者莫辨，予深憾焉。辄购求古本，敦请名士按鉴参考，再三雠校。"通过与《三国志通俗演义》其他刊本的比较，突出本坊刊本无论在稿件来源、名家参与、编校质量诸方面均高人一筹。明代余象斗在刊刻《三国志通俗演义》《水浒传》时也采用如此做法。双峰堂刊《批评三国志传》卷首《三国辨》云："坊间所梓《三国》何止数十家矣，全像者止刘、郑、熊、黄四姓。宗文堂人物丑陋，字亦差讹，久不行矣。种德堂其书板欠陋，字亦不好。仁和堂纸板虽新，内则人名、诗词去其一分。惟爱日堂者，其板虽无差讹，士子观之乐然。今板已朦，不便观览矣。本堂以诸名公批评、圈点，校正无差，人物、字画各无省陋，以便海内士子览之，下顾者可认双峰堂为记。"双峰堂万历二十二年（1594）刊《忠义水浒志传评林》卷首《水浒辨》对他坊所刊极表不满："《水浒》一书，坊间梓者纷纷，偏像者十余副，全像者止一家。前像板字中差讹，其板蒙旧，惟三槐堂一副，省诗去词，不便观诵。今双峰堂余子，改正增评。……一画一句，并无差错。士子买者可认双峰堂为记。"明清时期书坊主这种贬低他坊、抬高自己的做法让我们在一定程度上感受到当时小说出版业内竞争激烈的局面。

（三）为本坊已刊小说作宣传

三台馆万历后期所刊《列国前编十二朝》的结尾即卷四《武王兴兵会诸侯伐纣》一节云："至武王伐纣而有天下，《列国传》上载得明妙可观，四方君子买《列国》一览，尽识此传，乃自盘古氏起传三皇五帝至纣王丧国止矣。"《列国志传》为余邵鱼所撰，万历三十四年（1606）余象斗三台馆重刊，余象斗就在自己所编《列国前编十二朝》的结尾，以识语形式为自家书坊先行刊刻的《列国志传》一书做广告宣传，试图扩大《列国志传》的影响与销路。

（四）保护版权

明清时期小说刊刻中版权意识相当淡薄，书坊在小说刊刻过程中，侵犯版权的现象比较严重，明末夏履先刊印《禅真逸史》的识语对盗版侵权现象提出言辞激烈的警告："倘有棍徒滥翻射利，虽远必治，断不假贷，具眼者当自鉴之。"斥责盗版有名的事例莫过于余象斗在其三台馆刊《八仙出处东游记》中所撰识语："不佞斗自刊《华光》等传，皆出予心胸之编集，其劳鞅掌矣！其费弘巨矣！乃多为射利者刊，甚诸传照本堂样式，践人辙迹而逐人尘后也。今本坊亦有自立者固多，而亦有逐利之无耻，与异方之浪棍，迁徙之逃奴，专欲翻人已成之刻者，袭人唾余，得无垂首而汗颜，无耻之甚乎！故说。三台山人仰止余象斗言。"余氏《华光天王传》刊刻以后，盗版者明目张胆地翻刻，不仅照抄内容，甚至连印刷样式都原样抄袭，怪不得余象斗大发雷霆、口出恶言了。光绪三十年（1904）石印本《海上尘天影》识语云："书经存案，翻印必究。"同样通过小说识语对侵权者提出警告。

四、识语与通俗小说创作主旨

小说识语篇幅短小，通常不过几十字，多则一百余字。然而，在有限的篇幅之中蕴含着作者较为丰富的创作主旨。对此，笔者试从以下四个方面加以阐述。

（一）小说编刊者借助识语阐发讽世、劝诫之意

这在明末以来"三言""二拍"及其选本《今古奇观》的识语之中得到集中体现，试列数例如下。

吴县衍庆堂天启刊《喻世明言》识语云："题曰《喻世明言》，取其明白显易，可以开□人心，相劝于善，未必非世道之一助也。"

金陵兼善堂刊《警世通言》的识语云："自昔博洽鸿儒，兼采稗官野史，而通俗演义一种，尤便于下里之耳目；奈射利者专取淫词，大伤雅道，本坊耻之。兹刻出自平平阁主人手授，非警世劝俗之语，不敢滥入，庶几木铎老人之遗意，或亦士君子所不弃也。"

吴县衍庆堂天启七年（1627）刊《醒世恒言》识语云："兹三刻为《醒世恒言》，种种典实，事事奇观。总取木铎醒世之意，并前刻共成完璧云。"

崇祯时尚友堂刊《拍案惊奇》识语云："原欲作规箴之善物，矢不为风雅之罪人。"

光绪十六年（1890）善成堂刊《今古奇观》卷首所附慎思草堂主人识语云："抱瓮老人所选《今古奇观》四十种……彰善瘅恶，悉寓针砭，诚非寻常小说败俗伤风者可以同日语也。"

以上识语在不同程度上强调小说的劝诫主旨，突出小说与现实、社会之间的密切联系，希望小说之创作、刊刻有助于社会教化，对"专取淫词，大伤雅道"的行为予以摈斥。除"三言""二拍"及其选本的识语以外，崇祯元年（1628）刊《警世阴阳梦》亦借魏忠贤阴间受惩的经历，宣扬劝诫主旨，其封面识语称："及至（魏忠贤）既服天刑，大彰公道，道人复梦游阴府，见此一党权奸，杻械锁枷，遍历诸般地狱，锉烧舂磨，惨逾百倍人间，是云阴梦。演说以警世人，以学至人无梦。"清代庆云楼刊《新世鸿勋》叙述明末李自成起义、清兵入关之事，其识语云："是刻详载逆闯寇乱之因由，恭纪大清荡平之始末，虽大端百出，而铺序有伦，虽小说一家而劝惩有警，其于世道人心不无少补，海内识者幸请鉴诸。庆云楼藏板。"意在借此戒寇乱之事。

（二）以小说补史

把小说创作看成补史之工具，这种说法影响较大者始于唐代刘知几的

《史通·杂述》。明清时期，补史说相当盛行，在小说识语中亦可窥其一斑。苏州舒载阳万历末所刊《封神演义》识语云："此书……真可羽翼经传，为商周一代信史，非徒宝悦琛瑰而已，识者鉴之。"小说的价值在于"羽翼经传"，成为经、史之补充。识语作者以"信史"的标准衡量小说的成败优劣，这种创作主旨在清初写刻本《樵史通俗演义》识语中也有体现，识语云："深山樵子见大海渔人而傲之曰：见闻吾较广，笔墨吾较赊也。明衰于逆珰之乱，坏于流寇之乱，两乱而国祚随之，当有操董狐之笔，成左、孔之书者，然真则存之，赝则删之，汇所传书，采而成帙，樵自言樵聊附于史。古云：'野史补正史之阙，则樵子事哉。'"识语作者有感于明末的"逆珰之乱"与"流寇之乱"，在继承传统的"野史补正史之阙"的小说观念的基础上，借《樵史通俗演义》之编刊折射时事，以补正史记载之不足。

（三）以小说作为消遣、娱乐之工具，抒发个人情怀

清代合义堂刊《风流悟》识语云："是集也……聊作新谭，摇扇比窗，拥炉南阁，可使闷怀忍畅，亦令倦睫顿开，敢云艺苑之罕珍，庶几墨林之幽赏，识者辨之。"清雍正年间写刻本《快士传》识语云："古今妙文所传，写恨者居多。太史公曰：《诗》三百篇，大抵皆圣贤发愤之所为作也，然但观写恨之文，而不举文之快者以宕漾而开发之，则恨□中结何以得解必也，运扫愁之思，挥得意之笔，翻恨事为快事，转恨人为快人，然后□□破涕为欢。"在这里，小说没有承担社会教化的重负，也不是补史之工具，而是让读者在烦恼、疲劳的状态下得以放松、消遣，是文人抒发个人情怀、自娱自乐的工具。清代紫宙轩刊《春灯闹》识语云："从来正史取义，小说取情。文必雅驯，事必绮丽。使观者如入金谷园中，但觉腻紫娇红，纷纷夺目而有丽人在焉，呼之欲出。且又洞房乐事，俱从灵腕描来；锦帐春风，尽属情恨想就。方足以供闲窗娱览，而较之近时诸刻，不大径庭者哉。故《桃花影》一编，久已脍炙人口，兹后以《春灯闹》续梓，识者鉴诸。"小说以娱乐读者为己任，以写情为目的，这与"正史取义"显著不同。美中不足的是，《春灯闹》在创作主旨上走向极端，以情色招徕读者。

（四）宣扬因果报应

有些小说识语明确指出，小说创作的主旨在于宣扬因果报应。例如，顺治十七年（1660）原刊《续金瓶梅》是托言为皇帝颁行《太上感应篇》作注解而作，识语云，此书"接（《金瓶梅》）末卷之报应，指来世之轮回，即色谈空，溯因说果，以亵言代正论，翻旧本作新书，冷水浇背，现阴阳之律章，热火消冰，即理学之谐语。名曰公案，可代金针"。康熙癸丑年（1673）永庆堂余郁生刊《梁武帝西来演义》识语云："本堂《梁武帝传》一书，绘梓流通，据史立言。我得我失，不出因缘果报，引经作传，西来西去，无非救度慈悲，英雄打破机关，便能立地成佛，达士跳过爱河，即可豁然悟道。识者自能鉴之。"

五、识语与通俗小说读者阶层

在中国古代小说研究领域，有关小说读者阶层的研究一直较为薄弱，其主要原因之一就在于小说读者资料相当匮乏。在有限的资料之中，识语是我们研究中国古代小说读者的一个重要窗口。下面笔者结合明清通俗小说识语记载，从通俗小说读者群的构成、读者需求对小说体制的推动、插图与评点的设置、小说刊刻形态等方面，对通俗小说读者阶层及其与小说创作、传播之间的关系加以阐述。

由识语可知，明清通俗小说读者面相当广泛，既有士子，也有下层民众。金陵周曰校万卷楼万历十九年（1591）刊《三国志通俗演义·识语》指出："是书也……俾句读有圈点，难字有音注，地里有释义，典故有考证，缺略有增补，节目有全像，如牖之启明，标之示准。此编此传，士君子抚养心目俱融，自无留难，诚与诸刻大不侔矣。"从这段文字可以看出，为"难字"作音注，为"地里"作"释义"，为"典故"作"考证"，说明万卷楼刊刻《三国志通俗演义》是为广大读者阶层阅读考虑的，尤其是适应识字不多、文化水平不高的下层民众阅读需要。与此同时，作者又写道："此编此传，士君子抚养心目俱融，自无留难。"适应"士君子"的阅读需求，也是万卷楼刊刻小说的原因之一。在明清通俗小说识语中，我们常常看到"士子"或"士君子"诸词，如明代余象斗双峰堂刊《批评三国志传》卷首《三国辨》亦写道："士子观之乐然……以便海内士子览之。"双峰堂万历刊《万锦情林》的封面识语云："更有汇集诗词歌赋诸家小说甚多，难以全录于票上，海内士子买者一展而知之。"从"士子"或"士君子"的称谓以及《万锦情林》"汇集诗词歌赋诸家小说"的编撰体例可以看出，士子阶层是明清时期通俗小说读者群体的重要组成部分。

读者群体的阅读需要在一定程度上促进了通俗小说体制的发展，我们从明清时期演义体发展及演进的轨迹不难看出读者因素所起的作用。余象斗三台馆刊本《列国前编十二朝》卷首识语云："斯集为人民不识天开地辟、三皇五帝、夏商诸事迹，皆附相讹传，固不佞搜采各书，如前诸传式，按鉴演义，自天开地辟起，至商王宠妲己止，将天道星象，草木禽兽，并天下民用之物，婚配饮食药石等出处始制，今皆寔考，所不至于附相讹传，以便观览云。"兼善堂刊《警世通言》识语云："自昔博洽鸿儒，兼采稗官野史，而通俗演义一种，尤便于下里之耳目。"吴县叶敬池崇祯年间刊《新列国志》识语云："正史之外厥有演义，以供俗览。"为了适应那些"不识天开地辟、三皇五帝、夏商诸事迹，皆附相讹传"的下层民众阅读需求，作者在杂采众书的基础上，按鉴演义，以便读者"观览"。演义体依史创作、真伪相参、语言通俗，"尤便于下里之耳目"。为了适应读者阅读需要，明清时期的书坊及书坊主做了大量工作，在演义体演进过程中功不可没。建阳余季岳在其崇祯年间所刊《盘古至唐虞传》书末识语中指出："是集出自钟（惺）、冯（梦龙）二先生著辑，自盘古以迄我朝，悉遵鉴史通纪，为之演义，一代编为一传，以通俗谕人，总名之曰《帝王御世志传》，不比世之纪传小说无补世道人心者也。四方君子以是传而置之座右，诚古今来一大账簿也哉。书林余季岳谨识。"书坊主余季岳有个庞大的小说刊刻计划，那就是把自盘古以至明朝的历史"悉遵鉴史通纪，为之演义，一代编为一传"，将历代正史通俗化。余季岳在万历、崇祯时期刊刻《有夏志传》《有商志传》《盘古至唐虞传》，正是其刊刻计划的一部分，遗憾的是余氏计划未能全部实现。在演义体发展、演进过程中，书坊主的作用还体现在另外一个方面，那就是对小说韵文的删改。比如，余象斗双峰堂刊《水浒志传评林》卷首《水浒辨》云："《水浒》一书……惟三槐堂一副，省诗去词，不便观诵。今双峰堂余子，改正增评，有不便览者芟之，有漏者删之，内有失韵诗词，欲削去，恐观者言其省漏，皆记上层。"余象斗在刊刻《水浒志传评林》时，对《水浒传》原作的诗词加以修改、删除，使之更加符合读者的阅读习惯和阅读水平。

插图与评点的形式同样也是为读者阶层考虑。万历三十四年（1606）余象斗三台馆所刊《列国志传》的识语指出："《列国》一书，乃先族叔翁余邵鱼按鉴演义纂集。惟板一付，重刊数次，其板蒙旧。象斗校正重刻，全像批断，以便海内君子一览。买者须认双峰堂为记。"余象斗说明重刻《列国志传》的原因是"其板蒙旧"，他在重刊之际，加以"全像批断"，也就是增加了插图与评点，其目的也是"以便海内君子一览"。雄飞馆主人在《英雄谱》卷首的识语中声称："回各为图，括画家之妙染；图各为论，搜翰苑之大乘。校雠精工，楮墨致洁。诚耳目之奇玩，军国之秘宝也。识者珍之！雄飞馆主人识。"光绪十六年（1890）善成堂刊本《今古奇观》卷首所附慎思草堂主人《今古奇观》识语云："《今古奇观》……惜坊间原版，漫漶模糊，加以鲁鱼亥豕，博览君子，寓目为难。爰特不惜工资，逐加校核，印以铅版。后倩名手，重绘图像，虽篇幅仍前，而较诸旧刻，不啻霄壤，阅者鉴之。"这两则识语均强调其刊本插图质量之高以及"名手"参与绘制插图的情况，以吸引读者注意。

通俗小说的刊刻形态在一定程度上也受到读者因素的影响。建阳雄飞馆崇祯时刊《英雄谱》识语声称："《三国》《水浒》二传，智勇忠义，迭出不穷，而两刻不合，购者恨之。本馆上下其驷，判合其圭。"由此可见，《英雄谱》采取上下两栏刊刻的形式，将《三国》《水浒》合刊，也是为了弥补读者因"两刻不合"而产生的遗憾。

综上所述，本文关注小说识语这一特定而又未受学界重视的文体，对明清通俗小说识语加以搜集、整理，在文献统计的基础上，探讨小说识语的史料价值，分析明清通俗小说识语的广告意义，并通过识语记载考察通俗小说的创作主旨、读者阶层与通俗小说创作、传播之间的内在关系，试图以此就教于方家。附有识语的明清通俗小说，见表4-1。

表4-1　附有识语的明清通俗小说一览表

小说名称	作者	成书时间	刊刻者、抄写者及其时间	备注
《三国志通俗演义》十二卷	罗贯中	元末明初	金陵周曰校万卷楼万历十九年（1591）刊	全名《新刊校正出像古本大字音释三国志传通俗演义》，卷首有识语
《批评三国志传》二十卷二百四十则	罗贯中编次、余象乌批评	万历年间	建阳余象斗双峰堂万历二十年（1592）刊	全名《新刻按鉴全像批评三国志传》，卷首有《三国辨》
《忠义水浒志传评林》二十五卷一〇二回	题罗贯中编辑、余象斗评	万历年间	建阳余象斗双峰堂万历二十二年（1594）刊	全名《京本增补校正全像忠义水浒志传评林》，卷首有《水浒辨》
《万锦情林》六卷	余象斗编	万历年间	建阳余象斗双峰堂万历二十六年（1598）刊	卷首有识语
《新刊八仙出处东游记》二卷五十六回	吴元泰撰、凌云龙校	万历时期	建阳余象斗三台馆万历刊	又名《全像东游记上洞八仙传》，卷首有余象斗《八仙传引》
《铁树记》二卷十五回	邓志谟	万历时期	建阳余氏萃庆堂万历三十一年（1603）刊	全称《新镌晋代许旌阳得道擒蛟铁树记》，书末有识语
《咒枣记》二卷十四回	邓志谟	万历时期	建阳余氏萃庆堂万历三十一年（1603）刊	全称《锲五代萨真人得道咒枣记》，书末有识语
《飞剑记》二卷十三回	邓志谟	万历时期	建阳余氏萃庆堂万历三十一年（1603）刊	全称《锲唐代吕纯阳得道飞剑记》，书末有识语

小说名称	作者	成书时间	刊刻者、抄写者及其时间	备注
《列国志传》八卷	余邵鱼编	万历年间	建阳余象斗万历三十四年（1606）三台馆重刊	全称《新刊京本春秋五霸七雄全像列国志传》，卷首有识语
《春秋列国志传批评》十二卷	余邵鱼撰、陈继儒评	万历年间	苏州龚绍山万历四十三年（1615）刊	卷首有识语
《隋唐两朝志传》十二卷一百二十二回	罗贯中撰、杨升庵批评	不详	苏州龚绍山万历四十七年（1619）刊	一名《隋唐志传》，卷末有识语
《列国前编十二朝》四卷五十四节	余象斗编	万历后期	建阳余象斗三台馆万历后期刊	全称《新刻按鉴通俗演义列国前编十二朝》，卷首、书末各有识语
《封神演义》二十卷一百回	许仲琳编	不详	苏州舒载阳明末刊	卷首有识语
《古今小说》四十卷四十篇	冯梦龙编	明末	吴县天许斋泰昌、天启初刊	一名《全像古今小说》，卷首有识语
《喻世明言》二十四卷二十四篇	冯梦龙编	明末	吴县衍庆堂天启刊	卷首有识语
《警世通言》四十卷四十篇	冯梦龙编	明末	金陵兼善堂天启四年（1624）刊	卷首有署名"金陵兼善堂"所撰识语
《醒世恒言》四十卷四十篇	冯梦龙编	明末	吴县衍庆堂天启七年（1627）刊	卷首有识语
《新列国志》一百〇八回	冯梦龙	明末	吴县叶敬池崇祯年间刊	卷首有识语

小说名称	作者	成书时间	刊刻者、抄写者及其时间	备注
《新平妖传》四十回	罗贯中著、冯梦龙增补	明末	苏州陈氏嘉会堂崇祯刊	全名《墨憨斋批点北宋三遂平妖传》，卷首有识语
《二刻英雄谱二十卷	罗贯中、施耐庵编辑	元末明初	建阳熊飞雄飞馆崇祯刊	全称《精镌合刻三国水浒全传》，卷首有识语
《拍案惊奇》四十卷四十篇	凌濛初编	崇祯戊辰（1628）	苏州安少云尚友堂崇祯元年（1628）刊	卷首有识语
《警世阴阳梦》十卷四十回	长安道人国清编次	崇祯元年（1628）	崇祯元年（1628）刊	卷首有识语
《盘古至唐虞传》二卷七则	佚名撰、题钟惺编辑、冯梦龙鉴定	明末	建阳余季岳崇祯刊	一名《盘古志传》，全称《按鉴演义帝王御世盘古至唐虞传》，书末有识语
《禅真逸史》八卷四十回	清溪道人（方汝浩）	明末	明末杭州夏履先刊	全名《新镌批评出像通俗奇侠禅真逸史》，卷首有识语
《风流悟》八回	坐花散人编辑	明末清初	清代合义堂刊	卷首有识语
《樵史通俗演义》八卷四十回	江左樵子编辑	清初（顺治八年即公元1651年之后）	清初（顺治八年之后）写刻本	又名《樵史》《樵史演义》，卷首有识语
《续金瓶梅》六十四回	丁耀亢	顺治十七年（1660）	顺治十七年（1660）原刊	封面题《续编金瓶梅后集》，卷首有识语

小说名称	作者	成书时间	刊刻者、抄写者及其时间	备注
《醒风流奇传》二十回	崔市道人编次	清初	清初刊	一名《醒风流》，卷首有识语
《十二笑》十二回（残存六回）	题墨憨斋主人新编	清初	清初刊	全称《墨憨斋主人新编十二笑》，卷首有署名"郢雪"所撰识语
《凤凰池》十六回	烟霞散人编	顺治末至康熙、雍正年间	顺治末至康熙、雍正年间耕书屋刊	全称《新编凤凰池续四才子书》，即《平山冷燕》之续作，卷首有识语
《春灯闹》十二回	烟水散人述	清初	清代紫宙轩刊	卷首有识语
《赛花铃》十六回	白云道人编次，烟水散人校阅	清初	康熙元年（1662）刊	卷首有识语
《水浒后传》八卷四十回	陈忱	康熙初年	康熙甲辰年（1664）刊	卷首有识语
《梁武帝西来演义》十卷四十回	天花藏主人新编	清初	康熙癸丑年（1673）永庆堂余郁生刊	一名《梁武帝传》《梁武帝演义》，卷首有署名"绍裕堂主人"所撰识语
《快士编》十六卷	五色石主人（疑即徐述夔）	雍正初年	清雍正年间写刻本	卷首有识语
《廿一史通俗衍义》二十六卷四十四回	吕抚	雍正年间	清正气堂活字本	卷首有识语

小说名称	作者	成书时间	刊刻者、抄写者及其时间	备注
《新世鸿勋》二十二回	蓬蒿子编次	顺治八年（1651）	疑庆云楼乾隆年间刊	卷首有识语
《歧路灯》一百〇八回	李海观	乾隆年间	乾隆四十五年（1780）传抄本	卷首有题识
《红楼梦》一百二十回	曹雪芹	乾隆年间	约乾隆、嘉庆之际东观阁本	卷首有东观主人识语
《绮楼重梦》四十八回	兰皋居士（疑即王兰沚）	疑为嘉庆二年（1797）	嘉庆十年（1805）瑞凝堂刊	此书接续《红楼梦》一百二十回之后而作，卷首有识语
《荡寇志》七十回附结子一回	俞万春	道光六年（1826）至二十七年（1847）	咸丰三年（1853）刊	一名《结水浒传》，卷首有俞万春之子俞龙光于咸丰元年（1851）所撰识语
《儒林外史》五十六回	吴敬梓	约乾隆年间	清道光、同治年间潘氏钞本	卷首有潘祖荫所撰识语
《荡寇志》七十回附结子一回	俞万春	道光六年至道光二十七年	玉屏山馆同治十年（1871）刊	卷首有作者俞万春之侄俞煐所撰识语
《儒林外史》五十六回	吴敬梓	约乾隆年间	光绪七年（1881）申报馆第二次排印本	卷首有署名"天目山樵"于光绪丙子年（1876）所撰识语
《儒林外史》五十六回	吴敬梓	约乾隆年间	光绪年间从好斋辑校本	有清代华约渔所撰题记
《今古奇观》四十卷	姑苏抱瓮老人辑	明末	光绪十六年（1890）善成堂刊	卷首有慎思草堂主人所撰识语

续表

小说名称	作者	成书时间	刊刻者、抄写者及其时间	备注
《小五义》一百二十四回	佚名	不详	光绪十六年（1890）文光楼原刊	全名《忠烈小五义传》，卷首有识语
《海上花列传》六十四回	花也怜侬（即韩邦庆）	清末	初刊于光绪十八年（1892）《海上奇书》杂志，光绪二十年（1894）出版单行本	又名《花国春秋》《青楼宝鉴》《海上青楼奇缘》等，卷首有署名"花也怜侬"题识
《海上尘天影》六十章	司香旧尉（邹弢）	光绪二十年(1894)始作	光绪三十年（1904）石印本	又名《断肠碑》，卷首有简短识语

注：本表主要按附有识语的通俗小说刊刻或抄写的时间先后次序排列，并非依据小说成书时间先后而排列；另外，文中涉及小说篇目，凡未注明出处者，皆以本表所注版本为准，不再一一注明。

（原载《文艺研究》2009 年第 4 期）

明清通俗小说凡例研究

　　凡例是揭示著作内容、创作主旨、编纂体例的一种特定文体，又称发凡、叙例、叙略、例言、补例等。凡例起源很早，西晋杜预《春秋左氏传·序》指出："其发凡以言例，皆经国之常制，周公之垂法，史书之旧章，仲尼从而修之，以成一经之通体。"① 由此可知，早在孔子之前的史书修撰中已采用凡例的形式，孔子沿而用之。

　　最早系统介绍凡例渊源及历代凡例得失的是唐代史学家刘知几，他在《史通》卷四《序例》中指出："夫史之有例，犹国之有法。国无法，则上下靡定；史无例，则是非莫准。昔夫子修经，始发凡例；左氏立传，显其区域。科条一辨，彪炳可观。降及战国，迄乎有晋，年逾五百，史不乏才，虽其体屡变，而斯文终绝。唯令升（按：干宝字）先觉，远述丘明，重立凡例，勒成《晋纪》。邓（粲）、孙（盛）已下，遂蹑其踪，史例中兴，于斯为盛。若沈《宋》（按：指沈约《宋书》）之志序、萧《齐》（按：指萧子显《齐书》）之序录，虽皆以序为名，其实例也。"② 刘氏对凡例予以高度重视，他把史书之凡例比作"国之有法"。同时，他认为，凡例的应用始于孔子，源于经史著述。作为一种特定文体，凡例经历兴衰曲折的演变历程，自左氏之后中绝，晋朝之后复兴。早期的凡例多与序文相合，如沈约《宋书》、萧子显《齐书》等，虽名为序，实则序例结合，后来凡例逐渐从序文中分离，成为独立的文体。

一、明清通俗小说凡例的统计及其特点

　　小说凡例一般位于小说卷首，在序言和目录、插图之间，其中保存着

---

　　① ［西晋］杜预：《春秋左氏传·序》，见《文津阁四库全书》经部春秋类《左传注疏》卷首，商务印书馆 2005 年版，第 49 册，第 6 页。
　　② ［唐］刘知几：《史通》卷四《序例》，［清］浦起龙《史通通释》，上海古籍出版社 1978 年版，第 88 页。

丰富的小说史料，对于研究小说编撰者的创作主旨、刊刻者的出版意图、小说创作理论、小说创作与读者及市场的关系均具有重要的价值和意义。从学术界目前的研究状况来看，小说凡例研究尚未受到应有的重视。迄今为止，学术界关注的焦点主要是甲戌本《红楼梦》的凡例，至少有九篇论文①，然而，从整体的角度对小说凡例进行专门研究的论文只有一篇，即沈梅丽刊发于《哈尔滨学院学报》2007 年第 3 期的《明清小说中的凡例研究》。此文对明清小说凡例作了一定的阐述，不过，在文献勾勒方面尚不全面，另外，在论述的深度上亦有进一步探讨之必要。

经笔者搜集、统计，明清通俗小说凡例共有四十二篇，参见文末表4－2②。综而论之，明清通俗小说凡例呈现以下四个特点：其一，凡例这一文体与明清时期的书坊及书坊主之间联系紧密。从目前文献来看，现存最早附有凡例的通俗小说应为明代建阳书坊主熊大木所编、嘉靖三

---

① 关于甲戌本《红楼梦》凡例研究的论文主要有：冯其庸《论〈脂砚斋重评石头记〉甲戌本"凡例"》，载《红楼梦学刊》1980 年第 4 期，第 175－207 页；王本仁《〈红楼梦〉脂残本〈凡例〉试谈》，载《青海师范大学学报（哲学社会科学版）》1980 年第 3 期，第 7－15 页；周策纵《〈红楼梦〉"凡例"补佚与释疑》，载《红楼梦学刊》1981 年第 1 期，第 246－258 页；邓遂夫《论甲戌本"凡例"与〈红楼梦〉书名》，载《红楼梦学刊》1986 年第 3 期，第 239－262 页；尚友萍《证甲戌本〈凡例〉的作者是脂砚斋》，载《红楼梦学刊》1992 年第 2 期，第 259－277 页；鲁歌《〈红楼梦〉甲戌本〈凡例〉的作者是曹頫》，载《许昌师专学报》1998 年第 4 期，第 3 页；胡淑莉、张振昌《论〈红楼梦〉甲戌本"凡例"》，载《社会科学战线》1999 年第 6 期，第 227－230 页；张杰《浅谈〈红楼梦〉甲戌本的"凡例"》，载《陕西广播电视大学学报》1999 年第 1 期，第 75－80 页；马瑞芳《论甲戌本〈凡例〉为曹雪芹所作》，载《红楼梦学刊》2003 年第 4 期，第 36－50 页。

② 这里需要指出三个问题：第一，本文所界定的通俗小说主要指故事性强、适合于普通读者阅读水平和阅读需要的小说；语言通俗，以白话小说为主，包括少量以浅近文言写成的小说。按照这一界定标准，明清时期有些小说虽有凡例或例言，但不作为本文论述对象，如印月轩万历年间刊《广艳异编》、万历四十三年（1615）沈应魁刊《广谐史》、康熙年间刊《虞初新志》《世说新语补》均有凡例，《今世说》、传奇小说集《太仙漫稿》、乾隆五十八年（1793）刊陈世熙（号莲塘居士）所编《唐人说荟》均有例言，清人陈球用四六体骈文写成的《燕山外史》有"旧例"、《聊斋志异》刊本的几篇例言，乾隆三十一年（1766）青柯亭赵起杲刊本有例言十则，道光四年（1824）黎阳段氏刊《聊斋志异遗稿》有例言六则，光绪年间石印本《聊斋志异》有题"铁城广百宋斋主人"所作例言九则，俱未列入文末表格；1912 年，梦笔生将《续金瓶梅》改题《金屋梦》，于 1915 年在《莺花杂志》创刊号连载，系民国时期作品，虽有凡例，亦不属本文研究范围，故未列入，特作说明。第二，本表主要按附有凡例的小说刊刻或抄写的时间先后次序排列，而非按照小说成书的时间先后排列。第三，下文涉及小说篇目，凡未注明出处者，皆以本表所注版本为准。

十一年（1552）建阳书坊清江堂杨涌泉所刊《大宋中兴通俗演义》。沈梅丽《明清小说中的凡例研究》认为"通俗小说中较早采用凡例的是《三教开迷归正演义》（约刊刻于明万历三十五年）评点本"，误。《大宋中兴通俗演义》的编撰者、刊刻者皆为书坊主。此外，吴县袁无涯、杭州夏履先、陆云龙、四雪草堂主人等书坊主还亲自撰写小说凡例。由此可知，在通俗小说凡例这一文体演进历程中，明清时期的书坊主功不可没。其二，凡例主要分布于历史小说和写情小说（含世情小说、才子佳人小说、儿女英雄小说等）之中，如《红楼梦》及其续书共有五部小说附有凡例。其三，小说凡例的数量虽不及序跋，不过，从出现凡例的小说创作或刊刻时间上看，分布范围较广，在通俗小说逐步兴起的明代嘉靖时期，就出现小说凡例这一文体形式。嘉靖三十一年（1552）建阳清江堂杨涌泉刊《大宋中兴通俗演义》，卷首有凡例七则，此后万历、泰昌、天启、崇祯、顺治、康熙、乾隆、嘉庆、道光、同治、光绪年间编刊的小说均有凡例，晚清小说《海上花列传》《万国演义》《洪秀全演义》《新七侠五义》皆有例言或凡例。其四，明清通俗小说凡例的形式、内容丰富多样。一般分则，也有不分则的，如泰昌、天启间所刊《李卓吾先生批评西游记》，光绪三十四年（1908）石印本《洪秀全演义》等都不分则。建阳余象斗三台馆万历三十四年（1606）重刊《列国志传》，卷首有"列国并吞凡例"十一则，不分段。其凡例简要叙述战国诸侯相并以至秦并六国的经过，分别叙及楚灭陈，越灭吴，田和代齐，晋分为韩、赵、魏三国以及秦灭周、韩、赵、燕、魏、楚、齐之事，点明小说创作的背景和主要内容，与明清时期其他通俗小说凡例相比，比较特别。

明清通俗小说凡例不仅具有很好的史料价值，同时也是我们研究明清小说创作、小说理论、出版市场、读者阶层等问题的特定视角。以往学术界一般结合序跋、笔记、评点、书信、官私目录等对明清时期通俗小说创作与批评理论加以阐述，很少涉及小说凡例。实际上，通过小说凡例这一独特视角有助于我们加深对明清通俗小说理论的全面认识与理解。有鉴于此，本文从四个层面对明清通俗小说凡例加以阐述。

二、通俗小说凡例的史料价值

作为明清通俗小说文本的一部分，小说凡例具有很高的史料价值，在小说作品的著作权归属、作家生平事迹、小说名称的演变、小说生成的社会文化环境诸方面，均提供重要的文献材料，值得我们予以重视。

小说凡例往往透露出比较重要的有关作者、小说人物原型以及评点者诸方面的信息。以《岳武穆尽忠报国传》为例，此书一般认为是于华玉所作，其凡例结尾所言"金沙辉山于华玉识于孝乌之卧治轩"印证了这一说法。与此同时，凡例结尾又题"门人信安古云余邦绡删次"，可见其门生余邦绡亦参与编写，此书是他们共同编写而成，凡例记载对传统说法有所补充。另外，甲戌本《石头记》凡例自题七律诗称："字字看来皆是血，十年辛苦不寻常。"这首七律诗，其他版本皆无，这为考证《石头记》作者及创作情况提供第一手材料。同治十三年（1874）齐省堂增订本《儒林外史》例言第五则云："原书不著作者姓名，近阅上元金君和跋语，谓系全椒吴敏轩征君敬梓所著，杜少卿即征君自况，散财、移居、辞荐、建祠，皆实事也。慎卿乃其从兄青然先生檠，虞博士乃江宁府教授吴蒙泉，庄尚志乃上元程绵庄，马二先生乃全椒冯粹中，迟衡山乃句容樊南仲，武书乃上元程文。……或象形谐声，或廋词隐语，若以雍乾间诸家文集绅绎而参稽之，则十得八九矣。"这则凡例不仅通过金和跋语确定《儒林外史》一书的作者为吴敬梓，而且揭示出小说中杜少卿、杜慎卿、虞博士、庄尚志、马二先生、迟衡山等人物的原型，成为我们研究《儒林外史》不可多得的重要史料。有些凡例提供了关于小说评点者的信息。例如，《禅真逸史》凡例云："爽阁主人素嗜奇，稍涉牙后辄弃去，清溪道人以此见示，读之如啖哀梨，自不能释，遂相与编次评定付梓。"由此可知，"爽阁主人"即书坊主夏履先正是小说的评点者之一。

凡例保存着有关小说作品的重要信息。甲戌本《石头记》凡例交代书名情况："是书题名极多，《红楼梦》是总其全部之名也，又名《风月宝鉴》，是戒妄动风月之情；又名《石头记》，是自譬石头所记之事也，此三名皆书中曾已点睛矣。……此书又名曰《金陵十二钗》，审其名则必系金陵十二女子也。"这交代了《红楼梦》一书的名称及其由来。人瑞堂刊《隋炀帝艳史》凡例第五则云："炀帝为千古风流天子，其一举一动，无非娱耳悦目、为人艳羡之事，故名其篇曰《艳史》。"《鬼谷四友志》第一则云："《西游》乃纂发至理，皆是寓言，借人身之意马心猿为旨，故言《西游真诠》。"第五则云："四友志者，孙（膑）、庞（涓）、苏（秦）、张（仪）四人之事也。"《野叟曝言》凡例第一则云："题名曰《野叟曝言》，亦自谓野老无事曝日清谈耳。"以上几则凡例交代本书或他书命名的缘由及其寓意。有的凡例还透露出为治小说史者所遗漏或已散佚的作品信息，如清四雪草堂《重编隋唐演义发凡》云："书名《隋唐演义》，似宜全载两朝始末，但是编以两帝两妃再世会合事为一部之关目，故止详隋炀帝而终于唐明皇、肃宗之后，尚有十四传，其间新奇可喜之事，另为《晚唐志传》以问世，此不赘及。"《晚唐志传》一书，古今小说目录均未记载，此书凡例为我们提供了很好的线索。

通过凡例，我们可以不同程度地了解明清时期通俗小说创作、刊刻的特定时代特点。明末友益斋所刊《岳武穆尽忠报国传》凡例第六则云，刊印此书乃借"以一身百战，虏破寇平，尤冠绝于从来诸将之上"的岳飞抗金之事，作为"今日时事之龟鉴也，有志于御外靖内者，尚有意于斯编"。明末时局动荡，满汉冲突日趋激烈，在这种形势下，岳飞抗金故事受到广泛欢迎。天启七年（1627）宝旭斋所刊邹元标《岳武穆精忠传》、友益斋崇祯末所刊于华玉《岳武穆尽忠报国传》、明末蔚文堂所刊《新编全像武穆精忠传》等说岳小说层出不穷即为明证，《岳武穆尽忠报国传》凡例之言在一定程度上成为当时民族冲突、动乱时局之缩影。

部分清刊小说的凡例也或多或少地体现有清一代的思想文化高压政策。成书于雍正年间、清正气堂活字本《廿一史通俗衍义》凡例第十则云："是书欲广其传，不禁翻板，第抚数载苦心，原非为利。如有易名及去名翻板，又或翻板而将本朝之事迹得之传闻，妄意增添者，虽千里必究。"编刊者不禁商业性翻版，但禁乱改作品，尤其是对于"将本朝之事迹得之传闻，妄意增添者"者，"虽千里必究"。为什么会如此严格呢？凡例作者经历雍正初年查嗣庭案之后，对文字狱产生畏惧心理。我们从凡例第二则、第十则也可以看出，这两则凡例共有五处提及"本朝"，皆顶格刻写，以示敬畏。甲戌本《石头记》凡例第二则云："书中凡写长安在文人笔墨之间，则从古之称；凡愚夫妇儿女家常口角，则曰中京，是不欲着迹于方向也。盖天子之邦亦当以中为尊，特避其东南西北四字样也，此书只是着意于闺中，故叙闺中之事切，略涉于外事者，则简不得谓其不均也。"第三则云:"此书不敢干涉朝廷,凡有不得不用朝政者,只略用一笔带出,盖实不敢以写儿女之笔墨唐突朝廷之上也,又不得谓其不备。"这就表明《红楼梦》写作避忌很多,受到当时思想文化高压政策的影响,这种影响体现于小说题材者,即为多记闺中之事,详叙儿女情长,很少涉及时事、朝政;影响于小说叙事结构者,即为故意模糊小说的时空背景,或托古喻今,或"不欲着迹于方向也"。同样,《红楼复梦》凡例第二则云:"书中无违碍忌讳字句。"第三则云:"此书虽系小说,以忠孝节义为本。"《续金瓶梅》凡例第六则云:"坊间禁刻淫书,近作仍多滥秽。"第八则云:"兹刻首列感应篇,并刻万岁龙碑者,因奉旨颁行劝善等书,借以敷演。他日流传,官禁不为妄作。"从这些凡例不难看出,清代有关小说戏曲的禁毁政策对小说创作、传播产生较大影响。

三、凡例与通俗小说创作方法

明清时期小说出版业相当发达,进入商业时代的通俗小说在创作方法上出现了与以往不同的特点,世代累积型的通俗小说创作模式逐渐被文人独立创作的方式取代,这在明末清初的时事小说创作领域得到集中体现。下面,笔者立足于小说凡例,从三个层面就明清不同时期、不同流派的通俗小说创作方法进行择要论述。

首先,明清通俗小说创作多有旧本可依。对于这一点,我们从熊大木《大宋中兴通俗演义》的创作经历不难看出。《大宋中兴通俗演义》凡例第一则云:"演义武穆王本传,参诸小说,难以年月前后为限,惟于不断续处录之,惧失旨也。"这里所提到的"参诸小说"是指武穆王《精忠录》。对此,熊大木《序武穆王演义》说得很清楚:"武穆王《精忠录》,原有小说,未及于全文。今得浙之刊本,著述王之事实,甚得其悉。然而意寓文墨,纲由大纪,士大夫以下,遽尔未明乎理者,或有之矣。"熊大木《大宋中兴通俗演义》正是在旧本《精忠录》的基础上,"演义武穆王本传",创作成篇的。清代许时庚《三国志演义·补例》第二则亦云:"今悉遵古本更正。"除历史小说以外,其他流派的通俗小说创作往往也有旧本可依。例如,侠义小说《忠义水浒全书·发凡》第六则云:"郭武定本,即旧本。"《禅真逸史》凡例第二则云:"旧本意晦词古,不入里耳。"才子佳人小说《白圭志》凡例第六则云:"此书表章诗词,原著多缺略。"儿女英雄小说《野叟曝言》凡例第五则云："特觅旧本。"第六则云："缺处仍依原本。"皆提及旧本、古本、原著、原本。在明清通俗小说领域，"旧本"的概念与出版文化、传播途径等关系密切，其内涵至少包括以下三个方面：①从出版时间来看，已经出版并被后来者修改、加工、再版的小说称为"旧本"；②从传播途径来看，民间说书、词话等"旧本"被文人改造成为案头文学；③从传播方式来看，作为小说刊刻稿件来源的抄本亦称之"旧本"。依据旧本进行加工，这是明清通俗小说进入出版印刷时代以后所呈现的不同于明前传统小说创作、传播的显著特色之一，我们透过凡例可以窥其一斑。

其次，真幻相参。从表4-2统计可知，附有凡例的主要是历史小说和写情小说（含世情小说、才子佳人小说、儿女英雄小说等），这两类题材的通俗小说同样注重虚实结合、真幻相参，不过在"真"的具体内涵上有所不同，下面分而论之。

在具体创作过程中，历史小说作家多将正史与野史、传闻相互结合，体现较强的史学意识与"实录"原则，保留着宋元说话"讲史"一家的特色。例如，大来堂天启刊《于少保萃忠传》凡例二十二则，分别记载主要采撷的二十二种书籍，包括史书、笔记等多种文献材料来源，其中，"《皇明实录》载于公事，俱摘大关系于国家者，兹采为骨"。以正史《皇明实录》作为全书之"骨"，构成小说主干，与此同时，"载于公事，俱摘故老传闻，脍炙人口"的《列卿传》、"系于公在天有灵、士人祈祷必应异闻"的《梦占类考》之类书籍亦成为《于少保萃忠传》一书的创作素材来源①，正史与传闻相结合，虚实相间，由此可见《于少保萃忠传》的创作方法。这在明清历史小说的创作过程中具有一定的代表性。《北史演义》凡例第一则亦云："是书起自魏季，终于隋初，凡正史所载，无不备录，间采稗史事迹，补缀其阙，以广见闻所未及，皆有根据，非随意撰造者可比。"在历史小说所依据的史书之中，司马光的《资治通鉴》、朱熹的《通鉴纲目》以及《通鉴》类史书无疑受到最多的关注。《大宋中兴通俗演义》凡例就明确揭示此书按鉴演义的创作方法，其凡例第四则云："大节题目俱依《通鉴纲目》牵过，内诸人文辞理渊难明者，愚则互以野

---

① 以上所引分别参见大来堂天启刊《于少保萃忠传》凡例第一则、第八则、第二十二则，见《古本小说集成》，据浙江图书馆藏本影印《于少保萃忠传》卷首。

说连之，庶便俗庸易识。"《廿一史通俗衍义》凡例第一则云："是书悉遵《纲鉴》，半是《纲鉴》旧文。"第四则云："是书有《纲鉴》所无，间以他传补入，其见于小说内者，并不敢取，即取亦必以或曰别之，以见其说虽不足信，或可参考云尔。"第六则云："是集中如盘古开天、共工氏头触不周山、女娲氏炼石补天、夏禹王治水、用天兵天将、后羿射日、嫦娥奔月之类，《纲鉴》虽载有其事，并不详其说，盖事属荒唐，置之不议不论之列可也。今虽从他书采补增入，犹孟子所云：于传有之，其事之或有或无，传记之足信与否？俱未暇深辨也。"该书不仅在题材内容、思想倾向、章法结构、叙事模式诸方面借鉴《纲鉴》，而且强调以小说补《纲鉴》记载之阙。概而言之，明清历史题材小说所阐发的"真"的内涵主要体现为历史真实，是否符合史实成为衡量小说优劣的重要标准。正如崇祯人瑞堂刊《隋炀帝艳史》凡例第一则所云："今《艳史》一书，虽云小说，然引用故实，悉遵正史，并不巧借一事，妄设一语，以滋世人之惑。故有源有委，可征可据，不独脍炙一时，允足传信千古。"在尊重史实的基础上允许少量、合理的虚构，以丰富小说的知识性、趣味性，并达到"羽翼正史"、弥补正史之不足的作用。[①]

相比之下，写情小说所言之"真"主要着眼于现实，着眼于人情世态。《快心编》凡例第一则即云："是编皆从世情上写来，件件逼真，间有一二点缀处，亦不过借为金针之度耳。"第三则云："是编悲欢离合变幻处实实有之，非若嵌空捏凑、脱节歧枝者比。"第四则云："编中点染世态人情如澄水鉴形丝毫无遁，不平者见之色怒，自愧者见之汗颜，岂独解颐起舞已哉。"《醒世姻缘传》凡例第一则云："本传晁源、狄宗、童姬、薛媪，皆非本姓，不欲以其实迹暴于人也。"第二则云："本传凡懿行淑举，皆用本名，至于荡简败德之夫，名姓皆从捏造，昭戒而隐恶，存事而晦人。"第五则云："本传其事有据，其人可征。"这种立足于现实的创作方法在明代崇祯时尚友堂所刊话本小说《拍案惊奇》凡例第四则亦有体现："事类多近人情日用，不甚及鬼怪虚诞，正以画犬马难，画鬼魅易，不欲为其易而不足征耳，亦有一二涉于神鬼幽冥，要是切近可信，与一味驾空说谎、必无是事者不同。"写情小说乃至话本小说作者强调"从世情

---

① 友益斋崇祯末刊《岳武穆尽忠报国传》凡例第四则，见《古本小说集成》，据北京图书馆藏本影印《岳武穆尽忠报国传》卷首。

上写来，件件逼真""事类多近人情日用，不甚及鬼怪虚诞""要是切近可信"，强调贴近现实，贴近市民百姓日常生活，在此基础上，"间有一二点缀处"。与历史小说崇尚史实、注重"实录"的笔法相比，写情小说、话本小说着眼于现实，这在一定程度上分别是对于宋元讲史平话以及小说话本创作方法的继承与发展。

　　最后，取材于邸报等。明末清初的时事小说脱胎于历史演义，然而，两者在题材选择、编创方式、创作倾向诸方面存在明显的区别。历史演义以历史人物、事件作为描写重点，按鉴演义，发掘历史传统中蕴藏的故事、经验、教训，并适当表现以古为鉴、劝诫后世的创作主旨；时事小说则以展示当代的重大事件为主，依据邸报、塘报等加以创作，具有强烈的现实主义色彩。在中国文学史上，注重通过文学作品反映时事的传统相当悠久。以唐代为例，白居易《与元九书》即明确提出"文章合为时而著，歌诗合为事而作"的主张，虽然他将"时"与"事"分而述之，但在强调摹写现实这一点上与后来的时事小说具有内在相通之处。就明末清初时事小说而言，它在继承并发展历史演义创作传统的基础上，直接延续了《金瓶梅》诸书批评现实的精神，成为历史小说与世情小说的合流。时事小说与历史演义的分野在创作方法上主要体现为时事小说常常取材自邸报，在此基础上融合正史、笔记。以峥霄馆刊《魏忠贤小说斥奸书》为例，其凡例第三则云："是书自春徂秋，历三时而始成，阅过邸报，自万历四十八年（1620）至崇祯元年（1628），不下丈许，且朝野之史如正、续《清朝圣政》两集、《太平洪业》《三朝要典》、钦颁爰书、《玉镜新谈》，凡数十种，一本之见闻，非敢妄意点缀，以坠于绮语之戒。"特定的创作方法与取材方式，在一定程度上决定了小说的风格特点，正因为《魏忠贤小说斥奸书》创作多采自邸报及正史、笔记，所以"是书动关政务，半系章疏，故不学《水浒》之组织世态，不效《西游》之布置幻景，不习《金瓶梅》之闺情，不祖《三国》诸志之机诈"①。时事小说的创作方法使这类小说具备政治性（"动关政务"）、新闻性、时效性等特征，从而在明清通俗小说创作中独具一格。

---

　　① 峥霄馆崇祯元年（1628）刊《魏忠贤小说斥奸书》凡例第四则，见《古本小说集成》，据北京大学图书馆藏本影印《魏忠贤小说斥奸书》卷首。

四、凡例与通俗小说回目

回目是小说体制的重要构成部分，透过小说凡例，我们可以窥见通俗小说回目的演变轨迹。明崇祯年间尚友堂刊《拍案惊奇》凡例第一则云："每回有题，旧小说造句皆妙，故元人即以之为剧，今《太和正音谱》所载剧名，半犹小说句也。近来必欲取两回之不伴者，比而偶之，遂不免窜削旧题，亦是点金成铁，今每回用二句自相成偶，仿《水浒》《西游》旧例。"从小说回目角度而言，这则凡例值得我们予以足够的重视，它点明小说回目的渊源，包括宋元讲史平话、文言小说在内的小说传统给元杂剧的剧名带来启示，同时又与元杂剧剧名一起，影响着后世的白话小说回目。与此同时，这则凡例还揭示出明末话本小说回目编刊方面的偶化趋势。考察尚友堂刊《拍案惊奇》四十卷的回目，皆为双句形式，其中六言双句二则，七言双句十八则，八言双句二十则，相当整齐，在仿照《水浒传》《西游记》旧例的情况下，"每回用二句自相成偶"，正文回目之对偶与其凡例所言可谓相互呼应。

通俗小说回目的偶化趋势在清代小说创作、传播过程中得以继续发展，这在小说凡例中亦有体现。刊于康熙年间的《春柳莺》凡例云："每回以两句为题贯首，虽前人亦有之，此实史者（按：作者南北鹡鸰冠史者自称）限于坊请，盖以一十回并作十回（按：此句语意不明，原文如此），非史者故新一格，正史者别是一格也。"《春柳莺》共十回，除第四、第七回为八言双句外，其余皆为七言双句回目，延续了通俗小说回目偶化的发展趋势。嘉庆所刊《白圭志》凡例第四则云："此书每回之首，对语二句，书之纲领也。"《白圭志》共四卷十六回，其中，七言双句和八言双句各为八回。凡例将回目称为"书之纲领"，可见对其重视程度。光绪年间所刊《万国演义》凡例第四则云："卷目用对偶标题，仍类举要典，别为细目，系于标题之下，庶一览而得其要领焉。"从凡例来看，偶化回目成为明清通俗小说发展的主流。

值得我们注意的是，《春柳莺》凡例提到，双句回目的使用是作者南北鹡鸰冠史者"限于坊请"的缘故，书坊及书坊主在小说回目偶化方面所起的作用不容忽视。在小说编辑、刊刻过程中，明清时期的书坊主或书坊周围的下层文人对旧本回目加以改造。杭州书坊主夏履先明末刊方汝浩

《禅真逸史》八卷四十回，夏氏在《禅真逸史》凡例第二则强调对旧本回目的改造之功："旧本意晦词古，不入里耳。兹演为四十回，回分八卷，卷胪八卦，刊落陈诠，独标新异。"在对旧本回目进行改造之际，注重语言通俗易懂、注重新奇独创、摈除陈词滥调，是书坊及书坊主编辑小说回目的出发点之一。

在明清通俗小说回目的改造、演进过程中，中上层文人也是功不可没。崇祯时友益斋刊《岳武穆尽忠报国传》，其凡例作者乃崇祯十三年（1640）进士，曾任信安、义乌知县的于华玉，此书删改旧本即熊大木所编《大宋中兴通俗演义》，亦对旧本回目加以改造。凡例云：

> 旧传卷分八帙，帙有十目，大是赘琐。至末卷，摭入风僧冥报，鄙野齐东，尤君子之所不道，兹尽删焉，而定为七卷，更于目之冗杂无义者，裁去其六，每卷概以四目，庶称雅驯。

> 旧传每目数事缀连，累牍难竟……兹一事自为一起讫，以评语间之，事别绪承，最宜寻绎。

我们把嘉靖三十一年（1552）清江堂所刊熊大木《大宋中兴通俗演义》与崇祯时友益斋所刊于华玉《岳武穆尽忠报国传》两书回目进行比较，可以发现：熊著共有八卷，每卷十目，于著嫌之"赘琐"，尤其是对熊著卷八诸如《阴司中岳飞显灵》《秦桧遇风魔行者》《冥司中报应秦桧》等回目，斥之为"鄙野齐东"，一律删除，定为七卷，每卷四目。友益斋改造旧本《大宋中兴通俗演义》的回目，重在摈除赘琐之目，使回目简洁、雅驯，同时，尽可能使回目与正文相互照应，避免出现一回之中"数事缀连"的状况，而以"一事自为一起讫"。相比之下，作为明代通俗小说起步时期创作的小说，熊大木《大宋中兴通俗演义》对史书保持着较高的依赖性，体现于回目之上，"大节题目俱依《通鉴纲目》牵过"[1]。《通鉴纲目》不同于《资治通鉴》"虽有目录，亦难检寻"[2]，而是

---

① 嘉靖三十一年（1552）清江堂刊熊大木《大宋中兴通俗演义》凡例第四则，见《古本小说集成》，据以影印。

② ［南宋］朱熹：《辞免江东提刑奏状三》，见《晦庵先生朱文公文集》卷二二，上海古籍出版社、安徽教育出版社 2002 年版《朱子全书》，第 21 册，第 1002－1003 页。

"纲""目"并举，这对明清通俗小说回目的发展带来一定的影响，尤其是对《大宋中兴通俗演义》等早期的通俗小说影响较为明显。编刊于明末的于华玉《岳武穆尽忠报国传》则本着"雅驯""表奇"的目的①，对旧本回目进行改造，显示出较强的小说文体独立意识，逐渐摆脱正史束缚，使通俗小说朝着文人化、案头化的方向进一步发展。

五、凡例与通俗小说读者

关于明清通俗小说读者阶层的文献材料不仅数量少，而且较为分散。迄今为止，学术界有关读者阶层与明清时期通俗小说创作、传播关系的研究尚嫌薄弱，小说凡例是我们对此进行考察的一个重要视角。

通俗小说的编刊是为了满足不同阶层读者的需要。《鬼谷四友志》凡例第六则云："是集文虽不古奥，然有一等，但喜浅陋诞妄为、真有所谓中人以上，可以语上；中人以下，不可语上。如稍近中质，先取演义阅过，再读是书，详较实际可通世用，可警世悖。取其所长，去其所短，其与荒唐鬼神缠绵男女等事俱无。稚幼读之，兴其进业；已仕读之，坚其忠贞；庶人读可去狡诈；隐居读可操其志，事无几许，义举多方。"不同社会地位、不同层次的读者阅读小说可以获得不一样的感受，产生不同的阅读效果。大约从明代中后期开始，由于商品经济发达，市民阶层不断壮大；同时，随着印刷技术提高，刻书成本降低，书价下降，大量的下层读者加入小说阅读队伍之中，下层读者的阅读需要和欣赏习惯成为明清通俗小说发展的强大动力。嘉靖三十一年（1552）清江堂所刊《大宋中兴通俗演义》凡例第四则云："庶便俗庸易识。"第七则云："句法粗俗，言辞俚野，本以便愚庸观览，非敢望于贤君子也耶。"由此可见，《大宋中兴通俗演义》的创作动机在于"庶便俗庸易识""本以便愚庸观览，非敢望于贤君子也耶。"以"士大夫以下"的下层读者——"俗庸""愚庸"作为小说创作时考虑的主要读者对象，这一点正是明清时期商品经济发展以及社会阶层发生变化的现实在小说中的具体体现，说明当时市民群体逐步取代明代中期以前的士人、商人群体，

---

① 友益斋崇祯末刊《岳武穆尽忠报国传》凡例第二则、第五则，见《古本小说集成》，据北京图书馆藏本影印《岳武穆尽忠报国传》卷首。

成为小说读者阶层的主体构成部分。

下层读者文化水平较低，他们的阅读水平和阅读习惯加速了小说通俗化的进程。对此，我们从明清时期通俗小说的凡例也可窥见一斑。从凡例记载来看，明清小说通俗化的趋势至少体现在以下五个方面。

其一，为满足下层读者阅读需要，采取作注的形式，使小说通俗易懂。叶敬池崇祯刊《新列国志》凡例第七则云："古今地名不同，今悉依《一统志》，查明分注，以便观览。"在明清通俗小说正文之中大量穿插人名注、地名注、官职名称注、风俗典故注、音注、词语注等，以便读者"观览"。

其二，运用通俗易懂的语言甚至采用俚俗语言、方言以适应乃至于取悦下层读者，是很多通俗小说常见的做法。清初刊《快心编》凡例第一则云："字义庸浅，期于雅俗同喻，不敢以深文自饰，得罪大雅诸君子也。"《红楼复梦》凡例第六则云："书中不用生僻字样，便于涉览。"清初刊《醒世姻缘传》凡例第七则云："田夫闺媛、懵懂面墙□者无争笑其打油之语。"第八则云："本传造句涉俚，用字多鄙，惟用东方土音。"嘉庆四年（1799）抱瓮轩刊《续红楼梦》凡例第三则云："书内诸人一切语言口吻悉本前书，概用习俗之方言，如昨儿晚上、今儿早起、明儿晌午，不得换昨夜、今晨、明午也，又如适才之为刚才儿、究竟之为归根儿、一日两日之为一天两天，此时彼时之为这会儿、那会儿，皆是也。以一概百，可以类推。盖士君子散处四方，虽习俗口头之方言，亦有各省之不同者，故例此则以便观览，非敢饶舌也。"《岭南逸史》凡例第三则云："是编期于通俗，《圣山志》多用土语，如谓小曰仔……诸如此类，其易晓者，悉仍之，其不易晓者，悉用汉音译出，以便观览。"第四则云："是编期以通俗语言，鼓吹经史，人情笑骂，接引愚顽。"光绪二十九年（1903）作新社排印本《万国演义》凡例第一则云："是编专述泰东西古今事实，以供教科书之用，特为浅显之文，使人易晓，故命曰《万国演义》。"上述凡例均表明，运用通俗浅显的语言乃至方言土语，其目的在于适应下层读者的阅读习惯与特点。

其三，采用浅显通俗的诗词穿插于小说正文。金陵万卷楼万历刊《三教开迷归正演义》凡例第四则云："本传通俗诗词吟咏，欲人了明，而俗中藏妙，浇处和淳，自未可以工拙论。"康熙年间刊《春柳莺》凡例第六则云："每回贯首诗不作正经诗法，只是明白浅述，一便俗之意。"

嘉庆四年（1799）刊《红楼复梦》凡例第二十一则云："前书词曲过于隐僻，不但使读者闷而难解，抑且无味，不若此书叙事叙人赏心快月。"在诗词的运用上，照顾到小说读者尤其是下层读者的阅读水平和感受，"欲人了明""便俗"成为通俗小说穿插诗词的主要目的。

其四，普遍运用评点的形式。万历中期前后在世的陈邦俊《广谐史·凡例》就指出："时尚批点，以便初学观览，非大方体。"① 所谓"初学"，主要是指具备一些文化知识但水平不高的下层读者，这里将"初学"与"大方"相对，表明包括小说评点在内的各种文体的评点悄然出现变化，由早期满足士子阅读需要而转向注重下层读者的阅读需求。在明清通俗小说中较早通过凡例的形式对小说圈点作出说明的是金陵万卷楼万历刊、九华山士潘镜若撰《三教开迷归正演义》，其凡例第六则云："本传圈点非为饰观者目，乃警拔真切处，则加以圈，而其次用点，至如月旦者，落笔更趣，且发作传者未逮。"这表明圈与点各有不同侧重，其地位、用法不尽相同，不能一概而论。小说评点是为读者服务的。袁无涯《忠义水浒全书·发凡》云："书尚评点，以能通作者之意，开览者之心也。得则如着毛点睛，毕露神采；失则如批颊涂面，污辱本来，非可苟而已也。今于一部之旨趣，一回之警策，一句一字之精神，无不拈出，使人知此为稗家史笔，有关于世道，有益于文章，与向来坊刻，夐乎不同。如按曲谱而中节，针铜人而中穴，笔头有舌有眼，使人可见可闻，斯评点所最贵者耳。"小说评点成为沟通作者与读者之间的桥梁。《百炼真》凡例第四则云："关目紧要处，必细加圈点，逐一批出。"《白圭志》凡例第四则云："此书每回之首……评语数行，书之条目也。在观书者或先观评语，然后看正文；或看了正文，再观评语，加以己意参之，方是晴川（按：即评点者何晴川自称）知言。"评点紧扣小说内容、情节、创作主旨、章法结构等，正是通过评点读者能够更好地理解并接受。

其五，插图的设置往往也照顾到下层读者的阅读需要。《绣屏缘》凡例第一则云："小说前每装绣像数页，以取悦时目。盖因内中情事，未必尽佳，故先以此动人耳。"《红楼复梦》凡例第四则云："此书照依前书绘图以快心目。"为了便于观览，《后红楼梦》的编刊者改动了绣像与赞语

---

① ［明］陈邦俊：《广谐史·凡例》，见《四库全书存目丛书》子部小说家类第252册，据清华大学图书馆藏明万历四十三年（1615）沈应魁刊本影印，第208页。

的位置。《后红楼梦》凡例第五则云:"凡说部书绣像皆赞在阳页,像在阴页,不便观览,此书皆像在阳页,赞在阴页,先赞后像,两页对开,以便观览。"插图可以弥补小说文字之不足,正如《禅真逸史》凡例第五则所言:"图像似作儿态。然《史》(按:指《禅真逸史》)中炎凉好丑,辞绘之,辞所不到,图绘之。"正因为如此,所以明清书坊相当重视小说插图的运用,甚至邀请"名笔妙手"绘制插图。明末人瑞堂所刊《隋炀帝艳史》凡例第八则指出:"坊间绣像,不过略似人形,止供儿童把玩。兹编特恳名笔妙手,传神阿堵,曲尽其妙。一展卷,而奇情艳态勃勃如生,不啻顾虎头、吴道子之对面,岂非词家韵事、案头珍赏哉!"第九则云:"绣像每幅皆选集古人佳句,与事符合者,以为题咏证左,妙在个中,趣在言外,诚海内诸书所未有也。"第十则云:"诗句皆制锦为栏,如薛涛乌丝等式,以见精工郑重之意。"将诗词与插图相配,增加插图的诗情画意,从而增加读者阅读的愉悦。

读者阅读需要与小说章法结构之间关系密切。以乾隆刊《北史演义》为例,其凡例详细交代此书的写作章法,多与读者阅读有关,如第四则云:"兵家胜败有由,是书每写一战,必先叙所以胜败之故,或兵强而败形已兆,或兵弱而胜势已成,结构各殊,皆曲曲传出,俾当日情事,阅者了然心目。"第八则云:"是书头绪虽多,皆一线贯穿,事事条分缕晰,以醒阅者之目。"第十一则云:"书中紧要人皆用重笔提清,令阅者着眼。"描写战争,预先交代"所以胜败之故",为战争结局作铺垫,使读者了然于胸,不会觉得突兀,小说情节结构的设置、人物形象的塑造也考虑到与读者相关的因素。

小说续书亦因读者阅读需要而对原著及其续作进行修改、加工。以嘉庆四年(1799)抱瓮轩刊秦子忱《续红楼梦》为例,其书凡例第二则云:"前《红楼梦》书中如史湘云之婿及张金哥之夫均无纪出姓名,诚为缺典,兹本若不拟以姓名,仍令阅者茫然,今不得已妄拟二名,虽涉穿凿,君子谅之。"增加次要人物姓名,意在补前书情节结构之不足。另外,《后红楼梦》将原书大略放在续书之首,秦子忱表示不同看法,主张删除。其《续红楼梦》凡例第六则云:"《后红楼梦》书中因前书卷帙浩繁,恐海内君子或有未购及已购而难于携带,故又叙出前书事略一段,列于卷首,以便参考。鄙意不敢效颦,盖阅过前书者再阅续本,方能一目了然,若前书目所未睹,即参考事略,岂能尽知其详?续本纵有可观,依旧味同嚼蜡，不如不叙事略之为省笔也。"对于原书大略的处理，其实不论是《后红楼梦》还是《续红楼梦》，皆站在读者立场上考虑，《后红楼梦》担心读者"难于携带"原著而增加原书大略，《续红楼梦》从读者阅读习惯出发，只有先观原书才能再阅续作，因此"不如不叙事略之为省笔也"。

综上所述，笔者从以上几个方面对明清通俗小说凡例加以整理与研究。小说凡例具备较高的史料价值，对于我们研究小说作者、评点者、小说作品、创作及传播的时代环境等可以提供有益的材料与线索。与此同时，凡例也是我们研究小说创作方法、小说回目、小说读者等问题的特定视角，通过这一视角，有助于我们探寻明清通俗小说产生、发展的真实轨迹及其演变规律。明清通俗小说凡例一览，见表4-2。

表4-2　明清通俗小说凡例一览表

书名	作者	成书时间	抄写、刊刻者及其时间	备注
《大宋中兴通俗演义》八卷七十四则	熊大木	嘉靖三十一年（1552）	嘉靖三十一年（1552）建阳清江堂杨涌泉刊	卷首有凡例七则
《列国志传》八卷二百三十四则	余邵鱼	未详	建阳余象斗三台馆万历三十四年（1606）重刊	卷首有"列国并吞凡例"十一则，不分段
《李卓吾批评忠义水浒全传》一百二十回	施耐庵	元末明初	吴县袁无涯书种堂万历四十二年（1614）刊	卷首有袁无涯《忠义水浒全书·发凡》十则
《三教开迷归正演义》二十卷一百回	潘镜若	约为万历年间	金陵万卷楼万历刊	卷首题凡例"八款"，实为六则
《李卓吾先生批评西游记》一百回	吴承恩	未详	约泰昌、天启间	卷首有凡例不分则
《于少保萃忠传》十卷七十回	孙高亮	万历初	浙江嘉兴沈国元大来堂天启刊	卷首有凡例二十二则

书名	作者	成书时间	抄写、刊刻者及其时间	备注
《拍案惊奇》四十卷四十篇	凌濛初	崇祯元年（1628）	金阊安少云尚友堂崇祯元年（1628)刊	卷首有凡例五则
《魏忠贤小说斥奸书》八卷四十回	吴越草莽臣	崇祯元年（1628）	钱塘县陆云龙峥霄馆崇祯元年（1628）刊	卷首有凡例五则
《隋炀帝艳史》八卷四十回	齐东野人	明末	金陵人瑞堂崇祯四年（1631）刊	卷首有凡例十三则
《禅真逸史》八卷四十回	清溪道人	明末	明末杭州夏履先刊	卷首有凡例八则
《新列国志》一百〇八回	冯梦龙	明末	吴县叶敬池崇祯年间刊	卷首有凡例七则
《岳武穆尽忠报国传》七卷	于华玉	崇祯末	友益斋崇祯末刊	卷首有凡例六则
《快心编》十六卷三十二回	天花才子	清初	清初课花书屋大字本	卷首有凡例五则
《续金瓶梅》六十四回	丁耀亢	顺治十七年（1660）	顺治十七年（1660）原刊	卷首有"续金瓶梅后集凡例"八则
《醒世姻缘传》一百回	西周生	顺治年间	清同德堂刊	卷首有凡例八则
《春柳莺》十回	南北鹖冠史者	康熙元年（1662）	康熙年间刊	卷首有凡例八则，题"史者自识"
《绣屏缘》二十回	苏庵主人	顺治年间或康熙初	康熙九年（1670）抄写	卷首有凡例七则，题"苏庵漫识"
《百炼真》十二回	墨浪仙主人	康熙年间	康熙年间本衙藏板	卷首有凡例七则

书名	作者	成书时间	抄写、刊刻者及其时间	备注
《隋唐演义》一百回	褚人获	康熙二十三年（1684）	清四雪草堂刊	卷首有发凡四则
《金瓶梅》一百回	兰陵笑笑生	嘉靖、万历间	康熙三十四年（1695）刊	卷首有张竹坡"批评第一奇书金瓶梅凡例"四则
《廿一史通俗衍义》二十六卷四十四回	吕抚	雍正年间	清正气堂活字本	卷首有凡例十则
《女才子书》十二卷	烟水散人	约成书于顺治十六年（1659）	乾隆十五年（1750）大德堂刊	卷首有凡例四则
《脂砚斋重评石头记》（甲戌本，存十六回）	曹雪芹	乾隆年间	脂砚斋乾隆十九年（1754）抄阅重评	卷首有凡例四则，末附自题七律诗一首
《三国志演义》一百二十回	罗贯中	元末明初	乾隆三十四年（1769）新镌世德堂本	毛宗岗评《三国志演义》，卷首有凡例十则
《北史演义》六十四卷	杜纲	乾隆癸丑即五十八年（1793）	乾隆五十八年（1793）原刊	卷首有凡例二十则
《南史演义》三十二卷	杜纲	乾隆六十年（1795）	乾隆六十年（1795）原刊	卷首有凡例十则
《岭南逸史》二十八回	花溪逸士（黄岩）	乾隆、嘉庆年间	清文道堂藏板。清嘉庆六年（1801）李梦松序本为现存最早刊本	卷首有凡例五则

书名	作者	成书时间	抄写、刊刻者及其时间	备注
《后红楼梦》三十回	逍遥子	嘉庆元年（1796）以前	乾隆嘉庆间白纸写刻本	卷首有凡例五则，《红楼梦》最早续书
《续红楼梦》三十卷	秦子忱	嘉庆二年（1797）或三年（1798）初	嘉庆四年（1799）抱瓮轩原刊	卷首有凡例六则
《红楼复梦》一百回	红香阁小和山樵南阳氏	嘉庆四年（1799）	嘉庆四年（1799）蓉竹山房原刊，有嬭嬛斋刊本等	卷首有凡例二十六则
《鬼谷四友志》三卷六回	杨景淐	乾隆六十年（1795）	嘉庆八年（1803）博雅堂刊	卷首有凡例六则
《白圭志》四集十六回	崔象川	嘉庆三年（1798）以前	嘉庆十二年（1807）永安堂刊	卷首有凡例六则
《红楼梦补》四十八回	归锄子	约成书于嘉庆二十四年（1819）	清道光十三年（1833）藤花榭重刊	卷首有叙略七则
《三分梦全传》十六回（又名《醒梦录》）	张士登	约成书于嘉庆二十三年（1818）、二十四年（1819）	道光二十八年（1848）刊	卷首残存凡例九则
《儒林外史》五十六回	吴敬梓	约乾隆年间	同治十三年（1874）齐省堂增订本	卷首有例言五则

续表

书名	作者	成书时间	抄写、刊刻者及其时间	备注
《野叟曝言》二十卷一百五十二回	夏敬渠	乾隆年间	光绪七年（1881）毗陵汇珍楼新刊活字本	卷首有凡例六则
《三国志演义》一百二十回	罗贯中	元末明初	光绪十六年（1890）广百宋斋校印	《绘图增像第一才子书》卷首有许时庚撰《三国志演义·补例》
《海上花列传》六十四回	花也怜侬（即韩邦庆）	清末	初刊于光绪十八年（1892）《海上奇书》杂志，光绪二十年（1894）出版单行本	卷首有例言十则
《万国演义》六十卷四百六十则	沈惟贤辑注	光绪年间	光绪二十九年（1903）作新社排印本	卷首有凡例六则
《水浒传》一百二十回	施耐庵	元末明初	光绪三十四年（1908）刊《新评水浒传》	卷首有清末燕南尚生所撰凡例十一则
《洪秀全演义》五十四回	黄小配	1905年连载于香港《有所谓》报附页	光绪三十四年（1908）石印本	卷首有例言，不分则
《新七侠五义》二十四回	治逸	晚清	宣统元年（1909）小说改良社铅印本	卷首有凡例七则

（原载《文学评论》2010 年第 6 期）

明代小说作家吴还初生平与籍贯新考

一

明代吴还初编撰的小说，现存的主要有以下两种：一是《新刊出像天妃济世出身传》（一名《新刻宣封护国天妃林娘娘出身济世正传》，简称《天妃娘妈传》）二卷，福建建阳熊龙峰忠正堂万历年间刊刻；二是《郭青螺六省听讼录新民公案》（简称《新民公案》）四卷。关于《新民公案》的编撰者与刊刻者尚存在一些争议，徐朔方认为此书"作者不详"①。实际上，根据《新民公案》一书卷首吴还初所撰《新民录引》可知此书为吴氏所作。《新民录引》云："甘棠存召绩，镌石垂不朽，故纪公（按：指郭青螺）六省理人之政，每又概揭其一二于篇什，非贡谀也，欲俾公今日新民之公案，为万世牧林总者法程也，有志而喜，于是乎乐谭而镂之剞劂。"这里交代了作者编撰小说的方法、目的以及小说出版情况，由此可以看出，吴还初正是《新民公案》的编撰者。明代小说作家为自己的作品撰写"小引"的情况并不少见，如邓志谟为自撰《铁树记》《咒枣记》撰《豫章铁树记引》《萨真人咒枣记引》，凌濛初撰《二刻拍案惊奇小引》等。《中国古代小说百科全书》亦认为："此书作者当是吴迁。"陈大康《明代小说史》指出："本书作者似即为吴迁。"②《新民公案》于万历三十三年（1605）由建阳书坊主余成章刊刻，日本延享元年（1744）甲子四月抄本误题为"书林　仙源　金成章　绣梓"。余成章（1560—1631），字仙源，万历年间他以"建宁书林仙源余成章""闽书林

---

①　参见徐朔方所撰《郭青螺六省听讼录新民公案·前言》，见《古本小说集成》，据日本延享元年（1744）甲子四月抄本影印《郭青螺六省听讼录新民公案》卷首。

②　顾青：《中国古代小说百科全书·明代小说·新民公案》，中国大百科全书出版社1998年第2版，第622页；陈大康：《明代小说史·明代小说编年史》，上海文艺出版社2000年版，第747页。

余仙源""永庆堂余仙源"诸堂号刻书甚多。①

有关吴还初的生平材料极少,《天妃娘妈传》上卷卷首题"南州散人吴还初编,昌江逸士余德孚校,潭邑书林熊龙峰梓",下卷卷尾牌记题"万历新春之岁忠正堂熊氏龙峰行"。《新民公案》卷首有《新民录引》,题"大明万历乙巳孟秋中浣之吉南州延陵还初吴迁拜题"。由此可知,吴迁字还初,号南州散人,延陵为吴氏郡望。他与建阳书坊关系密切。关于吴还初生平、籍贯的其他材料则无从得知。

自20世纪80年代末以来,有关吴还初籍贯的问题,引起学术界一定的关注。现有建阳当地人、福建漳州人、莆田人、江苏常州人数说,笔者试述如下。

黄永年先生在《〈天妃娘妈传〉校点前言》(载《古籍整理研究学刊》1989年第4期)中,虽然没有明确指出吴氏的籍贯,不过他推测了一个大致的范围,即吴还初是建阳当地人,至少是福建人。黄文认为:建阳书坊多"编刻通俗读物……这种通俗读物尤其是章回小说常由书坊雇佣当地水平欠高的文人来编写,所以南州散人吴还初当就是其中的一员"。(第11页)黄永年先生的推测显然有值得商榷之处,因为明代建阳书坊并非"雇佣当地水平欠高的文人来编写(通俗读物乃至章回小说)",而是常常雇请外地文人参与小说的编撰工作,为建阳书坊所雇请或者与建阳书坊关系十分密切的文人,以江西籍者为多,如邓志谟、朱星祚、黄化宇等。福建、江西两省相邻,明代建阳刻书业发达,所以对江西文人尤其是失意文人颇具有吸引力。例如,江西人周尚文,《皇明人文》"周尚文小传"记载:"因屡试不达,遂忿志游闽书市,日以著述为事。"又如邓志谟,字景南,号竹溪散人、百拙生,江西饶安府安仁县人,万历中期入闽,担任建阳余氏塾师,并为萃庆堂编写小说,他在所著《得愚集》卷五《复姜君全吾》中自称:"岁暮入闽非得已而行,亟为糊口计尔。"②在同书卷一《答饶君隆轩》一文中指出:"仆穷愁著书,雕虫技尔,然不能藏之名山,徒为梨枣也者。"梨枣代指书板,即刊刻之意。邓氏编有

---

① 方彦寿:《闽北詹余熊蔡黄五姓十三位刻书家生平考略》"余成章"条有所考证,载《文献》1989年第3期,第233–242页。

② [明]邓志谟:《锲注释得愚集》,见台北天一出版社1985年版《明清善本小说丛刊初编》。以下所引《得愚集》版本皆同。

《铁树记》《飞剑记》《咒枣记》各二卷等，均由萃庆堂刊出。所以说，建阳书坊刊刻章回小说"常由书坊雇佣当地水平欠高的文人来编写"的说法是不妥的。

官桂铨《〈天妃娘妈传〉作者吴还初小考》（载《学术研究》1995年第6期）认为吴还初是福建漳州人，主要依据是："五代后晋开运二年（945），改漳州为南州，因'时刺史董思安以其父名章，请改漳州为南州……乾德四年（966）复为彰州。'（见光绪《漳州府志·建置》），吴还初应为漳州人，漳州临海，他熟悉并搜集妈祖的传说也是情理中的事。"

刘福铸《〈天妃娘妈传〉作者初探》（载《莆田学院学报》2003年第4期）对官桂铨之说提出反驳，他认为，"前人的'南州'一词，有两种含义，一是作南方地区的泛称，一是真正的行政区域名"，"'南州'不独指漳州无可否认"，"后来的诗人对于福建以上地区，都可能使用'南州'一词。其中也包括兴化府地区。基于此由，笔者认为，官先生所谓'吴还初应为漳州人'的结论未免过于武断了"。应该说，刘氏的反驳是有道理的，漳州之说的理由不够充分。刘福铸进一步推断吴还初是福建莆田人，理由有四："①莆田也可称'南州'……②书中的诗词押韵反映了莆仙话特点……③书中的莆仙方言词语和语法……④书中的莆仙及周边府县地名。"刘氏主要根据《天妃娘妈传》中诗词押韵特点、使用的方言语汇以及出现莆仙及众多周边地名得出结论，然而缺乏直接的、有说服力的证据。

李忠明《17世纪中国通俗小说编年史》第一章《1601—1610年》认为：《天妃济世出身传》（即《天妃娘妈传》）"书中所题为'南州散人吴还初'，'南州'不知所指……'延陵'为古邑名，根据谭其骧主编的《中国历史地图集》（一），春秋、战国时期的延陵，位于现在的常州。由此可知，本书作者为吴迁，字还初，号南州散人，江苏常州人。"① 我们在前文已作说明，延陵为吴氏郡望，并非指吴还初的籍贯。经查《江南通志》卷一一九②，确有常州人吴迁，不过是宋徽宗崇宁年间

① 李忠明：《17世纪中国通俗小说编年史》第一章《1601—1610年》，安徽大学出版社2003年版，第31－32页。

② 《江南通志》卷一一九史部地理类，见《文渊阁四库全书》史部地理类。

人氏，而不是明代人。

二

吴还初究竟是何地人？其生平经历是否有迹可循？本文依据新发现的两条材料，否定上述建阳当地人、福建漳州人、莆田人、江苏常州人数说，提出江西南昌说，并对吴还初的生平经历、文学修养等加以勾勒。

在明代邓志谟所著《得愚集》中，笔者发现为学界所忽略的两封书信，现将两封书信中与吴还初相关的内容摘录如下。

《得愚集》卷二《答余君养谦》一文云："吴还初不幸于闽旅槑，（按：槑，当为樣。台北天一出版社本《锲注释得愚集》原注云："客死而归丧者曰旅樣。"）亦莫之归，哀哉！此君零落可惜。第此君大耳，以不情负足下，似有死道，然足下椽笔工夫，际阳九之日，且不与人较锱铢，弟益知养谦先生千载人也。"

同卷《与吴君还初》一文云："数日不面足下，心旌摇曳矣。弟昨夜燃烛时酒后耳热，正长吟'潮汐有消长，乾坤无变更'之句，不意地之忽动。其屋瓦之振颇如长平鼓噪时，而陆中人更若登泛泛水中洲，先儒弗验也。弟方切杞人之忧，足下将无同乎？足下胸臆中仡立丘坟几许，一下笔词源滚滚，即譬之静界寺咄咄泉也。《蝉吟稿》一序，弟敢咄之于君，幸涌出余波沃弟。"

笔者认为，邓志谟信中提到的吴还初就是《天妃娘妈传》与《新民公案》的作者，证据有三。

第一，两位小说作家生活的时代相同。先看邓志谟，据《豫章铁树记引》《萨真人咒枣记引》等可知，邓志谟于万历三十一年（1603）编纂《铁树记》《咒枣记》《飞剑记》等小说，《得愚集》卷五《答邓君如印》亦云："丙申冬，判决已十度飞萤矣。……己亥春，复丧妇。……壬寅春仲，续娶一室，育一女，又殒。……甲辰夏，且为族人讼。"这里提到的"丙申""己亥""壬寅""甲辰"诸年号，分别指万历二十四年（1596）、二十七年（1599）、三十年（1602）、三十二年（1604）。再看小说作家吴还初，《新民公案》卷首《新民录引》题"大明万历乙巳孟秋"，万历乙巳即万历三十三年（1605）。《新民公案》记万历时事，如卷四《判问妖僧诳俗》叙述万历丁酉年（即万历二十五年，1597）之事。可见邓、吴二人皆生活于万历时期。

第二，两位小说作家与建阳书坊关系密切。邓志谟在担任建阳余氏塾师之际，为余氏萃庆堂编写大量小说和类书，其中《铁树记》《咒枣记》《飞剑记》为余泗泉等人所刊，《花鸟争奇》由余应虬作序。吴还初编撰的《天妃娘妈传》为建阳书坊主熊龙峰忠正堂所刊，并为建阳书坊余成章编撰《新民公案》："欲俾公（按：指郭青螺）今日新民之公案，为万世牧林总者法程也。有志而喜，于是乎乐谭而镂之剞劂。"（《新民录引》）而且值得注意的是，从清光绪二十二年（1896）建阳余氏木活字传抄本之《书林余氏重修宗谱》第七册《书坊文兴公派下世系》可以看出，余继安"生子四：仲明、孟和、升郎、定郎"。仲明生子寿山、福海、彰德、寿岸，余成章为"福海公长子，位谏一，生于嘉靖庚申年二月十七日寅时，终于崇祯辛未年七月初八日酉时，享寿七十二岁"。彰德生子泗泉、应虬，笔者绘图示意，见图 4-1。

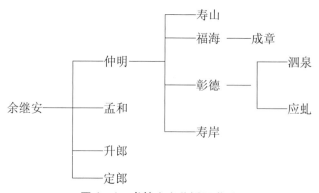

图 4-1　书坊文兴公派下世系

如此看来，余成章为余彰德之侄，与余泗泉、余应虬为堂兄弟，换言之，与邓志谟、吴还初关系密切的建阳余氏书坊主和二人为亲属关系，属于同一家族中堂兄弟的关系。邓、吴二人同样生活于万历时期，又与建阳余氏书坊关系密切，所以二人相识并有书信往来自在情理之中。

第三，再看邓氏书信中所提到的吴还初，从《与吴君还初》一文可知，吴氏也是从事文字工作的，博学多才，文思泉涌。《蝉吟稿》为邓志谟之作，邓志谟《得愚集》卷五《答邓君如印》即声称："弟《蝉吟稿》内志怨者五律皆不平之鸣也。"《与吴君还初》一文写道："《蝉吟稿》一序，弟敢咄之于君，幸涌出余波沃弟。"明代坊刊小说的序言，或请名人撰写，甚至假托名人以抬高小说身价，或者自序，或者请同辈好友撰写，邓志谟邀请吴还初为自己的文稿作序，说明两人关系相当密切，常有文字来往与切磋。由此，笔者认为邓志谟书信中提到的吴还初就是与邓氏生活于同一时期、与建阳余氏书坊关系密切、编撰《天妃娘妈传》《新民公案》等小说的吴还初。

三

通过邓志谟《得愚集》卷二《答余君养谦》《与吴君还初》两篇书信，再结合吴还初创作的两部小说，我们可以考证吴氏的生平经历、文学修养及其籍贯。

（1）吴还初博学多才，笔力甚健，著述甚丰。正如邓志谟《与吴君还初》一文所言："胸臆中伫立丘坟几许，一下笔词源滚滚，即譬之静界寺咄咄泉也。"我们从吴还初的小说创作也可以看出其知识渊博的一面：他对《诗经》《论语》《楚辞》等典籍非常熟悉，经常化用其语，如《天妃娘妈传》第二十三回《弱水国还臣奉贡》回末引诗中"欲报之德"之句即出自《诗经》中的《小雅·谷风之什·蓼莪》篇。

（2）由《答余君养谦》一文可知，吴还初虽然满腹才华，但怀才不遇，"零落可惜"，一生漂泊，命运坎坷，不幸客死他乡，甚至连死后也无法归丧。

（3）吴氏与邓志谟交往频繁，关系密切，经常碰面，所以邓志谟才有"数日不面足下，心旌摇曳矣"（《与吴君还初》）的感慨，邓氏还邀请吴还初为自己的《蝉吟稿》作序。

（4）关于吴还初的籍贯，根据上述两篇书信，我们可以否定建阳当地人、福建漳州人、莆田人、江苏常州人数说，由《答余君养谦》所云"吴还初不幸于闽旅梓，亦莫之归"一句即可证明。"旅梓"一词下原注云："客死而归丧者曰旅梓。"这说明吴还初是客死他乡，不是建阳当地人；"于闽旅梓"则表明他不仅不是建阳当地人，也不是福建人。

吴还初是何处人氏呢？我们还是从其号"南州散人"以及自称"南州延陵还初吴迁"入手。南州一词，或泛指南方地区，或指具体地名，福建、四川、云南、江西均有南州之称，但以江西最为普遍、最为知名。

《后汉书》卷五三《徐穉传》云："徐穉字孺子，豫章南昌人也。……（郭）林宗曰：'此必南州高士徐孺子也。'"① 这里说得很清楚："南州"是"豫章南昌"的别称，刘福铸《〈天妃娘妈传〉作者初探》把"南州高士徐孺子"理解成"南方高士徐孺子"有些牵强附会。笔者据《文渊阁四库全书》本《江西通志》检索，共有六十处提到"南州"一词，这里引述几条历代以南州作为豫章南昌别号的材料如下。

《江西通志》卷六七《人物二·南昌府二》中宋代《罗从彦传》云："罗从彦字仲素，本南昌人，寓闽之剑浦……真南州之冠冕也，学者称为豫章先生。"

《江西通志》卷一五五《艺文·诗九·七言律》录明代曾棨《南昌八景》诗云："城外青山爽气浮，重峦迭嶂拥南州。四时秀色含云雾，万壑寒光逼斗牛。野树迥连空翠合，涧泉长绕画屏流。由来此处多仙境，那得飙车汗漫游。"

《江西通志》卷一三九《艺文·序四》录明末清初江西新建人陈弘绪（一作陈宏绪）《豫章二祀纪序》云："南州胜迹在城中者，一为东湖之高士祠，一为章江门之夕佳楼高士祠，人知为徐孺子。"

由上可知，"南州"多作为豫章南昌的别号，汉代的"南州高士"徐孺子在当地影响很大，人们建祠纪念。吴还初以"南州散人"为号，显然寓含其籍贯在内，因此笔者认为，吴还初是江西南昌人。

吴还初是江西南昌人，而不是福建人或江苏常州人，这一点，我们从吴还初自撰《新民录引》也可以得到证明。《新民录引》称："我吉州青螺郭公以明德掇巍科，以新莅六省，盖将以明者新之民，而以新者效之君。君初任建州，忠信，人不忍欺；明决，人不敢欺。片言折狱，不啻神明。后刺岭表，潮民罔不自以为不冤，自是而三晋无强梁，两川多淳谨。杭严大畏民志，云贵心悦诚服……甘棠存召绩，镌石垂不朽，故纪公六省理人之政，每又概揭其一二于篇什，非贡谀也。"郭青螺（1542—1618），名子章，字相奎，号青螺，吉安泰和人，曾任建宁府推官、潮州知府、四川提学使、浙江参政、山西按察使、湖广及福建布政使诸职，万历二十七年（1599）以副都御史巡抚贵州兼制楚蜀，协助湖广川贵总督李化龙平

---

① ［南朝宋］范晔：《后汉书》卷五三《徐穉传》，中华书局1965年版，第1747－1748页。

定播州杨应龙叛乱。① 吴还初称呼"我吉州青螺郭公"，以"我"相称，无疑表明他是江西人。郭青螺作为当时的乡贤名流，又曾任建宁府推官、福建布政使诸职，所以郭氏事迹尤其是他在建宁府推官任内的故事自然为同是江西人、流寓建阳的吴还初所津津乐道，《新民公案》全书四卷四十三则，现存四十一则，写郭氏在建宁府（包括浦城、建阳、建安、崇安、瓯宁、寿宁、政和诸县）断案者即达十五则之多。

明代建阳是全国刊刻中心之一，刻书业发达，而福建、江西相邻，交通方便，这就为江西文人入闽提供了可能。在上文我们提到，为建阳书坊服务的下层文人很多来自江西，与吴还初关系密切的邓志谟是江西人，吴还初编撰《天妃娘妈传》，与他合作、校雠书稿的"昌江逸士余德孚"也是江西人，昌江流经今江西鄱阳县。吴还初也属于这个文人群体中的一员。

吴还初虽然是江西人，但他服务于建阳书坊，生活于这一地区，久而久之，必然熟悉当地的风土人情、历史传说等，加上他博学多闻，所以搜集妈祖的传说并以此为蓝本创作小说并不奇怪。

本文根据邓志谟《得愚集》卷二《答余君养谦》《与吴君还初》两文，结合吴还初的小说创作，对吴氏的生平、籍贯加以考证，以就正于学界方家、同行。

（原载《文学遗产》2007年第4期，收入本书时有所补充）

---

① 参见《中国方志丛书·江西省吉安府志》卷四十《人物志·大臣三·明·郭子章》，据［清］卢崧等修、朱承煦等纂、乾隆四十一年（1776）原刊、道光二十二年（1842）补刻本《江西省吉安府志》影印，台北成文出版社1989年版，第3995－3998页。

《南海观世音菩萨出身修行传》 作者探考

　　《南海观世音菩萨出身修行传》，一名《南海观音全传》，又名《观音传》。现存四个版本，最早刻本为明孤本——焕文堂刊《全像观音出身南游记传》。焕文堂本卷一正文前题："南州西大午辰走人订著，羊城冲怀朱鼎臣编辑，浑城泰斋杨春荣绣梓。"明代焕文堂本、清大经堂本、清维新书局本均署"南州西大午辰走人订著"。

　　笔者认为，"南州西大午辰走人"即是《天妃娘妈传》的作者"南州散人吴还初"，也即《郭青螺六省听讼录新民公案》前《新民录引》的撰者"南州延陵还初吴遷（简体字为"迁"）"。下面试图对此加以论述。

一、从题署上看

　　（1）"西大午辰走人。"我们看吴遷的"遷"字。"遷"走之旁里面的部分从上到下分别是：西、大、巳。

　　"西大午辰走人"中"西大"与遷字半包围结构中的"西""大"相同；"午辰"，我们知道"辰巳午"是地支中三个挨着的时序，"午辰"中间恰缺少"巳"；"走"，遷字的"辶"旁亦是"走"。"西大午辰走人"倒过来看，实是隐着一个"遷"字。况且，遷也是走动、移动之意。

　　（2）"南州"。在明代万历前后活跃在建阳书林的编撰者中，署"南州××"的，目前所见仅有吴遷一人，而此书题"南州西大午辰走人订著"。

二、从《观音传》与《天妃娘妈传》情节的相似上看

　　首先我们考察《观音传》的成书情况。《观音传》不是完全由该书作者原创的小说，而是在宋代普明禅师《香山宝卷》的基础上进行修改、加工并做局部再创作而成的作品，卷首题为"南州西大午辰走人订著"，即指修订并创作。

《古本小说集成》所收《南海观世音菩萨出身修行传》前言总结道：

> 观音之名出自《法华经》，宋普明禅师编有《观世音菩萨本行经简集》，又名《香山宝卷》，内容与此小说大致相同。然宝卷之妙善原系仙女转世，小说改作善男转生，宝卷中观音在惠州澄心县香山悬崖洞修道，小说改作于南海香山普陀岩修行，且比宝卷多出点化善财龙女、青狮白象作怪及被收服等事。①

根据上述情况，我们将西大午辰走人订著的《观音传》的创作部分与吴还初《天妃娘妈传》进行比对，可以发现两者很多相似之处，试述如下。

（1）《观音传》作者创作的最重要的部分——青狮、白象二妖下界作怪以及被收服。

《观音传》写如来山门上的狮象因为听经有了灵性和知觉，化为人身下凡，见妙清、妙音貌美，将姊妹二人拖到清凉山，又拖去两个宫女，终日淫宿，趁妙庄王去香山拜谢大仙，在途中，又囚禁了妙庄王夫妇。丞相赵震到香山求救，亦被摄于洞中。何朝阳（何驸马之子，因父篡位事败，逃到答罕国）见国内空虚，趁机向答罕国借兵三万，杀入兴林国，窃得皇位，兴林国改朝换主。观音和善财龙女打败了狮象二妖，救得君臣返国，妙庄王复兴林国。

《天妃娘妈传》中猴鳄二妖下凡作怪，猴妖因在林家庄变化妇人丈夫，哄骗妇人一家，出乖弄丑，被请来的张法师追赶，既而逃入西番，又助番兵攻打中原，大败汉军，导致一国君臣惶恐不安，即出榜招术士以救国难，玄真之兄林二郎被召，玄真协助其兄二郎打退番兵，擒获妖猴，番王答应进贡称臣，中原重获安宁。

两书中妖怪作乱都造成了国家的危机，妙善和玄真助力打败妖怪，使国家重新获得了太平。这个情节在两部书中非常相似。

还有一个相似之处，即狮象二妖与猴妖都贪恋美色。《观音传》中，青狮、白象二妖将妙清、妙音骗到清凉山，书中写道："他两个终夜出

---

① ［明］西大午辰走人：《南海观世音菩萨出身修行传》，见《古本小说集成》，上海古籍出版社 1990 年版。

去，各处淫人，日间回转岩内，百般调戏妙清姊妹。"① 还不满足，见娇红、翠红两个宫女容貌亦可，又拖到五松岩下，二妖"终夜恣淫，有天无日"②。

《天妃娘妈传》中猴妖见到妇人貌美过人便起淫心，变作妇人丈夫，"即挽其妇，同入房中，迷恋至四鼓"③。在逃亡的路途中犹自千思万想。途中见一女子，淫欲又起，书中写道：

> 猴正经过一乡村，见一女子送嫂回母家，行半程，别嫂而归。心中火燥，欲向前迷之，乃变作一鸟，飞在女子面前，跳踔而行……④

（2）《观音传》中作者创作的另一部分——点化善财龙女。《观音传》中，观音收善财时怕善财"心意不诚"，对其进行探试，命土地引众仙化为一伙强盗杀上香山，观音故意跌下万丈深岩，善财为救师亦跳下深岩，观音知得善财是诚心修行，遂收善财为徒。

《天妃娘妈传》第二回，玄真转世前去拜见西王母，西王母让玄真到南海见观音菩萨，之后正文残缺两面，但后接的文字如下：

> 真不得其问，只得合手站立，屏气返视，移时不动。观音知其来意已诚，遂现真身，端坐莲台之上……⑤

通过这段文字我们也能知道，残缺的两面是观音变化后对玄真修行之心的试探。《观音传》和《天妃娘妈传》两部书的作者都喜欢写观音收徒时对弟子诚心的试探这个情节。

---

① ［明］西大午辰走人：《南海观世音菩萨出身修行传》，见《古本小说集成》，上海古籍出版社 1990 年版，第 116 页。

② ［明］西大午辰走人：《南海观世音菩萨出身修行传》，见《古本小说集成》，上海古籍出版社 1990 年版，第 119 页。

③ ［明］吴还初：《天妃娘妈传》，见《古本小说集成》，上海古籍出版社 1990 年版，第 39 页。

④ ［明］吴还初：《天妃娘妈传》，见《古本小说集成》，上海古籍出版社 1990 年版，第 105 页。

⑤ ［明］吴还初：《天妃娘妈传》，见《古本小说集成》，上海古籍出版社 1990 年版，第 12 页。

（3）描写"仙桃""灵丹"的情节相似。《观音传》在袭用《香山宝卷》情节的基础上，增加了释迦送妙善一枚仙桃的情节。释迦点化妙善去香山普陀岩修行，但此地到香山的路途有三千里之遥，释迦因此送给妙善一颗仙桃并说："此桃不是凡果，上界欢喜园中之桃。吃了四时无渴，八节不饥，永无荣枯，长生不老。"①

《天妃娘妈传》中，玄真转世前去拜见西王母，西王母命仙女取一颗灵丹给玄真，说："吾且授汝灵丹一颗，即吞服之，可倍益元神，始能聆受心法。"② 下文又写："此仙丹真个难得，有《西江月》……（注：下残缺两面，不过我们也可推知下文是夸赞仙丹的文字）"③ 后文又说："真因服王母仙丹，聪明日益，便点便化。"④

两部书的作者都喜欢描写灵丹、仙桃的妙处，尤其是能增助神力这样的故事情节。

（4）"建醮""南郊"的情节相似。《观音传》第一回、第二回建醮祈愿的部分也属于创作。妙庄王和伯牙皇后四十无子，到西岳神庙设建七日七夜罗天大醮，祈求子嗣。西岳神奏上玉帝，玉帝下旨，命施文、施晋、施善三兄弟转男身为女身，次第投入伯牙皇后腹中降生，以答妙庄王之醮。

《观音传》的"建醮"情节在《天妃娘妈传》中也有痕迹。

《天妃娘妈传》最后一回观音将天妃、二郎之功奏上天庭，得了玉旨，既而下界化作道人度脱二郎一家升天。道人故意对二郎说："吾观天象，尔蒲阳三日外当有大灾，尔明日能于南郊建醮禳之，以救一城之

---

① ［明］西大午辰走人：《南海观世音菩萨出身修行传》，见《古本小说集成》，上海古籍出版社 1990 年版，第 76 页。

② ［明］吴还初：《天妃娘妈传》，见《古本小说集成》，上海古籍出版社 1990 年版，第 11 页。

③ ［明］吴还初：《天妃娘妈传》，见《古本小说集成》，上海古籍出版社 1990 年版，第 11－12 页。

④ ［明］吴还初：《天妃娘妈传》，见《古本小说集成》，上海古籍出版社 1990 年版，第 14 页。

人。"① 第二日，林长者果然"请道人建坛南郊，设醮禳灾"。② 观音于此时度脱林长者一家白日飞升。

在《观音传》的《妙善救得君臣返国》一回中，庄王复兴林国，为报答神道搭救之恩，在南郊筑台拜谢。书中写庄王下旨："褚定烈可代朕引三百兵到南郊筑起三层高台，竖立神僧名位，朕好朝夕去拜他复国活命之恩。"③

两部书的作者都喜欢写建醮祈祝、设坛南郊这样的情节和字眼。我们可以看出，《观音传》属于作者创作部分的所有情节在《天妃娘妈传》中都有着显著的印证，可以说，印迹斑斑俱在。

综上所述，《观音传》与《天妃娘妈传》之间存在诸多相似性。两部书的故事梗概相同，主人公同为女性：妙善和玄真。妙善、玄真在投胎转世后，都是从小喜好修行，不理尘事，长大后不从招亲，静心修炼，然后施展法力，铲除妖邪，保国安民。最终修成正果，带得一家飞升天界。另外，观音这一角色在《天妃娘妈传》中非常活跃。《天妃娘妈传》中，天妃下界时得到观音的点化和授法，作者把天妃派作观音的门徒；天妃铲除妖魔时，也是得到观音的帮助；最后也是观音奏明玉帝，得到玉旨，于是下界化为道人，度脱天妃一家白日飞升。两书的题旨相同：劝人修行，宣扬佛法，赞颂神道法力。总之，《天妃娘妈传》与《观音传》两部书无论是故事梗概还是思想主旨，都有着明显的一致性。

三、《天妃娘妈传》和《观音传》对余象斗 《南游记》的因袭

《天妃娘妈传》和《观音传》很多地方模仿余象斗的《南游记》（《华光天王南游志传》）。试作论述如下。

（1）《天妃娘妈传》中的很多情节与余象斗《南游记》十分相似。

① ［明］吴还初：《天妃娘妈传》，见《古本小说集成》，上海古籍出版社 1990 年版，第 305–306 页。
② ［明］吴还初：《天妃娘妈传》，见《古本小说集成》，上海古籍出版社 1990 年版，第 306 页。
③ ［明］西大午辰走人：《全像观音出身南游记传》，见《古本小说集成》，上海古籍出版社 1990 年版，第 144 页。

二妖（猴、鳄）下凡、天妃投生的编造很可能是受《五显灵官大帝华光天王传》即《南游记》中华光投生和北驱邪院二妖吉芝陀圣母、金睛白眼鬼逃脱下凡的影响。

其他相似的情节还有很多，如《天妃娘妈传》中天妃每次除妖后，被救者都会为她建立庙宇；《南游记》中华光救人后也会要求人们广设庙宇、供奉香火。

《天妃娘妈传》作者是吴迁（吴还初），可见吴迁对余象斗的《南游记》是非常熟悉的并且喜欢模仿。

（2）关于《观音传》，我们通常称为焕文堂本《南游记》。焕文堂本《南游记》与余象斗的《南游记》两者之间存在争夺市场的关系。余象斗在《八仙传引》中声称：

> 不佞斗自刊《华光》等传，皆出予心胸之编集，其劳鞅掌矣！其费弘巨矣！乃多为射利者刊，甚诸传照本堂样式，践人辙迹而逐人尘后也。今本坊亦有自立者，固多，而亦有逐利之无耻，与异方之浪棍，迁徙之逃奴，专欲翻人已成之刻者。袭人唾余，得无垂首而汗颜，无耻之甚乎？故说。三台山人仰止余象斗言。①

余象斗所说的"逐利之无耻，与异方之浪棍，迁徙之逃奴"应该是指从事盗版、翻刻、抄袭并与之争夺市场的书商及编辑。

焕文堂本《南游记》与余象斗《南游记》两部书情节确有类似之处。例如，焕文堂本《南游记》狮象二妖本是如来山门上看守门户的石刻青狮与白象，"奈缘听经诵偈多年，灵通灵变，即有知觉运动"②。趁如来赴王母蟠桃会之机下凡作怪。余象斗《南游记》中，华光本是如来法堂上的一盏油灯，也是因日夜听讲佛经，即成人身，下凡人间。书中华光与独火鬼争斗时说："我身乃如来法座前的一盏油灯，昼夜煌煌，听经问法，灯花堆积一珠。如来念咒咒成人身。我是火之精，火之灵，火之阴，火之

---

① 丁锡根：《中国历代小说序跋集》，人民文学出版社 1996 年版，第 1399 页。

② ［明］西大午辰走人：《全像观音出身南游记传》，见《古本小说集成》，上海古籍出版社 1990 年版，第 112 页。

部……"①《观音传》"善财领兵收妖"中又写道："却说青狮原是火之精，有个兄弟唤独火鬼……"② 可以说，《天妃娘妈传》和《观音传》的作者都受余象斗《南游记》的影响很深，且有与之竞争的意思。

四、《观音传》和《天妃娘妈传》对《西游记》的运用

《观音传》和《天妃娘妈传》的作者都习惯模仿《西游记》的情节。《观音传》中青狮、白象作怪以及被收服就是模仿了《西游记》狮驼岭的故事。善财跌下悬崖落下死尸，从此脱去凡体，与《西游记》唐僧到西天后坐无底船落下凡尸也是一样的。

《天妃娘妈传》亦是如此。书的开头叙述天、地、万物的生成和《西游记》的开头十分相似。妖猴变化的手段，如拔身上毛变作漫天大猴小猴的情节也是模仿了《西游记》。天妃杀妖猴，猴尸从空中落下，和《西游记》泾河龙被斩后"十字街头，落下一颗龙头"非常相似。妖猴变作妇人丈夫，一家难辨真假，也是模仿了《西游记》真假美猴王的故事。

总之，《观音传》和《天妃娘妈传》的作者都习惯直接或间接模仿《西游记》、余象斗《南游记》的情节。

五、从吴迁与朱鼎臣活动的时间、地点上看

吴迁、朱鼎臣同是活跃在明万历时期福建建阳书林的下层文人。

吴迁所撰《新民录引》署："大明万历乙巳年（1605）孟秋中浣之吉南州延陵还初吴遷拜题"；《天妃娘妈传》亦是吴迁所撰，末尾牌记题"万历新春之岁忠正堂熊氏龙峰行"。《郭青螺六省听讼录新民公案》《天妃娘妈传》分别是熊龙峰与余成章刊刻的，二人都是福建建阳的书坊主，因此我们得知，吴迁活动在明万历年间的建阳书林。

朱鼎臣编辑的小说有《全像唐僧出身西游记传》《全像观音出身南

---

① ［明］余象斗：《华光天王传》，见《古本小说集成》，上海古籍出版社 1990 年版，第 14 − 15 页。

② ［明］西大午辰走人：《全像观音出身南游记传》，见《古本小说集成》，上海古籍出版社 1990 年版，第 130 页。

程国赋自选集

CHENG GUOFU ZIXUANJI

282

游记传》《三国志史传》，戏曲有《鼎镌徽池雅调南北官腔乐府点板曲响大明春》。这几部作品从行款格式和上图下文的刊版形式上看，都是明万历年间的闽刻本。《全像观音出身南游记传》《全像唐僧出身西游记传》与余象斗编的《华光天王传》《全像北游记玄帝出身传》以及吴元泰的《新刊八仙出处东游记》刊刻格式全部相同，朱鼎臣是活跃在明万历年间建阳书坊的下层文人，吴迁和朱鼎臣生活的时间、地点吻合。

六、从吴迁、朱鼎臣与余氏书坊的关系上看

《郭青螺六省听讼录新民公案》是余成章所刻，卷首《新民录引》的撰者是吴迁。那么吴迁与余成章相互熟识应该是没有问题的。

余成章还刻印过《新刻全像牛郎织女传》。石昌渝主编的《中国古代小说总目·白话卷》中介绍朱鼎臣《西游释厄传》时写道（着重号系笔者所加）：

> 朱鼎臣编本除借用杨致和编本的图像之外，有几叶还可看到让人以为《新刻全像牛郎织女传》画工所绘图像的地方。由于《牛郎织女传》乃书林余成章所刊，因此即使是通过余成章刊刻之书籍，或许也可缩小朱鼎臣编本刻书时期的范围。①

余成章擅长版画，《牛郎织女传》的插图即为余成章所刻，而朱鼎臣《全像唐僧出身西游记传》图像中孙悟空的形象有一部分是余成章刊刻的《牛郎织女传》图像的"黑猩猩"，可见朱鼎臣和余成章也有过某种交叉。

邓志谟《得愚集》中，《与吴君还初》《与余君养谦》这两封书信提到了吴还初。《与吴君还初》一文云："数日不面足下，心旌摇曳矣。"我们由此可知邓志谟与吴还初是经常见面的朋友。邓志谟是建阳余氏的塾师且为余氏书坊编撰小说，而吴还初和余成章等余氏书坊（如余成章）也

---

① 石昌渝：《中国古代小说总目·白话卷》，山西教育出版社 2004 年版，第 422 页。此条目撰写者为矶部彰。

应是熟悉的。①

朱鼎臣辑《三国志史传》卷二十末页图像左侧有"次泉刻像"的字样，邓志谟撰、余应虬作序、余氏萃庆堂刊的《花鸟争奇》也有"次泉刻像"的字样。余象斗编《华光天王传》末页又有"刘次泉刻像"，朱鼎臣《三国志史传》、邓志谟《花鸟争奇》、余象斗《华光天王传》这几部书的版画刻工都是"刘次泉"。而朱鼎臣编辑的《全像观音出身南游记传》与余象斗《华光天王传》明显存在竞争关系。看来，朱鼎臣与邓志谟也有过交叉，且与余氏书坊也有着某种关联。

总之，吴迁和朱鼎臣都与余成章有过交往，且都与邓志谟、余氏书坊有着一定的联系，二人相识并进行合作，是合情合理的事。

基于以上理由，笔者认为，《南海观世音菩萨出身修行传》的订著者"南州西大午辰走人"就是号称"南州散人"的吴还初，也即吴迁。

（原载《明清小说研究》2010 年第 3 期，系与笔者指导的 2008 级硕士研究生李阳阳合作完成）

---

① 参见拙文:《明代小说作家吴还初生平与籍贯新考》，载《文学遗产》2007 年第 4 期，第 124 - 126 页。

程国赋自选集
CHENG GUOFU ZIXUANJI

顾元庆新考

顾元庆（1487—1565），字大有，号大石山人，长洲人，明代著名的藏书家、刻书家。藏书堂曰"夷白"。一生编辑丛书多达四部，包括生前已刊的"小说类"丛书《顾氏文房小说》四十种、《顾氏明朝四十家小说》四十一种、《广四十家小说》四十种，以及子辈所刊"道家类"丛书《紫府奇元》十种。其中以《顾氏文房小说》影响最为深远，毛晋、黄丕烈等亦因其精准的刊刻质量而颇为珍视。黄丕烈《开元天宝遗事》（明刻本）跋云："书仅明刻耳，在汲古毛氏时已珍之，宜此时视为罕秘矣。……（顾元庆）非特善藏而又善刻，其标题'顾氏文房小说'者，皆取古书刊行，知急所先务矣。"① 鲁迅编印的《唐宋传奇集》亦从中辑录唐宋传奇名篇多达五篇，有研究者称其"真正开启了唐宋传奇小说在明代传播的序幕"②。除编刊丛书外，顾元庆还著有《云林遗事》《檐曝偶谈》《茶谱》《大石山房十友谱》、《阳山新录》（与岳岱合著）、《山房清事》《云拊新编》《消暑珠》等，著述颇丰。万斯同所撰《明史》指出："时吴中多隐士，以文学著者又有岳岱、顾元庆。"③ 鉴于顾元庆在明朝文学史、刻书史上独特的地位与影响，有必要对其进行深入研究。

目前，有关顾元庆研究的专门性成果主要有钟来因、朱亚平撰《顾元庆研究》（收入《明清小说研究》第六辑，江苏省社会科学院文学研究所主办，《明清小说研究》编辑部编辑，1987 年版），曹国庆撰《明代茶文化专家顾元庆》（载《农业考古》1993 年第 2 期），以及朱银萍《顾元庆交游考》（载《电影评介》2010 年第 18 期），这些论文从丛书概要、茶学贡献、交游、生平简介等方面，对顾元庆进行了初步研究。另外尚有一些出版史、丛书概述等类专著，对顾元庆编辑、出版丛书情况有零星

---

① ［清］黄丕烈撰、潘祖荫辑：《开元天宝遗事·士礼居藏书题跋记》卷四，书目文献出版社 1989 年版，第 148 页。

② 任明华：《论唐传奇在明代的文本传播》，载《文艺理论研究》2010 年第 6 期，第 99 页。

③ ［清］万斯同：《明史》卷三九六，见《续修四库全书》第 331 册，上海古籍出版社 2002 年版，第 289 页。

介绍。

根据当前研究成果可知，对顾元庆的研究尚停留在起步阶段。对其研究主要存在两个方面的问题：第一，宏观上，对顾元庆缺少整体、全面的关注；第二，微观上，对顾元庆研究的各个方面有待深入拓展，如家世、各丛书内容与地位、自著作品等。究其原因，一方面是由顾元庆隐士身份所决定的，其为人低调、清介，与同时代、同处苏州地区的袁袠、王穉登等相比，顾元庆活动范围有限，相关文献记载较少；另一方面，现存文献对顾元庆的记载存在重复引用的现象，所据多不出《列朝诗集小传》《青雀集》《大石山人寿藏铭》等，新材料较少。

笔者在上海图书馆和苏州图书馆分别参阅《武陵顾氏宗谱汇编》［清嘉庆十八年（1813）刊，以下简称《武陵宗谱汇编》］和《武陵埭川支顾氏宗谱》（不分卷，清嘉庆间钞本，以下简称《武陵埭川支宗谱》）时，有幸发现顾元庆的家谱。

《武陵宗谱汇编》，上海图书馆藏，顾步青等纂修，共七卷，首一卷，计八册。内有卷首谱序、碑记、分支纪略、乡贤、科第、孝子、节妇等，卷一至卷二为列传，卷三至卷六除卷三之首为世系总图外，余为各支世系图，卷七为补遗。《武陵宗谱汇编》所载顾元庆资料，主要有卷首下《历代修谱总录·元庆》条、卷二《世次列传·元庆》条和卷四《埭川支线图·元庆》条等。《武陵埭川支宗谱》不分卷，苏州图书馆藏，系顾步青、顾震涛等编纂。此书卷端题《武陵宗谱汇编》，而书签、书名页题为《武陵埭川支宗谱》，共五册，内有世裔缘起、溯源列传、世次列传、分支纪略、分支考、渊源总线、埭川支谱、先贤像赞、祖茔图、顾氏英贤册诗等。笔者通过对比，发现此书内容基本上包含在上海图书馆所藏的《武陵宗谱汇编》中。只是《武陵宗谱汇编》为顾氏七十二支之汇编，其中包括埭川支，《武陵埭川支宗谱》重在记录埭川支世系图，部分内容如世次列传在人物传记上倾向于选埭川支代表人物，在目录次序安排上两书有所不同，另此书有朱笔批校。

笔者主要依据上海图书馆藏《武陵宗谱汇编》，适当参考苏州图书馆藏《武陵埭川支宗谱》，对顾元庆的家世、身份、散佚作品等进行具体探讨。

一、顾元庆家世考

本节主要根据《武陵宗谱汇编》与《武陵埭川支宗谱》的相关史料，追溯顾姓渊源，考察顾元庆宗族迁居情况，分析埭川支近谱所记顾元庆家族的情况等，探究顾元庆的家世，以凸显两大宗谱的史料价值。

关于顾元庆的家世，《列朝诗集小传》丁集中《大石山人顾元庆》、王穉登《青雀集》卷下《顾大有先生墓表》①、瞿景淳《瞿文懿公集》卷十二《大石山人寿藏铭》三文均有涉及，读者从中可获知自顾元庆曾祖以礼至元庆子辈五世世系，但三文对元庆祖父、子辈等的介绍语焉不详，无法据此深入了解顾元庆家世情况，而两大宗谱弥补了三文在史料记载上的不足。

（一）顾姓渊源与迁居地

论及顾氏，不可避免地涉及顾姓渊源。清初顾炎武的《顾氏谱系考》是一部顾氏谱系研究的力作，为顾氏研究提供了重要参考。在《顾氏谱系考·辨得姓之本》中，顾炎武按曰："顾氏相传有二，一为己姓之顾，一为姒姓之顾……姒姓之顾，汉封越王勾践七世孙闽君摇于东瓯，摇别封其子为顾余侯者也……考己姓之顾，历殷、周、秦三代无传人，以左氏之该载未有称焉，而顾族之著乃自东汉，其为越王之后章章者一……"②《武陵宗谱汇编》中《世裔缘起》与《溯源列传》，就是以越王勾践作为顾氏先祖，并前推至勾践曾祖俶。

《武陵宗谱汇编》以周末东瓯王安朱为一世祖，至第三十世祖顾野王的子辈顾氏始分为五支。野王五子为盛南、鸿南、周南、夏南和允南，五人俱封侯，依次为安远侯、宁远侯、靖远侯、平西侯、征西侯，五人后裔分居于东南各地，发展为顾氏五个分支。根据《武陵宗谱汇编》的世系支图，顾元庆家族系征西侯支，分支祖是顾允南。自顾允南之后的二十六

---

① ［明］王穉登：《青雀集》，见《四库禁毁书丛刊》集部第 175 册，北京出版社 2000 年版，第 185 页。

② ［清］顾炎武：《顾氏谱系考》，见《四库全书存目丛书》史部传记类第 119 册，齐鲁书社 1997 年版，第 631 页。

代，多居住在聚坞一带，如《世次列传》中，顾姓三十一世祖顾允南"葬于西碛山之阳"，四十六世祖沂"葬聚坞绣球山"，四十八世祖禧"隐居光福山"，五十世祖公绰"葬西碛茶山"，五十一世祖"葬绣球山"，五十三世祖胜"隐居聚坞"等，居住地主要是聚坞及其周围的光福山、绣球山、西碛山、茶山等诸山联属的地方。《姑苏志》卷八称："邓尉山在光福里，俗名光福山，在锦峰西南与玄墓、铜坑诸山联属……北有龟峰，光福寺在焉，其相连诸山有上崦，有安山、聚坞山、朝土坞、蟠螭山、西碛山。"《大清一统志》卷五十四云："茶山，在西碛之左，弹山之右，一名绣裘山。"可见顾氏祖先曾长期在聚坞一带生活。

然至顾姓第五十七世祖顾德瑞，始从聚坞迁居下堡（埭川），由此顾允南征西侯支又细分出一个小支——埭川支。此支以顾德瑞为始迁祖，后裔主要在埭川生活繁衍。《世次列传》卷二云："德瑞，字伯仁，迁黄埭之下堡里，世称埭川，顾氏自公始。"卷首《分支纪略》云："埭川支德瑞派由聚坞赘下堡，遂家焉……"据世系支谱算来，顾元庆应是征西侯顾允南的三十一世孙，埭川支始祖顾德瑞的五世孙。

至顾元庆的父亲顾岩始居阳山。由《顾大有先生墓表》所记"至先生父某出赘阳山李氏"以及顾元庆《阳山新录序》称"余自埭川移家山中"，可推知顾元庆随其父一起移家阳山。

（二）《埭川近谱》与顾元庆家世

埭川支后裔常把以顾德瑞为始祖所修之谱称为《埭川近谱》，由顾元庆辑录，而《武陵宗谱汇编》所载第五十七世祖顾德瑞之前的先祖之谱，或可称之为顾氏《远谱》。《远谱》所记世系在顾氏后裔中尚有争议，非确凿之论。这种争议在顾九思《近谱履历》中有典型体现，摘录如下：

> 古人世数既遥，则以始迁为祖，其上册宁缺焉。《埭川近谱》辑于大石山人元庆，七世祖韦所公修之，断自洪武中伯仁公始，时为本源孔昭，为家乘之最，相沿至今未之有改。……丰吏部道生作《近谱》序称，顾氏初谱（《武陵小史》）创于元贞乙未，续于至正丙戌，赞于景泰庚午，其序散骑以来端绪孔核。元遭兵燹，中轶数世，大石子（顾元庆）不敢妄附，诚慎之也。韦所公后序亦称渊源无考，或

云由聚坞或云由郡城，皆莫得其真，故以伯仁公始，是韦所公非不知有此谱，而仍不敢妄附，慎之至也。特以《武陵小史》之刻遍载吴中顾姓，而伯仁公与焉。既载伯仁公，则举《近谱》中伯仁公以下尽载之矣。……又《小史》载伯仁公父彦威葬黄公坞，大石山人为有明间人，于先世遗迹广为搜罗，以成《近谱》，安有彦威为五世祖，世次未远，坟墓可稽，无故祧之，而以伯仁公为始者？其妄盖不辨自明矣……①

通过上述材料，顾九思阐明了四点：一是《武陵小史》在元遭兵燹，佚失数世，故顾氏渊源是为聚坞抑或是郡城无考；二是《武陵小史》载伯仁公（顾德瑺）以下世系，出自《埭川近谱》；三是顾元庆对先世遗迹广为搜罗，顾彦威（顾允常）若为五世祖，顾元庆当不会遗漏；四是埭川支后裔在修埭川近谱时，采取的是一种审慎的态度。笔者认为，顾九思所论虽有道理，但不免过于审慎，参照其他支顾氏家谱，论及远祖，所述同《武陵小史》相近。另外大石山人顾元庆所辑为《近谱》，近谱"以始迁为祖"，而顾德瑺是最早从先祖居住的聚坞一带迁至埭川的，故近谱"以伯仁公（顾德瑺）始"，而非顾彦威（顾允常）始亦属合理，故笔者认为《武陵小史》对顾德瑺之前世系的记录较为可信。

需要说明的是，《武陵宗谱汇编》就是以崇祯七年（1634）重修的《武陵小史》为主要依据修录的。《武陵宗谱汇编》卷首就保留了崇正（祯）七年（1634）的《武陵小史序》及《题武陵小史》两篇旧序，此外还在卷首《凡例》中特加说明："各谱惟《武陵小史》较为确当，今大段悉依《小史》，遗者补之，舛讹者正之，有疑及应避者阙之"，"列传六十二世以前谨就旧谱（《武陵小史》）考证"。故《武陵宗谱汇编》所载顾元庆埭川支先祖的资料当是可靠的。

据《武陵宗谱汇编》所载世系可考之埭川支近谱，笔者将顾元庆埭川本支共六世世系勾勒如图 4-2 所示。

---

① 朱福熙等修、程锦熙纂：《黄埭志》卷四《艺文志》，见《中国地方志集成·乡镇志专辑》第 7 册，江苏古籍出版社 1992 年版，第 618 页。

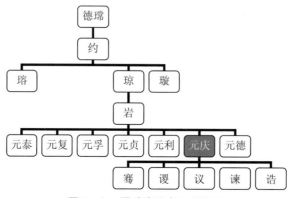

图 4－2　顾氏埭川支六世世系

顾氏埭川支德瑞派后裔中，以三世孙顾瑢后裔最为显盛。顾瑢生七子，曰嵩、岳、岗、岐、峘、岭、嵣，此七人后裔中为官者甚多。《武陵埭川支宗谱·分支纪略》称："埭川支德瑞派……明通政九思（顾瑢曾孙）以来，甲第连绵，号称显贵。"《黄埭志》按曰："明处士顾德瑞暨配司马硕人墓在黄埭帝字圩叶公浜。子约，配吴氏，孙璇，配蒋氏等附。吴中顾氏，此支最盛。后裔登科第者：五世儒，六世九思，七世有桢、梦桢，八世世埈，九世贽、芳、菁，十世祖镇、燇、焯，十一世三典，十二世沈士、黄洁、堃、颙遇，十三世宗泰、祖望，十四世祁、义山，元揆、元鳌、椿、晋采、思度，十五世宗柱、葵，十六世文葆、懋勋。"[①] 其中所列显贵者多顾瑢后裔，而三世孙顾琼后裔中则以顾元庆为较突出者。

在瞿景淳《大石山人寿藏铭》中，就顾元庆家族五世以内世系有如下论述：

> 大石山人者，姓顾，讳元庆，苏之长洲人也，顾在吴为著姓。入国初，有讳仲贤者任淮扬倅，三传至山人曾祖以礼，以礼生琼，琼生岩，岩娶吴氏，继刘氏，生子七人，山人其仲也。始山人祖父，性孝友，称为长者，有丈夫子八人，多以高赀雄里中。山人父偶俍，颇疏

---

①　参见［清］顾震涛撰、甘兰经等校点《吴门表隐》卷十，江苏古籍出版社 1999 年版，第 135 页。

于治生，然好宾客，集方技，有侠士风。山人兄弟多纤啬殖产，山人独以图书自娱，意有所适，虽丛说不弃，所纂述自养生家以及诸史，灿然杂陈……山人配王氏，诰封詹事府少詹事、翰林院侍读学士王公朝用之女。子男四人，曰诰、曰谏、曰议、曰谡，各事耕读（按：顾骞，元庆子。《武陵宗谱汇编》卷四云："邦球，殇。"）……①

此则材料提供了自顾元庆曾祖以礼至元庆子辈共五代的资料，它对解决顾元庆配偶王氏的身份问题提供了有力线索，但也因未能明确提供顾元庆曾祖、祖父等的基本信息，如先世确切的名称、字号等，无法据此对检索到的诸多同名异人进行排除，不能探讨顾元庆先世的基本情况。

而《武陵宗谱汇编》卷二《列传》，对顾元庆先世则有更为详细的论述，可解决上述问题，试列如下：

> 顾德瑑，字伯仁，迁黄埭之下堡里，世称埭川，顾氏自公始。公坦夷谅直，言笑不苟。幼赘无锡司马氏，为妇翁所重。弱冠后，卜居埭川。埭故僻壤，公至始知读书，人比之陈太邱，因以儒教名其乡。……时年四十，奉衣冠与司马氏合葬长洲县十一都九图师字圩叶公浜新茔。
>
> 顾约，字以礼，清俭寡欲，弱冠赘埭川吴氏。积善树德为治身之切务，寿五十九岁。以孙墉贵，封朝议大夫。配吴氏，封恭人。葬儒教乡叶公浜之昭。
>
> 顾琼，字克利，例授七品散官。
>
> 顾岩，琼嗣子，字明瞻，徙居阳山，为人倜傥，与通政张寰、亚卿陆鳌讲论古今以终。
>
> 顾元庆，字大有，庠生。博通经史，与文衡山辈友善，名其居曰夷白斋，藏书万卷。著有《家乘》并茶谱、诗话、《闽游草》，卒葬石坞。

《列传》提供了顾元庆高祖的信息，并从生平、性情、配偶、官职等

---

① ［明］瞿景淳：《瞿文懿公集》卷十二，见《四库全书存目丛书》集部第109册，齐鲁书社1997年版，第618页。

方面较为详细地说明顾元庆先世情况，为深入探讨顾元庆家世提供了可能。同时，与顾瑢后裔相比，顾琼后裔中为官者较少，在史志中的相关传记、轶事等记载也随之锐减，《列传》提供的这些传记资料显得尤为可贵。

结合以上两条材料不难看出：第一，顾元庆先世虽无显贵一时者，亦不乏为官之辈，如曾祖顾约曾为淮扬倅，后以孙崄贵，封朝议大夫；祖父顾琼，例授七品散官。另在抄本《武陵埭川支宗谱》中，常以朱笔将表明身份地位的字样批注在人名旁，顾元庆兄元德、弟元贞皆批有"典膳"，元庆偠谕批有"知县"等。第二，家资殷实，儒业世代相承。兄弟多纤啬殖产；妻王氏，是王朝用之女，少傅兼太子太傅王鏊之妹；父顾岩，为人倜傥，喜论古今。殷实的家资，为顾元庆的藏书、刻书活动奠定了牢固的经济基础，应该也是他可以耗时十六年精心刊刻《阳山顾氏文房小说》的原因之一。而祖父辈共同营造的重节孝、严治身、以儒规教的家风对顾元庆的性情、治学无疑产生了直接的影响。顾元庆之以图书自娱，博通经史，好与士游，就颇有父风。

关于顾元庆子辈的情况，上述两则材料稍有差异。《武陵宗谱汇编》记顾元庆有五子，而瞿景淳《大石山人寿藏铭》记为四子。查王穉登《顾大有先生墓表》："子五人，某某早卒，议传其业，谖传其丹青，唯著述无传焉。"可见顾元庆实有五个儿子，只是顾骞早卒，且顾骞之子邦球亦殇。当为瞿景淳记录之误。

对顾元庆家世加以勾勒，不仅能够了解顾元庆生活的家庭背景及其修身治学的家庭渊源，还可以纠正史料中的相关错误，如《无声诗史》（华东师范大学出版社 2009 年版）卷四称顾正谊为顾元庆之父："顾正谊，字仲方……子元庆踵其家学，能以精工佐其古雅，有声艺苑。"在当代著作尤其是美术类作品中，记录顾元庆为顾正谊之子的错误时有出现，如俞剑华编《中国美术家人名辞典》"顾元庆"条（上海人民美术出版社 1985 年版，第 1532 页）、朱铸禹编《中国历代画家人名辞典》"顾正谊"条（人民美术出版 2003 年版，第 1914 页）等。依据两大宗谱，可以辨明上述史料错误，加深我们对顾元庆文学创作与刊刻活动的认识与理解。

二、顾元庆身份、地位及散佚作品考

两大宗谱不仅为深入研究顾元庆家世提供了丰富的史料，而且其中的《列传》、朱笔批校等，对于考证顾元庆的身份、地位、文学创作而言同样具有重要意义，体现了两大宗谱的文学价值与文化价值。

（一）顾元庆的身份、地位考

论及顾元庆，时彦前贤对其身份已多有定位，如认为他是收藏家、茶文化专家、刊刻家等，本节通过分析两大宗谱中相关《列传》、朱笔批校，具体探讨顾元庆在当时的影响及身份、地位。

《武陵宗谱汇编》卷二《列传》称顾元庆为"庠生"。另钞本《武陵埭川支宗谱》记录埭川支谱时云："出乡贤九思、元庆、希喆，侍郎祖镇，郎中赟，知府焯、馨、宗泰，按察葵，忠臣乃猷，进士三典、沈士等。"该钞本的朱笔批校，除了对个别误、缺字进行纠正、补充外，还将表明身份地位的"乡贤""忠臣"、官职、官阶等批注在相关人名旁，钞本中"顾元庆"旁所批为"名人"。该钞本在"东庑从祀"条又称："文学元庆。"此三处所指皆为顾元庆。

"庠生""乡贤""名人""文学"，寥寥八字概括出顾元庆的身份、地位及其影响。"庠生"为明清对府、州、县学的生员的别称，相当于秀才，顾元庆应是明长洲县学的生员。"乡贤"指品德、才学为乡人推崇敬重的人，说明顾元庆在当时颇有名气，是当地的名人，当时人所建乡贤祠中即有顾元庆。《吴门表隐》称："明乡贤太仆顾存仁宅在东汇，祠在阳山大石坞，名大石书院……并祀周言子，宋王蘋，元顾愚，明顾元庆、顾启明，后移北寺东，巡按钟继英建，巡抚周琉记，文待诏征明书。"[1] 钞本《武陵埭川支宗谱》在"东庑从祀"条称"文学元庆"，说明顾元庆在文学创作方面的成就比较突出。万斯同《明史》即指出："时吴中多隐士，以文学著者又有岳岱、顾元庆。"[2]

---

① ［清］顾震涛撰、甘兰经等校点：《吴门表隐》卷五，江苏古籍出版社1999年版，第65页。

② ［清］万斯同：《明史》卷三九六，《续修四库全书》史部别史类第331册，上海古籍出版社2002年版，第289页。

综而言之，不难看出，顾元庆在当地颇有名气，品德、才学为乡人推重，是具有一定文学成就和文化影响的庠生。

（二）顾元庆散佚作品考

顾元庆著述甚丰，自经史以至丛说，多所纂述。有关顾元庆的著述，目前还存在较多争议，如部分著述的作者归属问题、著述的完整性问题等。结合《武陵宗谱汇编》与相关方志，笔者发现，除了本文开头提到的顾元庆著述以外，《顾氏家乘》《闽游草》亦为顾元庆作品。

《武陵宗谱汇编》卷二《列传》云：顾元庆“著有《家乘》并茶谱、诗话、《闽游草》”。《家乘》《闽游草》尤其是《家乘》，在史志、书目类作品中鲜有记录。

首先，考察《顾氏家乘》。《武陵宗谱汇编》卷首《历代修谱总录》称：“元庆（大有），隆庆戊戌（按：误，应为嘉靖戊戌）修埭川近谱。”另顾九思《近谱履历》：“埭川近谱辑于大石山人元庆，七世祖韦所公修之。”① 由此观之，顾元庆曾纂辑埭川近谱即《顾氏家乘》已属无疑。

其次，关于顾元庆是否著有《闽游草》，目前尚未得学界公认。《武陵宗谱汇编》卷二《列传》明确提到顾元庆著《闽游草》，《武陵埭川支宗谱·补抄埭川总传》亦指出，元庆“著有《家乘》并茶谱、诗话、《闽游草》”，另清李铭皖等修《江苏省苏州府志》卷一三七《艺文志》卷六（成文出版社 1970 年版，第 3244 页）及朱福熙等修《黄埭志》卷四《艺文志三》（《中国地方志集成·乡镇志专辑》，江苏古籍出版社 1992 年版，第 618 页）皆云：“顾元庆，《闽游草》一卷。”顾元庆参加编修过埭川近谱，《武陵宗谱汇编》关于顾氏创作的记录当比较可靠。故笔者认为顾元庆实创作有《闽游草》，只是此书或已散佚，现所能见《闽游草》为他人所著的同名异书。

造成《闽游草》作者存有异议的原因，当有两种：一是顾元庆著述虽丰，但多为家刻，刊刻数量及传播范围远不及坊刻，一些创作或未刊出，仅关系亲近之人才幸得一见，如其所撰《大石八景记》。王稚登曾见并为之作《大石八景记·序》，但正史并无著录，目录类、笔记等作品亦

① 朱福熙等修、程锦熙纂：《黄埭志》，见《中国地方志集成·乡镇志专辑》第 7 册，江苏古籍出版社 1992 年版，第 618 页。

甚少著录，《闽游草》亦不排除此因。二是同名异书现象，也是造成《闽游草》作者存有异议的原因。虽然《江苏省苏州府志》及《黄埭志》均记载顾元庆创作《闽游草》一卷，但其他正史、方志、目录类作品所记《闽游草》作者皆非顾元庆，如《江南通志》卷一百九十四云《闽游草》的作者为明代常熟顾大章；《千顷堂书目》卷二十六云明代胡梅著《闽游草》三卷；《浙江通志》卷二百五十一云清代嘉善沈湛著《闽游草》；今上海图书馆、国家图书馆所藏《闽游草》，作者亦非顾元庆。这种同名异书的现象对探讨顾元庆的创作也造成了一定的干扰。

综上所述，笔者根据新发现的《武陵宗谱汇编》与《武陵埭川支宗谱》中相关材料，结合《大石山人寿藏铭》《顾大有先生墓表》《列朝诗集小传·大石山人顾元庆》及相关史志，对顾元庆家世、身份、地位及文学创作等进行探讨，由此可知，顾元庆在当时是一位颇有影响、德高望重的隐士，而他成长的家庭环境，也为其刊刻活动提供了强有力的经济支持。同时，他以纂辑《顾氏家乘》的方式，为顾氏宗族尤其是埭川支顾氏近族的谱系作出了重要贡献。

（原载《文史》2012 年第 1 辑，总第 98 辑，系与笔者指导的 2008 级硕士研究生朱银萍合作完成，收入本书时有所修改、补充）

论《四库全书总目》小说家类的著录标准及著录特点

　　《四库全书总目》（以下简称《总目》）是清代乾隆时期编撰的大型书目①，"自汉以后，簿录之书，无论官撰私著，凡卷第之繁富，门类之允当，考证之精审，议论之公平，莫有过于是编矣"②。它在中国古代目录学、版本学史上具有很高的地位，值得我们开展具体而深入的研究。关于《总目》的著录情况，学术界已经有人进行了探讨，如：修世平《〈四库全书总目〉著录探析》（载《山东图书馆季刊》1994 年第 1 期），分析《总目》著录各书与《四库全书》的差异；何槐昌《〈四库全书总目〉著录之谬及原因》（载《图书馆工作与研究》1998 年第 1 期）指出《总目》著录中存在的错误。不过，关于《四库全书总目》小说家类的著录标准及著录特点，尚无学者进行专门研究。

　　《总目》卷一百四十至一百四十二为子部小说家类，收录一百二十三部小说；卷一百四十三至一百四十四为小说家类存目，收录一百九十六部小说，合计五卷，收录小说三百一十九部。总的来看，《总目》小说家类的著录是较为详备而严谨的，不仅标明著录之底本、作者及其生平、仕宦、成书年代、版本系统、题材内容，而且介绍其成就、价值以及不足之处。《总目》不是简单的小说书目罗列、作者介绍，而是蕴含明确的著录标准，注重介绍版本系统，在充分掌握文献材料的基础上进行必要的考证，体现很高的学术价值。本文试图从以下两个方面阐述《总目》一书的著录标准及著录特点。

---

　　① 本文依据的版本为四库全书研究所整理的《钦定四库全书总目》，中华书局 1997 年版，以下简称《总目》；文中标注页码，凡未注明者，皆为此书页码。

　　② ［清］周中孚：《郑堂读书记》卷三十二史部十八目录类《钦定四库全书总目》条，商务印书馆 1959 年版，上册，第 586 页。

一、《四库全书总目》的著录标准

《总目》小说家类卷首小序云："小说兴于武帝时矣。……唐宋而后，作者弥繁。中间诬谩失真，妖妄荧听者，固为不少，然寓劝诫、广见闻、资考证者，亦错出其中。班固称：'小说家流，盖出于稗官。'如淳注谓：'王者欲知闾巷风俗，故立稗官，使称说之。'然则博采旁搜，是亦古制。固不必以冗杂废矣。今甄录其近雅驯者，以广见闻。惟猥鄙荒诞，徒乱耳目者，则黜不载焉。"在这里，《总目》编撰者提出自己的著录标准："寓劝诫、广见闻、资考证"，提倡"博采旁搜""近雅驯"，摈斥"猥鄙荒诞，徒乱耳目者"。除此以外，我们从《总目》小说家类的著录内容也可探讨其著录标准，本文试归纳为以下六个方面。

（一）寓劝诫

对小说社会功用的重视是传统小说观念的一个重要内容，作为官方主持编纂的大型书目，《总目》著录、评价小说的主要标准之一就是强调小说"寓劝诫"。唐代刘肃的《大唐新语》"皆取轶文旧事，有裨劝戒者"。（第 1837 页）《唐国史补》"论张巡则取李翰之《传》，所记左震……诸事，皆有裨于风教"。（第 1837 页）《夷坚支志》"遗闻琐事，亦多足为劝戒，非尽无益于人心者"。（第 1884 页）编纂者往往将"寓劝戒"的小说与其他小说进行对比，从而突出自己的著录标准。例如，宋代《萍州可谈》"即轶闻、琐事，亦往往有裨劝戒，较他小说之侈神怪、肆诙嘲、徒供谈噱之用者，犹有取焉"。（第 1859 页）唐代《前定录》及《续录》"较他小说，为有劝戒"。（第 1878 页）对于那些虽标劝诫、实则有害风化的小说则予以批评。比如，《青泥莲花记》"自谓'寓维风于谐末，奏大雅于曲终。'……虽意主善善从长，实则劝百而讽一矣"。（第 1921 页）

（二）广见闻

《朝野佥载》篇云："其书皆纪唐代故事，而于谐噱荒怪，纤悉胪载，未免失于纤碎。……然耳目所接，可据者多。故司马光作《通鉴》，亦引用之。兼收博采，固未尝无裨于见闻也。"（第 1836 页）《独醒杂志》篇云："书中多记两宋轶闻，可补史传之阙，间及杂事，亦足广见闻。"（第

1864 页）提倡材料丰赡、"兼收博采"，使读者在阅读以后可以获取更多的知识，增长见闻。在中国古代小说发展史上，早期的小说创作即以"博"著称，"博采旁搜，是亦古制"①。只要内容广博、知识性强，虽有"冗杂"之嫌，亦不失为可取之作。然而，过分追求广博的小说作品，则会受到《总目》编撰者的批评。《六语》篇云："所录明代近事，往往猥杂，盖嗜博之过，失于翦裁也。"（第 1920 页）

（三）资考证

中国是一个重史的国度，在这种氛围下，传统文人往往以实录的眼光来看待作为文学创作的小说作品，希望小说记载真实可信，可资考证，以小说补史。早在东晋时期，葛洪《西京杂记·序》就指出："今钞出为二卷，名曰《西京杂记》，以裨《汉书》之阙。"② 唐代刘知几《史通·杂述》篇鲜明地提出以小说补史的观点："是知偏记小说，自成一家，而能与正史参行，其所从来尚矣。……大抵偏纪、小录之书，皆记即日当时之事，求诸国史，最为实录。"③ 纪昀等人继承了传统的小说补史说，以史家的标准来衡量小说的成败优劣。《唐国史补》篇云："末卷说诸典故，及下马陵、相府莲义，亦资考据。"（第 1837 页）《松窗杂录》篇云："（书中）载李泌对德宗语论明皇得失，亦了若指掌。《通鉴》所载泌事，多采取李繁《邺侯家传》，纤悉必录，而独不及此语，是亦足以补史阙。"（第 1840 页）《珍席放谈》篇云："书中于朝廷典章制度、沿革损益，及士大夫言行可为法鉴者，随所闻见，分条录载。如王旦之友悌、吕夷简之识度、富弼之避嫌、韩琦之折佞，其事皆本传所未详，可补史文之阙。"（第 1854 页）《南窗记谈》篇云："所记多名臣言行及订正典故，颇足以资考证。"（第 1858 页）《总目》编撰者重视小说内容的真实可信，对于那些虚构甚至是怪诞之作则予以摈斥。比如，《幽闲鼓吹》篇云："所记虽篇帙寥寥，而其事多关法戒，非造作虚辞，无裨考证者比。唐人小说之中，犹差为切实可据焉。"（第 1840 页）《默记》篇云："知宋将代周一

---

① 《钦定四库全书总目》小说家类卷首小序，中华书局 1997 年版，第 1834 页。

② ［晋］葛洪：《西京杂记·序》，见丁锡根编著《中国历代小说序跋集》，人民文学出版社 1996 年版，第 249 页。

③ ［唐］刘知几：《史通》卷十《内篇·杂述第三十四》，见《四库全书存目丛书》史部第 279 册，齐鲁书社 1996 年版，第 142－143 页。

事，涉于语怪，颇近小说家言，不可据为实录耳。"（第1859页）《唐阙史》篇云："他如皇甫湜作《福先寺碑》，刘蜕辨齐桓公器，单长鸣非姓单诸事，亦足以资考证，不尽小说荒怪之谈也。"（第1880页）

（四）推崇"善本"

在《总目》小说家类中，编撰者常常标举"善本"。综观《总目》编撰者的"善本"观，可以看出，所谓"善本"不外以下三个方面的内涵：一是内容真实可信，可资考证，议论公允合理，反对怪诞、虚幻。如《因话录》篇云："其他实多可资考证者，在唐人说部之中，犹为善本焉。"（第1839页）《东南纪闻》篇云："大旨记述近实，持论近正，在说部之中，犹为善本。"（第1867页）《孔氏谈苑》篇云："至张士逊死入地狱等事，尤诞幻无稽，不可为训。"（第1851页）二是批评文辞"猥琐"，推崇"简澹""古雅"。《异苑》篇云："其词旨简澹，无小说家猥琐之习。"（第1877页）《还冤志》篇云："其文词亦颇古雅，殊异小说之冗滥，存为鉴戒，固亦无害于义矣。"（第1877页）三是批评内容繁杂，注重"笃厚质实"。《孔氏谈苑》篇云："是书多记当时琐事，而颇病丛杂。"（第1851页）《遂昌杂录》篇云："其言皆笃厚质实，非《辍耕录》诸书捃拾冗杂者可比。"（第1868页）

（五）"不以人废言"

《侯鲭录》篇云："元祐中，（赵令畤）签书颍州公事，坐与苏轼交通，罚金入党籍。……令畤所与游处，皆元祐胜流。诸所纪录，多尚有典型。是固不以人废言矣。"（第1853页）《侯鲭录》作者赵令畤系元祐党人，因此他所记录的内容与事实有不符之处，不过因为他交往的都是元祐党籍中的重要人物，记录的内容"多尚有典型"，不能因为作者的党籍身份而忽视、贬低其小说创作。《铁围山丛谈》篇也表达了类似的看法："其人（按：指《铁围山丛谈》作者、蔡京之子蔡绦）虽不足道，以其书论之，亦说部中之佳本矣。"（第1855页）

（六）"不以词害意"

《山房随笔》篇云："所记多宋末、元初之事，而于贾似道事，尤再三深著其罪。……惟所记陆秀夫挽张世杰诗，似出附会。崖山舟覆，鲸海沸腾，乌有吟咏之暇？……殆好事者欲褒忠义，故造斯言欤？至于以夏贵之降，归咎似道，未为无理；而反复解释，反似于贵有恕词，未免有乖大义。观者不以词害意可矣。"（第 1868 页）《山房随笔》多记宋末、元初之事，褒奖忠臣陆秀夫等，贬斥奸臣贾似道之流，小说记载如陆秀夫赋诗一事虽有可疑之处，但其主旨可嘉，所以不能"以词害意"。

二、《四库全书总目》的著录特点

《总目》的编撰人员多达数百人，包括不少当时著名的学者，如纪昀、戴震、邵晋涵等。这些学者本着严谨、求实的学术精神，以博雅弘通的学术眼光编撰《总目》，并由纪昀统一定稿。在《总目》的著录上，体现出明显的特色，本文试总结如下。

（一）注重介绍版本源流，并进行必要的考证

古人治学，讲究"辨章学术，考镜源流"①。《总目》一书相当重视对版本源流的记录与考证，如《云溪友议》篇云："其书世有二本：一分上、中、下三卷，每条各以三字标题，前有（范）摅自序；一为商维濬（按：浙、粤本《总目》作"商濬"）《稗海》所刻，作十二卷，而自序及标题则并佚之。案陈振孙《书录解题》已称：'《唐志》三卷，今本十二卷'。则南宋已有两本矣。《宋史·艺文志》作十一卷，则刊本误二为一也。此为泰兴季振宜家所藏三卷之本，较商氏所刻为完善。"（第 1840—1841 页）编撰者根据《隋书·经籍志》《旧唐书·经籍志》《新唐书·艺文志》《宋史·艺文志》等历代史志著录、晁公武《郡斋读书志》、陈振孙《直斋书录解题》等书目文献记载，考订小说集的版本流变，指出版本的残缺情况，介绍较为完备的版本，以便读者、研究者之参考。又如，《明皇杂录》篇云："卢怀慎好俭……今本无此一条，盖已有佚脱，非完帙矣。"（第 1839 页）《云仙杂记》篇云："两淮马裕家藏本……此本为叶盛绿竹堂所刊，较《说郛》诸书所载多原序一篇。其书未经删削，较他本独为完备。"（第 1842 页）

在大量掌握文献材料的基础上，《总目》的编撰者对版本流传过程中

---

① ［清］章学诚：《校雠通义·序》，见《丛书集成初编》据《粤雅堂丛书》本排印。

存在的错漏和不足之处也予以考订并改正。《大唐新语》篇云："明冯梦祯、俞安期等因与李垕《续世说》伪本合刻，遂改题曰《唐世说》，殊为臆撰。商维濬刻入《稗海》，并于肃自序中，增入'世说'二字，益伪妄矣。《稗海》又佚其卷末《总论》一篇及'政能第八'之标题，亦较冯氏、姚氏之本更为疏舛。"（第 1837 页）《儒林公议》篇云："内府藏本……此本末有嘉靖庚戌阳里子柄一跋，不知何许人，论此书颇详，今仍录存之。商维濬刻《稗海》以此跋为宋无名氏作，殊为疏舛，今据旧本改正焉。"（第 1847 页）对于一些伪书、假托之书，编撰者也予以说明，如《月河所闻集》篇云："所载皆当时杂事，篇页寥寥，且缮写讹脱，几不可读。盖书贾从《说郛》抄出，非其完本矣。"（第 1890 页）《养疴漫笔》篇云："（是书）亦书贾从说部录出，托为旧本者也。"（第 1890 页）

值得指出的是，《总目》的考证也存在诸多不足或错误，对此，后世学者多有纠谬，其中以余嘉锡《四库提要辨证》一书成就最为突出，此处不再赘述。

（二）罗列诸说，标明异同，显示出严谨的学术态度

在《总目》中，常常标注"旧本"，如《西京杂记》篇云："旧本题晋葛洪撰。"（第 1835 页）《唐摭言》篇云："五代王定保撰。旧本不题其里贯。"（第 1842 页）何谓"旧本"？《总目》的"凡例"指出："大抵灼为原帙者，则题曰某代某人撰；灼为赝造者，则题曰旧本，题某代某人撰。"① 在古代小说流传过程中，由于时代的差异、著录者、刊刻者、传播者等复杂因素的影响，出现很多删改甚至伪造之作，对此，《总目》编撰者标注"旧本"，不仅区别于"原帙"，而且保存了资料的完整性。

在行文过程中，涉及作者、成书年代、作品内容时，如有争议，则罗列诸说，以"未详孰是""疑""疑为""疑是""疑非""疑或""当亦""犹约略近之"诸字眼加以标注，不妄下结论，体现出编撰者严谨、求实的学术态度。试举例如下。

《松窗杂录》篇云："案此书书名、撰人，诸本互异。《唐志》作《松窗录》一卷，不著撰人。《宋志》作《松窗小录》一卷，题李濬撰。《文献通考》作《松窗杂录》一卷，题韦濬撰。《历代小史》则书名与《通考》

---

① 《钦定四库全书总目·凡例》，中华书局 1997 年整理本卷首。

同，人名与《宋志》同。盖传刻舛讹，未详孰是。"（第 1840 页）

《剧谈录》篇云："唐康骈撰。王定保《摭言》作唐骈，盖传写之讹。《唐书·艺文志》作康轩，以其字驾言证之，二字义皆相合，未详孰是。"（第 1879 页）

《方洲杂言》篇云："篇幅寥寥，疑非足本也。"（第 1892 页）

《螭头密语》篇云："疑或出于伪托也。"（第 1897 页）

《泊宅编》篇云："然详其词气，当亦宋人笔也。"（第 1854 页）

《玉泉子》篇云："三者之中，此犹约略近之矣。"（第 1841 页）

（三）结合小说集特定的时代背景分析小说内容、创作倾向以及刊刻质量

文学创作与传播离不开特定的时代，小说创作、刊刻也是如此，它与当时的社会背景与文化思潮关系密切，明代学者胡应麟指出："魏、晋好长生，故多灵变之说；齐、梁弘释典，故多因果之谈。"[1]《总目》的编撰者充分认识到这一点，涉及具体小说作品时，他们往往扣紧小说形成及刊刻的时代风气、作者个人的政治趋向等进行分析，尽可能得出公允的结论。例如，《还冤志》篇云："隋颜之推撰。……自梁武以后，佛教弥昌，士大夫率皈礼能仁，盛谈因果。（颜）之推《家训》有《归心篇》，于罪福尤为笃信。故此书所述，皆释家报应之说。"（第 1877 页）《还冤志》的作者颜之推是由北朝入隋的著名文人，他生活的时代正值佛教广泛流传之际，既然如此，《还冤志》一书"皆释家报应之说"就能得到合理的解释。

北宋党争盛行，这在小说中也有鲜明的反映。《涑水记闻》篇云："宋司马光撰。……是光此书，实当日是非之所系。故绍述之党，务欲排之。然（王）明清（《玉照新志》）所举诸条，今乃不见于书中，殆避而删除欤。"（第 1847 页）《孙公谈圃》篇云："宋临江刘延世录所闻于孙升之语也。……升为元祐党籍，多述时事，观其记王安石见王雱冥中受报事，则不满于安石。"（第 1851 页）《墨客挥犀》篇云："宋彭乘撰。……其所议论，大抵推重苏、黄，疑亦蜀党中人也。"（第 1856—1857 页）身

---

① ［明］胡应麟：《少室山房笔丛》卷二九《九流绪论（下）》，上海书店出版社 2001 年版，第 283 页。

处朋党中人，所著小说不免带有一定的政治倾向，其议论往往有失公允，《总目》编撰者结合时代背景、作者身份加以著录，以期还原历史的本来面目，有利于读者更好地阅读、理解小说作品。

明代理学流行，由此带来空疏的习气；而商品经济的发展，则在一定程度上导致奢靡的风气盛行，这在小说创作与刊刻中也有体现，《总目》编撰者对此批评较多。《金华子》篇云："明人诡薄，好为大言以售欺，不足信也。"（第 1843 页）《香奁四友传》篇云："明陆奎章撰。……盖明初淳实之风，至是已渐漓矣。"（第 1920 页）《板桥杂记》篇云："国朝余怀撰。……明季士气儇薄，以风流相尚，虽兵戈日警，而歌舞弥增。（余）怀此书追述见闻，上卷为雅游，中卷为丽品，下卷为轶事。文章凄缛，足以导欲增悲，亦唐人《北里志》之类。"（第 1921—1922 页）《今世说》篇云："盖标榜声气之书，犹明代诗社余习也。"（第 1904 页）《西峰淡话》篇云："是书多论明末时政。其论有明制度，多本于元，尤平情之公议，非明人挟持私见、曲相排抑者可比。然其中愤激已甚之词，亦不能免。仍当时诟争之积习也。"（第 1902 页）对明刊书籍，《总目》编撰者予以严厉的指责，如《泊宅编》篇云："明人传刻古书，每多臆为窜乱。"（第 1854 页）《清波杂志》篇云："是书原本十二卷，商维濬《稗海》作三卷，盖明人刊本，多好合并删削，不足为异。"（第 1862 页）

（四）注意到"小说体"自身的特性，注重阐发对小说的认识与看法

作为官方修撰的大型书目，《总目》代表着官方的小说观念。从其著录情况而言，重经史、诗文而轻视小说；从小说整体来看，重视文言小说而轻视通俗小说，《总目》不收通俗小说即为明证；在文言小说之中，重视实录之作，轻视传奇小说，轻视虚幻、怪诞之作。总体来看，《总目》编撰者对小说评价较低，他们认为："小说习径，亦不足深求。"[①] "惟金华士人看命司诸条，不出小说习气，为自秽其书耳。"[②]《总目》小说家类著录体现出编撰者对小说文体的认识和看法，本文试总结如下：一是认为小说内容侈谈神怪。《山居新话》篇云："其书皆记所见闻，多参以神怪

---

① 《钦定四库全书总目》卷一四〇子部五十小说家类一《湘山野录》篇，第 1853 页。
② 《钦定四库全书总目》卷一四一子部五十一小说家类二《桯史》篇，第 1863－1864 页。

之事，盖小说家言。"（第 1868 页）《汝南遗事》篇云："（此书）多涉神怪、仙鬼，不免为小说家言。"（第 1900 页）二是体例之"杂"。《嘉祐杂志》篇云："其书皆记杂事，故《宋志》列之小说家。"（第 1849 页）《峤南琐记》篇云："此书多记杂事，则小说家流也。"（第 1901 页）三是格调低下，言辞猥亵。《东南纪闻》篇云："南岳夫人一事，尤为猥亵，亦未免堕小说窠臼，自秽其书。"（第 1867 页）四是小说语言冗滥、凡鄙。《还冤志》篇云："其文词亦颇古雅，殊异小说之冗滥。"（第 1877 页）《集异记》篇云："其叙述颇有文采，胜他小说之凡鄙。"（第 1877—1878 页）

虽然就整体而言，《总目》编撰者继承了庄子、桓谭、班固以来传统的小说观念，对小说评价较低，但是从他们对小说作品集的著录所体现的小说观亦有可取之处，试论如下。

首先，《总目》编撰者从题材内容的角度入手，把小说分为三类，即"叙述杂事""记录异闻""缀辑琐语"，这种分类法与明代胡应麟《少室山房笔丛·九流绪论（下）》把小说分为"志怪""传奇""杂录""丛谈""辨订""箴规"六类相比，有所简化、统一。对古代小说进行分类，有助于加深我们对小说的认识与理解。

其次，《总目》编撰者在一定程度上认识到小说自身的特性，认识到"小说体"与"史体"的区别。《四朝闻见录》篇云："南渡以后，诸野史足补史传之阙者，惟李心传之《建炎以来朝野杂记》号为精核，次则（叶）绍翁是书。陈郁《藏一话腴》尝摘其误……盖小小讹异，记载家均所不免，不以是废其书也。惟王士禛《居易录》谓其颇涉烦碎，不及李心传书。今核其体裁，所评良允。故心传书入史部，而此书则列小说家焉。"（第 1865 页）这里把李心传《建炎以来朝野杂记》与叶绍翁《四朝闻见录》进行比较，一入史部，一入小说家类，主要区别就在于：《四朝闻见录》存在虚构成分，有记载不实之处，不能许之为"实录"；二是《建炎以来朝野杂记》"号为精核"，而《四朝闻见录》"颇涉烦碎"。《总目》编撰者注意到小说虚构的特点，注意到它与史书之不同，并对此采取宽容的态度。《睽车志》篇亦云："其他亦多涉荒诞。然小说家言，自古如是，不能尽绳以史传。"（第 1884 页）

最后，《总目》编撰者注意到小说某些创作方法。《大唐传载》篇云："盖当时流传互异，作者各承所闻而录之，故不免抵牾也。"（第 1839 页）

《剧谈录》篇云："稗官所述，半出传闻，真伪互陈，其风自古，未可全以为据，亦未可全以为诬。"（第1879页）根据传闻而创作，这是古代小说的创作方法之一，班固在《汉书·艺文志》中就指出："小说家流，盖出于稗官，街谈巷语、道听途说者之所造也。""街谈巷语、道听途说"等民间传闻成为古代小说的源头。从《总目》的著录来看，编撰者注意到小说传闻法并给予一定的肯定。

《总目》编撰者对"发愤著书"说的见解，也颇具新意。《避暑漫笔》篇云："是编皆掇取先进言行可为师法及近代风俗浇薄可为鉴戒者，胪叙成篇。其书成于万历中。当时世道人心，皆极弊坏，（谈）修发愤著书，故其词往往过激云。"（第1901页）《贻清堂日抄》篇云："盖所谓发愤著书者，于诸事往往丑诋，不免有恩怨之辞矣。"（第1900页）"发愤著书"，倾注着创作者浓厚的主观情感，因而也往往带来一些偏见，这是值得我们注意的。

以上我们分别探讨了《总目》小说家类的著录标准和著录特点。本文在对《总目》小说家类进行整体观照的基础上，将其著录标准归纳为寓劝诚、广见闻、资考证、推崇"善本"、"不以人废言"、"不以词害意"六个方面，将其著录特点总结为四个方面：①注重介绍版本源流，并进行必要的考证；②罗列诸说，标明异同，显示出严谨的学术态度；③结合小说集特定的时代背景分析小说内容、创作倾向以及刊刻质量；④注意到"小说体"自身的特性，注重阐发对小说的认识与看法。目前在此领域尚无专门论述，本文试作探讨，以求抛砖引玉。

（原载《明清小说研究》2008年第2期，系与笔者指导的2007级博士研究生蔡亚平合作完成）

新发现的近代小说史料

阿英《晚清小说史》第一章《晚清小说的繁荣》指出："晚清的小说，在中国小说史上，是一个最繁荣的时代。"① 近代小说不仅作品数量庞大，而且深刻反映了当时的社会变革，在中国小说发展史上，具有突出的地位和影响。陈大康先生2014年在人民文学出版社出版六册《中国近代小说编年史》（以下简称《编年史》），是作者在2002年由华东师范大学出版社出版的《中国近代小说编年》基础上增补的巨著，内容比前著丰富很多。作者花费十四年时间，广泛收集海内外各大图书馆馆藏资料，从近代大量文献材料中爬梳抉剔，收录1840—1911年小说共五千三百五十九种，其中从未著录与论及的达千余种。《编年史》的出版是近代小说研究史上一项具有标志性意义的重要成果，甫一出版，即受到学术界很高评价。复旦大学汪涌豪教授在《文汇报》2014年11月28日发表《〈中国近代小说编年史〉的范式意义》一文，认为陈著"全面网取与近代小说相关的史料……为再现这一时期小说创作的整体面貌提供了信实的基础""它以自己开放性的多维指涉，已经为推进研究的整体提升提供了契机""这不仅是一部立体的历史，实际上还是从小说角度切入的中国人的生活史和心灵史"。北京师范大学郭英德教授撰文《论"文学编年史"的著述体例及其史学功能》（载《求是学刊》2015年第1期）认为："陈大康教授的新著《中国近代小说编年史》，展示出编纂者的一双慧眼、一片深思和一番诚意，为我们提供了堪称典范的文学编年史著述体例，不仅体现出极高的史学价值，而且提供了极大的史学功能。"汪涌豪、郭英德两位教授的评价都相当中肯，充分肯定了《编年史》一书的价值和地位。

陈大康先生在《中国近代小说编年史》自序中指出："编撰《中国近代小说编年史》的初衷，是想为近代小说研究作一次较大规模系统整理的基础准备。"不过因为近代小说作家、作品和小说事件、小说现象数量庞大，创作地域很广，目前近代小说的数字化程度较低，大部分近代文献

① 阿英：《晚清小说史》，南开大学出版社2014年版，第205页。

只能看到缩微胶卷或影印本，难以通过电子检索，所以要想全面、系统地辑录近代小说作品以及广告、序跋等资料，确非易事。编撰此类著作所花费的精力巨大，在书海中仅靠人工检索，缺漏是难免的。近日，笔者在查阅广东省立中山图书馆的馆藏近代报刊时，发现了一些未被《编年史》收录的小说篇目以及小说广告。本文从以下两个方面对《编年史》所收近代岭南地区小说篇目及有关的小说广告进行辑补，以求教于陈大康先生和学界前辈、同仁。

一、《编年史》未收或误收的近代岭南地区报刊小说

笔者近期在广东省立中山图书馆阅览文献资料时，发现至少有十八篇小说未被《编年史》收录，另有一篇小说虽被收录，出现篇名错误。这些小说原刊于《农工商报》《广东劝业报》《中华新报》《天趣报》《岭东日报》等报纸。现将相关小说篇目辑补如下。

（1）《端木赐》。《农工商报》光绪三十三年（1907）第八期刊登①，作者明园主人，标为"中国农工商伟人事迹"，用粤语写成。《编年史》所附"近代小说出版状况一览表"之"农工商报"条未收录此文。（第2787页）

（2）《东亚第一农学家津田仙先生传》。《广东劝业报》宣统元年（1909）第七十六期刊登，标有"续七十五期"，作者亦农。《农工商报》第五十七期改名为《广东劝业报》。《编年史》所附"近代小说出版状况一览表"未收录《广东劝业报》。

（3）《猗兰小传》。《中华新报》宣统元年（1909）正月初五日刊登第二十六章《死志已决》并标为"七十二续"；正月初八日刊登"七十二续"，但无章节标题，应为第二十六章的续接，未标明作者，标为"苦情小说"。《中华新报》在汕头出版，继承《新中华报》。《新中华报》出版不久被查封，原办报人员另外创办了《中华新报》。《编年史》所附"近代小说出版状况一览表"未收录《中华新报》，"新中华报"条未收录《猗兰小传》一文。（第2823页）

（4）《盗窟》。《中华新报》宣统元年（1909）正月初六日刊登第十回《扁舟阻雨初识垂虹　小阁临风险丧香蝶》及第十一回《报国仇波浪

———————

①　具体刊登日期不详。

葬鸥夷　惊好梦江干飞烽□》，标为"续十二月廿一日"，篇幅很短，每回只有一百五十字左右，作者楚伧。《编年史》未收录此文。

（5）《橘中秘》。《中华新报》宣统元年（1909）正月初七日刊登，标为"五十九续"，结尾标为"第二十三章"，未标明作者，标为"侦探小说"。《编年史》未收录此文。

（6）《海上花　王可卿》。《天趣报》宣统二年（1910）十一月廿六日刊登，作者司花，标为"短篇小说"。本文及以下《海上花　金绣麟》《海上花　姚嫩嫩》《海上花　张月仙》《怜香报》《某青衣女》《华十五》《某生妇》《杀妻案》《双龄》《捕熊谈》《都门识小录》《过墟志》等十二篇均未被《编年史》所附"近代小说出版状况一览表"中的"天趣报"条收录。（第2807页）

（7）《海上花　金绣麟》。《天趣报》宣统二年（1910）十二月二日刊登，作者司花。

（8）《海上花　姚嫩嫩》。《天趣报》宣统二年（1910）十二月三日刊登，作者司花。

（9）《海上花　张月仙》。《天趣报》宣统二年（1910）十二月五日刊登，作者司花。

（10）《怜香报》。《天趣报》宣统二年（1910）十二月七日刊登，作者景溪一郎。

（11）《某青衣女》。《天趣报》宣统二年（1910）十二月八日至十二月九日刊登，未标明作者。

（12）《华十五》。《天趣报》宣统二年（1910）十二月十三日刊登，未标明作者。

（13）《某生妇》。《天趣报》宣统二年（1910）十二月十六日至十二月十七日刊登，未标明作者。

（14）《杀妻案》。《天趣报》宣统二年（1910）十二月十九日刊登，未标明作者。

（15）《双龄》。《天趣报》宣统二年（1910）十二月二十一日至十二月二十二日刊登，未标明作者。

（16）《捕熊谈》。《天趣报》宣统二年（1910）十二月二十三日至十二月二十七日刊登，未标明作者。《编年史》"宣统朝"辛亥三年（1911）三月二十五日（西历四月二十三日）收录同名小说，系旧金山

《中西日报》附章"杂录"栏连载。（第 2174 页）

（17）《都门识小录》。《天趣报》宣统二年（1910）十二月二十九日刊登，作者旅京记者。该篇是某记者去北京的见闻录，但同样刊登在"虞初语"一栏，在此一并收录。

（18）《过墟志》。《天趣报》宣统三年（1911）三月一日至四月三日刊登，三月一日刊登时标为"四续"，应从二月底开始连载，未标明作者，标为"开国艳史"。

（19）《盗巢艳迹》。《编年史》中误题为《盗里艳迹》（参见《编年史》第 1566 页、第 1581 页）。汕头《岭东日报》光绪三十四年（1908）七月三十日刊登，廿四续，第九章《蹈险》，作者：美国白福庇，译者：不才译述、生可参辞，标为"侦探小说"。

二、未被《编年史》收录的报刊、小说、小说集的广告

笔者根据广东省立中山图书馆所藏文献资料检索，发现至少有三十五则未被《编年史》收录的报刊、小说、小说集的广告，现按广告刊登日期辑补如下。

（1）《广东日报》光绪三十年七月十二日（1904 年 8 月 22 日）广告："《时谐新集》即日出书告白　是书仿岭南即事杂咏文章游戏之体裁，材料丰富，趣味浓深，为今日新书中之别开生面，大足悦人眼帘者。其中分文界、小说、诗界、歌谣、粤讴、南音、小调、班本、传奇，汇成一卷，共二百篇。钉配洋装，圈点玲珑，可读可歌，可惊可泣，可以新民智，可以解人颐。虽茶余酒后之谈，寓导世讽时之意，手披一本，胜于对酒看花，家置一编，何必征歌选曲。诚所谓无美不收，有目共赏也。每部定价四毫，批售面议。本港代售处　锦福书坊　理文轩　聚珍楼　文经阁　文裕堂　聚文阁　广东报　商报局　泰安栈　总发行所世界公益社内墨隐轩谨启　并有《造化奇妙谈》每本一毫五仙　《王安石新法论》二毫五仙　《日本维新儿女奇遇记》二毫　洋装《李鸿章》四毫。"

（2）《唯一趣报有所谓》第九号光绪三十一年（1905 年 6 月 13 日）登载："宝云楼书庄广告：《官场现形记》一二三集　《洗耻记》　《军役奇谈》　《近世中国秘史》　《秘密使者》上下　《血性男子》　《明季稗史》　《西装石头记》　《福尔摩斯》六七八案。"

（3）《游艺报》光绪三十一年六月初六日（1905 年 7 月 8 日）之"看看看本报小说之特色"："小说一门为阅报自本月初六日改良后，于附张增加小说一门，内分三种（一）侦探案撮要（一）欧亚通（一）无聊斋，分日轮印，以饱诸君眼福，特此广告。"

（4）《唯一趣报有所谓》第卅五号光绪三十一年六月初九日（1905 年 7 月 11 日）登载："英华书庄新书广告：《烟霞小说》四毫　《倚楼重梦》四毫　《花月春秋》三毫　《革命驳议》四毫　《月界旅行》五毫　《处女卫生》三毫半　《警富新书》二毫　《警贵新书》一毫　《中国秘史》五毫　《续译包探》三毫　《名花尺牍》一毫　《花田金玉》三毫　《不怕老婆》一毫　《双凤奇缘》三毫　《中东战纪》二毫《创世英雄》二毫　《新译包探》二毫　《小英雄》三毫　《杨贵妃》一毫半　《中国魂》三毫。"

该广告同见于该报六月初十、十一、十二、十三、十四、十六、十七、十八、十九、二十、廿一、廿二日刊物。

（5）《唯一趣报有所谓》第四十八号光绪三十一年六月廿三日（1905 年 7 月 25 日）封面登载："英华书庄新书广告：《第二奇书》银五毫《泰西新史》二员　《武则天》银三毫　《三公奇案》银五毫　《得意缘》银毫半　《升仙传》银三毫　《永庆升平》七毫　《笑中缘》银三毫　《儿女英雄》五毫　《醒世姻缘》银九毫　《镜花缘》五毫　《白牡丹》银二毫　《燕山外史》银二毫　《奇妙谈》银毫半　《今古奇阅》二毫　《红楼梦补》银五毫　《一笑缘》银一毫　《绣鞋记》银毫半《五种遗规》银七毫　《痴人福》银二毫。"

该广告同见于该报六月廿四、廿五、廿六、廿七、廿八、廿九日，七月初二、初三、初四、初五、初六日刊物。

（6）《唯一趣报有所谓》第六十号光绪三十一年七月初七日（1905 年 8 月 7 日）封面登载："英华书庄新书广告：《醒世姻缘》一员二《中西戏法》三毫　《儿女英雄》五毫　《清史揽要》银四毫　《三公奇案》四毫半　《永庆升平》七毫　《坐花志果》银三毫半　《名奴争风》毫半　《剑侠飞仙》二毫　《夜雨秋灯》银三毫　《昕夕闲谈》九毫　《补译包探》二毫　《官商快览》银五毫　《经济通论》八毫《谋杀寡妇》四毫　《佳人奇遇》银七毫　《三生烟（姻）缘》二毫《经国美谈》五毫　《日本豪杰》银七毫　新译英国小说《小英雄》

三毫。"

该广告同见于该报七月初八、初九、初十、十一、十二、十三、十四、十六日刊物。

(7)《唯一趣报有所谓》第六十一号光绪三十一年七月初八日（1905年8月8日）登载有"《时谐二集》出现"的广告："窃事物宜革故而鼎新，文墨贵趋时而尚俗，居此渐进文明之世，必需雅俗共赏之文，而后人心易感，风化易开，某也剖腹虽空，而会心犹远，故编辑一般之妙作，用成二集之时谐，庶新著不叹遗珠而博览，应争猎彩其间，门门游戏，可泣可讴，界界淋漓，有书有笔，媲诸初集，其新旧悬殊，堪称离奇，变幻出色，当行怒骂笑嬉，生面独拓者矣，不敢私藏，用公同好，倘蒙垂青，幸毋吝玉。省港各书局有发售（每本定价银三毫）乙巳年六月廿六日代售处：香港荷里活道七十九号英华书庄启。"

该广告同见于该报七月初九、初十、十一、十二、十三、十四、十六、十七、十八日刊物。

(8)《唯一趣报有所谓》第六十九号光绪三十一年七月十七日（1905年8月17日）登载："最新小说广告：《银行之贼》三毫　《日本剑》四毫　《时谐二集》三毫　《大复仇》二毫　《客窗闲话》二毫　《剖尸记》一员　《小英雄传》三毫　《奇妙谈》二毫　《文章游戏》四毫　《新广东》二毫　《大明奇侠》三毫　《杨贵妃》毫半　侦探小说《美人枪》每本银二毫半　《东方杂志》第四期每本银二毫半　《福而摩斯》第一案每本银二毫半　《福而摩斯》二三案每本银二毫半　《绣像小说》卅八期每本银二毫半　七月十五日香港荷李活道英华书庄。"

该广告同见于该报七月十八、十九、二十、廿一、廿二、廿三、廿四、廿五、廿六、廿七、廿八、廿九日，八月初二、初三、初四、初五、初六、初七、初八、初九、初十、十一、十二、十三、十四、十七、十八、十九、二十、廿一日刊物。

(9)《唯一趣报有所谓》第一百号光绪三十一年八月廿二日（1905年9月20日）登载："最新小说广告：《忏情记》五毫　《时谐二集》三毫　《日本剑》三毫　《银行之贼》三毫　《剖尸记》一员　《月俄战纪》二毫半　《美人枪》二毫半　《中国秘史》五毫　《白牡丹》二毫　《补译包探》二毫半　《绣鞋记》毫半　《官商快览》六毫　《降妖记》二毫半　《武则天传》三毫　《中国魂》三毫　《西湖佳话》三毫

《拿破仑》四毫　　《红楼重梦》四毫　　《续包探》三毫　　《中外戏法》四毫　　《郑成功》四毫　　《夜雨秋灯》三毫　　七月十五日香港荷李活道英华书庄。"

该广告同见于该报八月廿六、廿七、廿九、三十日刊物。

（10）《唯一趣报有所谓》第一百零一号光绪三十一年八月廿三日（1905年9月21日）登载的"最新小说广告"与上一则基本相同，第一篇更新为《回头看》。

该广告同见于该报八月廿四、廿五日，九月初二、初三、初四、初五、初六、初七、初八、初九、初十、十一、十二、十三、十四、十五日刊物。

（11）《唯一趣报有所谓》第一百廿三号光绪三十一年九月十八日（1905年10月16日）刊载："最新小说广告：《鬼山狼侠传》一员　《小英雄》三毫　　《最新中国史》四毫　　《青楼梦》四毫　　《官场现形记》二员　　《飞龙传》四毫　　《识字实在易》一员二　　《笔生花》一员　《海上尘天影》一员八　　《子不语》六毫　　《明季稗史》九毫　　《奇狱》（一）二毫　　《银行之贼》三毫　　《南北宋》三毫　　《儿女英雄》六毫　　《得意缘》毫半　　《环瀛志险》二毫　　《杨贵妃》毫半　　最新侦探小说《美人枪》每本银二毫半　　《东方杂志》第六期已到，每本银二毫半。"

该广告同见于该报九月十九、二十、廿一、廿二、廿三、廿四、廿五、廿六、廿七、廿八、廿九、三十日，十月初四、初五、初六、初七、初八日刊物。

（12）《唯一趣报有所谓》第一百四十二号光绪三十一年十月初九日（1905年11月5日）登载："最新小说广告：《火山报仇录》九毫　　《小英雄》三□　　《官场现形记》二员　　《中国史》四□　　《回銮始末记》四毫　　《彭公案》员□　　《奇怪四百种》三毫　　《粉妆楼》四□　　《禁约全书》三毫　　《绣鞋记》毫□　　《大朝奇侠》四毫　　《痴人福》三□　《时谐二集》三毫　　《林兰香》五□　　《济颠和尚》七毫　《白牡丹》二□　　最新侦探小说《美人枪》每本银二毫　　《东方杂志》第七期已到，每本银二毫　　《东京名胜一百五十景》每本银三毫。"

该广告同见于该报十月初十、十一、十二、十三、十四、十六、十七、十八、十九日刊物。

（13）《唯一趣报有所谓》第一百六十号光绪三十一年十月廿八日（1905 年 11 月 24 日）登载："最新小说广告：《官场现形记》第四集已到，价银八毫半　最新侦探小说《美人枪》，每本银二毫半　《东京名胜一百五十景》每本银三毫半　《十五小豪杰》二毫半　《笑中缘》三毫正　《五剑十八义》三毫半　《物理学》二员正　《埃及近世史》四毫半　《生理学》一员正　《客窗闲话》二毫半　《双艳记》三毫半《花月春秋》三毫半　《影之花》四毫半　《累卵东洋》二毫半　《侠女奴》二毫正　《迦茵小传》一员正　《孽海花》五毫正　《绝岛漂流》二毫半　《忏情记》五毫正　香港荷李活道英华书庄启。"

该广告同见于该报十月廿九、三十日，十一月初二、初四、初五、初六、初七、初八、初九、初十、十一日刊物。

（14）《唯一趣报有所谓》光绪三十一年十一月十八日（1905 年 12 月 14 日）登载："新辑《时谐三集》出现：事物必愈考究而愈精，文墨亦越新奇而越尚，盖当此竞争时代，有能出色当行者，必推诸公，世以为新耳目之大观矣。因仿此意而《时谐三集》遂出现矣，其中词怒骂笑嘻、光怪陆离，短咏长编，堪称大雅，而见许大方，拣藻摘华，真回如文锦，字掷地金声者，比之《新集二集》，其新旧之悬殊、俗雅之回别，洵为独拓生面者也。批发从帘（廉），格外克己，诸君光顾请至代售处面商，此布。省港各书局均有发售，每本定价二毫　乙巳年冬月　日①代售处　香港英华书庄。"

（15）《唯一趣报有所谓》第一百七十三号光绪三十一年十一月十二日（1905 年 12 月 8 日）登载："最新小说广告：新到已裱五彩点石西太后真像每张八毫　《十五小豪杰》二毫五　《小英雄》三毫正　《梦游廿一世》二毫正　《忏情记》五毫正　《火山报仇录》九毫正　《美人枪》二毫五　《花柳良方》二毫五　《双艳记》二毫五　《空中飞艇》四毫五　《一封书》四毫正　《禁约全书》三毫正　《离恨天》六毫正《迦茵小传》一员正　《侠恋记》二毫五　《俄国情史》四毫正《大复仇》二毫正　《银行之贼》二毫五　《昙花梦》二毫正　香港荷李活道英华书庄启。"

该广告同见于该报当年十一月十四、十六、十七、十八、十九、二

---

① 此处为报刊印刷时所留的空白。

十、廿一、廿二日，十二月初二、初三、初四、初五、初六、初七、初九、初十、十一、十二、十三、十四、十六、十七、十八、十九、二十、廿一、廿二、廿三、廿四日及次年（1906）正月初五、初六、初七日，三月初三、初四、初五、初六、初七、初八、初九日刊物。

（16）《唯一趣报有所谓》第二百廿一号光绪三十二年正月十七日（1906年2月10日）登载："本报以发挥民族为唯一之方针，诙谐讽世，讴歌变俗，各尽其妙。准本月十五日出版，每月收报费三毫，特此预告。丙午年正月初六日　日日新报启。"

该广告同见于该报正月十八日刊物。

（17）《唯一趣报有所谓》光绪三十二年正月廿八日（1906年2月19日）登载："请看本报小说之特色：本报所刊民族小说《洪秀全演义》屡荷阅者赞赏，兹复增刻励学教员诸君所译之侦探小说两套，一名《七王会》，一名《鬼林》，另社员随时自著短篇各种小说以飨阅者之新眼界，特此普告　开智社启。"

（18）《唯一趣报有所谓》光绪三十二年三月初十日（1906年4月3日）登载："最新小说广告：新到已表（裱）五彩点石西太后真像每张八□　《玉雪留痕》四毫五　《梦笔生花》四□　《萤窗异草》六毫正　《通俗演义》八□　《海国春秋》八毫正　《双凤奇缘》二□　《俄国情史》四毫正　《中外戏法》四□　《倚楼重梦》五毫正　《花天酒地》一□　《第二奇书》五毫正　《古文笔法》四□　《英雄奇遇记》二毫　《小英雄》三毫　《爱国精神谈》三毫　《笔生花》一员　《未来战国志》三毫五　《波斯史》一□　《世界近世史》八毫　《指环党》三毫　《鲁滨孙漂流记》七毫　《谐铎》三毫　香港荷里活道英华书□。"

该广告同见于该报三月十一、十二、十三、十四、十六、十七、十八、十九、廿一、廿二、廿四、廿五、廿六、廿七、廿八、廿九、三十日，四月初二、初三、初四、初五、初六、初七、初八、初九、初十、十一、十二、十三日刊物。

（19）《唯一趣报有所谓》光绪三十二年四月十九日（1906年5月11日）登载："最新小说广告：第三期《民报》二毫六　《西施镜》毫五　《玉雪留痕》四毫五　《双指印》二毫　《劫后英雄》一员正　《剖尸记》一员　《日本剑下》三毫正　《小仙源》毫五　《佳人奇遇》七

毫正　《孽海花》五毫。"

该广告同见于该报四月二十、廿一、廿二、廿三、廿四、廿五、廿六、廿七、廿八、廿九日，闰四月初二、初三、初四、初五、初六、初七、初八、初九、初十、十一、十二、十三、十四、十六、十七、十八、十九、二十、廿一、廿二日刊物。

（20）《唯一趣报有所谓》光绪三十二年四月二十日（1906 年 5 月 12 日）登载："看看《少年报》出世之广告：（一）宗旨　本报以开通民智、监督政府、纠正社会、提倡民族为宗旨，资料必求其丰，纪（记）载必征□实。或庄论刺时，或寓言讽世，或讴歌变俗，务必多聘有名誉之记者主持笔政，精心撰述以飨眼光而尽本报之义务　（二）规则　本报篇幅每晨出纸一张零半张，每月只初二、十六日停派报纸两天，不礼拜。报费每月收银三毫五仙，省澳不收寄费，外埠长年收银九元，取价从廉，购阅自易，惟同人棉（绵）力有限，拟每月清取报费，告白亦然，以资周转，阅者谅之　（三）内容　本报分庄谐两部，门类纷繁，择精审观以下所列，无待赘言也。计□①蜃楼影　②新舞台　③粤人声　④故事丛　⑤采风录　⑥新笑林　⑦新说部　⑧发言台　⑨强权镜　⑩政治谈　⑪照妖镜　⑫学界潮　⑬工商部　⑭杂纪　⑮港志　⑯演义　丙午年四月十九日　少年报同人启　局设海旁干诺道一百零八号　同人一览表 总编辑兼承印人世仲黄棣荪　撰述员　黄伯耀（病国青年）　冯砺生（生国青年）　赵啸余（飞电）　何莹初（飞剑）　卢慰民（飞刀）　名誉撰述员　胡俊父　陈猛进　易侠血　李捷军　王亚斧　何汉捷　翻译员　白光明　易巩汉　调查员　张汉胤　张崧　黄大勇。"

（21）《唯一趣报有所谓》光绪三十二年四月廿九日（1906 年 5 月 21 日）登载："《珠江镜报》广告：本报向在省城开办，今迁寓香港德辅道中。现更大加改良，多聘撰述访员，宗旨坚定，材料丰富、对于铁路一事尤竭力维持以尽天职。改期准闰四月初五日出版。至本报附录铁路世界小说尤为特色，逐日排刊，于粤路情形，如秦镜温犀，无隐不烛，阅本报全年者，当附送一套，特此布闻　丙午四月廿九　香港珠江镜报启。"

该广告同见于该报闰四月初四、初五日刊物。

（22）《唯一趣报有所谓》光绪三十二年闰四月初十日（1906 年 6 月 2 日）登载："《亚东报》出世广告：本报以开通民智为宗旨，以代表舆论为义务，敦聘名流主持笔政，多延采访以通消息内容，资料美备，记载详确，务求特色，□□界放一异彩，准期闰四月十五日出版。总发行所暂寓大新街中约门牌第二百零七号。开办伊始，刊登告白文件取价格外□廉，如蒙赐顾，请到挂号是荷　香港总代理珠江镜报　丙午年四月初七日亚东报局被（披）露。"

（23）《东方报》光绪三十二年六月十一日（1906 年 7 月 31 日）广告："《扬州十日记》毫半　《卢梭魂》四毫　《铁皇宰相》六毫　《妖怪百谈》五毫　《铁路指南》一员　《世界第一谈》二毫半　《儿童教育鉴》三毫　《家庭教育》二毫　《时谐二集》三毫　《时谐三集》三毫　《富贵神仙》二毫　《券匪纪略》四毫……开设文武庙直街九十二号　丙午年六月吉日启。"

该广告同见于该报六月十二、十三、十四、十五、十六、十八、十九、二十日刊物。

（24）《香港少年报》光绪三十二年六月初六日（1906 年 7 月 26 日）登载："本社要告：《洪秀全演义》一书，为本报社员所撰，前应《有所谓报》之请，排刊问世，久为社会欢迎，全书约六十回，乃仅刊至半渡，而《有所谓》竟以无妄歇业。此书为近代民族上最有关系之纪念，且为太平天国一朝之历史，故不得不自行续刊，以竟全书。爰自六月初六日由三十回起，逐日随登于附张《学界现形记》之部位。其《学界现形记》一书，暂行抽起，俟他时再续，前经得阅《洪秀全演义》，而欲窥全豹者，想当争先快睹也。"

该广告同见于该报六月初七、初八、初十、十一、十二、十三、十四、十五、十七、十八、十九、二十、廿一、廿二、廿五日，七月初一、初三日刊物。

（25）《香港少年报》光绪三十二年七月廿二日（1906 年 9 月 10 日）广告："社会小说《卢梭魂》出现：是书作者以离奇变幻之笔写社会种种之情状，忽而嬉笑怒骂，忽而慷慨淋漓，轰天雷欤？照妖镜欤？殆有如《石头记》中之所谓风月宝鉴者。然面面都到，洵足为茶余饭罢消夏之一助也。定价四毫五仙，书到无多，分寄港中各书坊代售　丙午年五月十一日启。"

（26）《香港少年报》光绪三十二年八月初七日（1906 年 9 月 24 日）广告："《粤东小说林》出世：小说一道，离奇变换，体用兼赅，最宜于今日社会，泰东西各国至奉为教育专科，其价值可见。近世纪中国人士沐染新风，稍知小说之益，故东京上海亦有说部丛书等问世，惟吾粤阙如，同人等深以为憾，爰组织此社，特聘出色小说家多人，分门担任，或著述近事，或翻译精本，如冒险，如侦探，如艳情，错综杂出，或章回，或短篇，或传奇，务臻美善，附以外书、谐文、白话、讴歌、杂俎①、噱谈等按期排刊成帙，颜曰《粤东小说林》，以飨我同胞，以导引文明、启迪社会为方针，月出三册，每册约四十篇，都三万余言，字画玲珑，装潢（潢）精美，取携最便，可传永久，定价每月四毫，零沽每册毫半，外埠邮费酌加，按月清数，不设年账，各处担任代理，例拨二成酬劳，准八月中旬出版，爰阅请到定购。总发行所省城十八甫　分局香港荷李活道　丙午年八月初五日　《粤东小说林》普告。"

（27）《社会公报》光绪三十三年十一月廿一日（1907 年 12 月 25日）广告："快看快看《四淫齐》出版广告：是书仿岭南即事文章游戏之体裁，专就嫖赌饮吹四界而言，分门别类，推陈出新，以滑稽为谏勉，以嬉笑为棒喝，可诵可歌，可惊可泣，可作座右铭，可作苦海航，并插触目警心图画数幅，成今日新书中之别开生面。吾国社会上大有关系者也，几部五万余言，一百二十余页，钉装华美，书存无多，欲新眼帘，盍速来购　每本定价二毫五仙　寄售处：石塘嘴洞天旧楼卢苇臣　德辅道中世界公益报　德辅道中国报　上环大马路宜雅斋　省港轮船码头对面文明阁及各书坊均有寄售。"

该广告同见于该报十一月廿二、廿三、廿四、廿六、廿七日刊物。

（28）《中华新报》宣统元年正月初五日（1909 年 1 月 26 日）登载："汕头商务书局　一在南北行口商务书局　一在永和横街开通书局　开创三年，五洲皆碑，价廉物美，特别相送　学堂用书类（略）新小说类　照码六扣　《游戏奇观》四毫　《徐锡林（麟）》二角半　《男女交合新论》二毫　《庚子拳匪中外战纪》五毫　《大少爷回头看》一毫半《宦海风波》三毫　《李鸿章》二毫　《滑头吊膀子》三毫　《皇太后两宫大行记》一毫　《杨翠喜》二角　《风流眼前报》一毫五　《怕老婆》一半毫（应为一毫半）　《郑成功台湾》四毫　《续封神》一毫

<hr>

① 香港夏菲尔公司出版的《中外小说林》序言以及一些学者以《小说林》将杂俎、戏曲等编入该杂志为依据，认为当时的小说概念也包括这些内容，但是从这期广告来看，编者知道这些并不是小说，只是想把杂志编得更为吸引人，才加入了一些别的内容。

二　《新聊斋》四毫　《茶余酒后录前后集》三毫　《卑士麦传》二角半　《伦布传》二角五分　《楼船日记》四角　《广长舌》二角半《曾少卿》二角　《秋瑾操妆》二角　《名妓花史》二角　《小说丛话》二角　《会（绘）图繁华梦》全集一员　《李春来小说》二角　《醇亲王游德奇闻》三毫　《万国中华近世》五角　《菽园赘谈》五毫　医书类（略）　闲书小说类　《大明奇侠传》三毫　《银瓶梅》一角半《杨贵妃》一毫半　《万花楼》三毫　《红梅阁》二毫半　《四香缘》二角　《三国志》四毫　《列国志》四毫　《聊斋志异》四角　《封神传》四角　《西游记》四毫　《五才子》四毫　《隋唐演义》五毫《英雄大八义》二毫四　《后四国志》三角五　《续今古奇观》三角《希（稀）奇古怪》一角五　《大板（版）荡寇志》六毫　《六才子西厢》三角　《廿四史通俗演义》四角八　《七侠五义》全三集　九毫《镜花缘》四毫　《南北宋》三毫六仙　《五虎平西传》三毫半　《大版今古奇闻》三毫六　《名妓争风》一毫半　《石头记》一员二角《绿野仙踪》四角　《大石板》一毫二　《师公案》全集一员　《二女多情传》一毫二　《上海妓女照相片》六分　《大板（版）说岳全传》四毫　《后聊斋》三角　《十才子》一角二分　《笔记五种》四角《九才子》一角二分　《拳匪纪略》三毫　《情中奇》一毫半　《随（隋）炀艳史》四毫　《青楼梦》二毫半　《琵琶记》三毫　《通天秘书》二毫四　《大红袍》三毫　《前后说唐》三毫半　《三公奇案》三毫　《呼家将》一毫五分　《草木春秋》一毫二分　《觉世十二楼》一毫八分　《张家祥铁公鸡》三毫六分　《粉妆楼》二毫。

"本局开设在汕头南北行街，今已三年，承蒙远近诸赏鉴家之欢迎，生意活泼，以达初创之目的，足见本局各书纸墨精良，图画优美，方能引起商学家之兴味。本局得能久长推广普及教育进化，本主人实有厚望也。今将上海各种石印新书、小说、尺牍、画谱、医卜、星相、学堂用书，均此齐备定价，照上海价目六扣，划一不二，远处信购，邮力自给，购书一员敬送学堂三百千图说三册，购书满五元附送皇太后御笔朱书岁岁平安中堂一副，希（稀）世墨宝三种一册，以报赐顾诸君之盛情，诸请光隆为盼。汕头商务书局主人戎文彬披露。"

该广告同见于该报正月初六、初七、初八日刊物。

（29）《天趣报》宣统三年四月初五日（1911 年 5 月 3 日）登载："《广东之革命潮》出世：自革命党起事，焚毁督署，数日之间竟尔烟消云散。本报特将此事始末调查详细，编辑成书，以为广东之大事记，每日排印登报，诸君想必先睹为快。本报披露。"《编年史》宣统朝宣统三年四月十二日（1911 年 5 月 10 日）、五月十七日（1911 年 6 月 13 日）条均提及这部小说（第 2187 页、2211 页），但未著录这篇广告。

（30）《光汉报》黄帝纪元四千六百零九年九月廿二日①（1911 年 11 月 16 日）登载："本报原名《农工商报》，改名《光汉报》，迁往第八甫
　本报要告：本报以光复汉族，及提倡民权、民生三大主义为宗旨，并以监督政府、指导国民为天职，现大加改良，添聘撰述访员，务期消息灵通，材料丰富，以飨阅者诸君眼帘。添聘访员：现本报添聘佛山及社会普通访员，愿就此席者请先送稿三天并希注明住址　如有革命军小说及汉族变迁小说，请将稿惠来，合适定价。"

该广告同见于该报九月廿七、廿八日，十月初一、初二、初三、初四、初五、初八日刊物。

（31）《光汉报》黄帝纪元四千六百零九年十月初一日（1911 年 11 月 21 日）登载："《佗城独立报》出版广告：本报定于十月上旬出版，先此布告　发行人陈听香披露。"

该广告同见于该报十月初二、初三、初四、初五、初七、初八、十二日刊物。

（32）《光汉报》黄帝纪元四千六百零九年十月初一日（1911 年 11 月 21 日）登载："《粤东公报》十月初四日再出版：本报招聘访员，如有愿充此职者，无论从前曾否就过本报之聘请，请先寄稿三天以定去取《公报》白。"

该广告同见于该报十月初二、初三、初四、初五、初七、初八日刊物。

（33）《光汉报》黄帝纪元四千六百零九年十月初七日（1911 年 11 月 27 日）登载："新广东报业公社广告：报界以代表舆论为主旨，必不失舆论之真相，始为无忝天职，断不容稍有把持偏袒于其间，兹我同人，

---

①　该报只用黄帝纪元和西历记日。

认定斯旨，组合新广东报业公社，团体务期团结，言论仍各自由，一洗从前败类之徒，冒用报界全体名义，借端招摇之恶习，本社所设于西关长乐街第三十号门牌，各界诸君，如有紧要电报新闻函件，及普通告白，请按地址照交本社，分发各报刊登，此布。发起人：《华报》《中原报》《光汉报》、（《中华民报》／《光华报》①）、《广东公言报》《总商会报》《粤东公报》《佗城独立报》 同启 黄帝纪元四千六百零九年十月吉日。"

该广告同见于该报十月初八、初九、十一、十二、十四、十五、十六、十七、十八、十九、廿一、廿二、廿三日刊物。

（34）《光汉报》黄帝纪元四千六百零九年十月十五日（1911年12月5日）之"《中华民报》更名为《光华报》广告：本报前入报业公社，昨接署名中华名报投来函谓与彼报同名，特先更易，以免淆混 发起人：易冰甫 罗慕韩 关瑞卿 梁质庵 梁又仲 同启"。

该广告同见于该报十月十六、十七日刊物。

（35）《光华报》黄帝纪元四千六百零九年十月廿五日②（1911年12月15日）登载："南北行街口汕头商务书局 照码四折 另赠物品加赏：新小说类 《石头记》三员 《长生殿》五角 《前后花月痕》八角《英雄奇缘》四角 《荡平奇妖传》一员 《平定粤匪纪略》七角《今古艳情世界》二角 《铁冠图》三角 《品花宝鉴》一员 《十美图》三角 《萤窗异草》八角 《知县搭妍头》一角 《儒林外史》一员二 《后出三国志》一员二 《第二奇书》五角 《绘图神仙传》一角五 改良《今古奇观》七角 《六（绿）野仙踪》八角 《洪秀全》初一二三集八角 《绘图升仙传》四角 《小说丛话》二毫五 《希（稀）奇四百种》三角 《康梁二逆》三角 《银瓶梅》三毫 《巾帼英雄》四毫 《新鲜笑话奇谈》六角 《绘图桃花扇》六角 《绘图野叟曝言》二员 《新红楼梦》七角 《谈笑奇观》五角 《幼幼集成》六角 医书类③（略） 本局开联五年以来，分余外并无分枝（支）别

---

① 十月十一日之前只有七家报纸同启，十一日《中华民报》加入，十五日《中华民报》改为《光华报》。

② 该报只用黄帝纪元和西历记日。

③ 有关非小说类书籍，本文未列出。

铺，自本局各书装订坚丽，字大篇全，能使读者目不伤力，此所惠顾，诸君巨悉，亦非本局自赞之言，实比众局较强千万，如他家所登报白改宜折扣所图，尚多模糊，字缩本小，此乐何言。所该尔来书坊中唱冒本局各籍，割裂谭书者日胜，难之善本，不能划一，敬告学界诸君通儒以致诡异之南针也。代理广州中原报。"

综上所述，笔者根据广东省立中山图书馆所藏文献资料，对陈大康先生的《中国近代小说编年史》未收或误收的十九篇近代岭南地区报刊小说以及未被收录的三十五则报刊、小说、小说集的广告进行辑补，以补《编年史》之遗漏，不当之处，祈望学界前辈、同仁指正。

（原载《文献》2016 年第 2 期，系与笔者指导的 2013 级硕士研究生刘晓宁合作完成，收入本书时有所修改、补充）

其他研究

唐代士族之家不愿娶公主之原因考述

一

唐代有个比较独特的现象，那就是士族不愿娶公主为妻。我们透过唐代正史、笔记的有关记载，可以了解这一点，此举两例。

《旧唐书》卷一四七《杜佑传》附《杜悰传》云："（宪宗为长女岐阳公主选驸马）令宰臣于卿士家选尚文雅之士可居清列者。初于文学后进中选择，皆辞疾不应。"①

《东观奏记》卷上："万寿公主，上（按：指唐宣宗）女，钟爱独异。将下嫁，命择郎婿。郑颢，相门子，首科及第，声名籍甚，时婚卢氏。宰臣白敏中奏选尚主，颢衔之，上未尝言。大中五年，敏中免相，为邠宁都统。行有日，奏上曰：'顷者，陛下爱女下嫁贵臣，郎婿郑颢赴楚州，会有日。行次郑州，臣堂帖追回，上副圣念。颢不乐国婚，衔臣入骨髓。臣在中书，颢无如臣何；一去玉阶，必媒孽臣短，死无种矣！'上曰：'朕知此事久，卿何言之晚耶？'因命左右便殿中取一柽木小函子来，扃锁甚固。谓敏中曰：'此尽郑郎说卿文字，便以赐卿。若听颢言，不任卿如此矣！'"②

宪宗选尚公主，士族子弟"皆辞疾不应"；白敏中奏选相门之子郑颢尚主，结果，"不乐国婚"的郑颢对白敏中恨之入骨，由此可以清楚地看出唐代士族之家对于尚主一事的态度。其实，不仅士族如此，甚至连隐士也不肯娶公主为妻。请看《明皇杂录》卷下的记载：

> 时玄宗欲令（张果）尚主，果未之知也，忽笑谓二人（按：指王迥质、萧华）曰："娶妇得公主，甚可畏也。"迥质与华相顾，未

---

① ［后晋］刘昫等：《旧唐书》卷一四七《杜佑传》附《杜悰传》，中华书局 1975 年版，第 3984 页。

② ［唐］裴庭裕：《东观奏记》卷上，中华书局 1994 年版，第 88－89 页。

谕其言。俄顷有中使至，谓果曰："上以玉真公主早岁好道，欲降于先生。"果大笑，竟不承诏，二人方悟向来之言。①

二

唐代士族之家为什么不愿娶公主为妻呢？笔者认为，主要有以下四个方面的原因。

首先，服丧之礼的规定。在五服之中，斩衰是最重的一种，齐衰次之。《新唐书》卷二十《礼乐十》规定：妻死，夫服"齐衰杖周"之礼（指居丧持杖周年）。② 但是如果妻子是公主，丈夫就必须为之服斩衰三年。唐文宗时，杜悰就曾遇到这一问题。《新唐书·杜佑传》所附《杜悰传》记载："开成初，（杜悰）入为工部尚书、判度文。属岐阳公主薨，久而未谢。文宗怪之，问左右。户部侍郎李珏对曰：'近日驸马为公主服斩衰三年，所以士族之家不愿为国戚者，半为此也。杜悰未谢，拘此服纪也。'"李珏向文宗指出这种现象以后，文宗惊愕之余，下诏改制："（文宗）诏曰：'制服轻重，必由典礼。如闻往者驸马为公主服三年，缘情之义，殊非故实，违经之制，今乃闻知。宜令行杖周，永为通制。'"至此，驸马为公主服斩衰三年的情况才得以改变。

其次，"帝戚强盛"是士族之家不愿娶公主的原因之一。《中朝故事》云："搢绅子弟皆怯于尚公主，盖以帝戚强盛，公主自置群僚，以至庄宅库舆尽多主吏，宅中各有院落，聚会不同，公主多亲戚聚宴，或出盘游，驸马不得预之相见。凡出入间，婢仆不敢顾盼，公主则恣行所为，往往数朝不一相见。"③ 公主势力强大，亲戚众多，社交活动频繁，以至"搢绅子弟皆怯于尚公主"。

再次，门第观使然。有唐一代，尤其是唐初至中唐，重视门第，这是不争的事实。笔者以为，唐人所谓门第之高，不仅仅指拥有显赫的权位，而且指具有优良的家族文化传统、家法门风以及令人钦羡的婚姻关

---

① ［唐］郑处海：《明皇杂录》卷下，中华书局 1994 年版，第 30 页。

② ［宋］欧阳修等：《新唐书》卷二○《礼乐十》，中华书局 1975 年版，第 443 页。

③ ［南唐］尉迟偓：《中朝故事》，中华书局 1958 年版，第 41 页。

系。对照上述几个标准，我们发现，在权位方面，李唐皇室自是贵不可言：西魏时，唐高祖李渊祖父李虎已官至太尉，被封为八柱国之一，北周时被追封为唐国公；高祖父亲李昞北周时仕至安州总管、柱国大将军；入唐，李氏家族更是贵为天子，没有任何一个家族可与之相比。不过在文化传统、家法门风上，李氏家族则有所欠缺，不及传统高门望族尤其是山东士族，《汪篯隋唐史论稿》（中国社会科学出版社 1981 年版）曾论及这一问题。

李唐皇室源自突厥，而非汉族，对此，陈寅恪在《唐代政治史述论稿》上篇《统治阶级之氏族及其升降》之中已有详细论述。正因为出自胡夷，所以在家族文化上，李唐皇室无法与以往的汉族高门大姓相提并论。此外，在婚恋问题上，李唐皇室也继承了胡夷之风，显得过于自由乃至放纵。笔者据《新唐书·诸帝公主传》初步统计，唐代至少有二十六位公主改嫁，其中定安公主、齐国公主更是三嫁。太宗纳弟媳杨氏为妇，高宗以父亲宫中的才人武媚娘为皇后，玄宗强占儿媳杨玉环，武则天公开招面首，都是众人皆知的事实。宋代朱熹曾经说过："唐源流出于夷狄，故闺门失礼之事，不以为异。"[1] 相比之下，山东士族重视文化、门风，如时人称颂柳公绰："仆射柳元公家行，为士林仪表。"[2] 从门第角度来说，唐代传统士族看不起皇室的门第，鄙视皇室的文化传统、家法门风。

李唐皇室对待山东士族等传统高门的心情是复杂的，既排抑之，又钦羡之。他们在登上皇位之后不久，便急于抬高皇族门第，压低崔氏等山东高门，太宗命人修撰《氏族志》一事即为明证。《贞观政要》卷七《论礼乐》云："（太宗自称）我今定氏族者，诚欲崇树今朝冠冕，何因崔干犹为第一等，只看卿等不贵我官爵耶！不论数代以前，只取今日官品、人才作等级，宜一量定，用为永则。"[3] 同时，李唐皇室又希望与具有良好文化传统、家法门风的士族联姻，但常常遭到士族的拒绝。山东士族看重婚

① ［宋］黎靖德编：《朱子语类》卷一三六《历代三》第 8 册，中华书局 1986 年版，第 3245 页。

② ［唐］赵璘：《因话录》卷二，上海古籍出版社 1957 年版，第 77 页。

③ ［唐］吴兢：《贞观政要》卷七《论礼乐》，见《贞观政要译注》，上海古籍出版社 2007 年版，第 222－223 页。

姻，唐人柳芳说过："山东之人质，故尚婚娅。"① 他们本来就"耻与诸姓为婚"②，再加上鄙弃皇室的文化传统、家法门风，所以不愿与皇室联姻，既不愿意嫁女于皇室③，也不愿娶公主为妻。

最后，不少公主不修妇礼，在社会上造成不良的甚至是恶劣的影响。唐朝公主豪侈、骄纵者有之，专横、淫荡者有之，妒悍、残暴者也有之，公主不修妇礼的情况不仅存在，而且并不少见，这在历朝历代中是一个比较奇特的现象，它与北朝以降的"胡风"也有着密切的联系。翻开《新唐书·诸帝公主传》，我们可以看到：长广公主"豪侈自肆"；合浦公主"负所爱而骄……见（浮屠辩机）而悦之，具帐其庐，与之乱"；魏国宪穆公主"恣横不法，帝（按：指德宗）幽之禁中"；襄阳公主"纵恣，常微行市里。有薛枢、薛浑、李元本皆得私侍"；宜城公主"下嫁裴巽。巽有嬖妹，主恚，劓耳劓鼻，且断巽发"。在这帮不法公主当中，以太平公主、安乐公主二人最为突出。她们豪侈浪费，生活奢华，贪淫放纵，卖官鬻爵，干预朝政，排斥异己，声名狼藉，以至于到唐宣宗时，还以此作为教导公主的反面教材："（万寿公主）每进见，上常诲曰：'无轻待夫，无干预时事。'又降御札勖励，其末曰：'苟违吾戒，当有太平、安乐之祸。汝其勉之！'"④ 公主不修妇礼，甚至专横、淫荡、残暴，使士族之家望而生畏，怎敢攀龙附凤？唐宣宗曾经意识到这一点，他要求公主谨修妇礼。据《幽闲鼓吹》记载：

> 宣宗嘱念万寿公主，盖武皇世有保护之功也。驸马郑尚书（颢）弟颋尝危疾，上使讯之。使回，上问公主视疾否，曰："无。""何在？"曰："在慈恩寺看戏场。"上大怒，且叹曰："我怪士大夫不欲与我为亲，良有以也。"命召公主。公主走辇至，则立于阶下，不视久之。主大惧，涕泣辞谢。上责曰："岂有小郎病乃亲看他处乎？"立遣归宅。毕宣宗之世，妇礼以修饰。⑤

① ［宋］欧阳修等：《新唐书》卷一九九《儒学传·柳冲传》，中华书局 1975 年版，第 5679 页。

② 《太平广记》卷一八四引《国史异纂·七姓》，中华书局 1961 年版，第 1377 页。

③ 参见《太平广记》卷一八四《卢氏杂说》"庄恪太子妃"条。

④ ［宋］王谠：《唐语林》卷一，周勋初校证本，中华书局 1987 年版，第 19 页。

⑤ ［唐］张固：《幽闲鼓吹》，中华书局 1958 年版，第 26 页。

我们从唐宣宗的感叹声中可以窥知，公主不修妇礼，也是士族之家不愿与李唐皇室结亲的重要原因之一。

　　　　　（原载《文学遗产》2000 年第 6 期，收入本书时有所补充）

论王时敏人生和艺术中的"延续"命题
——兼考其家族与生平

王时敏是明清美术史上的巨擘，是清初画坛正脉的宗主。他的家族跟明末清初诸多重要的政治、学术、艺术事件息息相关，他的年谱、书信以及家族背景是明清史学家研究政治经济的重要史料。在 20 世纪初"革王画的命"的论争中①，他的画论因为追求复古，与追求现代化的时代格格不入，成为守旧的符号，此后受到的关注远不及一众非主流的画家。虽然当代美术史已经肯定了王时敏开有清一代风气的地位，但在求创新的语境下，王氏的摹古不变似乎显得乏善可陈，对他的画论、画作讨论更多的是就艺术谈艺术，较少利用他留存的珍贵史料，将他的丰富的人生经历、幽微的心路历程跟艺术观念结合起来的研究。

"延续"二字，是王时敏"独际其难"的人生和坚持南宗正脉观念的写照②，也是他积极应对家族和画坛生存困境的根本。晚明的绘画和文学一样受"摹古"与"尚奇"两股风尚所影响，前者如渐修，讲求日进之功，后者如顿悟，直写性灵，但又相渗相参。明季画坛囿于门户，不能广泛取法，带来诸多流弊，王时敏从华亭董其昌一脉直取宋元大家而不从当时末流，将带有儒家文化品格的文人画风延续到清代，确定了摹古正宗的谱系，使后学有径可循。批评他食古不化的人没有留意到他的摹古相对于时学而言是一种新创，他是摹古派建构期的一座高峰，将这一派末流程式化的流弊归因于他身上是不公的；指责他遭遇甲申巨变而画风没有变化的人没有理解"不变"的延续才是王时敏在朝祚变更、天崩地坼的时代意义之所在。王时敏的生命当中，被加上了许多重大的"延续"命题，生命的延续、家族血脉的延续、门风的延续、家业的延续，他也积极应对艰

---

① 陈独秀：《美术革命》，载《新青年》第 6 卷第 1 号《通信》，上海益群书社 1919 年 1 月 15 日印行，第 86 页。

② ［清］王宝仁：《奉常公年谱》，见《北京图书馆藏珍本年谱丛刊》第 66 册，北京图书馆出版社 1999 年版，第 328 页。

难的时世，成长为一位仁厚坚韧的儒士、居士，担当起家族的重任，并潜心艺术，主动指导提携后进，推动"画家正脉"的延续。解读王时敏身处环境与时代的"延续"要求，可以深入理解王时敏艺术观念的价值。

一、宗嗣的延续

王时敏出生于太仓太原王氏家族，其先世出自山西太原，《娄东太原王氏宗谱图》以元末徙墅沟王求一为始祖，家族以力田渔猎为业，六世有王谦为福建莆田县丞，十世孝子王梦祥为父讼冤放弃举业，与夫人吴氏善于经营，积累了巨额的财富，为儿子王锡爵位至首辅保持清廉提供了经济支持。王锡爵即王时敏的祖父，字元驭，号荆石，谥文肃，于嘉靖四十一年（1562）科甲连捷，殿试又以一甲第二名榜眼及第，授翰林院编修，万历二十年（1592）拜内阁首辅。叔祖王鼎爵隆庆二年（1568）中第五名进士，官至南京吏部主客郎中。王氏家族在王锡爵这一代地位急速上升，奠定了文化家族的格局。王时敏父王衡，字辰玉，号缑山，万历十六年（1588）顺天乡试第一，万历二十九年（1601），以一甲第二名榜眼及第，授翰林院编修，延续了家族的科举成就。

相对于显赫的地位，王氏家族血脉的延续又异常艰难，到了王时敏这一代，在诸多的悲剧面前，子嗣的延续变成一个严峻的问题。

王时敏祖父王锡爵（1534—1610），终生不二色[1]，与夫人朱氏生子女十三人，仅四人得乳，男丁独王时敏父王衡一人。叔祖王鼎爵有一子王术，早夭。

王时敏父王衡（1562—1609），一生四娶，前三次女方皆病故未能偕老，所生子今人研究皆只列有生年可考证的四人。"奉常公（王时敏）兄弟且曾有八人，都生而不育也"[2]，仅王时敏一人成年。万历六年（1578）王衡娶嘉定金孝廉女，第二年育有一子，旋卒。徐朔方《王衡年谱》称："此子不悉原配金氏出，抑继妻徐氏出，旋夭。"[3]《奉常公年谱》（下称

---

① ［明］沈德符：《万历野获编》"惧内"条，中华书局1959年版，第138页。

② ［清］王宝仁：《奉常公年谱》，见《北京图书馆藏珍本年谱丛刊》第66册，北京图书馆出版社1999年版，第340－341页。

③ 徐朔方：《徐朔方集·晚明曲家年谱（苏州卷）》，浙江古籍出版社1993年版，第359页。

《奉谱》）有记载："嫡继母冯太夫人殁，年二十三岁，先是金太夫人殁于万历壬午，年二十一岁，徐太夫人殁于万历癸未，年十有七岁。"① 金氏于万历十年（1582）去世，只能是金氏所出。万历十年（1582）王衡续娶长洲徐上舍女，不久卒。徐朔方《王衡年谱》以屠隆《白榆集》和王衡悼亡诗，将徐氏卒年定在万历十二年（1584）②，《奉谱》准确记载是万历十一年（1583）。万历十三年（1585）王衡三娶华亭冯孝廉女，在生育压力下，王衡的母亲不希望他像父亲一样专一，为他纳了多房妾室，王时敏母亲周氏"实编修母朱太夫人亲相视得之"③。万历二十年（1592），王衡的妾周氏生王时敏，初名赞虞。第二年冯氏丧，同年王时敏"四岁次兄赓虞痘殇"④，赓虞为冯氏次子，本出为王鼎爵嗣孙，所以王时敏于万历二十三年（1595）出为王鼎爵嗣孙。前一年王衡四娶某氏，王锡爵万历二十三年（1595）《李玉海给事》称："先慈之没也，为去腊之望。先四日，新妇进门。"⑤ 万历三十一年（1603），冯氏所出长子鸣虞秋试后得咯血之疾，年十七夭，时年十二岁的王赞虞归宗，改名时敏。当时王锡爵仅剩下王时敏这一个孙子在世，连遭息嗣之丧后，为他更名寄托了转变厄运的期望。

王时敏幼时身体羸弱，万历三十六年（1608），娶昆山翰林院编修李胤昌女。次年正月，仅四十八岁的王衡卒于家，王时敏哀毁不已，又犯咯血之疾。万历三十八年（1610）底王锡爵丧，王氏家族仅余年近二十岁的王时敏支撑门户。悲剧还未结束，万历四十三年（1615），王时敏三子履清、履任、履和与妻子李氏相继而丧。十几年间，王氏家族门户凋零，几濒危殆，血脉的延续系于王时敏一身。当时王时敏二十三岁，父祖已逝、子嗣早夭，无兄弟可相扶持。

---

① ［清］王宝仁：《奉常公年谱》，见《北京图书馆藏珍本年谱丛刊》第 66 册，北京图书馆出版社 1999 年版，第 333 页。

② 徐朔方：《徐朔方集·晚明曲家年谱（苏州卷）》，浙江古籍出版社 1993 年版，第 359 页。

③ ［明］张溥：《王母宜人周氏墓志铭（代）》，见《七录斋诗文合集》近稿卷五，《续修四库全书》集部第 1387 册，据明崇祯九年（1636）刻本影印，上海古籍出版社 2002 年版，第 369 页。

④ ［清］王时敏：《王烟客先生集·自述》，见《清代诗文集汇编》第 7 册，据民国五年（1916）上海苏新书社、苏州振新书社排印本影印，上海古籍出版社 2010 年版，第 611 页。

⑤ ［明］王锡爵：《李玉海给事》，见《王文肃公全集》第三十八卷，《四库全书存目丛书》集部第 136 册，据万历王时敏刻本影印，齐鲁书社 1997 年版，第 95 页。

迫于延绵子嗣的压力，王时敏根据堪舆家之言为父亲迁葬。张溥为王母周氏作墓志铭特意表彰这一事迹："文肃公两世既葬矣，玺卿以形家言编修之齿不利于嗣，欲为改宅，然不敢遽也，告之宜人，宜人深赞曰：'可兴事。'徙葬后，大蕃滋。是故王氏之绝而不绝，几衰而得盛，非周氏而其谁为之？"[1] 王衡生前与父母感情深厚，万历四十一年（1613），王锡爵入葬枫桥赐茔，王时敏也将父亲移厝其侧，有意让父祖坟茔相依。但在三子和李氏相继卒后，王时敏为免子嗣又蹈早夭命运，于天启六年（1626）改葬王衡，此前他在母亲周氏授意下"无偏华色，贵视德度"[2]，广纳侧室，已育有三幼子。崇祯元年（1628），周氏去世，又从堪舆家之言，"葬于某原，距编修公茔仅半里，不祔葬，从地脉也"[3]。至王时敏五十五岁，他与五位侧室共生子挺、撰、撰、持、抃、扶、摅、掞、抑九人，次子王撰出为王鼎爵嗣曾孙，三子出为王鸣虞嗣子，宗嗣绵延，为王氏家族清初再次崛起并延续文化家族的地位奠定了基础。

二、家业的守护延续

绵延子嗣的同时，在父亲、祖父过世后作为家族唯一支柱的王时敏还要维护家业。当时的情形，他在《自述》中写道："茕茕藐孤，危如千钧引发。尔时门祚单弱，内外事填委一身……"[4] 寡母幼子，幸无豪戚欺压，但处境也大不如前。周氏墓志记载："服既，即强玺卿仕，挥涕送之

　① ［明］张溥：《王母宜人周氏墓志铭（代）》，见《七录斋诗文合集》近稿卷五，《续修四库全书》集部第1387册，据明崇祯九年（1636）刻本影印，上海古籍出版社2002年版，第370页。

　② ［明］张溥：《王母宜人周氏墓志铭（代）》，见《七录斋诗文合集》近稿卷五，《续修四库全书》集部第1387册，据明崇祯九年（1636）刻本影印，上海古籍出版社2002年版，第370页。

　③ ［明］张溥：《王母宜人周氏墓志铭（代）》，见《七录斋诗文合集》近稿卷五，《续修四库全书》集部第1387册，据明崇祯九年（1636）刻本影印，上海古籍出版社2002年版，第370页。

　④ ［清］王时敏：《王烟客先生集·自述》，见《清代诗文集汇编》第7册，据民国五年（1916）上海苏新书社、苏州振新书社排印本影印，上海古籍出版社2010年版，第611页。

曰：'一门重戚，人情凉替，子虽才，能忍一日乎？'"① 《奉谱》记载周氏语："吾家三朝袍笏、两世丝纶，儿念家声，岂忍遽就门荫，但儿独身当户，又素羸弱，门内门外事辐辏填委，何暇攻苦下帷，且世情溇恶，非冠裳竭支巨阀，宜急入京拜恩。"② 这些都指出家族加诸王时敏身上的压力，家业"非官裳竭支"、内外事务填委一身，没有时间可以让他从容应对科举，加上王衡曾在科场上蒙受冤屈，抱负未展，周氏心中未免有阴影，所以劝导王时敏接受了恩荫的官职尚宝司丞。王锡爵生前有三次荫封子孙中书舍人的机会③，但时移势易，尚宝司丞一职，虽不像中书舍人一样还有再次参加科举的机会，却成了当时王时敏照顾家族利益最好的出路。万历四十二年（1614），王时敏携妻、母上任，在出使任务中行万里路、访名家真迹，也成就了绘画艺术的积淀。

学者岸本美绪和赵园都曾指出，江南的世家望族在明末出现了急剧的衰落。岸本美绪指出繁重的赋役和奢侈的风俗是明末富室破家的主因，赵园认为明清之交无赖集团的"焚掠"是世家破败的主因。④ 王时敏支撑家业面临的就是这样一个士绅之家败落的艰难时期，上述的冲击他无一能幸免，自十九岁至八十九岁七十年间，他为家庭经济忧心的时间占了大半。太原王氏在王锡爵的上一辈已经非常富有，王锡爵任首辅后，资产又进一步扩充，但是遗留下来的财富及放贷收入仍难以抵挡明清易代的经济风险。王时敏在清顺治八年（1651）的《分田完赋志》中指出，田租和质库是王氏家族的主要收入，在太平年代"保守非难"⑤，京师赴任应酬，众多子女的抚养、嫁娶甚至再娶，大修园林及奴仆窃瘠，是家庭的主要支

① ［明］张溥：《王母宜人周氏墓志铭（代）》，见《七录斋诗文合集》近稿卷五，《续修四库全书》集部第1387册，据明崇祯九年（1636）刻本影印，上海古籍出版社2002年版，第370页。

② ［清］王宝仁：《奉常公年谱》，见《北京图书馆藏珍本年谱丛刊》第66册，北京图书馆出版社1999年版，第347页。

③ ［清］王宝仁：《奉常公年谱》，见《北京图书馆藏珍本年谱丛刊》第66册，北京图书馆出版社1999年版，第341页。

④ ［日］岸本美绪：《明清时代的乡绅》，见《明清交替和江南社会——17世纪中国的秩序问题》，东京大学出版会1999年版，第37页；赵园：《明清之际士大夫研究》，北京大学出版社1999年版，第117页。

⑤ ［清］王时敏：《王烟客先生集·遗训·分田完赋志》，见《清代诗文集汇编》第7册，上海古籍出版社2010年版，第613页。

出。额外的打击则来自明末的自然和政治因素，"由于战乱导致商业活动停滞，灾荒导致田租收入减少，以及在急迫的赋税政策下赔偿了高额的白粮和漕粮"①。崇祯十年（1637）正月，王时敏充粮长运粮回京，在当时，凡征为粮长光解运白粮的开销足致破产，若粮船沉没则身家不保，他历经波折才勉完差事。崇祯十二年（1639）再次解粮，他通过私人关系动用军队协运，到京师还是不幸有粮船触沉，"借贷补缺，几不能支"②；崇祯十五年（1642）又因赔漕粮及万金，"衣饰酒器尽归质库，眉烧肘露，不可言喻"③。此外，崇祯十年（1637）到崇祯十五年（1642）的旱灾、崇祯十一年（1638）后的蝗灾使王时敏田产歉收，生计日蹙。太仓遍地饥荒，太仓知州钱肃乐发起同善会和常平仓，只有王时敏首先响应，又鉴于时势要求合家节俭发起"同善会"④。据《奉谱》记载，王时敏变卖财产、仗义助人的事迹也不少，除了相信因果报应等因素外，他也担心饥荒激起民变威胁家族生存，在这个角度上，"延续"对于王时敏而言，延续家族和延续州民生计是紧密联结在一起的。而基于此，我们不难理解清军兵临太仓州城下时，他与王世贞的曾孙王鉴打开太仓城门放弃抵抗的行为⑤，这一举措与他们旧臣的身份、士大夫的观念是相悖的，但保全了境内大多数百姓，吴郡八邑，只太仓州和崇明县没有遭到清兵屠城。今人有指责他"失节"者⑥，但在当时，王时敏的乡人归庄、陆世仪并无一人有这种看法，陈瑚甚至认为："变革之初，屠戮之惨所在都有，而吾娄幸无恙。即君家积善，天之报之，亦应如是。"⑦ 饱尝离丧之苦的王时敏以此艰难之举延续了家族血脉，客观上也保存了州境的血脉，延续了文化的

---

① 陈永福：《明末清初乡绅经济生活的变迁——苏州府太仓州王时敏的事例研究》，载《北大史学》第 15 期，第 151 页。

② ［清］王宝仁：《奉常公年谱》，见《北京图书馆藏珍本年谱丛刊》第 66 册，北京图书馆出版社 1999 年版，第 381 页。

③ ［清］王宝仁：《奉常公年谱》，见《北京图书馆藏珍本年谱丛刊》第 66 册，北京图书馆出版社 1999 年版，第 386 页。

④ ［清］王时敏：《王烟客先生集·遗训·一家同善会引》，见《清代诗文集汇编》第 7 册，上海古籍出版社 2010 年版，第 610 页。

⑤ 吴仁安：《明清江南著姓望族史》，上海人民出版社 2009 年版，第 159 页。

⑥ 韩刚：《"复古"即"更新"——王时敏绘画考论》，见《美术学研究》（一），东南大学出版社 2011 年版，第 154 页。

⑦ ［清］陈瑚：《王烟客太常七十寿序》，见《确庵文稿》卷一二，《四库禁毁书丛刊》集部第 184 册，据清康熙毛氏汲古阁刻本影印，北京出版社 2000 年版，第 361 页。

传承。

　　入清后王时敏遭受了诸般冲击，在失去了乡绅地位的护佑后，他为保家室令王氏家族再度崛起可谓百般经营。在甲申（1644）、乙酉（1645）改朝换代和清军入城的动乱中，许多巨族遭受奴变，太仓一带尤为严重，但王时敏约束下人宽严得当，"独无其事"①，住所又没有受到军队直接冲击，得以缓慢恢复生气。顺治七年（1650）、八年（1651）的水灾加上芦蠹拔富，受到胥吏的压榨，"世籍海傍，赔累最深"的王时敏通过亲故关系给各级官员写了十三封信②，终使芦蠹得惩，兼以年岁丰收，米棉价格上涨，王氏又度过几年顺景。但是顺治十二年（1655）粮食价格下降，以折色缴纳的白粮使王氏不堪重负，此后"赋役""逋欠"成了王时敏诗文、书跋中出现频率最高的字眼，他在嘉定钱粮案中还能勉力救人于狱，此后却自身难保。顺治十八年（1661），无法缴纳税赋的王时敏与儿子王揆、王扶被列入江南四郡13517人的抗粮名册，卷入著名的"江南奏销案"，"大费经营"才免于提解的折磨③，但是次子王揆顺治十二年（1655）进士、六子王扶太仓生员的资格都被革去。年过七十岁的王时敏为儿子们析分家产，但还不得不亲自应付内外诸事，在凄惶憔悴中支撑家业。康熙五年（1666），第八子王掞生女，王时敏连五钱生银都拿不出来接济他，王掞乡试中举也没有钱打发报人和办置北上会试的盘缠，数子靠卖房或典当度日，他不得不一再变卖对他来说爱逾性命的收藏，与王永宁、张应甲等交易，散尽家中大半极其珍稀的藏品。康熙九年（1670），王掞、王原祁中举，王掞馆选，但是他们入仕不能迅速改变家族穷困的局面，从一系列家训可以看到，王时敏人生最后十年还是在为家业忧劳，为家族子孙的发展尽力做好铺垫。

　　王时敏康熙五年（1666）与第五子王抃的十通家书，历来为研究清初经济的学者所珍视，其中细数的种种家业艰难、穷愁憔悴，实未有夸大之处。王时敏一生，处于王锡爵与王掞这两个把家族带到顶峰的人物之

　　① ［清］王宝仁：《奉常公年谱》，见《北京图书馆藏珍本年谱丛刊》第66册，北京图书馆出版社1999年版，第392页。

　　② ［清］王时敏：《致鲁期昌公书》，见《王烟客先生集·尺牍》，《清代诗文集汇编》第7册，上海古籍出版社2010年版，第636-644页。

　　③ ［清］王宝仁：《奉常公年谱》，见《北京图书馆藏珍本年谱丛刊》第66册，北京图书馆出版社1999年版，第417页。

间，"暨乎年跻大耋，林立孙曾，人每称羡其诸福俱备，不知上绵福泽，下启诒谋，惟公独际其难也"①。处在"延续"家族的重重压力下，他以理性的态度接受了荫封，操持家业、敦教弟子，并将西田园林经营成文人汇聚的场所，延续作为文化世家应有的气象，与同时代江南的大部分家族破落的境况相比，实属难得。

三、门风的延续

在学术上，太原王氏以治《春秋》著称。明代五经科场，《春秋》为孤经，作为报考人数基数最小的一科，考生夺魁的难度非常大，王锡爵以《春秋》夺会元、王衡以《春秋》夺解元，都是震惊科场的盛事，王鼎爵也以《春秋》文作中进士第五名。王时敏虽放弃了科举，但能延续家族学术不堕，长子王挺以钻研《春秋》知名，八子王掞以《春秋》中乡试第二，后遵诏编纂《春秋经传汇说》，并推荐王扶子王遵宸分修，长孙王原祁也以《春秋经》得第。吴伟业《王茂京稿序》记载："王氏自文肃公以经术至宰相，缑山先生相继掇上第，负重名，其于《春秋》，父子各有所讲贯。"② 此后还有王摅子王旦复及旦复子王珏以精于《春秋》三传知名，延至清末。

在文学领域，王氏的成就尤为突出，王锡爵、王鼎爵以文知名、雅好戏曲，王衡诗文名震海内，是出色的剧作家，钱谦益品评人物贬抑王世贞，还需借重王锡爵、王衡父子的名气。王时敏虽不以文名，诗文也清新可观，其子王揆、王撰、王抃、王摅名列"娄东十子"，王抃也有传奇传世，王掞子王奕清名动京师，屡主文衡。

在书画领域，王锡爵精于唐碑，王衡法颜真卿，为董其昌等人所推崇。王时敏对自己的书法颇为满意，《自述》称："真行书写褚河南……惟八分差得古人法，署牓字大数尺者，当满意时颇得笔势，亦为一时所推……"③在绘画中他也一再发挥书法淡墨渴笔的笔意。王锡爵广收藏、

① ［清］王宝仁：《奉常公年谱》，见《北京图书馆藏珍本年谱丛刊》第 66 册，北京图书馆出版社 1999 年版，第 327 – 328 页。

② ［清］吴伟业：《吴梅村全集》，上海古籍出版社 1990 年版，第 747 页。

③ ［清］王时敏：《王烟客先生集·自述》，见《清代诗文集汇编》第 7 册，上海古籍出版社 2010 年版，第 612 页。

延名师为王时敏学画提供了良好的条件，王时敏以复古为正脉，也让绘画成为太原王氏入清以后仅次于科举的世业，代有画坛名家，绵延到近现代。其中最为出色的是他的长孙王原祁，官至户部左侍郎，深得康熙信赖，弟子众多，影响遍及朝野，主导了有清一代的画风。

入仕为官，是王氏的世业，王氏一门在仕途上积极进取又不失迂阔。王时敏七世族孙王乃昌指出："我家自爱（援）荆公后。"① 援引王安石为祖先可以看出王氏家族的文化品格和价值取向。王锡爵祖父王涌号友荆、父亲王梦祥号爱荆，王锡爵号荆石，王鼎爵号和石，都是好强耿介、积极进取而爱惜名器。王锡爵性格刚强正直，常以一身忤朝论。王衡早年才器过人，世人以王安石、王雱父子比拟之，万历十六年（1588）科场案后复试王衡虽名列第一，但他坚避不参加会试，直到万历二十九年（1601）以榜眼授翰林院编修，证明了自己的能力后旋即请终养归。王时敏第八子王掞官至文渊阁大学士，在建储事上有意效仿曾祖王锡爵，忤旨谪戍西陲，以子代行。②

王时敏好佛行善，有作为居士淡泊处世的一面，但他的主体身份首先是积极进取、爱惜名声的乡绅，他进退之间优先考虑的是延续家族的仕业门风。基于这样的考虑，他在祖父去世后接受了恩荫的职位，"不敢以闲曹冷署而自假易"③，在家业系于一身的情况下，稳重不躁进，自甘迂阔。像他《自述》记载："崇祯壬申、癸酉年间（按：即1632、1633）……淹留岁月，遂自雇夫马北行，抵都具揭以勘合徼之驾司，人皆笑其迂拙。"④ 因当时有诏：奉差官员复命过限者，不许复用原领邮符。王时敏奉差出使外地，辗转回乡，逗留时间超过了期限，自觉不用公家食宿和车马返京，被人嘲笑。他有许多类似爱惜名器的事迹，与祖父相类，可以看出其有心于仕途上有一番作为。崇祯八年（1635）自雇车马入都后，王时敏在常

① ［清］王乃昌：《西田怀旧集·跋》，见《王烟客先生集·西田怀旧集》，《清代诗文集汇编》第 7 册，上海古籍出版社 2010 年版，第 685 页。

② 赵尔巽：《清史稿》卷二百八十六《列传》七十三，中华书局 1977 年版，第 10210 - 10211 页。

③ ［清］王时敏：《王烟客先生集·自述》，见《清代诗文集汇编》第 7 册，上海古籍出版社 2010 年版，第 611 页。

④ ［清］王时敏：《王烟客先生集·自述》，见《清代诗文集汇编》第 7 册，上海古籍出版社 2010 年版，第 611 页。

朝时因"致词音吐明朗,进退雍容",受到崇祯皇帝注意,退朝后遣中使至尚宝司询问王时敏履历,但没有下文。《奉谱》推断:"想以资格置之。"① 王时敏非由科举入仕多少影响了他被重用。

在党争激烈的晚明政坛,王时敏的出身决定了他不能超然于是非之外,但是凭着才干和操守,躲过了明枪暗箭,在党派纷争间求全,并获得升迁,也非易事。他的《自述》提到了几次仕途的重大机遇与风波:

> 天启元、二之间,山林汇征,英贤济济,署中至无可施席,大都皆宿素名硕,负海内重望,以余一骏竖溷厕其间,周旋步趄,幸不为名贤吐弃,更有缪垂奖借者。癸亥、己巳两察,始则当事欲修先人之怨,继则弄权者将为异己之锄,多方吹索,究无可抉摘而止,始终幸全,得免吏议,此余居官之大略也。②

天启元年(1621)、二年(1622),东林党人备受重用,被魏忠贤党称为"东林魁首"的叶向高第二次任首辅,他与王氏私交不错,曾为王锡爵撰写神道碑。天启二年(1622)五月,王锡爵被加赠太傅,这一时期的政治气候对王时敏来说是相当好的,加上家族的声望,不少名士都竞相与他结交,刚三十出头的王时敏也希望在政坛上有一番作为。但是好景不长,天启三年(1623)投靠魏党的顾秉谦入阁进而任首辅,在当年的京察中,王时敏就受到刁难,但因为他供职勤勉、无可挑剔,次年顺利由尚宝司丞正常升任尚宝卿,即他《自述》所说:"荫玺丞者九年满始升二级,同寅邀登极特恩,不几年而骤跻者比比皆是。"③ 六年后的崇祯二年(1629),时任首辅的是二次入阁的东林党元老韩爌,清算魏党,他在任上恰好就是崇祯元年十二月(1629 年 1 月)到崇祯三年(1630)元月。崇祯二年(1629)"弄权者将为异己之锄",但不知是否因为周延儒、温体仁的关系,这一次京察王时敏又顺利通过了。崇祯四年(1631),周延

---

① [清] 王宝仁:《奉常公年谱》,见《北京图书馆藏珍本年谱丛刊》第 66 册,北京图书馆出版社 1999 年版,第 366 页。

② [清] 王时敏:《王烟客先生集·自述》,见《清代诗文集汇编》第 7 册,上海古籍出版社 2010 年版,第 611－612 页。

③ [清] 王时敏:《王烟客先生集·自述》,见《清代诗文集汇编》第 7 册,上海古籍出版社 2010 年版,第 611 页。

儒为王时敏母周氏作墓志铭，由张溥代笔。据王抃记载，崇祯十六年（1643），周延儒被赐自尽，"间有牵累吾家语，父亲忧危之极，旋即安然"①，可见关系非同寻常。《复社纪略》卷四记载："（崇祯九年三月）乌程党人（温体仁党）自韩城、德清、永新外，又有四任子焉。……一为王时敏，文肃公锡爵之孙，缑山公衡之子也。四人皆以才识通练为相君所倚重，俟历俸著绩即破格，迁转方面已有定局。时敏与温体仁又以两世通家，恩礼较他人尤厚。"② 从陆世仪和王时敏深厚的交谊看，这段贬低王时敏的材料大有可疑，井上进认为《复社纪略》并非陆世仪所撰，陈永福认为王时敏很可能实为周党，而非温党。③ 但王时敏和温体仁还有另一层关系，温体仁是王时敏父亲王衡万历二十九年（1601）会试的同试官，徐朔方《王衡年谱》猜测王衡的房师是温纯，其实王衡的房师是温体仁。《万历野获编》卷十六《王李晚成》篇记载："（王衡）至辛丑登第，则逾不惑矣。房师温太史语之曰：'余读兄戊子乡卷时，甫能文耳，不谓今日结衣钵之缘。'王为悯然掩袂。"④ 温纯并未入过翰林院，而温体仁则担任过翰林编修，他非常仰慕王衡。天启六年（1626），王时敏迁葬王衡时还请他作了墓志铭⑤，他对王时敏有所照拂。从现有的文献来看，周、温都与王时敏有亲密的关系，周、温在崇祯三年（1630）分道扬镳，但在崇祯二年（1629）正合力排挤东林党，而当时东林党魁钱谦益与王时敏的正式友谊要到清初才开始，王时敏因为与周、温的关系受到指摘也是有可能的。此后王时敏并未明显偏向周、温中任何一党，处世周全。崇祯九年（1636）秋，在温体仁任首辅期间，王时敏以正五品尚宝司卿迁正四品太常少卿，但属正常升迁，世称"王奉常"即源于此。温体仁于崇祯十年（1637）六月被削职贬为民，王时敏即在次年拟上病疏，这一举措常被人理解为失去了靠山，但据王时敏自述是因为不堪劳累。他于崇

---

① ［清］王抃：《王巢松年谱》，见《丛书集成续编》集部第 37 册，据民国排印本影印，上海书店 1994 年版，第 793 页。

② ［清］陆世仪：《复社纪略》，见《续修四库全书》第 438 册，据湖南省图书馆所藏清钞本影印，上海古籍出版社 2002 年版，第 536 页。

③ 陈永福：《〈复社纪略〉记事考实及其作者刍议——以王时敏相关记述为中心》，载《文史》2012 年第 1 期，第 198 页。

④ ［明］沈德符：《万历野获编》，中华书局 1959 年版，第 425 页。

⑤ ［清］王宝仁：《奉常公年谱》，见《北京图书馆藏珍本年谱丛刊》第 66 册，北京图书馆出版社 1999 年版，第 328、339－340、358 页。

祯十二年（1639）夏赴湖广武冈持节册封岷世子，百苦备尝，勉完国事后于次年以病请在籍调理。顺治元年（1644）福王和顺治二年（1645）弘光政权起原官，皆不赴。

王时敏的晚年并非优游笔墨、啸傲烟霞，他在悼念亡妻时还自责"文章勋业两无成"[①]，明末里居是考虑到官场形势和家族情况，并非如他父亲后期一样认同了山人的价值观，而是要辅助子孙延续仕业。崇祯八年（1635），王时敏借助官场的关系让子揆、撰补博士弟子员，二子也与复社有密切往来。崇祯十二年（1639），王揆中举人。崇祯十五年（1642），长子王挺入南雍，顺治二年（1645）又赴任弘光朝廷中书舍人。入清后王时敏虽不出仕，但在他诗文中可以看到他时刻以先祖遗风勉励子孙延续家族仕业，以维护家声。比如，他给知府王光晋写信干请将二子拔置前茅。[②] 康熙二年（1663），在吴伟业的劝说下他将家传至宝《曹娥碑》交给王抃去干求功名。[③] 他的子孙在清朝也汲汲于仕进，王揆、王掞、王抑都举进士，孙辈更是多科场英才，延续了世家大族的门风。闲居后作为地方乡绅的王时敏，在王揆顺治十二年（1655）中进士前和顺治十八年（1661）被革除功名后，不再有位列乡绅的优待，甚至受到了胥吏滋扰、奴仆轻视，到康熙九年（1670）子孙中举才恢复了这一地位。王时敏生前家族仕业仍未登上高峰，他始终在为儿孙苦心经营，设法结交像王永宁、范承谟这样的权贵和白登明等地方官以寻求支持保护，并热心参与地方的事务，如赈灾救济、代表合境官民上诉芦蠹、发起西园会集等，保全士绅的声望，延续王氏在地方上的影响力。

四、"画家正脉"的延续

王时敏甲申（1644）前后画风不变的意义，从知人论画的角度看，作为一个温柔敦厚的儒者，在易代之际勉力延续家族血脉、产业、门风，

　　① ［清］王时敏：《王烟客先生集·悼亡杂诗》，见《清代诗文集汇编》第 7 册，上海古籍出版社 2010 年版，第 665 页。

　　② ［清］王时敏：《致王光晋》，收入《王烟客先生集·尺牍卷下》，见《清代诗文集汇编》第 7 册，上海古籍出版社 2010 年版，第 636 页。

　　③ ［清］王抃：《王巢松年谱》，见《丛书集成续编》集部第 32 册，据民国排印本影印，上海书店 1994 年版，第 797 页。

其家族又幸而能渡过劫难，稳定的画风正是他"独际其难"维持安稳心态的如实反映；从画史的角度看，王时敏在朝代更易期追求的是画学传统的平稳延续，他用绘画表现儒家的审美理想，殷勤奖掖后学，将明末成熟的文人画集大成风格带到了清代。客观上讲，他强调的摹古笔法精髓、寄寓的文化内涵，是改朝换代斯文延续不堕的重要一环。

王时敏为推动画道延续，首先是明确了复古画派"画家正脉"的地位，并在创作中突出这种特征。他将摹古的文人画与毫无根基、自出新意的风格区别开来，以尊古求复兴，与儒学屡次复兴的思路一致，其中包含了末世改朝士大夫的社会责任感，以及延续主流文化价值的自觉。他的画论思想源自董其昌，最主要的建设就是将其"南画"和"文人画"的提法整合成"画家正脉"，有明确的主流意识，此一"正"字与儒家思想的正统地位暗合，也明确了这一画风的价值取向。代表性的论述有《石谷画卷跋》：

> 书画之道，以时代为盛衰。故钟、王妙迹，历世罕逮；董、巨逸轨，后学竞宗。固山川毓秀，亦一时风气使然也。唐、宋以后，画家正脉自元季四大家、赵承旨外，吾吴沈、文、唐、仇以暨董文敏，虽用笔各殊，皆刻意师古，实同鼻孔出气。迩来画道衰替，古法渐湮，人多自出新意，谬种流传，遂至邪诡，不可救挽。乃有石谷起而振之。凡唐、宋、元诸名家，无不摹仿逼肖。偶一点染，展卷即古色苍然。毋论位置、蹊径，宛然古人，而笔墨神韵，一一寻真。且仿某家则全是某家，不杂一他笔。使非题款，虽善鉴者不能辨，此尤前此未有。沈、文诸公亦所不及者也。余尝谓石谷惜生稍晚，不及遇文敏公。使公见之，不知如何击节叹赏，石谷亦自恨无缘，时为惘惘。①

王时敏绘画实践中取法对象较董其昌有所扩大，并以"画家正脉"说明确了这个正统的谱系，指出从此门的唯一途径就是"师古"，并一再把它的对立面不师古自出新意摆出来批评，这些末学谬种与石涛那种有学古根基的创新有本质的不同。在他看来，"刻意师古"系乎时代的发展，

---

① ［清］王时敏：《王奉常书画题跋》，见《中国书画全书》第 7 册，上海书画出版社 1994 年版，第 926 页。

也是画坛极衰和振兴的转折点。他清楚地看到自己和王翚处于这样的时代，有意力挽流弊，所以对王翚的摹古之作推崇备至，甚至不惜提倡矫枉过正的方法，"仿某家则全是某家，不杂一他笔"，来突出其"正"。

正是在"正脉"一说的基础上，我们能更好地解读王时敏的绘画与他主要的师法对象董其昌、黄公望之间的差异。他以黄公望的笔法为主，兼取诸家笔法，提炼出来一套笔墨形式，造就了画作中温柔敦厚又中正清和的格调，更合乎儒家的审美理想。正如卢辅圣所指出的："从前'二王'开始有意识地将董其昌带有禅学意味的风格修正为符合儒学理想的风格……"①即使在晚明放诞奇怪的风尚之下，儒家精神仍然是安抚世道人心、支撑知识分子心灵的力量。易代之后，拥有儒家价值观的乡绅阶层是当时稳定社会的中坚力量，而王时敏的画论和画风无疑也表达了在乱世延续安稳的心理诉求。

从以"艺"传"道"的角度，我们也能理解王时敏一再称自己的画作还未能达到传写理想状态的原因，他在不断地"仿"作中表达已然内化的儒家精神品格，指责他的作品缺乏个性色彩的人不明白这种反复摹写的风格正是他追求的个性。随着悟道日深，他早、中、晚期的作品也呈现了一种渐进式变化，这种变化强调的正是延续而非断裂。

为推动画家正脉的延续，王时敏不遗余力地奖掖后学。他主动接引有志"摹古"的画家，助学授艺，期许他们能光大正脉传统，像上文所引《石谷画卷跋》那样，对后学推崇备至甚至不惜贬抑自己来抬高他人的评论，在他的题跋中比比皆是。他平生寄望最深者，为王翚、王原祁、吴历、恽寿平。

王翚，虞山人，号石谷，以画为生，苦于受末流世俗拘限，便访历代名作摹仿求突破，拜入王鉴门下，又由王鉴转引给王时敏。王时敏与他的关系有点微妙，类似艺术家与赞助商的关系，特别是后期王翚成名后求其作画持币相迎的状况显示二人关系略有嫌隙。但是王时敏确实器重王翚的天赋笔力，"延至于家，下榻授馆，间或辞归，则信使尺牍，相望于

---

① 卢辅圣：《四王论纲》，见《清初四王画派研究论文集》，上海书画出版社1993年版，第15页。

道"①，将家藏大量真品尽数与观，并将董其昌为自己临摹的辋川、洪谷、北苑、米芾、营丘等画卷，悉数赠给他，邀他参加文人盛会、出游观摩藏家名迹，指点他于山川间领悟古人笔法。王时敏的汲引使王翚跻身上流，身价百倍，王时敏子王掞又为其入京助力甚多，王翚终为君主所赏识，奉诏绘制《康熙南巡图》，以其绘事和身价光大了摹古画派的地位。

王原祁，字茂京，号麓台，王时敏长孙。王时敏对他寄望尤为深厚，在他举进士时曾嘱咐："汝幸成进士，宜专心画理，以继我学。"② 王时敏虽然称誉他人时常常自谦，但指点画坛，接引后生，排挤末流，隐隐有以宗主自命之意。他对王原祁的期许非常明确，他视为"画家正脉"的摹古画学是他一手创立的家学，他希望子孙汲汲于仕进的同时也要将画学延续下去，甚至借助仕业上的成功来光大画学。王原祁也不负祖父所望，在里居太仓候补十年后，由充地方官到京师供职，取得了出色的业绩，与官僚名士诗画交游为仕业增色，甚至被君主推上了画苑宗师的位置。王原祁的仕业与画事紧密联结在一起，他在画坛的风流沾溉，更多是源于仕途的成功。唐孙华在《王原祁墓志》中指出他的政治能力："上盖察知公至诚笃厚，器识闳深，可当大任，其在职精白，一心经世济时。历世底绩，所以累受殊恩，遂跻显位，非徒以艺事之故也。"③ 仕途的成功造就了他的影响力，也使他得以延续家学，使"南脉正宗"统率了有清一代的画坛。

恽格，字寿平，号南田。王时敏对恽氏可谓一往情深。顺治十八年（1661），王抃谱就《鸳峰缘》传奇，敷写了恽寿平六桩经历，令家班演出，成为一时佳话。排演时王时敏致书王翚，请他务必邀恽氏前来观看并探讨剧情细节，因恽氏客居扬州无果。此后王时敏数次遣使招延恽氏，都因他出游而未能晤面。康熙十年（1671），王时敏八十寿辰，又致书王翚邀恽氏同往，表达了对恽氏人品、画品的渴慕，极力称赞他写生创新不入流俗。康熙十九年（1680），恽寿平与王翚从虞山往太仓拜谒王时敏，王氏时已病重，一见而别，枕下尚遗准备款待恽寿平的十金。从恽寿平为王

① ［清］陆时化：《吴越所见书画录》卷六，见《中国书画全书》第 8 册，上海书画出版社 1994 年版，第 1146 页。

② ［清］易宗夔：《新世说》第六卷《巧艺》，见周俊富辑《清代传记丛刊》第 18 册"学林"类第 23，台北明文书局 1995 年版，第 557 页。

③ ［清］唐孙华：《王原祁墓志》，收入李恒辑《国朝耆献类征初编》卷五十六，见周俊富辑《清代传记丛刊》第 142 册综录类第 7，台北明文书局 1995 年版，第 145 页。

氏作的十八首挽诗看，两人神交已久，其四自注："寿平与先生闻声相思，十有余年，未偿一见之愿，今夏始获登先生之堂。"[①] 王氏过世后，王氏诸子将恽寿平留在府上达三年之久，代父亲一致深情。六子王扶为人孤介，独与恽寿平亲厚，八子王揆服满回京还力邀恽氏北上，希望他有一番作为，为恽氏婉辞。"恽高士"为一代宗匠，王时敏所寄望的画品也在他的身后得到了延续。

吴历，虞山人，号渔山，与王翚一起受业于王鉴、王时敏，淡泊自守，醉心追摹宋元大家。王时敏对他的诗画和文人品格推崇备至，出自家所藏供吴历临摹，为其写、题甚多。吴历与王时敏感情深厚，王翚曾为唐宇昭和笪重光摹写过两本《富春山居图》，王时敏多次求他摹写未得，但是吴历在扬州访得黄公望的《富春山居图》（火后本）后即摹两本，并将其中一卷摹本送与王时敏，可见情谊深重。王时敏去世，吴历有挽诗八首，倾诉师生生活点滴深情。吴历晚期画风有新变，但分毫不苟作的笔墨精神则与摹古无异。

王时敏青眼有加的画家都不负他的期望，而他奖掖后学的方式与师长董其昌、陈继儒相比，具有更大的主动性，艺术指点加以物质资助，在挑选人才、揄扬后学时着眼"复古"，鞭挞乱象，为"画家正脉"的延续做足了理论和人才的准备。他所推动的"复古"和历史上数次文艺复古一样，开创了清代画坛全新的局面。可以说，王时敏是当之无愧的"国朝画苑领袖"[②]。

对于王时敏延续传统的特色，今人已多有论述，但是对于"延续"这一命题在画家生命中的意义，以及其背后深刻的家族背景，却尚未有人加以揭示。考证分析王时敏身上肩负的各种"延续"的命题，将有助于我们更加深入理解他的画论和用笔，也能清晰定位他在画坛乃至文艺界的意义。

（原载《文艺研究》2016 年第 3 期，系由笔者指导的博士后吴肖丹执笔完成）

---

① ［清］王时敏：《王烟客先生集·西庐怀旧集》，见《清代诗文集汇编》第 7 册，上海古籍出版社 2010 年版，第 683 页。

② 张庚：《国朝画徵录》，浙江人民美术出版社 2011 年版，第 18 页。

清代王琦生平考证

王琦是清代著名学者，在文学史上以注释李白、李贺的诗文而知名。他的《李太白全集》辑注和《李长吉歌诗汇解》继承前人成果并进行深入细致的考证①，取得了突出的成就，是我国古代研究李白和李贺诗文的重要著作，影响深远。《李太白全集》辑注一出，就有"一注可以敌千家"②的美誉。因资料所限，长期以来，人们一直没有弄清楚王琦的准确字号。更为遗憾的是，学术界对王琦的生卒年研究也付之阙如。本文根据新发现的几条材料，试图对此加以勾勒，并就王琦的才学、交游加以考述。

一、王琦生卒年与字号考证

笔者在检索文献的过程中，发现三条尚未被学界注意的有关王琦的材料，试列如下。

第一，王琦不仅专心于诗文注释，并且也十分热心于古代医学典籍的整理。经过他整理的医书有《周慎斋遗书》、《医林指月》（一名《医书十二种》）等。③《周慎斋遗书》专辑明时名医周慎斋的医学著作，《医林指月》则辑录《扁鹊心书》《伤寒经镜录》《医学真传》《质疑录》《医家心法》等宋、元、明、清时医书十二种。笔者在《周慎斋遗书》卷首发现一篇序文，全文如下：

---

① ［清］王琦辑注：《李太白全集》三十六卷，中华书局 1977 年版；《李长吉歌诗汇解》五卷，《四库全书存目丛书》集部第 10 册，据北京大学图书馆藏清乾隆王氏宝笏楼刻本影印。以下所引二书皆出自此二本。

② ［清］王琦辑注：《李太白全集》卷末赵信"序"，中华书局 1977 年版，第 1685 页。

③ ［明］周慎斋：《周慎斋遗书》，见曹炳章编纂《中国医学大成》第五册《内科杂病分册》，中国中医药出版社 1997 年版；《医林指月》，中山大学图书馆藏乾隆三十二年（1767）宝笏楼刻本。

余舅祖琢崖王先生，乾隆甲午，寿届七十有九，病将易箦，手书一编，嘱余曰："是为明医周慎斋遗书，开雕未半，子幸竟其事，卒成吾志。"余谨受教，唯而退。乃于是年之冬，续刊其余，共成书十卷。雕事毕，为之序曰：

先生讳琦，字载韩，号载庵，又号琢崖，晚年自称胥山老人。未弱冠，补弟子员，即馆余家。先生父松谷公，相与昕夕讨论书史，上下古今，旁及青乌演禽、著筮云篆、贝叶之文，兼收并览，孳孳至忘寝食。性俭素尚义，壮年丧偶，不更娶。不蓄资，有得即以供剞劂氏，刻所注李太白、李长吉等集，暨《医林指月》十二种，其他未付梓者尚多。

此《慎斋遗书》，则得自晚年。第钞本阙陋，借得东扶张先生藏本，始备卷数。慎斋名之干，明季东吴人，以医鸣，著书三数种，《张氏医通》曾引其说。此本为勾吴逋人名球者所订，其文义颇未润泽。大抵慎斋门人，记其师所指授，语多质朴，无高手宣达义旨，读者尝病其寒。东扶先生少为利导之，琢崖先生复细加厘定，始成完书。余于歧黄理无所窥，然以先生之博极群籍，又醉心于方药术者数十年，其所许可谓补世之所未备，则其有裨益于医道无疑也。是书传，慎斋之名亦传，而勾吴逋人亦不枉费数十载之参稽，其名亦传，岂徒以其名也欤哉！世有人熟玩反复，禀是以御诸疾，而收其立成之效，虽得其旨于慎斋，然卒成其书之功，而垂益于后世，非先生其谁与归。余是以不敢委其命于草莽，而终践其诺也。

仁和赵树元石堂氏谨序。

第二，王琦刊印《医林指月》时曾为《医学真传》等十种医书作跋，其中，他为《扁鹊心书》作三篇跋语。第一篇跋文末署："乾隆乙酉二月丁丑紫阳山民王琦书。"

第三，民国十一年（1922年）《杭州府志》卷一四三《义行三》云：

王琦，原名士琦，字载韩，钱塘诸生，博闻强识。姊婿赵殿成丧子，孤孙在襁褓，以家政属琦代为经纪，一钱尺帛无所私。性俭素，尚义，壮年丧偶，不更娶，不蓄赀财，人咸服其清介。尝校书于侣山堂，即康熙时医师张士聪、高世栻讲学处也。士聪、世栻所著医书数十种，板已漫漶，琦病时医不学无术，孟浪误人，欲重刻其书以救世而力未逮，乃取卷叶最少者三种及医书之切要者九种凡十二种，颜曰《医林指月》，罄赀刊之。①

笔者根据以上三条材料，结合王琦辑注的《李太白全集》和《李长吉歌诗汇解》文本，现对王琦生平、字号考证如下。

（一）生卒年考证

关于王琦的生卒年，研究者历来语焉不详。最早记载王琦生平的是清代纪昀等所撰《钦定四库全书总目》："《李太白诗集注》三十六卷（浙江巡抚采进本）。国朝王琦撰，王琦，字琢崖，钱塘人。"②

民国初年佚名所撰《清史列传》卷七一《倪璠传》附《王琦传》云：

> 王琦，字琢崖，亦钱塘人。与齐召南、杭世骏友善。早鳏，杜门著述，有林处士风。精熟释典，殿成注《右丞集》时，以右丞本通佛理，顾起经旧注，多未及详，特嘱琦助为之，以补所未备。③

谭正璧 1934 年出版的《中国文学家大辞典》较早详细介绍王琦生平，多依《清史列传》：

> 王琦（约一七二三年前后在世）
> 王琦，字琢崖，浙江钱塘人。生卒年均不详，约清世宗雍正初前后在世。与齐召南、杭世骏友善。早鳏，杜门著述，有林处士风。琦精熟释典，尝助赵殿成注《王右丞集》。自注有《李太白诗集注》三

　① ［清］龚嘉俊等：《杭州府志》卷一四三《义行三》，见《中国方志丛书》，台北成文出版社 1974 年据民国十一年（1922）铅印本影印。
　② ［清］纪昀等：《钦定四库全书总目》卷一四九集部二别集类二《李太白诗集注》条，中华书局 1997 年版，第 1995 页。
　③ 佚名：《清史列传》卷七一《倪璠传》附《王琦传》，王钟翰点校，中华书局 1987 年版，第 5821 页。

十六卷，《李长吉歌诗汇解》五卷，（均《清史列传》）并传于世。①

在此之后，诸多学者及相关著述对这个问题的认识仍然停留在这一基础之上，试举数例。

《李太白全集·出版说明》云："王琦，字琢崖，清代钱塘（今浙江省杭县）人，是清代乾隆时的有名学者。"②

《中国古典文学名著题解·唐·李白》篇云："《李太白诗集》，《四部备要》本三十卷，《附录》六卷，清代王琦集注。王琦，字琢崖，钱塘（今浙江杭州市）人。"③（署"丹徒"撰）

金开诚、葛兆光所著的《古诗文要籍叙录》记载："王琦，字琢崖，号载庵，清代雍正、乾隆间著名学者，钱塘（今浙江杭州）人。"④

钱仲联主编的《中国文学家大辞典·清代卷》云："王琦（生卒年不详），字琢崖，号载庵，浙江钱塘（今杭州）人。生平与齐召南、杭世骏友善，早丧妻，杜门著述，有林处士风。"（本条目署"王宗杕"作）⑤

费正刚等编著的《中国古代文学要籍导读》记载："王琦（1723 年前后在世），字琢崖，号载庵，钱塘（今浙江杭州）人，清代雍正、乾隆时期著名学者。"⑥

江庆柏《清代人物生卒年表》云："王琦：生卒年代：康熙三五—？（1696—？）；字号：载韩、载庵、琢崖；籍贯：浙江秀水。"⑦

以上著述涉及王琦的生平，或云"生卒年不详"，或云"1723 年前后在世"，或云"清代乾隆时的有名学者"，江庆柏虽标出王琦生年，但未

① 谭正璧：《中国文学家大辞典》，上海书店 1981 年据上海光明书局 1934 年版复印，第 1489 页。
② 《李太白全集·出版说明》，见《李太白全集》卷首，中华书局 1977 年版，第 8 页。
③ 《中国古典文学名著题解·唐·李白》篇《李太白诗集》条，中国青年出版社 1980 年版，第 229 页。
④ 金开诚、葛兆光：《古诗文要籍叙录·李白集》，中华书局 2005 年版，第 275 页。此书 1988 年由北京出版社第一次出版，原书名为《历代诗文要籍详解》，此次是修订版。
⑤ 钱仲联主编：《中国文学家大辞典·清代卷》，中华书局 1996 年版，第 55 页。
⑥ 费正刚等编著：《中国古代文学要籍导读》第十七章《王琦注〈李太白全集〉》，北京大学出版社 2003 年版，第 184 页。
⑦ 江庆柏：《清代人物生卒年表》，人民文学出版社 2005 年版，第 28 页。

标卒年，且字号没有分清楚，籍贯亦错，秀水属嘉兴府。

从笔者新发现的第一条资料来看，赵树元所撰《周慎斋遗书》序文作于甲午年冬。据考证，乾隆皇帝在位期间，只有一个甲午年，即乾隆三十九年，公元1774年。赵树元作序的时间距王琦去世时间很近，且作序者与王琦为亲属关系，称王琦为"舅祖"，所以关于王琦的基本资料应该是可靠的。赵树元序称，这一年，王琦"病将易箦"。易箦，指病重将死。由此我们可以看出，王琦应于乾隆甲午年去世，享年七十九岁。那么依次往上推，其生年则为康熙丙子年即三十五年，公元1696年，所以我们认为，王琦的生卒年应为康熙三十五年至乾隆三十九年（1696—1774）。

（二）字号辨正

从上述赵树元所撰《周慎斋遗书》序、民国十一年《杭州府志》等两条材料亦可纠正诸多文献中关于王琦字、号的错误。清代纪昀等撰《钦定四库全书总目》云："王琦，字琢崖。"《清史列传》、谭正璧《中国文学家大辞典》、《中国古典文学名著题解·唐·李白》篇等俱沿其说，费正刚等编著《中国古代文学要籍导读》、金开诚、葛兆光《古诗文要籍叙录》、钱仲联主编《中国文学家大辞典·清代卷》等俱云"王琦，字琢崖，号载庵"，均误。

赵树元所撰《周慎斋遗书》序称："先生讳琦，字载韩，号载庵，又号琢崖，晚年自称胥山老人。"民国十一年（1922）《杭州府志》卷一四三《义行三》亦云："王琦原名士琦，字载韩。"这里将王琦的字、号说得很清楚，而且在王琦"字载韩"这一点上是完全一致的，从《钦定四库全书总目》以来的学者都在这个问题上存在失误。以笔者看到的本子，在《李太白全集》每卷卷下均标注"钱塘王琦琢崖辑注"，《李长吉歌诗汇解》首卷标"钱塘王琦琢崖编辑"，其余各卷均标"钱塘王琦琢崖汇解"，论者将王琦之号"琢崖"视为其字的错误可能由此而来。

在王琦辑注的《李太白全集》序文中，我们注意到，王琦自称"载菴"，友朋或称之为"载庵"。例如：

乾隆二十三年岁次戊寅正月望日王琦载菴漫述。①

余兹阅钱塘王载庵先生辑注，而深叹其好学不倦，能数十年专心致志，为人所不能为也。（乾隆己卯中秋齐召南序）②

吾友王君载庵……（乾隆己卯闰月望后一日杭世骏序）③

同里王君载庵辑注《太白诗文集》，详引博据，考索综核。（赵信序）④

"庵"与"菴"相通，所以自称"载菴"或称之"载庵"是一样的，皆以号相称。王琦原名士琦，字载韩，号载庵，又号琢崖，晚年自称胥山老人。王琦的号较多，除以上提到的载庵、琢崖、胥山老人以外，根据王琦为《扁鹊心书》所作的第一篇跋语可知，他还曾自号紫阳山民。

二、王琦的才学与交游考述

王琦是清代著名学者，在其著作的序文中固然有对其夸大的成分，但总体而言，评价基本合理。作为学者和文学家的杭世骏在序文中说：

> 且吾言太白才兼仙佛，其蕴蓄为何如耶？二氏之书，与吾儒之著述相埒，上下千古而能尽读之者，吾于唐得一人焉，曰段柯古，吾于宋得一人焉，曰释氏赞宁，吾于明得一人焉，曰宋氏潜溪。以近世而论，蒙叟研精内典，而玄门之旨奥未窥；竹垞朱氏自言于竺乾之书，诗文未敢阑入，则并蒙叟之长而犹且怖若河汉，他可知矣。载庵早鳏，阒处如退院老僧、空山道士，日研寻于二氏之精英，以其余事而为是书，足以发太白难显之情，而抉三家未窥之妙。⑤

杭世骏将王琦与历代博览群书的学者相提并论，并认为，王氏为

① ［清］王琦：《李太白全集·自序》，见《李太白全集》，中华书局1977年版，第1686页。

② 《李太白全集》，中华书局1977年版，第1682页。

③ 《李太白全集》，中华书局1977年版，第1683页。

④ 《李太白全集》，中华书局1977年版，第1684页。

⑤ ［清］杭世骏：《李太白全集·序》，见《李太白全集》，中华书局1977年版，第1683 – 1684页。

《李太白全集》作注，"足以发太白难显之情，而抉三家未窥之妙"。可见对王琦其人其注评价之高。《周慎斋遗书》赵树元序文中提到，王琦与松谷公"讨论书史，上下古今，旁及青鸟演禽、著筮云篆、贝叶之文，兼收并览"，认为王琦"博极群籍"。民国十一年《杭州府志》卷一四三《义行三》也称赞王琦"博闻强识"。这些言论与杭世骏对王琦的评价有着异曲同工之妙。

赵信《琢崖次韵见答谦谢再用前韵寄之》对王琦的博学、才华予以充分肯定：

> 笺疏精赡昔推王（原注：王逸注骚亦分疏句下），淹博如君轶雅苍。仙鬼才华穷二李（原注：前注《太白集》已行世），时流名誉过三郎。高怀嘉与留天地，妙谛真诠满室堂。拨尽秋云拂尘镜，从教事释意无忘。①

王琦不仅精通诗学，而且在医学领域也作出贡献，由他整理并刻印的医学典籍有《周慎斋遗书》《医林指月》等，同时，他对佛学也颇有研究。《王右丞集》的注释者赵殿成称赞王琦精通佛典、博学多闻：

> 至于竺乾氏之书，素未泛览，即同人中亦鲜有旁通。惟王友琢崖时见其游目此中，每有所注，辄就访问，多检出本处示余。今注中所载，龙藏贝书之故实，一花五叶之源流，皆其寻章摘句以襄助者也。因条数繁多，故姓字不及广载。②

王琦为自己刊刻出版的医学书籍取名《医林指月》，即源于佛典："（余）取其卷叶少者先付匠氏，凡十余种，合而成编，名曰《医林指月》，义取《楞严经》中所说以手指月示人，人当因其所指而仰观月轮。若不明所指者，远在空际而近觅于指上，岂惟不见月体，亦复不知指。用

---

① ［清］赵信：《琢崖次韵见答谦谢再用前韵寄之》，见《四库全书存目丛书》集部，据北京大学图书馆藏清乾隆王氏宝笏楼刻本影印《李长吉歌诗汇解》卷首。
② ［清］赵殿成：《王右丞集笺注·例略》，见《王右丞集笺注》卷首，上海古籍出版社1961年版。

喻参佛法者不可拘滞于言教也。"① 可见他对佛家典籍相当熟悉。

以上材料说明：在当时的杭州地区，王琦是一位淹博群书的学者，知识渊博，正如杭世骏所称"如退院老僧、空山道士"，专心学问，不仅对佛典非常熟悉，凡经史子集无不精熟。他能够吸收历代学术的精华而为李白、李贺的诗文作出尽可能精确完美的注释，同时也热心于医学典籍的整理和出版，是当时一位非常杰出的学者。

王琦生活于康熙中期至乾隆中期，在这一时期，杭州文人荟萃，文名显著者就有厉鹗、杭世骏、赵昱、赵信等。厉鹗、杭世骏自不必说，赵昱、赵信兄弟在当时也是名气颇大的诗人，赵信就曾经给王琦的《李太白全集》作序。赵昱号谷林，赵信号意林，兄弟俩称为"二林"，与赵殿成为堂兄弟，赵氏家族在当时文风鼎盛，所以全祖望说："近日浙西撰述之盛，莫先赵氏。松谷之弟谷林、意林两征士，谷林之子诚夫，并博综文史，著书满家。"②

王琦为钱塘人，赵氏家族在仁和，两地相距不远，交游比较多。更为重要的是，钱塘王琦与仁和赵氏家族存在着亲戚关系。由民国十一年《杭州府志》卷一四三《义行三》可知，赵殿成为王琦的"姊婿"，所以赵树元所撰《周慎斋遗书》序文称先生为"舅祖"。更值得注意的是，王琦"未弱冠，补弟子员，即馆余家"（赵树元《周慎斋遗书序》），与赵家来往密切。民国十一年《杭州府志》卷一四三《义行三》说得更为直接："姊婿赵殿成丧子，孤孙在襁褓，以家政属琦代为经纪，一钱尺帛无所私。"王琦曾为赵家代为经纪，可见两家关系相当亲密。赵氏家族是他活动的中心，与赵殿成等人经常在一起，所以赵殿成才能在为《王右丞集》作笺注时与之交流。王琦曾经在乾隆丁巳年（1737）为赵殿成的《王右丞集笺注》作序，称："松谷是编采录甚富，而片言只句，不肯妄辑，有所评驳，皆能一空陈解，不沾沾焉唯多之为贵，尤有当哉！"③ 并且赵殿成的堂弟赵信与王琦也有十分亲密的交往，故为《李太白全集》

① ［清］王琦：《医林指月·序》，见中山大学图书馆藏乾隆三十二年（1767）宝笏楼刻本《医林指月》卷首。
② ［清］全祖望：《王右丞集笺注·序》，见［清］赵殿成《王右丞集笺注》，上海古籍出版社 1961 年，第 561 页。
③ ［清］王琦：《王右丞集笺注·序》，见［清］赵殿成《王右丞集笺注》卷末附录五"序文九则"，上海古籍出版社 1961 年版，第 563 页。

作序，并在序中称道王琦与赵殿成的友谊，说王琦因为"今此书不得与松谷析疑辨谬，共助落成，益又为之感叹已"，所以"余乐叙其书，并识其言，而传其人之高谊有如此"①。赵信称扬王琦的"高谊"，这与民国十一年《杭州府志》卷一四三《义行三》赞扬王氏"尚义"比较一致。在《李长吉歌诗汇解》中，赵信与王琦还有诗歌唱和。

从现存的文献中我们可以看见齐召南、杭世骏、赵信、赵殿成等人与王琦均有交游，同时，我们据此也可以推测王琦与全祖望、厉鹗亦当有往来。下面列出《王右丞集笺注》作序者的署名：

杭世骏：同学弟杭世骏拜手书。②
全祖望：谢山学弟全祖望拜手纂于双韭寓寮。③
厉鹗：同学弟厉鹗拜书。④
王琦：同学弟王琦拜书。⑤

四人都与赵殿成存在"同学"关系。在古代，"同学"多为一种同辈经常交流学问的朋友关系，同门为朋，同志为友，两者兼具，且杭世骏与王琦也有往来。厉鹗与"二林"的关系也十分密切⑥，且大多数时间生活于杭州，没有出仕的机会，虽然目前尚未发现更多材料证明全祖望、厉鹗诸人与王琦有直接往来，但从各种交叉的"同学"关系中我们可以断定他们形成了一个比较有影响的交游圈，王琦是生活在这个圈子里的学者之一。

综上所述，我们根据新发现的三条材料即赵树元所撰《周慎斋遗书》序、王琦为《扁鹊心书》所作跋语、民国十一年《杭州府志》卷一四三《义行三》，结合王琦辑注《李太白全集》《李长吉歌诗汇解》的序言及

---

① ［清］王琦辑注：《李太白全集》赵信"序"，中华书局1977年版，第1685页。
② ［清］杭世骏：《王右丞集笺注·序》，见［清］赵殿成《王右丞集笺注》卷末，第560页。
③ ［清］全祖望：《王右丞集笺注·序》，见［清］赵殿成《王右丞集笺注》卷末，第561页。
④ ［清］厉鹗：《王右丞集笺注·序》，见［清］赵殿成《王右丞集笺注》卷末，第563页。
⑤ ［清］王琦：《王右丞集笺注·序》，见［清］赵殿成《王右丞集笺注》卷末，第563页。
⑥ 《樊榭山房集》中记录了许多厉鹗与二人的交游诗，兹不赘述。见［清］厉鹗《樊榭山房集》，上海古籍出版社1992年版。

文本，对王琦生卒年、字号、才学、交游进行探讨，由此可知，王琦在当时是一位颇有影响的学者，名气应当不在同游者之下，但因为他"如退院老僧""有林处士风"，所以其在后世的影响就不如那些学者之大了。

（原载《文学遗产》2008 年第 5 期，系与笔者指导的 2006 级硕士研究生蒋晓光合作完成，收入本书时有所补充）

古典戏曲意境分类说探幽

　　所谓意境，是指经过艺术家的主观把握而创造出来的艺术存在。意，指的是主观的情感及其在作品中的表现；而境，《说文解字》云："疆也"，即指疆界，范围。意、境二字合用，指审美主体的情感与审美客体的物境相互渗透、相互交融所构成的一种艺术境界。本文对古典戏曲的意境说进行初步探讨，其中主要对于古典戏曲的意境分类说作简要阐述。①

一

　　戏曲意境说中，意境这一审美概念来源于诗歌理论。署名唐代司空图撰《二十四诗品》，通过形象性的语言描述了二十四种诗歌境界和风格。明清不少曲论家如祁彪佳、吕天成等人也通过品诗的方法来品曲，创作出戏曲理论著作《远山堂曲品》《远山堂剧品》《曲品》等，十分注重古典戏曲的意境问题。祁彪佳、吕天成、徐渭、何良俊、李渔等一大批戏曲批评家对于戏曲意境的特点、内容、分类、表现方法诸方面都有过详细的论述。他们视情景交融为戏曲意境的核心内容，认为"情从境转"②，"情与景合，无境不肖"③；认为戏曲意境要通过"明白如画"的戏曲语言来加以表现，徐渭说："吾意与其文而晦，曷若俗而鄙之易晓也。"④ 到了清末，王国维《人间词话》和《宋元戏曲史》是古典戏曲理论史上的集大成之作，它们强调意境在戏曲创作中的重要性，将意境抬到极高的地位："文学之工不工，亦视其意境之有无，与其深浅而已。"⑤ 他对于意境的概

---

　　① 本文所引戏曲论著，凡未注明出处者，均出自《中国古典戏曲论著集成》，中国戏剧出版社 1959 年版。

　　② ［明］吕天成：《曲品》卷上，见《中国古典戏曲论著集成》第 6 册，第 210 页。

　　③ ［明］祁彪佳：《远山堂曲品》评《奇节》篇，见《中国古典戏曲论著集成》第 6 册，第 128 页。

　　④ ［明］徐渭：《南词叙录》，见《中国古典戏曲论著集成》第 3 册，第 243 页。

　　⑤ 《人间词》樊志厚"序"，见《百家点评人间词话》，中华书局 2017 年版，第 452 页。

念和内容作了明确规定："何以谓之有意境？写情则沁人心脾，写景则在人耳目，述事则如其口出是也。"① 主张意境是情、景、事三者有机的统一。古典戏曲的意境理论至此已完成了渐趋完善与成熟的漫长的发展过程。

同时应当指出，戏曲意境这一概念虽然是从诗歌理论中转化而来，但它与诗歌理论中的意境概念之间有着不少区别，这是由诗歌艺术和戏曲艺术本身各自不同的特点决定的。诗歌重品味，因而诗歌意境要求通过凝练、含蓄的语言表达出来。戏曲重直观，因而它要求语言本色，通俗易懂，"只是淡淡说去，自然情与景会，意与法合"②。诗歌意境理论和戏曲意境理论同样注重情与景的统一。谢榛《四溟诗话》卷三指出："景乃诗之媒，情乃诗之胚。"③ 合情景则成意境，而戏曲是一门叙事性艺术，因此在重视情景结合的前提下，十分重视作品的情节结构在意境理论中的重要地位。王国维认为，戏曲意境必须是情、景、事三者的交融统一。"事"，主要指作品的情节，他将"事"与情、景相提并论，可见情节与戏曲意境的关系何等密切。另外，戏曲意境说涉及面比诗歌意境理论广泛得多，戏曲意境理论除了与戏曲语言、情节结构等有关外，还涉及戏曲作品的内容、创作技巧、人物形象等多方面的问题，如凌濛初说，戏曲作品"大都以词意俱若不尽者为上，词尽而意不尽者次之，若词意俱尽，则平平耳"④。这便是有关戏曲作品的内容与意境的关系问题。所以我们说，戏曲意境说与诗歌意境说之间的区别是显而易见的，绝不能将两者等同起来。

二

戏曲理论家根据"取境"即按照戏曲文学的情节把戏曲意境分成若干类。这里的"境"，不是指意境，主要指戏曲作品的情节，如祁彪佳

---

① 王国维：《宋元戏曲史》第十二章《元剧之文章》，凤凰出版社 2010 年版，第 117 页。

② ［明］祁彪佳：《远山堂剧品》评北曲《团圆梦》，见《中国古典戏曲论著集成》第 6 册，第 140 页。

③ ［明］谢榛：《四溟诗话》卷三，人民文学出版社 1961 年版，第 69 页。

④ ［明］凌濛初：《谭曲杂劄》，见《中国古典戏曲论著集成》第 4 册，第 256 页。

《远山堂剧品》评《耍风情》："传婢仆之私，取境未甚佳，而描写已逼肖矣。"①《远山堂曲品》评《试剑》："杂取诸境，便如屠沽小肆，强作富人纷纭，殊增厌贱。"②取境的优劣，是能否成功地塑造优美意境的前提，所以戏曲意境对于情节的选取有很多要求，"杂取诸境，便如屠沽小肆"，这是指情节要紧凑，不要杂乱无章；"绝处逢生，取境甚巧"③，这是指情节要注意曲折生动。相反，如果取境不好，则意境不高。《远山堂曲品》评《分钗》："记贾云华毁容立节，境入平庸。"④古代曲论家根据"取境"来对戏曲意境进行分类，确实有其独到之处。意境的分类虽然比较复杂，但是主要可以归纳为两大类。

（一）境界之高者

这是古代曲论家所极力提倡的，他们主张戏曲作家要力求塑造"苦境""酸楚之境""苍凉之境""佳境""妙境""化境""梦境""欢笑之境"等，而避免"庸境""俗境""富贵繁华之境""恶境""顺境""浅促之境""合欢之境"。下面我们对此分别加以阐述。

（1）苦境。《远山堂曲品》评《寻亲》云："词之能动人者，惟在真切，故古本必直写苦境，偏于琐屑中传出苦情。"⑤吕天成《曲品》卷下评《教子》云："古本尽佳，今已两改，真情苦境，亦甚可观。"⑥曲论家理想中的苦境强调作品要渗透作者的真情实感，要寓真情于文辞之中，尔后才能塑造苦境，真切感人。另外，他们还强调作品的真实性，反对虚假做作，反对过分夸大其词。"张廷秀累遭困辱，易邵姓显达。相传为浙中一大绅，然实无此事也。近日词场，好传世间诧异之事，自非具高识者不能，

---

① ［明］祁彪佳：《远山堂剧品》评《耍风情》，见《中国古典戏曲论著集成》第6册，第168页。

② ［明］祁彪佳：《远山堂曲品》评《试剑》，见《中国古典戏曲论著集成》第6册，第85页。

③ ［明］祁彪佳：《远山堂曲品》评《青蝉》，见《中国古典戏曲论著集成》第6册，第43页。

④ ［明］祁彪佳：《远山堂曲品》评《分钗》，见《中国古典戏曲论著集成》第6册，第91页。

⑤ ［明］祁彪佳：《远山堂曲品》评《寻亲》，见《中国古典戏曲论著集成》第6册，第24页。

⑥ ［明］吕天成：《曲品》卷下评《教子》，见《中国古典戏曲论著集成》第6册，第226页。

不若此等直传苦境，词白稳贴，犹得与《荆》《刘》相上下。"① "童殺主人云：'近日富春实有其事，而借南宋时人以谱之者。'备诸苦境，刻肖人情。"② "不谓郑元和之后，复有王三舍；而此妓之才智，较胜李娃；即所遇苦境，亦远过之；惜传之未尽耳。"③ 吕天成《曲品》评《分钱》云："全效《琵琶》，神色逼似。第一广文不能有其妾，事情近酸，然苦境亦可玩。"④ 真实是艺术创作的生命，曲论家都认识到这一点，当然这种真实是指经过艺术加工之后的真实，而不是单纯的生活原型，因此他们反对"好传世间诧异之事"，反对过分"好奇"，主张戏曲创作要"刻肖人情"，反映现实，描摹人情世态，只有这样才能在戏曲创作中做到"备诸苦境""直传苦境"。

（2）酸楚之境。《远山堂曲品》评《三元》云："传商文毅全不核实。将自拟《彩楼》之传文穆乎？然境入酸楚，曲无一字合拍。"⑤

（3）苍凉之境。清焦循《剧说》云："碧蕉轩主人作《不了缘》四折，则本'自从别后减容光'一诗而作也；崔已嫁郑恒，张生落魄归来，复寻萧寺访莺莺，不可复见——情词凄楚，意境苍凉，胜于查氏所续远甚（按：指查伊璜的《续西厢》四折）。"⑥

意境转入苍凉、酸楚，让读者和观众从中了解到剧中人物彼时彼地凄惨的环境，体会到剧中人物悲苦的心境，从而在思想上产生共鸣。只有这样，戏曲作品才能产生真切感人的艺术感染力。酸楚之境、苍凉之境同苦境颇为相似，都是曲论家所提倡的。

（4）佳境。《远山堂曲品》评《锦带》云："词章斐然，第苦不得佳境，中如乔招讨之背约，马当户之夺婚，即作者或以意创，终似近于蹈袭。"⑦ 作者论及佳境时，涉及戏曲创作的独创与蹈袭问题，拾人牙慧之

① ［明］祁彪佳：《远山堂曲品》评《双杯》，见《中国古典戏曲论著集成》第 6 册，第 24 - 25 页。

② ［明］祁彪佳：《远山堂曲品》评《朱履》，见《中国古典戏曲论著集成》第 6 册，第 44 页。

③ ［明］祁彪佳：《远山堂曲品》评《玉镯》，见《中国古典戏曲论著集成》第 6 册，第 99 页。

④ ［明］吕天成：《曲品》评《分钱》，见《中国古典戏曲论著集成》第 6 册，第 229 页。

⑤ ［明］祁彪佳：《远山堂曲品》评《三元》，见《中国古典戏曲论著集成》第 6 册，第 112 页。

⑥ ［清］焦循：《剧说》，见《中国古典戏曲论著集成》第 8 册，第 105 页。

⑦ ［明］祁彪佳：《远山堂曲品》评《锦带》，见《中国古典戏曲论著集成》第 6 册，第 53 页。

作，纵使文辞华丽，"词章斐然"，也难以塑造理想的佳境。同样，作品的布局对于佳境的塑造也有着不可低估的作用。《远山堂曲品》评《轩辕》云："意调若一览易尽，而构局之妙，令人且惊且疑，渐入佳境，所谓深味之而无穷者。"① 精巧的文章布局不仅能够弥补文章内容上某种程度的不足，而且能够塑造完美的艺术境界。

清代梁廷楠《曲话》卷二云："郑廷玉作《楚昭公》杂剧……第三折以下，则字字珠玑，言言玉屑。自尾倒尝，渐入佳境。"② 这是在论述佳境塑造时，强调优美的词句的重要性。相反，《远山堂曲品》评《和戎》云："明妃青冢，自江淹《恨赋》而外，谱之诗歌，袅袅不绝。乃被滥恶词曲，占此佳境，几使文人绝笔，惜哉！"③ 这里则指出"滥恶词曲"与"佳境"的矛盾，戏曲作品的语言应当与其情节、境界保持相对应的关系，才能显得和谐自然，优美的语言体现精彩的情节，才能成功地描绘完美的境界。

（5）妙境。如何谓之妙境？明王世贞《曲藻》指出："马致远'百岁光阴'，放逸宏丽，而不离本色。押韵尤妙。长句如'红尘不向门前惹，绿树偏宜屋角遮，青山正补墙东缺。'又如'和露摘黄花，带霜烹紫蟹，煮酒烧红叶'俱入妙境。"④ 王氏对于如何塑造妙境这一点说得很清楚："放逸宏丽，而不离本色。"崇尚语言自然本色，反对刻意雕琢。祁彪佳说："作者刻意求新，亦轻脱，亦纤巧，但词局犹落小乘耳。……仓卒间易贫士为贵人，此是绝妙之境。"⑤ 李渔说得很清楚："科诨虽不可少，然非有意为之……妙在水到渠成，天机自露，我本无心说笑话，谁知笑话逼人来，斯为科诨之妙境耳。"⑥ 简言之，古典曲论家所说的妙境，须以"本色"为贵，主张质朴、通俗、自然，通过"明白如画"的语言来加以表现，所以有人说，戏曲要"少引圣籍，多发天然"⑦。

① ［明］祁彪佳：《远山堂曲品》评《轩辕》，见《中国古典戏曲论著集成》第6册，第58页。

② ［清］梁廷楠：《曲话》卷二，见《中国古典戏曲论著集成》第8册，第257－258页。

③ ［明］祁彪佳：《远山堂曲品》评《和戎》，见《中国古典戏曲论著集成》第6册，第115页。

④ ［明］王世贞：《曲藻》，见《中国古典戏曲论著集成》第4册，第28页。

⑤ ［明］祁彪佳：《远山堂曲品》评《珠衲》，见《中国古典戏曲论著集成》第6册，第28－29页。

⑥ ［清］李渔：《闲情偶寄》之《词典部下·科诨第五》"贵自然"条，中华书局2000年版，第76页。

⑦ ［清］黄周星：《制曲枝语》，见《中国古典戏曲论著集成》第7册，第120页。

（6）化境。古典戏曲曲论中关于化境的论述不多。李渔《闲情偶寄》之《宾白第四》云："常有因得一句好白而引起无限曲情，又有因填一首好词而生出无穷话柄者，是文与文自相触发，我止乐观厥起，无所容其思议。此系作文恒情，不得幽渺其说而作化境观也。"① 这里提出"作文恒情"与"化境"的问题。"作文恒情"当指戏曲的创作方法和创作技巧的问题，但是如何达到化境，仅仅靠精妙的戏曲语言，靠"作文恒情"都是不够的，戏曲创作必须达到巧夺天工、物我两化、情景交融的境地。在戏曲意境说中，化境是一种比较高的境界，可惜古代曲论家对此论述不够。后来王国维提出"无我之境""以物观物，故不知何者为我，何者为物"②，这种"无我之境"似从化境发展而来，可见化境在古典戏曲意境说中占有相当重要的地位。

（7）梦境。梦境的塑造牵涉到戏曲创作的真实与虚构的问题。《远山堂曲品》评《梦境》云："传黄粱梦多矣，惟此记极幻、极奇，尽大地山河、古今人物，尽罗为梦中之境。"③ 戏曲作家大量运用想象、联想，结合现实生活，为我们描绘真真假假、虚虚实实的艺术世界，塑造梦幻般的艺术境界。戏曲作家借助"极幻、极奇"的虚构手法，开拓了创作视野，"尽大地山海、古今人物"，从而丰富了创作内容，在意境的塑造上往往取得很大的成功。

（8）欢笑之境。《远山堂曲品》评《三星》云："烟鬟阁主人，色天散圣也。此记以自写其壮怀，备极嫵婉欢笑之境，而赤虹、紫电、喷薄纸上，自是词场大观。"④ 曲论家大力提倡悲苦之境、酸楚之境、苍凉之境，是不是只有悲剧性的情节才能塑造优美的意境呢？不是的，戏曲作品中喜剧性的情节、场面也可能体现较高的艺术境界，只要作品之"境"即作品的情节不落俗套，格调高昂，戏曲作家抒写自己的真情实感，"写其壮怀"，也可以成功地塑造优美的意境。

（二）境界之低者

（1）庸境、俗境。古典戏曲批评家指出，戏曲作品一旦格调庸俗低

---

① ［清］李渔：《闲情偶寄》之《词典部下·宾白第四》，中华书局2000年版，第61页。
② 王国维：《人间词话》，见《百家点评人间词话》，中华书局2017年版，第11页。
③ ［明］祁彪佳：《远山堂曲品》评《梦境》，见《中国古典戏曲论著集成》第6册，第12页。
④ ［明］祁彪佳：《远山堂曲品》评《三星》，见《中国古典戏曲论著集成》第6册，第18页。

下，情节陈陈相因，往往会形成庸俗之境。《远山堂曲品》评《金鱼》云："此记传韩君平非不了彻，但其气格未高，转入庸境，益信《玉合》之风流蕴藉，真不可及也。"① 评《三桂》云："词亦朗然可观。但以老夫狎一青衣，境界庸俗，无堪赏心耳。"② 这里指出，庸俗之境的一项重要内容便是其格调低下，如果戏曲作品"气格未高"，即使情节完整如"传韩君乎非不了彻"，文辞优美如"词亦朗然可观"，但依然会转入庸俗之境。

庸俗之境的另外一个重要内容是情节陈旧，陷入公式化、模式化的死胡同而不能自拔。《远山堂曲品》评《锦苏鞋》云："初以《锦苏鞋》之名类古曲，亟购得之，则是记竹太以征播陷彼中，妻受侮于都艺，盖俗境也。"③ 相反，如果情节新颖独创，就不会落入庸俗之境。如评《三益》云："以三益、三损为朋友者箴，取境不入恶俗。人以粗浅故弃之，予以粗浅故收之。"④ 这里作者还谈到戏曲语言的问题。戏曲艺术是在市民阶层中崛起，在城市经济繁荣的基础上逐步形成的，所以戏曲语言不免打上民间语言浅显易懂的特点。曲论家注意到这一点，他们明确指出，庸境、俗境并非指戏曲语言的"粗浅"，相反，曲论家提倡浅显易懂的戏曲语言，所以祁彪佳评《三益》时说："人以粗浅故弃之，予以粗浅故收之。"

戏曲作品一旦出现庸境、俗境，怎样才能弥补由此带来的艺术上的不足呢？祁彪佳说："传者照应精密，每于俗境，更见雅词，断非近日词人手。"⑤ "本俗境而以雅调写之，字句皆独创者，故刻画之极，渐近自然。"⑥ 境界不高，情节不新，"雅词""雅调"、独创的"字句"可以稍稍弥补庸俗之境给作品带来的缺憾，从而增强作品的可读性。

---

① ［明］祁彪佳：《远山堂曲品》评《金鱼》，见《中国古典戏曲论著集成》第6册，第52页。

② ［明］祁彪佳：《远山堂曲品》评《三桂》，见《中国古典戏曲论著集成》第6册，第81－82页。

③ ［明］祁彪佳：《远山堂曲品》评《锦苏鞋》，见《中国古典戏曲论著集成》第6册，第83页。

④ ［明］祁彪佳：《远山堂曲品》评《三益》，见《中国古典戏曲论著集成》第6册，第31页。

⑤ ［明］祁彪佳：《远山堂曲品》评《赤鲤》，见《中国古典戏曲论著集成》第6册，第27页。

⑥ ［明］祁彪佳：《远山堂剧品》评《僧尼共犯》，见《中国古典戏曲论著集成》第6册，第168页。

（2）富贵繁华之境。《远山堂剧品》评《一麟三凤》云："作词以媚人者，词必不佳。所述皆富贵繁华之境，亦不能佳也。"① 富贵繁华之境如同庸境、俗境，情节庸俗无聊、格调低下，"作词以媚人"，当然不可能塑造理想的艺术境界。

（3）恶境。在"梦境"条，我们说到，曲论家提倡在戏曲创作中采取虚构的手法，虚实相间，从而塑造更为新奇独特的艺术境界。但是如果过分夸大其词，就会使作品情节陷入荒谬不经、不合逻辑的境地。《远山堂曲品》评《钗书》云："龙女配陈子春生三子，乃天、地、水三官，一何荒唐也！此等恶境，正非意想可及。"② 这种纯属主观臆测的粗制滥造之作，也是戏曲作家应该避免的。这种恶境一方面情节荒谬离奇，另一方面又格调低下。"苏妃事，殊不经。其词亦明顺。但立格已堕落恶境，即实甫再生，亦无如之何矣。"③ 毫无可取之处。因此戏曲作家进行创作时，必须避免恶境，只有做到"语不荒，调不失，境不恶"，才能"以此列于词场，亦无愧矣"④。

（4）顺境。《远山堂曲品》评《芍药》云："庐储之妇，能赏其文于未第之先，闺阁中如此具眼，不愧'女状元'之号矣。登第、成婚，俱是顺境，无他曲酸苦之态；词之秀逸，亦雅足配之。郑君词曲，可称文人之雄；所少者，曲折映带之妙耳。"⑤ 所谓顺境，主要指作品情节过于平实，毫无曲折动人之处。中国古典小说、戏曲有别于西方小说、戏剧的一个重要特点便是以情节的曲折取胜，很多曲论家往往以情节是否精彩作为衡量戏曲优劣的一个重要标准，明刻本《玉茗堂批评红梅记·总评》称赞《红梅记》这部作品："境界纡回宛转，绝处逢生，极尽剧场之变。"⑥因此，他们反对"无他曲酸苦之态"的顺境之作，认为顺境之作"所少者，曲折映带之妙耳"，不能用曲折的情节吸引观众，不能产生强烈的舞

---

① ［明］祁彪佳：《远山堂剧品》评《一麟三凤》，见《中国古典戏曲论著集成》第6册，第192页。

② ［明］祁彪佳：《远山堂曲品》评《钗书》，见《中国古典戏曲论著集成》第6册，第120页。

③ ［明］祁彪佳：《远山堂曲品》评《鹦哥》，见《中国古典戏曲论著集成》第6册，第82页。

④ 均见［明］祁彪佳：《远山堂曲品》评《遇仙》，见《中国古典戏曲论著集成》第6册，第54页。

⑤ ［明］祁彪佳：《远山堂曲品》评《芍药》，见《中国古典戏曲论著集成》第6册，第33页。

⑥ ［明］佚名：《红梅记·总评》，见《续修四库全书》集部戏剧类第1774册，据明刻本影印《玉茗堂批评红梅记》，第654页。

台效果，从而失去优秀的戏曲之作应该具有的感人肺腑的艺术效果。

（5）浅促之境。《远山堂剧品》评《降狮子》："虽是灵鹫峰头一件可传之事，毕竟境界浅促。"① 曲论家认为意境有深浅之分、缓促之别。浅促之境，顾名思义，作品篇幅短小，境界急促、狭窄，气魄不够宏大。"浅促"二字也可以分而论之。明何良俊《曲论》评二句曲文云："独'马上抱鸡三市斗，袖中怀剑五陵游'二句差胜，乃用晚唐诗人罗隐诗也，其余芜浅不足观。"② 这是论意境之"浅"。吕天成《曲品》卷上云："杂剧但摭一事颠末，其境促；传奇备述一人始终，其味长。"③ 这是论意境之"促"。吕天成说得更为明显，他将杂剧与传奇进行比较，杂剧由于篇幅短小，所以"境促"；传奇情节完整、丰富，因而"味长"。这些都属于古典戏曲意境说中浅促之境的范畴。

（6）合欢之境。《远山堂剧品》评屠峻《崔氏春秋补传》云："传情者，须在想象间，故别离之境，每多于合欢。实甫之以《惊梦》终《西厢》，不欲境之尽也。至汉卿补五曲，已虞其尽矣。田叔再补《出阁》《催妆》《迎銮》《归宁》四曲，俱是合欢之境，故曲虽逼元人之神，而情致终逊于谱离别者。"④ 合欢之境，也就是中国古典小说、戏曲共同存在的一个母题即大团圆结局，鲁迅先生对此曾有所评价："必令'生旦当场团圆'，乃肯放手者，乃是自欺欺人的瘾太大，所以看了小小骗局，还不甘心，定须闭眼胡说一通而后快。"⑤ 这种合欢之境很大程度上包含着戏曲作家主观理念的成分，而不是对于当时现实世界进行整体观照的产物。他们追求一种"尽美矣，又尽善矣"的完美境界，而结果却适得其反，往往使戏曲作品丧失真实性，在艺术上大大缩小了读者和观众想象的余地。所以李渔主张戏曲作品结局应当是"无包括之痕，而有团圆之趣"⑥，这种"团圆之趣"不应当由作家直接流于笔端，而应通过读者和

① ［明］祁彪佳：《远山堂剧品》评《降狮子》，见《中国古典戏曲论著集成》第6册，第149页。

② ［明］何良俊：《曲论》，见《中国古典戏曲论著集成》第4册，第10页。

③ ［明］吕天成：《曲品》，见《中国古典戏曲论著集成》第6册，第209页。

④ ［明］祁彪佳：《远山堂剧品》评屠峻《崔氏春秋补传》，见《中国古典戏曲论著集成》第6册，第164页。

⑤ 鲁迅：《坟·论睁了眼看》，人民文学出版社1973年版，第197页。

⑥ ［清］李渔：《闲情偶寄》之《词曲部下·格局第六·大收煞》，中华书局2000年版，第83页。

观众借助想象去填补空白，实际上是一种存在于作品之外的虚幻的艺术境界。戏曲作品中一旦出现"合欢之境"，则意境必然"已虞其尽"。所以祁彪佳评《西厢》续作时认为："田叔再补《出阁》《催妆》《迎奁》《归宁》四曲，俱是合欢之境。"① 从这四段曲名我们可以看到，无非是讲莺莺出嫁时排场如何之大、妆奁如何之多，归宁时又如何显赫的繁华场面，这些曲子显然冲淡了《西厢记》反对封建婚姻制度、"愿天下有情人终成眷属"的严肃的主题，确实是"事皆蛇足"②，毫无可取之处。

三

在上文我们对于古典戏曲的意境分类问题进行了简要的论述。戏曲创作中如何才能达到"苦境""佳境""梦境""化境"等，而避免"庸境""俗境""恶境"呢？古代曲论家在意境分类问题上有哪些重要见解？我们认为，情景交融是戏曲意境的核心，这一点历来不少戏曲研究者谈得很多，本文在此不作重复。③ 这里我们主要谈谈戏曲创作中虚实结合的问题以及戏曲意境对于作为其表现形式的戏曲语言的要求。

（一）虚实结合

优秀的戏曲作品应当是当时社会现实曲折多样化的反映，但是它毕竟不同于生活本身，而是在生活原型的基础上经过艺术加工而出现的艺术真实，所以说"词以淡为真，境以幻为实"④。曲论家提倡在选取戏曲情节时，应当采用合理虚构的手法进行创作。《远山堂剧品》评《苦海回头》云："境界绝似《黄粱梦》，第彼幻而此真耳。"⑤ 这种"幻"也就是经过

---

① ［明］祁彪佳：《远山堂剧品》评屠峻《崔氏春秋补传》，见《中国古典戏曲论著集成》第 6 册，第 164 页。
② ［清］焦循：《剧说》卷二，见《中国古典戏曲论著集成》第 8 册，第 105 页。
③ 参见俞为民《明清曲论中的意境论——古代戏曲理论探索之一》，载《艺术百家》1987 年第 2 期，第 86 – 95、105 页。
④ ［明］祁彪佳：《远山堂曲品》评《唾红》，见《中国古典戏曲论著集成》第 6 册，第 44 页。
⑤ ［明］祁彪佳：《远山堂剧品》评《苦海回头》，见《中国古典戏曲论著集成》第 6 册，第 139 页。

艺术加工的艺术真实。真幻结合，虚实相间，能够拓展戏曲创作的空间，塑造更为深广的艺术境界，所以古代戏曲作家进行戏曲创作时往往借用梦幻的手法，如汤显祖"临川四梦"便是典型的事例。同时，经过艺术家加工的艺术真实与生活真实之间不能画等号，不能将两者混为一谈。清代焦循《剧说》卷二引《旷园杂志》云："唐郑太常恒暨崔夫人莺莺合附墓，在淇水之西北五十里，曰旧魏县，盖古淇澳也。……志（按：指郑崔墓志铭）中盛传夫人四德咸备，乃一辱于元微之《会真记》，再辱于关汉卿、王实甫之《西厢记》。历久而志铭显出，为崔氏洗冰玉之耻，亦奇矣。"① 这里便是抹杀了艺术真实与生活真实之间的区别，以生活真实来反驳艺术真实，显然忽视了艺术创作自身的规律，因而只能得出荒唐的结论。

（二）主张语言雅洁、自然本色

戏曲意境以自然本色的语言作为其表现手法，"词以淡为真"，"只是淡淡说去，自然情与景会，意与法合"。② 平淡自然、不失本色，这是曲论家对于戏曲语言的基本要求。古代曲论家对于本色这一特点论述极多，这里略举一二。明王骥德《曲律》云："至《南柯》《邯郸》二记……遣词复俊，其掇拾本色，参错丽语，境往神来，巧凑妙合。"③ 吕天成《曲品》卷上云："殊不知果属当行，则句调必多本色；果其本色，则境态必是当行。"④ 语言的本色问题与意境的优劣有很大关系，甚至"雅词""雅调"可以弥补作品因意境不高而带来的缺憾。前文所引《远山堂剧品》评《僧尼共犯》云："本俗境而以雅调写之，字句皆独创者，故刻画之极，渐近自然。"⑤ 可见戏曲语言在戏曲创作中占有极其重要的地位。相反，如果语言过分雕饰，刻意求新，就会失去本色，"作词以媚人者，

---

① ［清］焦循：《剧说》卷二引《旷园杂志》，见《中国古典戏曲论著集成》第8册，第104页。
② ［明］祁彪佳：《远山堂剧品》评《团圆梦》，见《中国古典戏曲论著集成》第6册，第140页。
③ ［明］王骥德：《曲律》，见《中国古典戏曲论著集成》第4册，第165页。
④ ［明］吕天成：《曲品》卷上，见《中国古典戏曲论著集成》第6册，第211页。
⑤ ［明］祁彪佳：《远山堂剧品》评《僧尼共犯》，见《中国古典戏曲论著集成》第6册，第168页。

词必不佳"①，不能塑造完美的艺术境界。

综上所述，我们知道，中国古代戏曲意境的分类复杂多样，涉及面十分广泛，意境分类问题是古代戏曲意境说的一个重要组成部分，但是历来很少有人对此进行研究，本文对此进行初步探讨，希望能够起到抛砖引玉的作用。

（原载《阜阳师范学院学报》1992 年第 4 期）

---

① ［明］祁彪佳：《远山堂剧品》评《一麟三凤》，见《中国古典戏曲论著集成》第 6 册，第 192 页。

附录

1990 年以来程国赋主要著述目录

一、专著、译著、编著

[1]《唐代小说嬗变研究》，独撰，广州：广东人民出版社 1997 年版。

[2]《唐代小说与中古文化》，独撰，台北：文津出版社 2000 年版。

[3]《中国历代权谋小品选》，独撰，上海：东方出版中心 1999 年版，"中国历代小品丛书"之一。

[4]《宋诗话全编·张耒诗话》，第二作者，与卞孝萱先生合作，南京：江苏古籍出版社 1998 年版。

[5]《历史文献与传统文化》（第 8 辑），主编，南昌：江西教育出版社 2001 年版。

[6]《唐五代小说的文化阐释》，独撰，北京：人民文学出版社 2002 年版。

[7]《禅诗三百首赏析》，合著，桂林：广西师范大学出版社 2003 年版。

[8]《中国古代文学研究新视野》，副主编，北京：中国社会科学出版社 2004 年版。

[9]《隋唐五代小说研究资料》，独撰，上海：上海古籍出版社 2005 年版。

[10]《二十世纪中国古代文论学术研究史》，合著，北京：北京大学出版社 2005 年版。

[11]《三言二拍传播研究》，独撰，北京：中国社会科学出版社 2006 年版。

[12]《明代书坊与小说研究》，独撰，北京：中华书局 2008 年版。

[13]《唐宋传奇》（注评本），独撰，南京：凤凰出版社 2011 年版。

[14]《中国古典小说论稿》，独撰，北京：中华书局 2012 年版。

[15]《跨文化视野下中国古代小说研究》丛书（共 7 本），主编，广州：暨南大学出版社 2012 年版。

[16]《唐代小说学术档案》，程国赋、蔡亚平主编，武汉：武汉大学出版

社 2015 年版。

[17]《小说中国》丛书，主编，广州：暨南大学出版社 2017 年至 2022 年版。

[18]《跨文化视野下的中国古典文学研究》，程国赋、何志军主编，北京：商务印书馆 2017 年版。

[19]《中国历代小说刊印研究资料索引》，程国赋、郑子成编著，南京：凤凰出版社 2017 年版。

[20] *Research on bookshops and novels in the Ming dynasty*（《明代书坊与小说研究》英文版），独撰，New York：American Academic Press（纽约：美国学术出版社）2019 年版。

[21]《中国古代文学史》，主编，北京：人民文学出版社 2021 年版。

[22] 澳门《中国语文》教材（高中版），程国赋、张海沙主编，广州：广东教育出版社 2021 年版。

[23]《命名文化视域下中国古代小说研究》（国家哲学社会科学成果文库），独撰，北京：中华书局 2023 年版。

二、学术论文

[1]《〈红楼梦〉原书续书悲喜剧风格之比较》，载《南京大学研究生学报》1990 年第 1 期。

[2]《古典戏曲意境分类说探幽》，载《阜阳师范学院学报》1992 年第 4 期，中国人民大学书报资料中心《戏曲研究》1993 年第 4 期全文转载。

[3]《〈莺莺传〉研究综述》，载《文史知识》1992 年第 12 期。

[4]《〈辛亥人物碑传集〉介绍》，周群、程国赋撰，载《社科信息》1991 年第 11 期。

[5]《〈柳毅传〉的演变过程》，载《烟台师范学院学报》1992 年第 4 期。

[6]《〈太平广记〉阅读札记二则》，载《贵州社会科学》1993 年第 2 期。

[7]《〈古镜记〉研究综述》，载《晋阳学刊》1992 年第 6 期。

[8]《〈李娃传〉研究综述》，载《江汉论坛》1993 年第 4 期。

[9]《评王立兴新著〈中国近代文学考论〉》，载《社科信息》1993 年第 10 期。

[10]《〈柳毅传〉成书探微》，载《许昌师专学报》1994 年第 1 期。

[11]《从唐传奇到三言两拍之嬗变》，载《争鸣》1994年第2期，中国人民大学书报资料中心《中国古代、近代文学研究》1994年第9期全文转载。

[12]《〈李娃传〉嬗变研究》，载《南京大学学报》1994年第3期，中国人民大学书报资料中心《中国古代、近代文学研究》1995年第4期全文转载。

[13]《阐幽发微，矢志创新——评〈红楼梦辞典〉》，载《广西大学学报》1995年第1期，中国人民大学书报资料中心《出版工作、图书评价》1995年第5期全文转载，收入《广东人民出版社书评精选》，广州：广东人民出版社1996年版。

[14]《唐代小说嬗变的成因探讨》，载《社会科学研究》1995年第1期，《新华文摘》1995年第4期目录索引，入选《中国八五科学技术成果选》《中国改革成果通报》二书。

[15]《从唐传奇到话本小说之嬗变研究》，载《江苏社会科学》1995年第1期，入选《中国八五科学技术成果选》一书。

[16]《论唐代侠义小说的成因及其嬗变》，载《暨南学报》1995年第2期，中国人民大学书报资料中心《中国古代、近代文学研究》1995年第9期全文转载。

[17]《立意创新，史论结合——评陈永标教授〈中国近代文艺美学论稿〉》，载《学术研究》1995年第2期。

[18]《论唐代佛道小说及其嬗变》，载《汉中师范学院学报》1995年第4期，《新华文摘》1996年第2期目录索引。

[19]《"情之所至，鬼神可通"——从重情的角度谈〈聊斋志异〉对于唐传奇的改编》，载《明清小说研究》1995年第4期。

[20]《试论唐代婚恋小说的嬗变》，载《齐鲁学刊》1995年第4期。

[21]《漫谈〈昆仑奴〉及其嬗变作品的叙事视角》，载台北市《国文天地》1995年7月号（第11卷第2期），《古典文学知识》1998年第2期。

[22]《唐代小说嬗变研究》，载《古典文学知识》1995年第5期。

[23]《试论兰陵笑笑生的佛教观》，收入《历史文献与传统文化》第5集，广州：广东人民出版社1996年版。

[24]《〈剪灯新话〉与唐人小说》，载《广东省高校古籍整理研究工作通

讯》1995 年第 13 期，《明清小说研究》1995 年第 3 期摘要介绍。

[25]《明清长篇小说与唐传奇渊源关系考述》，收入《历史文献与传统文化》第 6 集，广州：广东人民出版社 1996 年版。

[26]《论唐代逸事小说的成因及其嬗变》，载《烟台师范学院学报》1996 年第 3 期。

[27]《漫话唐代小说研究》，载《社会科学报》1996 年 10 月 3 日。

[28]《读〈中国山水文化〉》，载《广州日报》1996 年 12 月 20 日。

[29]《唐传奇与元杂剧相关作品的比较研究》，载《学术研究》1997 年第 2 期；《新华文摘》1997 年第 5 期目录索引；中国人民大学书报资料中心《中国古代、近代文学研究》1997 年第 8 期全文转载；收入《唐代文学研究》第 8 辑，桂林：广西师范大学出版社 2000 年版。

[30]《唐代小说创作方法的整体观照》，载《暨南学报》1997 年第 3 期；《新华文摘》1997 年第 10 期论点摘编；中国人民大学书报资料中心《中国古代、近代文学研究》1997 年第 9 期全文转载；收入《唐代文学研究》第 7 辑，桂林：广西师范大学出版社 1998 年版。

[31]《唐代小说研究述评》，载台北市《国文天地》1997 年 6 月号。

[32]《中国山水文化研究的重要突破》，载香港《文汇报》1997 年 7 月 20 日。

[33]《评〈中华山水掌故辞典〉》，载《中华读书报》1997 年 8 月 20 日。

[34]《〈广东新语〉的文学价值》，收入《岭峤春秋》第 4 辑，广州：广东人民出版社 1997 年版。

[35]《王国维的生平与学术》，载台北市《国语日报》1998 年 2 月 7 日。

[36]《大陆学界的王国维文艺思想研究》，载台北市《孔孟月刊》第 36 卷第 6 期（1998 年 2 月）。

[37]《资料翔实，考辨精当——评〈中国文言小说总目提要〉》，卞孝萱、程国赋撰，载《中国典籍与文化》1998 年第 2 期。

[38]《阐幽发微，考论结合——评〈唐人笔记小说考索〉》，载《文学遗产》1998 年第 6 期。

[39]《〈剪灯新话〉与唐人小说》，载《明清小说研究》1999 年第 1 期，中国人民大学书报资料中心《中国古代、近代文学研究》1999 年第 7 期全文转载。

[40]《二十世纪苏轼文论研究》，载《暨南学报》1999 年第 2 期，《新华文摘》1999 年第 6 期目录索引，中国人民大学书报资料中心《中国古代、近代文学研究》1999 年第 6 期全文转载。

[41]《二十世纪严羽及其〈沧浪诗话〉研究》，载《文献》1999 年第 2 期，中国人民大学书报资料中心《中国古代、近代文学研究》1999 年第 9 期全文转载。

[42]《世纪回眸：司空图及〈二十四诗品〉研究》，载《学术研究》1999 年第 6 期，《新华文摘》1999 年第 10 期目录索引。

[43]《钟嵘〈诗品〉研究七十年》，载台北市《孔孟月刊》第 38 卷第 2 期（1999 年 10 月）。

[44]《岭南画派二高传论》，收入《历史文献与传统文化》第 7 集，南昌：江西教育出版社 1999 年版。

[45]《二十世纪钟嵘〈诗品〉研究综论》，收入《中国诗学》第 6 辑，南京：南京大学出版社 1999 年版。

[46]《论唐五代人与异类恋爱的小说及其文化内涵》，收入《文学评论丛刊》第 3 卷第 2 期，南京：江苏文艺出版社 2000 年版。

[47]《世纪之初中国古代文学研究的回顾与前瞻学术研讨会综述》，载《文学遗产》2000 年第 5 期。

[48]《唐代士族之家不愿娶公主之原因考述》，载《文学遗产》2000 年第 6 期。

[49]《如何深入拓展古代文学研究》，载《暨南学报》2000 年第 6 期。

[50]《钟嵘〈诗品〉研究 70 年》，载《许昌师专学报》2000 年第 6 期，《新华文摘》2001 年第 3 期目录索引，中国人民大学书报资料中心《中国古代、近代文学研究》2001 年第 4 期全文转载。

[51]《唐五代小说作家的马嵬情结》，载《古典文学知识》2001 年第 2 期。

[52]《从小说作品探析唐五代科举对士风的影响》，收入《历史文献与传统文化》第 8 集，南昌：江西教育出版社 2001 年版。

[53]《评查屏球〈唐学与唐诗〉》（第一作者），收入《唐研究》第 7 卷，北京：北京大学出版社 2001 年版。

[54]《论话本小说中的徽商形象》，收入《儒商文丛》第 6 辑，香港：香港名人出版社 2001 年版。

［55］《论元稹的小说创作及其婚外恋》，载《文学遗产》2002 年第 1 期。

［56］《论唐五代门第观的内涵及其在小说中的体现》，载《暨南学报》2001 年第 5 期。

［57］《论唐五代小说中的胡商现象》，载《西北师大学报》2001 年第 6 期。

［58］《结构的转换——唐代小说与后世戏曲相关作品的比较研究》，载《南京大学学报》2002 年第 1 期。

［59］《论唐五代小说的历史化倾向》，载《南京师大学报》2002 年第 2 期；收入《唐代文学研究年鉴》（2003 年辑）"一年论文摘要"，桂林：广西师范大学出版社 2004 年版。

［60］《二十世纪〈文心雕龙〉研究综论》，收入《历史文献与传统文化》第 9 集，南京：江苏古籍出版社 2002 年版。

［61］《异曲同工，各臻其妙——〈柳毅传〉与〈罗刹海市〉之比较》，程国赋、宋文桃撰，载《明清小说研究》2002 年第 3 期。

［62］《评〈唐传奇初探〉》，程国赋、吕贤平撰，载《明清小说研究》2002 年第 4 期。

［63］《唐代小说中昆仑奴现象考述》，载《暨南学报》2002 年第 5 期。

［64］《论唐五代士子文化心态的嬗变及其在小说作品中的反映》，载《学术研究》2003 年第 3 期。

［65］《论唐五代小说的叙事艺术》，载《西南师范大学学报》2003 年第 3 期；收入《庆祝卞孝萱先生八十华诞文史论集》，南京：江苏古籍出版社 2003 年版；收入《唐代文学研究》第 10 集，桂林：广西师范大学出版社 2004 年版。

［66］《二拍改编作品考述》，收入《历史文献与传统文化》第 10 集，兰州：兰州大学出版社 2003 年版。

［67］《〈喻世明言〉改编作品考述》，收入《历史文献与传统文化》第 11 集，北京：华文出版社 2004 年版。

［68］《叙事视角的转换——论"临川四梦"对唐代相关小说的改编》，程国赋、吕贤平撰，载《暨南学报》2003 年第 4 期。

［69］《龙榆生教授百年诞辰纪念暨中国古代文学学科建设研讨会综述》，载《文学遗产》2003 年第 5 期、《暨南学报》2003 年第 4 期。

［70］《独特的视角，精深的论述——评张智华〈南宋的诗文选本研

究〉》，载《北京师范大学学报》2004 年第 1 期。

[71] 《论三言二拍嬗变过程中所体现的文人化创作倾向》，载《社会科学研究》2004 年第 2 期，收入韩国中国小说学会会刊《中国小说论丛》第 18 辑（2003 年 9 月），《中国社会科学文摘》2004 年第 5 期（总第 29 期）论点摘要。

[72] 《三言二拍原作与选本的比较研究》，载《明清小说研究》2004 年第 2 期。

[73] 《论三言二拍嬗变过程中所体现的时事化创作倾向》，载《暨南学报》2004 年第 3 期，收入中国人民大学书报资料中心《中国古代、近代文学研究》2004 年第 10 期"论点集萃"。

[74] 《三言二拍选本研究》，程国赋、周彩虹撰，载《暨南学报》2005 年第 2 期。

[75] 《王国维文艺思想研究的世纪考察（上）》，载《学术交流》2005 年第 2 期。

[76] 《王国维文艺思想研究的世纪考察（下）》，载《学术交流》2005 年第 3 期。

[77] 《论先秦神话中的大荒意象及其文化底蕴》，程国赋、周彩虹撰，载《华南师范大学学报》2005 年第 4 期。

[78] 《叙事结构的新变——三言二拍及其嬗变作品的比较研究》，程国赋、常毅撰，载《学术研究》2005 年第 5 期。

[79] 《论清代的小说禁毁运动对三言二拍传播的影响》，收入《历史文献与传统文化》第 12 集，北京：华文出版社 2005 年版。

[80] 《从小说作品考察中晚唐士子的文化心态》，载《河南师范大学学报》2006 年第 1 期，中国人民大学书报资料中心《中国古代、近代文学研究》2006 年第 8 期全文转载。

[81] 《〈宝剑记〉叙事结构研究》，邱苇、程国赋撰，载《四川戏剧》2006 年第 2 期。

[82] 《论乾隆朝小说禁毁的种族主义倾向》，胡海义、程国赋撰，载《明清小说研究》2006 年第 2 期，收入《中国古代文学研究年鉴》2008 年号。

[83] 《论明末清初杭州地区通俗小说的创作与刊刻特征》，程国赋、胡海义撰，载《暨南学报》2006 年第 3 期。

程国赋自选集 CHENG GUOFU ZIXUANJI

[84]《〈传记与小说——唐代文学比较论集〉序》，收入《传记与小说——唐代文学比较论集》卷首，北京：中华书局 2007 年版。

[85]《论明代书坊与历史小说流派的形成与发展》，载《暨南学报》2007 年第 3 期，收入《新华文摘》2007 年第 20 期"篇目辑览"，收入《中国古代文学研究年鉴》2008 年号。

[86]《论熊大木对历史演义小说的贡献》，程国赋、曾雪丽撰，载《西北大学学报》2007 年第 3 期。

[87]《明代坊刊小说稿源研究》，载《文学评论》2007 年第 3 期，中国人民大学书报资料中心《中国古代、近代文学研究》2007 年第 8 期全文转载，《高等学校文科学术文摘》2007 年第 4 期转摘 6000 字。

[88]《明代小说作家吴还初生平与籍贯新考》，载《文学遗产》2007 年第 4 期，《明清小说研究》2007 年第 5 期摘要。

[89]《论明代坊刊小说的广告手段》，载《学术研究》2007 年第 6 期，《文史知识》2007 年第 9 期摘要。

[90]《明代小说读者与通俗小说刊刻之关系阐析》，载《文艺研究》2007 年第 7 期。

[91]《阐幽发微　匠心独运——评龚国光先生〈江西戏曲文化史〉》，收入《文史纵横》第 1 辑，南昌：江西人民出版社 2007 年版。

[92]《"国学"与现代文明是否存在冲突?》，载《领导之友》2007 年第 5 期。

[93]《论明代坊刊小说选本的类型及兴盛原因》，载《文艺理论研究》2008 年第 3 期。

[94]《论〈四库全书总目〉小说家类的著录标准及著录特点》，程国赋、蔡亚平撰，载《明清小说研究》2008 年第 2 期，中国人民大学书报资料中心《中国古代、近代文学研究》2008 年第 10 期全文转载。

[95]《清代王琦生平考证》，程国赋、蒋晓光撰，载《文学遗产》2008 年第 5 期。

[96]《独辟蹊径　考论结合——评傅璇琮教授的唐代翰林学士研究》，载《北京大学学报》2009 年第 2 期。

[97]《明清通俗小说识语研究》，载《文艺研究》2009 年第 4 期，中国人民大学书报资料中心《中国古代、近代文学研究》2009 年第 9 期全文转载。

[98]《论明代通俗小说插图的功用》，载《文学评论》2009 年第 3 期，《中国社会科学院报》2009 年 5 月 26 日第 11 版转摘 1600 字，光明日报报业集团《文摘报》2009 年 6 月 4 日摘要论点，《陕西党校报》2009 年 6 月 10 日"学林"版摘要（第 1022 期）。

[99]《书坊加快明代小说发展》，载《社会科学报》2009 年 4 月 16 日第 5 版。

[100]《论明代书坊与神魔小说流派的形成及发展》，收入《古文献与传统文化》，北京：华文出版社 2009 年版。

[101]《明清通俗小说读者研究的世纪考察》，蔡亚平、程国赋撰，载《明清小说研究》2009 年第 4 期。

[102] "A Study of the sources of fiction manuscripts by the block-printing workshops in the Ming dynasty"，刊于教育部发起、高等教育出版社编辑出版、施普林格出版公司负责全球发行的 *Frontiers of Literary Studies in China-Selected Publications from Chinese Universities*，2009 年第 4 期。

[103]《从识语、凡例考察读者对明清通俗小说创作的影响》，蔡亚平、程国赋撰，载《暨南学报》2009 年第 6 期。

[104]《论傅璇琮教授的学术思想》，程国赋、王瑾撰，载《社会科学研究》2009 年第 6 期。

[105]《论读者因素对明清通俗小说创作、传播的影响》，收入马来西亚中国文学传播与接受国际会议论文集《时空跨越》，2009 年 8 月。

[106]《论明清小说读者与通俗小说传播的关系——以识语、凡例作为考察中心》，程国赋、蔡亚平撰，载《南开学报》2010 年第 1 期，《文史知识》2010 年第 4 期摘要。

[107]《"左图右史"的小说呈现》，载《中国社会科学报》2010 年 1 月 26 日文学版。

[108]《论洞庭的地域文学意蕴及其意义》，鲁茜、程国赋撰，载《华南师范大学学报》2010 年第 2 期。

[109]《〈南海观音菩萨出身修行传〉作者探考》，程国赋、李阳阳撰，载《明清小说研究》2010 年第 3 期。

[110]《构建"岭南学"研究的基础工程与创新思维》，载《华南师范大学学报》2010 年第 5 期。

[111] 《明清通俗小说凡例研究》，载《文学评论》2010 年第 6 期；作为参加"庆贺朱一玄先生百岁寿诞暨中国古代小说国际学术研讨会"的会议论文，载南开大学《文学与文化》2010 年第 4 期；中国人民大学书报资料中心《中国古代、近代文学研究》2011 年第 5 期全文转载；收入《中文文艺论文年度文摘》，北京：社会科学文献出版社 2011 年版。

[112] 《论明代书坊对通俗小说体制发展的贡献》，收入《明代文学与科举文化国际学术研讨会论文集》，武汉：武汉大学出版社 2010年版。

[113] 《吕熊及其〈女仙外史〉新论》，程国赋、杨剑兵撰，载《陕西师范大学学报》2011 年第 1 期。

[114] 《稗官与才人——〈中国古代小说考论〉推介》，载《文学遗产》2011 年第 2 期。

[115] 《论中国古代小说命名的文体意义》，载《明清小说研究》2011 年第 2 期，《新华文摘》2011 年第 19 期论点摘编，中国人民大学书报资料中心《中国古代、近代文学研究》2011 年第 10 期全文转载。

[116] 《中国古代小说命名刍议》，载《文艺研究》2011 年第 11 期，中国人民大学书报资料中心《中国古代、近代文学研究》2012 年第2 期全文转载。

[117] 《顾元庆新考》，程国赋、朱银萍撰，载《文史》2012 年第 1 辑（总第 59 辑）。

[118] 《唐五代小说的命名艺术》，程国赋、廖华撰，载《安徽大学学报》2012 年第 1 期。

[119] 《论唐代小说中公牍文的叙事功能及其文体意义》，程国赋、何亮撰，载《文艺理论研究》2013 年第 1 期，《文学遗产》网络版2014 年第 1 期全文转载。

[120] 《明清时期读者与〈金瓶梅〉传播关系探析》，蔡亚平、程国赋撰，载《社会科学研究》2013 年第 2 期。

[121] 《论明清时期读者与通俗小说评点的关系》，蔡亚平、程国赋撰，载《南京师大学报》2013 年第 2 期。

[122] 《资料完备，史论结合——评〈韩国所见中国古代小说史料〉》，

载《洛阳师范学院学报》2013 年第 3 期。

［123］《明清通俗小说阅读观念考察》，蔡亚平、程国赋撰，载《学术研究》2013 年第 5 期，《文学遗产》网络版 2014 年第 4 期全文转载。

［124］《论卞孝萱师的治学特点与研究方法》，收入《唐代文学研究年鉴》（2013 年辑），桂林：广西师范大学出版社 2013 年版。

［125］《论近十年来古代小说研究中文化学方法的运用》，蔡亚平、程国赋撰，载《明清小说研究》2013 年第 3 期，中国人民大学书报资料中心《中国古代、近代文学研究》2014 年第 3 期全文转载。

［126］《拓宽古代叙事文学研究视野的成功实践——评宁稼雨教授倡导的"中国叙事文化学"》，载《天中学刊》2014 年第 1 期。

［127］《元明清小说命名研究的世纪考察》，载《社会科学研究》2014 年第 4 期，中国人民大学书报资料中心《中国古代、近代文学研究》2014 年第 10 期全文转载。

［128］《喻世明言·前言》，武汉：崇文书局 2014 年版。

［129］《警世通言·前言》，武汉：崇文书局 2014 年版。

［130］《醒世恒言·前言》，武汉：崇文书局 2014 年版。

［131］《拍案惊奇·前言》，武汉：崇文书局 2014 年版。

［132］《二刻拍案惊奇·前言》，武汉：崇文书局 2014 年版。

［133］《明清坊刻戏曲稿源及其编辑研究》，廖华、程国赋撰，载《北京社会科学》2015 年第 4 期，中国人民大学书报资料中心《中国古代、近代文学研究》2015 年第 9 期全文转载。

［134］《论明清小说寓意法命名的内涵与特点》，载《文学评论》2016 年第 1 期，中国人民大学书报资料中心《中国古代、近代文学研究》2016 年第 4 期全文转载。

［135］《新发现的近代小说史料》，程国赋、刘晓宁撰，载《文献》2016 年第 2 期，中国人民大学书报资料中心《中国古代、近代文学研究》2016 年第 6 期全文转载。

［136］《论明清小说谐音法命名》，收入《明清文学与文献》第 4 辑，北京：社会科学文献出版社 2016 年版。

［137］《论王时敏人生和艺术中的"延续"命题——兼考其家族与生平》，程国赋、吴肖丹撰，载《文艺研究》2016 年第 3 期。

［138］"Research on reader's guides to Ming and Qing popular novels"，载

《文史哲》（英文版）2016 年第 2 期。

[139]《"唐人始有意为小说"对吗?》，程国赋、陈文新、刘勇强撰，载《光明日报》2016 年 4 月 28 日 "文学遗产"版。

[140]《论清末粤汉铁路风潮对粤港地区报业的影响》，程国赋、刘晓宁撰，载《新闻界》2016 年第 7 期。

[141]《北宋新旧党争影响下的笔记小说创作》，程国赋、叶菁撰，载《陕西师范大学学报》2016 年第 6 期，《北京大学学报》2017 年第 1 期摘要。

[142]《论明清小说书名的广告意义》，载《暨南学报》2016 年第 10 期，中国人民大学书报资料中心《中国古代、近代文学研究》2017 年第 2 期全文转载，《高等学校文科学术文摘》2017 年第 1 期摘要。

[143]《论明清小说书名所体现的文学观念》，载《文艺理论研究》2017 年第 3 期，上海社会科学院《社会科学文摘》2017 年第 8 期转摘 6000 字。

[144]《论读者与明清小说命名的关系》，蔡亚平、程国赋撰，载《社会科学研究》2017 年第 6 期。

[145]《探寻中国古代小说研究的独特视角》，载《中国社会科学报》2017 年 10 月 9 日。

[146]《"唐人始有意为小说"刍议》，载《中国文化研究》2017 年第 4 期。

[147]《醒世姻缘传·前言》，武汉：崇文书局 2018 年版。

[148]《孽海花·前言》，武汉：崇文书局 2018 年版。

[149]《论明清通俗小说书名的命名特点》，载《南京大学学报》2018 年第 3 期，《高等学校文科学术文摘》2018 年第 5 期摘要观点，中国人民大学书报资料中心《中国古代、近代文学研究》2018 年第 11 期全文转载，中国人民大学书报资料中心《文学研究文摘》2019 年转摘 4500 字。

[150]《明清小说命名的方法及其启示》，载《光明日报》2018 年 11 月 6 日。

[151]《中国文学史研究中文化学方法论》，载《岭南师范学院学报》2019 年第 1 期。

[152]《日本九州大学藏〈考订按鉴通俗演义三国志传〉考》，程国赋、

郑子成撰，载《文献》2019 年第 3 期。

[153]《落红不是无情物，化作春泥更护花——悼璇琼师》，载《团结报》2019 年 6 月 6 日。

[154]《以独特的视角探寻明清小说名著的艺术魅力——评〈明清小说名著导读〉》，收入《人文论坛》2019 年第 1 辑（总第 31 卷），武汉：武汉大学出版社 2019 年版。

[155]《新发现的近代岭南报刊小说资料》，刘晓宁、程国赋撰，载《明清小说研究》2019 年第 4 期。

[156]《明代书坊积极拓展小说稿源渠道》，载《社会科学报》2019 年 10月 31 日第 5 版。

[157]《晚清粤方言小说的"感觉真实"与"历史真实"》，周仕敏、程国赋撰，载《学术研究》2020 年第 3 期。

[158]《晚清粤方言小说：岭南文化空间与时间意义的交汇》，周仕敏、程国赋撰，载《华南师范大学学报》2020 年第 3 期。

[159]《明代萃庆堂刊刻"故事白眉"系列书籍考》，程国赋、张宏撰，载《暨南学报》2020 年第 5 期。

[160]《论晚明小说戏曲中的"写真图"》，蔡亚平、程国赋撰，载《文艺理论研究》2020 年第 6 期，中国人民大学书报资料中心《中国古代、近代文学研究》2021 年第 6 期全文转载。

[161]《宋代"以剧论诗文"的戏剧认知》，张丽娟、程国赋撰，载《东南学术》2021 年第 2 期。

[162]《论明清古典小说的近代插图本传播——以小说评点与插图的关系为中心》，程国赋、李国平撰，载《暨南学报》2021 年第 4 期。

[163]《唐五代小说与门第之风》，载《文史知识》2021 年第 8 期。

[164]《清初遗民文学研究的一部力作——评杨剑兵〈清初遗民小说研究〉》，载《汕头大学学报》2021 年第 12 期。

[165]《开拓明清小说插图研究新视野》（访谈），载《中国社会科学报》2022 年 7 月 14 日。

[166]《〈莺莺传〉对神女叙事的继承与突破》，黄诗悦、程国赋撰，载《中国古代小说戏剧研究》第 18 辑（2022 年）。

[167]《论元明中篇传奇小说对白话小说的文体渗透》，程国赋、陈灵心撰，载《南京师大学报》2022 年第 5 期。

［168］《我和中华书局的故事》，载《月读》2022 年第 11 期。

［169］《论明清小说命名的文化内涵》，蔡亚平、程国赋撰，载《暨南学报》2023 年第 4 期，中国人民大学书报资料中心《中国古代、近代文学研究》2023 年第 9 期全文转载。

［170］《论晚清北京小说版画的文本接受与传播》，李国平、程国赋撰，载《中国文学研究》2023 年第 3 期。

［171］《明清小说的改名现象》，载《光明日报》2023 年 12 月 4 日"文学遗产"版。

［172］《纵横文史　博览贯通——卞孝萱先生的学术人生》，载《光明日报》2024 年 3 月 25 日"光明学人"版。

后　记

　　编完这部学术自选集的初稿，已是 2024 年 1 月 15 日，再过三天，就是腊八节；再过五天，就是二十四节气中的大寒。岭南的冬天，没有寒风凛冽，没有冰天雪地，依然是绿意葱葱、温暖如春。

　　这部自选集是自己 30 多年来从事中国古代文学研究尤其是从事古代小说研究的一个总结，共收录 25 篇论文。除学术自传、著述目录以外，包括以下五个部分：唐代小说及其嬗变研究、明代小说刊刻研究、中国古代小说命名研究、中国古代小说综合研究、其他研究。收入自选集中的文章分别刊发于《文学评论》《文学遗产》《文艺研究》《文献》《南京大学学报》《明清小说研究》《西南师范大学学报》《暨南学报》等杂志，有的论文曾被中国人民大学书报资料中心《中国古代、近代文学研究》《戏曲研究》全文转载，《新华文摘》《高等学校文科学术文摘》等杂志摘要；有些文章已经收入以前出版的几部论著，如《唐代小说嬗变研究》（广东人民出版社 1997 年版）、《唐代小说与中古文化》（台北文津出版社 2000年版）、《唐五代小说的文化阐释》（人民文学出版社 2002 年版）、《明代书坊与小说研究》（中华书局 2008 年版）、《中国古典小说论稿》（中华书局 2012 年版）、《命名文化视域下中国古代小说研究》（中华书局 2023 年版）等。

　　在本书编撰体例上，以下五个问题需要说明：

　　第一，为统一全书体例，删除原文中的摘要、关键词等内容。

　　第二，不同论文中间在内容上有所重复的地方，尽量做了删改；个别改动较大的篇目，在论文末尾予以说明。

　　第三，因自选集中的论文是在不同时期撰写而成的，所以，同一本文献，使用的版本可能会存在一些差异。笔者在编撰自选集的过程中，适当做了一些修改，但是为尊重论文发表时的原貌，有些未做改动。

　　第四，本书将所有注释统一改为页下注。

第五，本书中有几篇文章系与笔者指导的博士后、博士研究生、硕士研究生合作完成的，在相关文章的结尾特作说明。

感谢广东省社会科学界联合会和汪虹希老师等人的精心组织、策划，使本书得以出版、面世。

程国赋

2024 年 1 月 15 日于暨南园